Christian Lengl

Entziehung des Sorgerechts bei drohender Zwangsheirat

WÜRZBURGER
RECHTSWISSENSCHAFTLICHE SCHRIFTEN

Herausgegeben
von der
Juristischen Fakultät der Universität Würzburg

Band 116

ERGON VERLAG

Nomos

Christian Lengl

Entziehung des Sorgerechts bei drohender Zwangsheirat

ERGON VERLAG

Nomos

Zugl.: Würzburg, Univ., Diss., 2022

Bibliografische Information der Deutschen Nationalbibliothek:
Die Deutsche Nationalbibliothek verzeichnet diese Publikation in der Deutschen Nationalbibliografie; detaillierte bibliografische Daten sind im Internet über http://dnb.d-nb.de abrufbar.

Gedruckt auf alterungsbeständigem Papier.
Gesamtverantwortung für Druck und Herstellung bei der Nomos Verlagsgesellschaft mbH & Co. KG.
Umschlaggestaltung: Jan von Hugo

www.ergon-verlag.de

ISSN 1432-0339
ISBN 978-3-95650-935-3 (Print)
ISBN 978-3-95650-936-0 (ePDF)

Vorwort

Die vorliegende Arbeit wurde im Wintersemester 2021/2022 seitens der Juristischen Fakultät der Julius-Maximilians-Universität Würzburg als Dissertation angenommen.

Mein erster und besonderer Dank gilt meiner Doktormutter, Frau Prof. Dr. Inge Scherer, für die außerordentlich gute Zusammenarbeit und die konstruktive Kritik im Rahmen der Betreuung dieser Arbeit. Ebenfalls möchte ich Frau Prof. Dr. Anja Amend-Traut für die Erstellung des Zweitgutachtens herzlich danken.

Ferner danke ich allen Mitarbeitern der Professur für Bürgerliches Recht und Zivilprozessrecht von Frau Prof. Dr. Inge Scherer, die mich auf meinem Weg begleitet haben.

Zuvörderst bedanke ich mich jedoch ganz besonders bei meiner Familie, die mir während der Zeit der Erstellung der Arbeit stets mit schier unendlicher Geduld zur Seite stand und so maßgeblich zum Gelingen beigetragen hat. Ohne die zeitliche Rücksichtnahme meiner Frau *Sandra* und meiner Kinder, *Leonard* und *Lukas*, wäre diese Arbeit nicht möglich gewesen.

Würzburg, im Februar 2022 *Christian Lengl*

Inhaltsübersicht

Abkürzungsverzeichnis 17

A. Einleitung 19

I. Problemstellung und Themeneinordnung 20

II. Definitionen und Zahlen 22

III. Geschichtliche Entwicklung, Hintergrund und Einordnung der Zwangsheirat 37

IV. Entwicklung und Einordnung staatlicher Kindesschutzmaßnahmen 45

V. Bisheriger Forschungsstand und eigener Untersuchungsansatz 53

B. Eheschließungsunmöglichkeit für Minderjährige 56

I. Grundsätzliches zur Zivilehe im Bürgerlichen Gesetzbuch 56

II. Zivilehen Minderjähriger in Deutschland 60

III. Religiöse und traditionelle Eheschließungen Minderjähriger in Deutschland 63

IV. Eheschließungen Minderjähriger im Ausland 68

C. Die Gefahr der Zwangsheirat für Minderjährige 72

I. Tatsächliche Situation in Deutschland 72

II. Juristische Auseinandersetzung 96

III. Zwischenfazit 104

D. Gerichtliche Maßnahmen bei Gefährdung des Kindeswohls 105

I. Einführung in die Problematik des Sorgerechtsentzugs Minderjähriger 105

II. § 1666 BGB – Gerichtliche Maßnahmen bei Gefährdung des Kindeswohls 107

III. Zwischenfazit 179

E. Gerichtliche Maßnahmen bei drohender Zwangsheirat 180

I. Drohende Zwangsheirat als Gefährdung im Sinne von § 1666 BGB 180

II. Gerichtliche Maßnahmen bei drohenden Zwangsheiratsfällen im Inland 185

III. Gerichtliche Maßnahmen bei Zwangsheiratsfällen mit Auslandsbezug 216

IV. Stellungnahme zur drohenden Zwangsheirat als nachhaltige Gefährdung 231

V. Zwangs-Wiederverheiratung 231

VI. Zwischenfazit 232

F. Flankierende und verdeutlichende Ansätze 234

I. Anpassungen im Bürgerlichen Gesetzbuch 234

II. Ergänzende und kooperative Ansätze in anderen Rechtsgebieten 235

III. Sonstige, ergänzende Ansätze 237

G. Resümee 241

Thesen 245

Anhang – Rechtsprechungsübersicht 249

Literaturverzeichnis 259

Inhaltsverzeichnis

Abkürzungsverzeichnis 17

A. Einleitung 19

I. Problemstellung und Themeneinordnung 20

II. Definitionen und Zahlen 22

1. Die Zwangsheirat 22
   a) Definitionen zur Zwangsheirat 22
      aa) Restriktive, primär strafrechtlich geprägte Ansicht 22
      bb) Extensive, umfassende Ansicht 23
      cc) Vermittelende Sichtweise 24
   b) Definition der „drohenden Zwangsheirat“ 26
   c) Begriffe der Zwangsheirat, Zwangsverheiratung und Zwangsehe 27
2. Abgrenzung zu anderen Formen der Eheschließung 28
   a) Die arrangierte Heirat 29
   b) Die selbst organisierte Muss-Heirat 30
   c) Die Scheinheirat 31
   d) Die Zweckheirat 32
3. Erkenntnisse und Zahlen zur Zwangsheirat 32

III. Geschichtliche Entwicklung, Hintergrund und Einordnung der Zwangsheirat 37

1. Geschichtlicher Hintergrund der Zwangsheirat 39
2. Eheschließungsfreiheit als Grund- und Menschenrecht 41

IV. Entwicklung und Einordnung staatlicher Kindesschutzmaßnahmen 45

1. Elterliche Sorge, Kindesschutz und Sorgerechtsentzug 45
2. Verankerung im Grundgesetz 49
3. Verankerung innerhalb des supranationalen Rechts 51

V. Bisheriger Forschungsstand und eigener Untersuchungsansatz 53

B. Eheschließungsunmöglichkeit für Minderjährige 56

I. Grundsätzliches zur Zivilehe im Bürgerlichen Gesetzbuch 56
1. Die Ehe als eheliche Lebensgemeinschaft zweier Personen 56
2. Die Eheschließung 58

II. Zivilehen Minderjähriger in Deutschland 60

III. Religiöse und traditionelle Eheschließungen Minderjähriger in Deutschland 63

IV. Eheschließungen Minderjähriger im Ausland 68

C. Die Gefahr der Zwangsheirat für Minderjährige 72

I. Tatsächliche Situation in Deutschland 72
1. Allgemeine Erscheinungsformen 72
a) Charakteristika der Betroffenen 73
b) Klassifikation und Differenzierung nach dem Tätertyp 75
c) Klassifikation nach der Art des eingesetzten Druckmittels 76
d) Kombinatorische Gesamtbetrachtung 78
2. Spezifische Unterformen bei Auslandsbezug 79
a) Ferienverheiratungen und Heiratsverschleppungen 79
b) Importbräute und Heiratshandel 81
c) Verheiratung für ein Einwanderungsticket 82
3. Gründe für Zwangsheirat 84
a) Soziokulturelle Aspekte 85
b) Sozioökonomische Aspekte 90
c) Finanzielle Aspekte 91
d) Geografische und geopolitische Aspekte 93
e) Fehlverstandene Aspekte des Kindesschutzes 93
f) Bildungsferne als Aspekt 94
4. Folgen von Zwangsheirat 95

II. Juristische Auseinandersetzung 96
1. Legislative Entwicklung 97
a) Gesetz zur Bekämpfung der Zwangsheirat 98
b) Gesetz zur Bekämpfung von Kinderehen 100
c) Fortbestehende Defizite 102
2. Judikative Entwicklung 103

III. Zwischenfazit 104

D. Gerichtliche Maßnahmen bei Gefährdung des Kindeswohls 105
I. Einführung in die Problematik des Sorgerechtsentzugs Minderjähriger 105
1. Zahlen zu gerichtlichen Maßnahmen nach § 1666 BGB 105
2. Das besondere Spannungsverhältnis gerichtlicher Maßnahmen 106
II. § 1666 BGB – Gerichtliche Maßnahmen bei Gefährdung des Kindeswohls 107
1. Anwendungsbereich 107
a) Persönlicher Anwendungsbereich 107
b) Sachlicher Anwendungsbereich 109
2. Schutz von Kindeswohl und Kindesvermögen 111
a) Das persönliche Kindeswohl 111
b) Das Kindesvermögen 114
3. Gefährdung und Gefährdungsbegriff 115
a) Gefährdung des persönlichen Kindeswohls 115
aa) Das zeitliche Element 116
bb) Das qualitative Element 117
cc) Das prognostische Element 118
dd) Kombination der Elemente zur Gefährdung im Sinne von § 1666 BGB 118
ee) Die nachhaltige Gefährdung als Sonderfall der Gefährdung 121
b) Vermögensgefährdung 122
4. Anerkannte Gefährdungslagen bezüglich des persönlichen Kindeswohls 122
a) Gesundheitsgefährdung 123
aa) Kindesmisshandlungen 123
bb) Unangemessene Fürsorge 124
cc) Medizinische Eingriffe in die körperliche Integrität 126
dd) Verweigerung medizinisch gebotener Behandlungen 126
ee) Kindesgefährdende Umweltfaktoren 128
ff) Nicht tolerable Wertesystemabweichungen 128
b) Instabilität und Diskontinuität der Lebensverhältnisse 129
c) Fehlende Entwicklungsförderung 131
d) Verhinderung der Kinderautonomie 132
e) Kontaktbeschränkungen 133
f) Einseitige Verbringung eines Kindes ins Ausland 133
g) Bikulturelle und kulturell abweichende Prägungen 134

5. Gefahrabwendungsprimat der Eltern 136
6. Eltern, Elternteile und Dritte als Kindeswohlgefährder 138
7. Verhältnismäßigkeitsprüfung 140
8. Familiengerichtliche Maßnahmen 143
a) Überblick über die Maßnahmen 143
b) Ausgewählte appellative und einschränkende Maßnahmen 145
c) Entzug der elterlichen Sorge, § 1666 Abs. 3 Nr. 6 BGB 147
d) Auswahl, Beginn und Dauer der Maßnahme 148
aa) Verdachtsunabhängiges Einschreiten und Gefahrenverdacht 149
bb) Maßnahmen bei künftiger Gefährdung (Abstrakte Gefährdung) 150
cc) Maßnahmen bei absehbarer Gefährdung (Drohende Gefährdung) 150
dd) Maßnahmen bei aktueller Gefährdung (Konkrete Gefährdung) 151
ee) Maßnahmendauer 152
e) Maßnahmenfolgen 153
9. Familiengerichtliches Verfahren 155
a) Familiengericht, Familiensachen und Kindschaftssachen 155
aa) Zuständigkeit und Besetzung 155
bb) Beteiligte im Familienverfahren 158
b) Verfahrensgang 160
aa) Verfahrensgrundsätze 160
aaa) Allgemeine Verfahrensgrundsätze 160
bbb) Verfahrensvorrang und -beschleunigung 162
ccc) Sonderbestimmungen für Verfahren nach §§ 1666, 1666a BGB 164
bb) Verfahrenseinleitung 166
cc) Verfahrensdurchführung 167
dd) Verfahrensabschluss und Verfahrensüberprüfung 169
ee) Rechtsmittel 172
c) Einstweilige Anordnungen 173
d) Internationale Bezüge 177
III. Zwischenfazit 179

E. Gerichtliche Maßnahmen bei drohender Zwangsheirat 180
I. Drohende Zwangsheirat als Gefährdung im Sinne von § 1666 BGB 180
1. Zeitliches Momentum – Drohende Zwangsheirat 180
a) Anhaltslose Verdachtsfälle und rein präventives Einschreiten 181
b) Abstrakte Gefährdung 182
c) Drohende Gefährdung 182
d) Konkrete Gefährdung 183
2. Inhaltliches Momentum – Fortbestehende Möglichkeit der Zwangsheirat 184
II. Gerichtliche Maßnahmen bei drohenden Zwangsheiratsfällen im Inland 185
1. Gefährdungslage in Zwangsheiratsfällen 186
a) Quervergleich zu anerkannten Fallgruppen 186
aa) Gesundheitsgefährdung im Kontext der Zwangsheirat 186
bb) Instabilität und Diskontinuität aufgrund drohender Zwangsheirat 190
cc) Fehlende Entwicklungsförderung wegen geplanter Zwangsheirat 192
dd) Verhinderung der Kinderautonomie im Rahmen der Zwangsheirat 193
ee) Kontaktbeschränkungen im Vorfeld drohender Zwangsheirat 194
b) Drohende Zwangsheirat in der Gesamtbetrachtung 195
aa) Summarische Betrachtung 195
bb) Nicht durchgreifende Rechtfertigungsversuche 199
aaa) Kulturelle Prägung als Rechtfertigungsansatz 199
bbb) Religiöse Gebotenheit als Rechtfertigungsansatz 200
ccc) Kindeswohl als Rechtfertigungsansatz 201
ddd) Zwischenergebnis: Fehlgehen der Rechtfertigungsansätze 202
2. Gefährdungsbegegnung im Falle drohender Zwangsheirat 202
a) Konkrete Maßnahmen bei drohender Zwangsheirat 203
aa) Sorgerechtsentzug 203

bb) Alternativen zum Sorgerechtsentzug 205
aaa) Vorrangige Hilfsangebote statt Sorgerechtsentzug 206
bbb) Niederschwellige Maßnahmen anstelle des Sorgerechtsentzugs 206
ccc) Gefahrabwendung durch den anderen Elternteil 209
ddd) Sorgerechtsentzug bei Kindeswohlgefährdung durch Dritte 209
b) Maßnahmenfolgen in Zwangsheiratsfällen 210
aa) Sorgerechtübertragungsmöglichkeit auf den anderen Elternteil 210
bb) Auswahlreduktion hinsichtlich des Vormundes 211
cc) Kontraproduktivität des Umgangsrechts 211
dd) Maßnahmenaufhebung wegen Änderung des Sorgeverständnisses 212
3. Verfahrensbesonderheiten in Zwangsheiratsfällen 213
a) Zuständigkeit 213
b) Verfahrensgang 213
c) Einstweilige Anordnungen 215
d) Zusammenwirken mit anderen Behörden 215
4. Zwischenergebnis zu Zwangsheiraten ohne Auslandsbezug 216

III. Gerichtliche Maßnahmen bei Zwangsheiratsfällen mit Auslandsbezug 216
1. Bestehen eines Auslandsbezugs 217
2. Gefährdungslage in Zwangsheiratsfällen mit Auslandsbezug 218
a) Allgemeine Gefährdungslagen 218
b) Ferienverheiratungen und Heiratsverschleppungen 220
c) Importbräute und Heiratshandel 222
d) Verheiratung für ein Einwanderungsticket 223
3. Gefährdungsbegegnung bei drohender Zwangsheirat mit Auslandsbezug 225
a) Ausreiseverbote für das betroffene Kind 225
b) Einreiseverbote für den künftigen Ehegatten 227
c) Sorgerechtsentzug 228
4. Verfahrensbesonderheiten in Zwangsheiratsfällen mit Auslandsbezug 228
5. Zwischenergebnis zu Zwangsheiraten mit Auslandsbezug 230

IV. Stellungnahme zur drohenden Zwangsheirat als nachhaltige Gefährdung 231
V. Zwangs-Wiederverheiratung 231
VI. Zwischenfazit 232

F. Flankierende und verdeutlichende Ansätze 234
I. Anpassungen im Bürgerlichen Gesetzbuch 234
1. Klarstellende Untersagung Verlöbnisse Minderjähriger 234
2. Klarstellende Aufnahme der drohenden Zwangsheirat 235
II. Ergänzende und kooperative Ansätze in anderen Rechtsgebieten 235
1. Verschärfung des Personenstandsgesetzes 236
2. Einfachere Inobhutnahme durch Jugendämter 236
III. Sonstige, ergänzende Ansätze 237
1. Etablierung eines Schutzprogramms für Betroffene 237
2. Reduktion aufenthaltsrechtlicher Hürden für Betroffene 238
3. Konkrete Belehrung zur Rechtslage 238
4. Bildung, Prävention und Aufklärung 239

G. Resümee 241

Thesen 245

Anhang – Rechtsprechungsübersicht 249

Literaturverzeichnis 259

Abkürzungsverzeichnis

a.A.	andere Ansicht
AG	Amtsgericht
BayObLG	Bayerisches Oberstes Landesgericht
BayObLGZ	Entscheidungen des Bayerischen Obersten Landesgerichts in Zivilsachen
BayVBl.	Bayerische Verwaltungsblätter
BayVGH	Bayerischer Verwaltungsgerichtshof
BBAW	Berlin-Brandenburgische Akademie der Wissenschaften
BeckOGK	beck-online. GROSSKOMMENTAR
BeckOK	Beck'sche Online-Kommentare
BGH	Bundesgerichtshof
BGHZ	Entscheidungen des Bundesgerichtshofes in Zivilsachen
BT-Drs.	Drucksache des Deutschen Bundestag
BR-Drs.	Drucksache des Deutschen Bundesrat
BVerfG	Bundesverfassungsgericht
BVerfGE	Entscheidungen des Bundesverfassungsgerichts
BVerwG	Bundesverwaltungsgericht
BVerwGE	Entscheidungen des Bundesverwaltungsgerichts
DAVorm	Der Amtsvormund (Zeitschrift)
Der Nervenarzt	Fachzeitschrift für die Bereiche Psychiatrie und Neurologie
Deutsche Polizei	Magazin der Gewerkschaft der Polizei
DÖV	Die Öffentliche Verwaltung (Zeitschrift)
Drs.	Drucksache
EGMR	Europäischer Gerichtshof für Menschenrechte
EuGH	Gerichtshof der Europäischen Union
FAKomm-FamR	Fachanwaltskommentar Familienrecht
FamRB	Familien-Rechtsberater (Zeitschrift)
FamRZ	Zeitschrift für das gesamte Familienrecht
FPR	Familie, Partnerschaft, Recht (Zeitschrift)
FuR	Zeitschrift für Familie und Recht
HK-BGB	Bürgerliches Gesetzbuch Handkommentar

IPRax	Praxis des Internationalen Privat- und Verfahrensrechts (Zeitschrift)
JAmt	Das Jugendamt (Zeitschrift)
jM	juris – Die Monatszeitschrift
Jura	Juristische Ausbildung (Zeitschrift)
JurisPK-BGB	juris PraxisKommentar zum BGB
JuS	Juristische Schulung (Zeitschrift)
JZ	Juristenzeitung
KG	Kammergericht
LG	Landgericht
MüKoBGB	Münchener Kommentar zum Bürgerlichen Gesetzbuch
MüKoFamFG	Münchener Kommentar zum FamFG
MüKoStGB	Münchener Kommentar zum Strafgesetzbuch
NJW	Neue Juristische Wochenschrift
NJW-RR	Neue Juristische Wochenschrift – Rechtsprechungsreport
NK-BGB	Nomoskommentar zum BGB
NStZ	Neue Zeitschrift für Strafrecht
NVwZ	Neue Zeitschrift für Verwaltungsrecht
NZFam	Neue Zeitschrift für Familienrecht
OLG	Oberlandesgericht
RuP	Recht und Politik (Zeitschrift)
SchlHA	Schleswig-Holsteinische Anzeigen
StAZ	Das Standesamt (Zeitschrift)
VBlBW	Verwaltungsblätter für Baden-Württemberg
VerfG	Verfassungsgericht
VerfGH	Verfassungsgerichtshof
VG	Verwaltungsgericht
VGH	Verwaltungsgerichtshof
Weiterbildung	Weiterbildung - Zeitschrift für Grundlagen, Praxis und Trends
ZAR	Zeitschrift für Ausländerrecht und Ausländerpolitik
ZBlJugR	Zentralblatt für Jugendrecht und Jugendwohlfahrt
ZfJ	Zeitschrift für Jugendrecht
ZfPW	Zeitschrift für die gesamte Privatrechtswissenschaft
ZKJ	Zeitschrift für Kindschaftsrecht und Jugendhilfe
ZRP	Zeitschrift für Rechtspolitik

A. Einleitung

Aufgrund der coronabedingten epidemischen Lage von internationaler Tragweite geraten viele Probleme quasipandemischen Ausmaßes in den Hintergrund. So auch der Themenkomplex der Zwangsverheiratung vor allem unter Minderjährigen, die im Zuge der weltweiten Pandemie sogar deutlich zugenommen hat[1]. Findet die Zwangsheirat ohnehin situativ und meist nur im Hinblick auf singulär bekanntgewordene Fälle mediale und öffentliche Beachtung[2], so ist auch die juristische Berücksichtigung sowohl in der Rechtswissenschaft als auch in der Rechtspraxis – gemessen an der tatsächlichen diesbezüglichen Gefährdungssituation – eher marginal. Dies mag auch darin begründet sein, dass Politik und Gesellschaft aufgrund der klischeehaften Einordnung der Zwangsheirat und folglich der falsch verstandenen Toleranz gegenüber fremden kulturellen Gepflogenheiten[3] der Zwangsheirat lange Zeit wenig Beachtung geschenkt haben.

In der Vergangenheit wurden in der Aufarbeitung von Zwangsheiratsfällen Minderjähriger primär strafrechtliche oder bei bestehendem Auslandsbezug asylrechtliche Fragestellungen beleuchtet, ohne auf die Problemlage des zugrundeliegenden innerfamiliären Konflikts näher einzugehen. Zweifelsohne sind drohende Zwangsheiratsfälle kein rein rechtliches Problem. Vielmehr ergeben sich mannigfaltige Berührungspunkte vor allem zur Soziologie und Ethnologie, zur Pädagogik und Psychologie sowie zur allgemeinen Familien- und Jugendhilfe. Bei familienpathologischen[4] Problemfällen wie der Zwangsheirat sind jedoch familienrechtliche Maßnahmen die originäre juristische Reaktion. Wie diese Arbeit aufzeigen wird, sind die gerichtlichen Maßnahmen bei Gefährdung des Kindeswohls nach § 1666 BGB und hier speziell der familiengerichtliche Sorgerechtsentzug regelmäßig die einzig adäquate Antwort auf die drohende Zwangsverheiratung Minderjähriger.

---

1 Vgl. zur weltweit hochgerechneten, corona-bedingten Zwangsheiratszunahme: *UNICEF*, COVID-19 - A threat to progress against child marriage, S. 16.

2 Vgl. *Letzgus*, FPR 2011, 451 (452).

3 Vgl. ebd., S. 452; allgemein Staudinger/*Coester* (2020) BGB § 1666 Rn. 164.

4 Vgl. *Zenz*, Kindesmißhandlung und Kindesrechte, S. 96, 245, 255, 304 ff.; Staudinger/*Coester* (2020) BGB § 1666 Rn. 4.

In diesem einleitenden Kapitel erfolgt daher eine erste Annäherung an die häufig schwer eingruppierbare Problematik der Zwangsheirat Minderjähriger.

Hierzu bedarf es zunächst einer relativ abstrakten definitorischen Abgrenzung der Zwangsheirat, bevor die thematische Bedeutung anhand konkreter Zahlen zur aktuellen Zwangsheiratspraxis verdeutlicht wird. Zum Überblick wird sodann einerseits der Hintergrund der erzwungenen Verheiratung und das generell gewandelte Familien- und Eheverständnis, andererseits die Entwicklung der staatlichen Maßnahmen bei Kindeswohlgefährdung und insbesondere des Sorgerechtsentzugs beleuchtet. Die jeweiligen grundgesetzlichen und menschenrechtlichen Verankerungen sowie ein Blick auf den bisherigen Forschungsstand runden die Einleitung ab.

I. Problemstellung und Themeneinordnung

Jede Eheschließung[5] stellt für die Eheleute ein bedeutendes und einschneidendes Ereignis in deren Leben dar. Mit ihr sind viele rechtliche Ehewirkungen verbunden, von welchen die Zivilrechtlichen gemäß §§ 1353 ff. BGB (Eheliche Lebensgemeinschaft, Ehename, Unterhaltspflicht usw.), die Steuerrechtlichen gemäß §§ 26 ff. EStG (Zusammenveranlagung von Ehegatten) und in einigen Fällen gegebenenfalls auch die Aufenthalts- oder Asylrechtlichen gemäß §§ 27 ff. AufenthaltsG (Ehegattennachzug) nur eine exemplarische Aufzählung darstellen. Anknüpfend an den veränderten Familienstand haben diese Veränderungen teilweise gravierende Auswirkungen auf das tägliche Leben, den Status und die persönliche Identität der Eheleute. Wie viel einschneidender dieses Ereignis der Eheschließung ist, wenn die Eheschließung seitens eines oder gar seitens beider (angehender) Ehegatten unter Zwang erfolgt, mag für Außenstehende kaum vorstellbar sein.

---

5 Die Begriffe „Eheschließung" – so der im Bürgerlichen Gesetzbuch benutzte Terminus – und „Heirat" werden in der vorliegenden Arbeit synonym im Sinne der Eingehung einer Zivilehe gemäß § 1310 Abs. 1 BGB oder eines vergleichbaren Rechtsinstituts des Zivilrechts eines anderen Staates verwendet; davon strikt zu unterscheiden ist die „religiöse Eheschließung" oder „traditionelle Heirat", die meist durch Akte oder Statute einer Glaubensgemeinschaft begründet werden und unter die informellen Eheschließungsformen fallen; vgl. zum Begriff auch *Creifelds*, Rechtswörterbuch (2021), Art. Eheschließung.

Die Zwangsheirat ist ein vielschichtiges und weitläufiges Thema, welches häufig schwer abgegrenzt und noch schwerer einheitlich kategorisiert oder klassifiziert werden kann. Wie unterschiedlich sich die Art des Zwangs – angefangen bei psychischem Druck bis hin zu erheblichen Misshandlungen – darstellt, so different zeigen sich auch die Zwangsheiraten insgesamt. Häufig wird der Begriff der Zwangsheirat zu Unrecht und viel zu kurz gegriffen. Assoziationen bestehen mit jungen Frauen, die gegen ihren Willen in einen islamisch geprägten Staat verbracht werden, um dort mit einem wesentlich älteren Mann verheiratet zu werden. Dieses Bild greift jedoch bei Weitem viel zu kurz, da Zwangsheiraten sowohl von Voll- als auch von Minderjährigen ohne jedweden direkten Auslandsbezug und ohne unmittelbaren Migrationshintergrund[6] längst in der deutschen Gesellschaft angekommen sind.

Bei der Zwangsheirat handelt es sich wie bereits erwähnt um einen Themenkomplex, der nicht alleine rein rechtlich erfasst werden kann und sollte, sondern eine Vielzahl von Anknüpfungspunkten an andere Wissenschaftsbereiche aufweist. Exemplarisch seien hier nur die soziologischen, pädagogischen, sozioökonomischen, soziokulturellen und religiösen Aspekte der Zwangsheirat angeführt und herausgegriffen. Hierin spiegelt sich aber gleichsam eine gewisse Schwierigkeit bei der umfassenden Betrachtung der Zwangsheirat wider; die Vielzahl der diesbezüglichen Veröffentlichungen verschiedenster Disziplinen macht das identifizieren tatsächlicher wissenschaftlicher Erkenntnisse zur Zwangsheirat[7] neben rechtspolitischen bis populistischen Aussagen gerade sehr schwierig.[8]

---

6 Siehe unten unter A.II.3.; hierunter fallen beispielsweise die dritte und die vierte Generation, die auf Personen mit Migrationshintergrund folgen (die sogenannte Enkelgeneration); exemplarisch sind hier auch die sehr seltenen Fälle der Zwangsverheiratung innerhalb von Glaubensgemeinschaften anzuführen, vgl. *Mayr*, Gedrillt zu willenlosen Jüngern Gottes, [ohne Seitenangabe].

7 Vgl. exemplarisch zu diesbezüglichen Defiziten in den zur Zwangsheirat sogar in der wissenschaftlichen Diskussion vielfach angeführten Werken: *Kelek*, Die fremde Braut; *Hirsi Ali*, Ich klage an; *Çileli*, Wir sind Eure Töchter, nicht Eure Ehre.

8 Vgl. *Toprak*, Das schwache Geschlecht – die türkischen Männer, S. 12; ähnlich: *Beck-Gernsheim*, Wir und die anderen, S. 77; *Sütçü*, Zwangsheirat und Zwangsehe, S. 27.

II. Definitionen und Zahlen

Zunächst erfolgt im Rahmen einer ersten Annäherung ein Definitionsversuch des Begriffes der Zwangsheirat sowie eine erste Abgrenzung dieser, bevor allgemeine Erkenntnisse zur tatsächlichen Zwangsverheiratungspraxis und bisher erhobene Zahlen zur Zwangsheirat betrachtet werden.

1. Die Zwangsheirat

Erste begriffliche Schwierigkeiten ergeben sich bereits beim Erfassen und Formulieren des grundlegenden Begriffs der Zwangsheirat. Insbesondere das differente allgemeine Verständnis, aber auch die abweichenden interprofessionellen Subsumtionen unter den Begriff Zwangsheirat erfordern eine einleitende Festlegung hierzu.

a) Definitionen zur Zwangsheirat

Es gab und gibt keine generelle, allgemein akzeptierte Definition[9] zur Zwangsheirat im deutschen Sprachgebrauch. Auch im deutschen Recht existierte lange Zeit weder eine allgemeingültige Definition oder gar Legaldefinition.

aa) Restriktive, primär strafrechtlich geprägte Ansicht

Erste konkretere Definitionsansätze im parlamentarischen Verfahren finden sich ab dem Jahr 2004, wonach eine Zwangsheirat vorliegt, wenn „mindestens einer der zukünftigen Ehepartner durch eine Drucksituation zur Ehe gezwungen wird, wobei in der überwiegenden Zahl der Fälle

---

9 Eine umfassende Definition findet sich bis heute in keinem gängigen Fachwörterbuch, selbst im *Creifelds* findet sich der Begriff erstmals in der 19. Auflage 2007; vgl. *Creifelds*, Rechtswörterbuch (2007), Art. Zwangsehe; *Creifelds*, Rechtswörterbuch (2021), Art. Zwangsheirat; ferner *Karakaşoğlu/Subaşı*, Ausmaß und Ursachen von Zwangsverheiratungen, S. 100; *Deutscher Juristinnenbund*, Stellungnahme zur öffentlichen Anhörung des Bundestagsausschusses - Bekämpfung von Zwangsverheiratungen, S. 1; beispielhaft für die Schweiz: *Riaño/Dahinden*, Zwangsheirat, S. 34 ff.

Mädchen und junge Frauen betroffen sind"[10]. Erst mit dem *Gesetz zur Bekämpfung der Zwangsheirat und zum besseren Schutz der Opfer von Zwangsheirat sowie zur Änderung weiterer aufenthalts- und asylrechtlicher Vorschriften*[11] vom 23.06.2011 und dessen strafrechtlich geprägter Tatbestandsumschreibung, nämlich „einen Menschen rechtswidrig mit Gewalt oder durch Drohung mit einem empfindlichen Übel zur Eingehung der Ehe nötig[en]" [12], erfolgte der Versuch einer gesetzgeberischen Definition.

Andere Definitionsversuche stellen dagegen bisweilen sogar noch stärker auf den innerfamiliären Charakter und den rein innerfamiliären Zwang durch Eltern oder Schwiegereltern ab.[13]

Klarstellend sei bereits hier erwähnt, dass ein derartiger definitorischer Rückgriff alleine auf die Eltern als Verantwortliche in jedem Fall zu kurz greift, zumal neben oder ergänzend zu den Eltern regelmäßig auch Dritte wie Familienoberhäupter, Clanchefs oder religiöse Würdenträger hierfür in Betracht kommen.

bb) Extensive, umfassende Ansicht

Einem weitergehenden Verständnis folgt hingegen beispielsweise die Menschenrechtsorganisation *Terre des femmes*, die eine Zwangsheirat dann annimmt, wenn „mindestens einer der Eheleute durch die Ausübung von Gewalt oder durch die Drohung mit einem empfindlichen Übel zum

---

10 Vgl. BR-Drs. 767/04, S. 4.

11 Gesetz zur Bekämpfung der Zwangsheirat und zum besseren Schutz der Opfer von Zwangsheirat sowie zur Änderung weiterer aufenthalts- und asylrechtlicher Vorschriften vom 23.06.2011 (BGBl. Jahrgang 2011 Teil I Nr. 33, S. 1266).

12 Vgl. § 237 Abs. 1 StGB (Zwangsheirat) und § 37 Abs. 2a AufenthaltsG; neu gefasst bzw. eingefügt durch das Gesetz zur Bekämpfung der Zwangsheirat und zum besseren Schutz der Opfer von Zwangsheirat sowie zur Änderung weiterer aufenthalts- und asylrechtlicher Vorschriften vom 23.06.2011 (BGBl. Jahrgang 2011 Teil I Nr. 33, S. 1266); vgl. zuvor ähnlich Nr. 27.1.6 Allgemeine Verwaltungsvorschrift zum Aufenthaltsgesetz (AVwV-AufenthG) vom 26.10.2009 (GMBL 2009, S. 888 ff.).

13 Vgl. im Ergebnis nicht alle Fälle vollumfänglich abdeckend und insofern zu kurz greifend: *Meier*, Zwangsheirat Rechtslage in der Schweiz, S. 19; nur auf die eigene Familie und allenfalls die Schwiegereltern abstellend: *Schubert/Moebius*, ZRP 2006, 33 (34); *Göbel-Zimmermann/Born*, ZAR 2007, 54 (54); weitere Definitionsansätze bei: *Sütçü*, Zwangsheirat und Zwangsehe, S. 40 ff.; *Letzgus*, FPR 2011, 451 (451); die Eltern stets als Mittäter betrachtend: *Teubert/Sauer*, Prävention sexualisierter Gewalt im Kontext Flucht, S. 401.

Eingehen einer formellen oder informellen (also durch eine religiöse oder soziale Zeremonie geschlossenen) Ehe gezwungen wird und mit seiner Weigerung kein Gehör findet oder es nicht wagt, sich zu widersetzen" [14]. Gerade Aspekte wie eine passive Weigerung oder ein aktives Widersetzen mit ihrem jeweiligen subjektiven Fokus[15] verdeutlichen das Problem der begrifflichen Abgrenzung der Zwangsheirat.

Auch die Gesetzesbegründung zum *Entwurf des Gesetzes zur Bekämpfung der Zwangsheirat und zum besseren Schutz der Opfer von Zwangsheirat sowie zur Änderung weiterer aufenthalts- und asylrechtlicher Vorschriften*[16] lässt einen eher weiten Definitionsansatz erkennen: „Eine Zwangsheirat liegt dann vor, wenn mindestens einer der Eheschließenden durch Willensbeugung zur Ehe gebracht wird [...]"[17]. Dieser Ansatz wird durch eine regelhafte Aufzählung und Beispiele konkretisiert, bevor lediglich eine Abgrenzung zur arrangierten Ehe erfolgt.[18] Wieder andere Ansichten stufen selbst die arrangierte Heirat als kritisch ein und somit als Heirat unter Zwang.[19]

cc) Vermittelende Sichtweise

Als Gemeinsamkeit vieler Definition bleibt dennoch festzuhalten, dass eine Zwangsheirat jedenfalls demnach dann vorliegen soll, wenn im Rahmen der Eheanbahnung oder in der Verheiratungspraxis – im Unterschied zu allen anderen Heiratsformen[20] – zumindest einer der beiden Ehepartner durch physischen oder psychischen Zwang zur Eingehung der Ehe

14 *TERRE DES FEMMES*, Was ist Zwangsverheiratung, [ohne Seitenangabe]; vgl. *Mirbach/Schaak/Triebl*, Zwangsverheiratung in Deutschland, S. 18.

15 Vgl. dazu auch *Schlenker*, Das Verbot der Zwangsheirat, S. 21, 23; *Lehnhoff*, Sklavinnen der Tradition, S. 12.

16 Vgl. BR-Drs. 704/10.

17 BR-Drs. 704/10, S. 8.; vgl. ferner den noch weiteren Ansatz der Parlamentarischen Versammlung des Europarats zu Zwangs- und Kinderehen als „Ehe, die ohne die freie und gültige Zustimmung eines oder beider Beteiligten oder vor Vollendung des 18. Lebensjahres [...]" in: *Europäisches Parlament*, Bericht über die künftige externe Strategie der EU gegen Früh- und Zwangsverheiratung, S. 15 [Fn. 1].

18 Vgl. BR-Drs. 704/10, S. 8.

19 Vgl. *Mirbach/Schaak/Triebl*, Zwangsverheiratung in Deutschland, S. 36; *Deutscher Juristinnenbund*, Stellungnahme Bekämpfung der Zwangsverheiratungen, S. 3; *Bauer*, Kindeswohlgefährdung, S. 222; kritisch *Straßburger*, Heiratsverhalten und Partnerwahl im Einwanderungskontext, S. 207 ff., 210 f.

20 Vgl. *Karakaşoğlu/Subaşı*, Ausmaß und Ursachen von Zwangsverheiratungen, S. 100.

genötigt wird. Mit dem Verweis auf die Nötigung besteht jedoch noch eine starre, strafrechtlich vorbelegte Begrifflichkeit, die in inhaltlicher Sicht beispielsweise im Hinblick auf das Überschreiten der Erheblichkeitsschwelle der strafbaren Nötigung[21] zu einengend erscheint. Statt des strafrechtlichen Nötigens sollte im Rahmen eines umfassenden definitorischen Ansatzes bereits stärker auf die Unangemessenheit der Beeinflussung oder die „unangemessene Druckausübung"[22] abgestellt werden. Durch die Substitution des Nötigungsbegriffs[23] mit dem Begriff der unangemessenen Druckausübung kann letzterer für die allgemeine Definition der Zwangsheirat als unbestimmter Rechtsbegriff fungieren, der somit durch die konkret individuelle Auslegung eine umfassende, jedoch nicht extensive Beschreibung der Zwangsheirat ermöglicht.

Daneben lässt sich insbesondere einer Negativabgrenzung im Sinne einer Unterscheidung zu anderen Heiratsformen vieles abgewinnen. Gerade die selbstbestimmte und einvernehmliche Eheschließung als Gegensatz zur Zwangsheirat erscheint – gleichsam eines differentialdiagnostischen Ansatzes – besonders zur Abgrenzung geeignet.

Daher bildet ein vermittelnder, eher weit gefasster Definitionsansatz die Grundlage des Verständnisses von Zwangsheirat in der vorliegenden Arbeit. Eine Zwangsheirat liegt demnach vor, sobald im Rahmen der Eheanbahnung oder in der Verheiratungspraxis zumindest auf einen der beiden künftigen Ehepartner durch physischen oder psychischen Zwang unangemessener Druck zur Eingehung der Ehe ausgeübt wird.

---

21 Vgl. *Valerius*, JR 2011, 430 (433); *Kubik/Zimmermann*, JR 2013, 192 (197f.); *Eisele/Majer*, NStZ 2011, 546 (548); *Schuhmann*, JuS 2011, 789 (791); *Ensenbach*, Jura 2012, 507 (508 f.); *Kaiser*, FamRZ 2013, 77 (79); *Fischer*, Strafgesetzbuch (2021) § 237 Rn. 2; Lackner/Kühl/*Heger* (2018) StGB § 237 Rn. 3; ähnlich: *Kalthegener*, Stellungnahme zur öffentlichen Anhörung des Bundestagsausschusses - Bekämpfung von Zwangsverheiratungen, S. 5.

22 Der Begriff der *unangemessenen Druckausübung* findet sich bisher lediglich als „eine freie Entscheidung [...] ernsthaft gefährde[nd]" in ganz anderem Zusammenhang in MüKoBGB/*Roth* (2020) BGB § 652 Rn. 63; ferner wiederum in anderem Zusammenhang in: AG Dorsten DAVorm 1978, 131 (132 f.); ähnlich *Hildebrand*, Bekämpfung der Zwangsheirat, S. 22.

23 Vgl. zur entsprechenden Notwendigkeit im Strafrecht im Hinblick auf die Strafbarkeitsschwelle: *Schlenker*, Das Verbot der Zwangsheirat, S. 20.

b) Definition der „drohenden Zwangsheirat"

Die drohende Zwangsheirat beginnt zeitlich und inhaltlich häufig bereits weit vorgelagert vor dem eigentlichen Akt der Zwangsheirat, sprich vor dem Zeitpunkt oder Zeitraum der konkreten Eheschließung.

Im Hinblick auf die vorgenannte, vermittelnde Definition ist die diesbezügliche Berücksichtigung positiv herauszustellen, da die vorgelagerte Eheanbahnungsphase und die Verheiratungspraxis explizit mit aufgeführt werden. Während die Verheiratungspraxis als bestimmbarer Zeitpunkt der Eheschließung – meist als langfristig, ganz konkret geplantes Datum – mit entsprechenden Handlungen und Ritualen keiner weitergehenden Abgrenzung bedarf, stellt sich dies für die Eheanbahnungsphase komplexer dar. Die Eheanbahnung kann mit vorgelagerten Verhandlungen oder mit einer Heiratsvermittlung beginnen, die bisweilen Jahre vor der Eheschließung liegt.[24] Spätestens mit einem konkreten Eheversprechen oder mit einer durch Stellvertreter geschlossenen Eheverabredung beginnt demnach die Eheanbahnung.

Es folgt ein Zeitraum der vorehelichen Dependenz zwischen Eheversprechen und Eheschließung beziehungsweise der ersten bindenden Handlung, in welchem die künftigen Ehegatten schon auf ihre Rolle vorbereitet werden. Hierbei können bereits Zeremonien, Rituale und Handlungen wie beispielsweise Zwangsverlobungen[25] oder Ehevertragsschlüsse [26] mit faktischen Vorwirkungen stattfinden. Somit sind zumindest Einschnitte für die Betroffenen hinsichtlich Freizügigkeit und Umgang aufgrund vorheriger Versprechen oder Absprachen zu befürchten. Regelmäßig haben die Betroffenen in Ansehung der zu schließenden Ehe ihr Leben entsprechend danach auszurichten oder gar ab dem Verlöbnis[27] geradezu eheähn-

24 Vgl. *Kalthegener*, Stellungnahme zur öffentlichen Anhörung des Bundestagsausschusses - Bekämpfung von Zwangsverheiratungen, S. 5; *Spuler-Stegemann*, Die 101 wichtigsten Fragen - Islam, S. 67.

25 Vgl. Staudinger/*Voppel* (2018) BGB Vorbemerkung zu §§ 1297 Rn. 102; *Schwab*, FamRZ 2017, 1369 (1373).

26 Vgl. *Schwab*, HRG, Art. Kinderehe, Sp. 1748.

27 Vgl. *Schmidt-Wiegand*, HRG, Art. Hochzeitsbräuche, Sp. 1071 f.; *Schwab*, HRG, Art. Kinderehe, Sp. 1748; Palandt/*Götz* (2021) BGB Einführung vor § 1297 Rn. 1; Scholz/Kleffmann/*Eckebrecht*, Praxishandbuch Familienrecht, Teil A Materielles Eherecht, Eheschließungsrecht, Rn. 111 ff., 117.

lich zu leben. Schließlich sind familiäre Eheversprechen bereits vor der Geburt der jeweiligen Kinder denkbar.[28]

Die drohende Zwangsheirat stellt damit ein zeitliches Mehr im Vergleich zur Zwangsheirat dar. Insofern ist für die drohende Zwangsheirat auch ein wesentlich weiterer Definitionsansatz zugrunde zu legen, als dieser beispielsweise aus strafrechtlicher Sicht in Bezug auf das Unmittelbare Ansetzen[29] zur Zwangsheiratspraxis eröffnet erscheint.

Demnach sind die Eheanbahnung und die Zeit vorehelicher Dependenz als Zeitraum der drohenden Zwangsheirat gleichfalls zu beachten.

c) Begriffe der Zwangsheirat, Zwangsverheiratung und Zwangsehe

Auch wenn mit dem Begriff der erzwungenen Eheschließung, der Zwangseheschließung oder der Zwangsheirat meist undifferenziert vornehmlich die Schließung der Zivilehe samt derer direkten rechtlichen Folgen verstanden wird, sei herausgestellt, dass unter dem Begriff der Zwangsheirat sowohl die zivilrechtliche Eheschließung als auch eine mögliche nichtstaatliche Eheschließung oder eine religiöse Eheschließung[30] subsumiert werden kann. Im Kontext der Zwangsheirat kommt es damit gerade nicht darauf an, ob sich die erzwungene Eheanbahnung oder die erzwungene Verheiratungspraxis perspektivisch auf einen staatlichen oder nichtstaatlichen Akt beziehen.

Neben dem Begriff Zwangsheirat findet sich häufig auch die Formulierung Zwangsverheiratung, welche jedoch inhaltlich den gleichen Bedeutungsgehalt hat. Diese Formulierung verfolgt das politische beziehungsweise rechtspolitische Ziel den passiven Charakter[31] dieser Form der Eheschließung schon anhand der Begrifflichkeit besonders herauszustellen. Eine logisch zwingende Präferenz für diese Begrifflichkeit besteht aus fach-

---

28 Vgl. zum sogenannten „Wiegenverlöbnis“: *Yerlikaya*, Zwangsehen, S. 47; *Hildebrand*, Bekämpfung der Zwangsheirat, S. 85; ähnlich: *Spuler-Stegemann*, Die 101 wichtigsten Fragen - Islam, S. 67.

29 Vgl. *Sering*, NJW 2011, 2161 (2163).

30 Zur Entfaltung staatlicher Wirkungen durch religiöse Eheschließungen in anderen Staaten wird exemplarisch auf die Staaten Israel und Italien verwiesen; vgl. Rieck/*Glanz*, Ausländisches Familienrecht (2021) Israel, Rn. 6; Rieck/*Enßlin*, Ausländisches Familienrecht (2021) Italien, Rn. 6.

31 Vgl. *Icken*, Aktiv gegen Zwangsheirat, S. 25; terminologische Bedenken hingegen bei: *Yerlikaya*, Zwangsehen, S. 23.

licher und rechtswissenschaftlicher Sicht[32] hingegen nicht – gleichwohl ist das Herausstellen des passiven Charakters der Betroffenen von Zwangsheirat zu begrüßen[33].

Der Begriff der Zwangsehe hingegen umfasst neben der erfolgten Zwangsheirat[34] gerade eben auch diejenigen Ehen, die ursprünglich ohne oder zumindest ohne tatsächlich als solchen wahrgenommenen Zwang geschlossen wurden, aber (mittlerweile) mit dem entsprechenden Zwang behaftet sind, verheiratet zu bleiben[35]. Somit sind hierin zusätzlich die Ehen erfasst, in welchen aufgrund physischen oder psychischen Zwangs den Ehepartnern die (legitime) Option der Ehescheidung oder der Eheannullierung verwehrt wird. Aufgrund der damit einhergehenden, unterschiedlichen Ausgangslagen ist dieser weitergehende Begriff der Zwangsehe strikt von der Begrifflichkeit Zwangsheirat abzugrenzen, da trotz teilweise wesentlicher Überschneidungen[36] eben auch Fälle von Zwangsehen bestehen, die gänzlich ohne Zwang während, anlässlich oder im Zusammenhang mit der Heirat geschlossen werden.

2. Abgrenzung zu anderen Formen der Eheschließung

Mit Blick auf die Zwangsheirat sind begriffliche Abgrenzungen zu Selbiger erforderlich, da die arrangierte Heirat, die Scheinheirat und die Zweckheirat durchaus inhaltliche Deckungsmengen aufweisen können.

---

32 Vgl. zur Begrifflichkeit allgemein: *Fischer*, Strafgesetzbuch (2021) § 237 Rn. 2; *Valerius*, JR 2011, 430 (431); BeckOK-StGB/*Valerius* (2021) § 237 Rn. 1.3; *Kubik/Zimmermann*, JR 2013, 192 (193); insgesamt hat sich der Begriff in den überwiegenden fachlichen Artikeln nicht konsequent durchgesetzt, einzig die Allgemeine Verwaltungsvorschrift zum Aufenthaltsgesetz (AVwV-AufenthG) vom 26.10.2009 (GMBL 2009, S. 888 ff.) greift ihn verbindlich auf; *Schmäing*, Stellungnahme zur öffentlichen Anhörung des Bundestagsausschusses - Bekämpfung von Zwangsverheiratungen, S. 6; kritisch zum Begriff stehend: *Yerlikaya*, Zwangsehen, S. 23.

33 In der vorliegenden Arbeit wird der Begriff der Zwangsverheiratung an geeigneter Stelle daher synonym zum Begriff der Zwangsheirat verwendet ohne damit eine gesellschaftspolitische Bewertung vorzunehmen.

34 Vgl. *Mirbach/Schaak/Triebl*, Zwangsverheiratung in Deutschland, S. 18; *Hildebrand*, Bekämpfung der Zwangsheirat, S. 32.

35 Vgl. *Arbeitsgemeinschaft Zwangsverheiratung und Kinder- und Jugendhilferecht*, Zwangsverheiratung bekämpfen, S. 11; *Meier*, Zwangsheirat Rechtslage in der Schweiz, S. 20; *Schlenker*, Das Verbot der Zwangsheirat, S. 27; *Sütçü*, Zwangsheirat und Zwangsehe, S. 42; *Riaño/Dahinden*, Zwangsheirat, S. 37; diese Differenzierung verkennend: *Yerlikaya*, Zwangsehen, S. 23.

36 Vgl. *Schlenker*, Das Verbot der Zwangsheirat, S. 17.

a) Die arrangierte Heirat

Die erste, notwendige Abgrenzung der Zwangsheirat besteht im Hinblick auf die arrangierte Heirat. Die arrangierte Heirat ist als eine Form der (noch) freien Partnerwahl zu verstehen, das heißt, dass die Eheanbahnung zwar durch Dritte initiiert wird[37], aber die Heirat im vollen Einverständnis[38] beider Ehepartner erfolgt. Letztlich können sich die künftigen Ehepartner somit auch gegen eine Eheschließung entscheiden.[39] Eine trennscharfe Abgrenzung, gerade auch aufgrund des fließenden Übergangs im Zusammenhang mit Heiratsvermittlungen[40] – sei es mit und ohne Einverständnis der künftigen Ehepartner –, ist in der Praxis wohl kaum möglich.[41] Daher wird häufig auch von der Grauzone zwischen arrangierter und erzwungener Heirat gesprochen[42].

Oftmals liegen der arrangierten Heirat bewusste, gar strategische Entscheidungen zum wirtschaftlichen oder gesellschaftlichen Fortkommen, zum Erhalt des sozialen Status oder im Hinblick auf die standesgemäße Herkunft der Ehepartner zugrunde. Teilweise bestehen auch rein strategische Eheschließungen, die eine gesamtfamiliäre Heirats- und Erbstrategie

---

37 Vgl. *Hildebrand*, Bekämpfung der Zwangsheirat, S. 26.

38 Vgl. *Straßburger*, Zwangsheirat und arrangierte Ehe, S. 71 ff.; *Mirbach/Schaak/Triebl*, Zwangsverheiratung in Deutschland, S. 18; *Deutscher Juristinnenbund*, Stellungnahme Bekämpfung der Zwangsverheiratungen, S. 2.

39 Vgl. die entsprechende Ausführung in Nr. 27.1a.2.1 Allgemeine Verwaltungsvorschrift zum Aufenthaltsgesetz (AVwV-AufenthG) vom 26.10.2009 (GMBL 2009, S. 888 ff.); ferner: *Schlenker*, Das Verbot der Zwangsheirat, S. 24 ff.; *Sütçü*, Zwangsheirat und Zwangsehe, S. 45; *Hildebrand*, Bekämpfung der Zwangsheirat, S. 26; *Riaño/Dahinden*, Zwangsheirat, S. 38; *Müller*, Arrangement und Zwang, S. 125.

40 Vgl. *Bauer*, Kindeswohlgefährdung, S. 224; *Sütçü*, Zwangsheirat und Zwangsehe, S. 95.

41 Vgl. *TERRE DES FEMMES*, Einschätzung Gesetz zur Bekämpfung von Kinderehen, S. 6; *Deutscher Juristinnenbund*, Stellungnahme Bekämpfung der Zwangsverheiratungen, S. 3; *Bauer*, Kindeswohlgefährdung, S. 222; Nr. 27.1.6 Allgemeine Verwaltungsvorschrift zum Aufenthaltsgesetz (AVwV-AufenthG) vom 26.10.2009 (GMBL 2009, S. 888 ff.); *Schmäing*, Stellungnahme zur öffentlichen Anhörung des Bundestagsausschusses - Bekämpfung von Zwangsverheiratungen, S. 6; zum Vorschlag des zusätzlichen Begriffs der „arrangierten Zwangsheirat": *Sütçü*, Zwangsheirat und Zwangsehe, S. 96 f.

42 Vgl. *Mirbach/Schaak/Triebl*, Zwangsverheiratung in Deutschland, S. 18; *Straßburger*, Zwangsheirat und arrangierte Ehe, S. 73 f., 78 f., 82; *Meier*, Zwangsheirat Rechtslage in der Schweiz, S. 21; *Böge*, Stellungnahme zum Thema Zwangsheirat, S. 1; *Alfes*, FactSheet Zwangsverheiratung, S. 2.

verfolgen.[43]. Inwiefern die Betroffenen sich unter Druck gesetzt fühlen oder sie in der Äußerung ihres freien Willen eingeschränkt sind, vermögen die Betroffenen häufig nur selbst zu beurteilen.[44] Sofern die arrangierte Ehe damit letztlich aus freiem Willen der künftigen Ehegatten eingegangen wird, schließt dies eine Subsumtion unter Zwangsheirat aus.[45]

b) Die selbst organisierte Muss-Heirat

Neben der Zwangsehe und der arrangierten Ehe wird bisweilen noch eine dritte, kritische Kategorie genannt, die als „selbst organisierte Heirat“[46] oder noch deutlicher als selbst organisierte Muss-Heirat bezeichnet werden kann. Damit sind diejenigen Eheanbahnungen gemeint, bei denen ein Ehepartner sich selbst zu einer Heirat verpflichtet oder gezwungen sieht, ohne dass bei der konkreten Entscheidung zur Eheschließung direkter äußerlicher Zwang ausgeübt wurde. Für diese Art der Heirat ist beispielsweise eine bestehende Schwangerschaft der künftigen Braut denkbar.

Häufig ist diese Eheschließungsform wohl auf ein falschverstandenes gesellschaftliches Bild oder die jeweilige eigene soziale oder wirtschaftliche Stellung zurückzuführen, die eine Eheeingehung als notwendig erscheinen lässt. Insofern ist hier eine besonders kritische Prüfung der Situation und der Begleitumstände nötig. Abgrenzungsprobleme bestehen dann am ehesten, wenn beispielsweise aus falsch verstandenem Ehe- oder Familienverständnis oder aus wirtschaftlicher Abhängigkeit eine aus subjektiver Sicht alternativlose Eheschließung im weiteren Fortgang in einer Zwangsehe ohne Scheidungsmöglichkeit mündet.

Wie bei familiären Heiratsstrategien ist auch bei dieser persönlichen Heiratsstrategie die individuelle Betroffenheit fließend. Angefangen bei

43 Vgl. *Sütçü*, Zwangsheirat und Zwangsehe, S. 50; MüKoBGB/*Koch* (2019) Einleitung zum Familienrecht, Rn. 7.

44 Vgl. *Alfes*, FactSheet Zwangsverheiratung, S. 2; *Sütçü*, Zwangsheirat und Zwangsehe, S. 40; kritisch: *Schlenker*, Das Verbot der Zwangsheirat, S. 21.

45 Vgl. *Letzgus*, FPR 2011, 451 (455); BT-Drs. 17/4401, S. 8; *Schubert/Moebius*, ZRP 2006, 33 (34); *Göbel-Zimmermann/Born*, ZAR 2007, 54 (58); *Yerlikaya/Çakır-Ceylan*, ZIS 2011, 205 (206); *Valerius*, JR 2011, 430 (433); *Ensenbach*, Jura 2012, 507 (508); *Kaiser*, FamRZ 2013, 77 (79); *Alfes*, FactSheet Zwangsverheiratung, S. 2; kritisch: *Sütçü*, Zwangsheirat und Zwangsehe, S. 22, 45 ff., 73 ff.; a.A. *Kelek*, ZAR 2006, 232 (234).

46 *Meier*, Zwangsheirat Rechtslage in der Schweiz, S. 22; *Sütçü*, Zwangsheirat und Zwangsehe, S. 45; im Ansatz auch: *Schlenker*, Das Verbot der Zwangsheirat, S. 32.

lediglich bezweckten, reinen Versorgungsehen erstrecken sich die Fälle bis hin zu psychischen Zwangslagen im Sinne einer pathologischen Ausnahmesituation beispielswiese in Fällen einer bestehenden Schwangerschaft.

c) Die Scheinheirat

Bei der Scheinheirat oder Scheinehe[47] wird auf das Eingehen einer ehelichen Lebensgemeinschaft schon gar nicht abgezielt, sondern der Zweck der Eheschließung ist ausschließlich ehefremd[48]. Typischerweise liegen hier zum Beispiel Sprachbarrieren zwischen den Ehegatten, gegenseitige Unkenntnis oder erhebliche Altersunterschiede sowie weitere Begleitumstände vor[49]. Die an die Eheschließung anknüpfenden Rechtsfolgen werden in derartigen Fällen rechtsmissbräuchlich genutzt[50]. Liegt der ausschließliche Zweck der Heirat in der Erlangung eines günstigeren aufenthaltsrechtlichen Status spricht man auch von Aufenthaltsehen[51]. Aber auch Eheschließungen zur Verdeckung der originären sexuellen Orientierung können in entsprechenden Scheinheiraten münden.

Gerade im Bereich der Aufenthaltsehen bestehen partielle Schnittmengen mit Zwangsheiraten, die teilweise ebenfalls die Erlangung eines aufenthaltsrechtlichen Vorteils bezwecken. Jedoch handelt es sich um vollkommen andere Ausgangslagen[52], die lediglich das gleiche Ziel verfolgen. Vor allem hinsichtlich der oftmals im Vordergrund stehenden finanziellen Gegenleistungen für die Eheschließung gibt es aber durchaus Deckungsmengen. Der Unwertgehalt der Zwangsheirat ist hingegen auch aufgrund der damit einhergehenden unangemessenen Drucksituation in keiner Weise vergleichbar mit der – gemäß § 1314 Abs. 2 Nr. 5 BGB zwar ebenfalls aufhebbaren – Scheinheirat.

---

47 Vgl. BT-Drs. 13/9416, S. 28, 30; Staudinger/*Voppel* (2018) BGB § 1314 Rn. 62 ff., insb. 67 f.; *Maschwitz*, Die Form der Eheschließung, S. 127 ff.; Palandt/*Götz* (2021) BGB Einführung vor § 1303 Rn. 2.

48 Vgl. OLG Celle FamRZ 1998, 1108 (1108); OLG Naumburg FamRZ 2008, 276 (276); *Schmitz-Justen*, StAZ 2007, 107 (111); KG FamRZ 2001, 1610 (1610); Staudinger/*Voppel* (2018) BGB § 1353 Rn. 14; Palandt/*Siede* (2021) BGB Einführung vor § 1303 Rn. 2; *Kaiser*, FamRZ 2013, 77 (81).

49 Vgl. BT-Drs. 13/9416, S. 30.

50 Vgl. ebd., S. 30; Staudinger/*Voppel* (2018) BGB § 1353 Rn. 14.

51 Vgl. Staudinger/*Voppel* (2018) BGB § 1314 Rn. 62, 69.

52 Vgl. *Göbel-Zimmermann*, Stellungnahme zur öffentlichen Anhörung des Bundestagsausschusses - Bekämpfung von Zwangsverheiratungen, S. 4; *Schlenker*, Das Verbot der Zwangsheirat, S. 135.

Gleichwohl sind auch Fallkonstellationen denkbar, in welchen aus der Sicht des minderjährigen, künftigen Ehegatten eine Zwangsheirat vorliegt, diese sich dann jedoch als reine Scheinehe aufgrund beispielsweise des Aufenthaltsstatus herausstellt; insofern kommt es auf die jeweilige Einzelfallbetrachtung an.

d) Die Zweckheirat

Eine Zweckheirat[53] liegt vor, wenn über die eheliche Lebensgemeinschaft gemäß § 1353 BGB hinaus ein weiteres Motiv für die Eheschließung vorliegt[54]. Dies kann beispielsweise wiederum die Erlangung eines günstigeren aufenthaltsrechtlichen Status[55] oder eine Versorgungsehe mit Blick auf Versorgungs- beziehungsweise Rentenbezüge[56] sein oder auf das Vermögen des künftigen Ehegatten abzielen. Solange hierin jeweils eine lediglich ergänzende Zweckerreichung[57] neben der ehelichen Lebensgemeinschaft besteht, ist dagegen zumindest rechtlich nichts einzuwenden.

Mit Blick auf die jeweils intendierten und parallel verfolgbaren Ziele schließen sich in Ermangelung eines verbindlichen Eheleitbildes[58] die Zweckheirat und die klassische Liebesheirat[59] gerade nicht derart aus, wie dies im Hinblick auf die Zwangsheirat der logische Fall ist.

3. Erkenntnisse und Zahlen zur Zwangsheirat

Gehen verschiedene Studienzahlen von weltweit jährlich mehreren Millionen zwangsverheirateten Minderjährigen[60], von jährlich bis zu zehn

53 Bisweilen auch als *reine Vernunftheirat* umschrieben; vgl. *Freudenberg*, Verfangen im Netz des Aufenthaltsrechts, S. 244; Staudinger/*Voppel* (2018) BGB § 1353 Rn. 13.

54 Vgl. Erman-BGB/*Kroll-Ludwigs* (2020) BGB § 1353 Rn. 4.

55 Vgl. Staudinger/*Voppel* (2018) BGB § 1353 Rn. 13; Erman-BGB/*Kroll-Ludwigs* (2020) BGB § 1353 Rn. 4.

56 Vgl. Staudinger/*Voppel* (2018) BGB § 1314 Rn. 62.

57 Vgl. Erman-BGB/*Kroll-Ludwigs* (2020) BGB § 1353 Rn. 4; Staudinger/*Voppel* (2018) BGB § 1353 Rn. 13; FAKomm-FamR/*Weinreich* (2011) BGB § 1353 Rn 5; a.A. RGRK/*Roth-Stielow* BGB § 1353 Rn 9.

58 Vgl. Staudinger/*Voppel* (2018) BGB § 1314 Rn. 64.

59 Vgl. *Müller*, Arrangement und Zwang, S. 126 f.

60 Vgl. *UNICEF Innocenti Research Centre*, Early Marriage - Child Spouses, S. 2; BR-Drs. 767/04, S. 5; *Fachkommission Zwangsverheiratung Baden-Württemberg*, Bericht,

Millionen Kinderbräuten[61] und aktuell tendenziell steigenden Zahlen[62] in beiden Bereichen aus, zeigt dies, dass es für internationale Erhebungen relativ valide Zahlen beziehungsweise Hochrechnungen gibt. Die zahlenmäßige Erfassung stellt sich in der Bundesrepublik Deutschland, obgleich die Problematik bereits bis zu den ersten größeren Migrationsbewegungen vor rund vierzig Jahre zurückreicht[63],wesentlich schwieriger dar.

Für Deutschland gibt es zur Gesamtzahl der jährlich stattfindenden Zwangsheiraten nach wie vor keinerlei repräsentative Studien mit vergleichenden Zeitreihen.[64] Bis ins Jahr 2011 gab es für das Bundesgebiet größtenteils gar keine aussagekräftigen Daten[65], sondern lediglich Schätzungen, wobei diese in der Vergangenheit von sogar bis zu 30.000 Zwangsheiraten pro Jahr in Deutschland ausgingen[66].

Eine Erhebung unter fünfzig entsprechenden Beratungsstellen in Berlin ergab für das Jahr 2002 eine Zahl von 230 dort aktenkundigen Zwangshei-

S. 24; *UNFPA*, Marrying Too Young, S. 22 ff.; *International Labour Office*, Global estimates of modern slavery, S. 5; unter Bezug auf Care Deutschland-Luxemburg e.V.: *Hüßtege*, FamRZ 2017, 1374 (1374); *Europäisches Parlament*, Bericht über die künftige externe Strategie der EU gegen Früh- und Zwangsverheiratung, S. 5 f.

61 Vgl. *UNICEF*, COVID-19 - A threat to progress against child marriage, S. 12; Europäisches Parlament, Bericht über die künftige externe Strategie der EU gegen Früh- und Zwangsverheiratung, S. 5 f.

62 Vgl. *UNICEF*, COVID-19 - A threat to progress against child marriage, S. 5, 16.

63 Vgl. *Letzgus*, FPR 2011, 451 (452); vgl. unter Verweis auf im Jahr 2008 deutlich steigende Zahlen exemplarisch: *TERRE DES FEMMES*, Deutschland: Mehr Hilferufe wegen Zwangsehen und Gewalt im Namen der „Ehre“, S. 1 f.; *Sering*, NJW 2011, 2161 (2161).

64 Vgl. *Sütçü*, Zwangsheirat und Zwangsehe, S. 28.

65 Vgl. *Arbeitsgemeinschaft Zwangsverheiratung und Kinder- und Jugendhilferecht*, Zwangsverheiratung bekämpfen, S. 8; *Karakaşoğlu/Subaşı*, Ausmaß und Ursachen von Zwangsverheiratungen, S. 103; so auch jeweils in zeitlichem Abstand BR-Drs. 767/04, S. 5; *Deutscher Juristinnenbund*, Stellungnahme zur öffentlichen Anhörung des Bundestagsausschusses - Bekämpfung von Zwangsverheiratungen, S. 4; *Schubert/Moebius*, ZRP 2006, 33 (34); *Sering*, NJW 2011, 2161 (2161); *Mirbach/Schaak/Triebl*, Zwangsverheiratung in Deutschland, S. 13; BT-Drs. 17/1213, S. 7 f.; BT-Drs. 17/4401, S. 10; *Kaiser*, FamRZ 2013, 77 (77); *Berliner Initiative gegen Gewalt an Frauen*, Zwangsverheiratung, S. 7; *Gesterkamp*, Deutsche Polizei 2015, 9 (12); *Sütçü*, Zwangsheirat und Zwangsehe, S. 25 ff.

66 Vgl. *Karakaşoğlu/Subaşı*, Ausmaß und Ursachen von Zwangsverheiratungen, S. 103; kritisch: *Hildebrand*, Bekämpfung der Zwangsheirat, S. 43; *Fischer*, Strafgesetzbuch (2021) § 237 Rn. 4; zur fehlenden Datenbasis und Validität derartiger Schätzungen: *Sütçü*, Zwangsheirat und Zwangsehe, S. 27 f.

ratsfällen[67]. Allein für Stuttgart wurden im vergleichbaren Kontext damals hochgerechnet 120 Betroffene von Zwangsheiratsfällen benannt[68]. Würde man diese Werte auf die deutsche Gesamtbevölkerung undifferenziert hochrechnen, ergäben sich hieraus 5.200 bis 16.400 Betroffene jährlich. Auch wenn diese Zahl anfangs sehr hochgegriffen erscheint, ist insgesamt von einer sehr großen Fallzahl und einer noch viel größeren Dunkelziffer[69] auszugehen. Einzelne vorwiegend regionale und insgesamt nicht für Gesamtdeutschland repräsentative Erhebungen in den Folgejahren kamen zu vergleichbaren Teilstichproben.[70] Obwohl eine Befragung von Beratungsstellen aus dem Jahr 2008 vermutlich nur einen Bruchteil der Zwangsheiratspraxis abbildete, wird mit 3.443 registrierten, beratenen Personen[71] zumindest eine ungefähre Falluntergrenze deutlich.

Aus verschiedenen Befragungen und Studien lässt sich zudem der Prozentsatz der Minderjährigen im Vergleich zur Gesamtzahl der von Zwangsheirat Betroffenen auf einen Mindestanteil von 27-30 Prozent[72] mit Werten bis hin zu 40-50 Prozent[73] festlegen und eine primäre Betroffenheit bei jungen Frauen im Alter von sechzehn bis einundzwanzig Jahren ausmachen.[74] Auch singuläre Teilerhebungen zum partiell korrelierenden Bereich der Minderjährigenehen ermöglichen mangels Vergleichsdaten

---

67 Vgl. BR-Drs. 767/04, S. 5; immer noch auf diese Zahlen verweisend: BR-Drs. 704/10, S. 8.

68 Vgl. BR-Drs. 767/04, S. 5.

69 Vgl. *Schubert/Moebius*, ZRP 2006, 33 (34); BT-Drs. 15/5951, S. 7; *Freudenberg*, Verfangen im Netz des Aufenthaltsrechts, S. 242; TERRE DES FEMMES, Einschätzung Gesetz zur Bekämpfung von Kinderehen, S. 6; *Menne*, FamRZ 2016, 1223 (1224); *Fachkommission Zwangsverheiratung Baden-Württemberg*, Bericht, S. 25; *Europäisches Parlament*, Bericht über die künftige externe Strategie der EU gegen Früh- und Zwangsverheiratung, S. 8; *Schlenker*, Das Verbot der Zwangsheirat, S. 86.

70 Vgl. *Abgeordnetenhaus Berlin*, Berlin bekämpft Zwangsverheiratungen, S. 3 ff.; *Mirbach/Müller/Triebl*, Befragung Zwangsheirat in Hamburg, S. 6 ff.; *Fachkommission Zwangsverheiratung Baden-Württemberg*, Bericht, S. 25 ff.; *Arbeitsgemeinschaft Zwangsheirat Hannover*, Auswertung der Erhebung 2008, S. 3; *Alfes*, FactSheet Zwangsverheiratung, S. 3.

71 Vgl. *Mirbach/Schaak/Triebl*, Zwangsverheiratung in Deutschland, S. 22.

72 Vgl. *PAPATYA*, Projektabschlussbericht Interkulturelle Onlineberatung, S. 22; *Mirbach/Schaak/Triebl*, Zwangsverheiratung in Deutschland, S. 23.

73 Vgl. *Karakaşoğlu/Subaşı*, Ausmaß und Ursachen von Zwangsverheiratungen, S. 104; zur sogar überwiegenden Betroffenheit: *Schlenker*, Das Verbot der Zwangsheirat, S. 15.

74 Vgl. *Göbel-Zimmermann/Born*, ZAR 2007, 54 (56); *Hillgruber*, ZAR 2006, 304 (309); *Kaiser*, FamRZ 2013, 77 (77); *Schlenker*, Das Verbot der Zwangsheirat, S. 73.

nur einen sehr begrenzten Einblick.[75] In Bezug auf Minderjährigenehen wurden zum Stichtag 31.07.2016 beispielsweise 1.475 minderjährige Personen mit dem Familienstand verheiratet im Ausländerzentralregister geführt.[76]

Besonders herauszustellen ist dabei die häufig übersehene und nicht zu unterschätzende Betroffenheit von jungen Männern[77], so dass bei Zwangsheiraten in rund sieben Prozent[78] bis zehn Prozent[79] aller Fälle Männer als Opfer betroffen waren. Aufgrund der allgemein fehlenden Befragungsakzeptanz seitens männlicher Befragungsteilnehmer ist hier zudem wohl von einem erheblichen Dunkelfeld auszugehen.

Darüber hinaus stellten die Studien klar, dass Zwangsheirat keinesfalls ein rein unmittelbares Migrationsproblem ist[80], da rund 32 Prozent der Betroffenen in Deutschland geboren waren, gefolgt von der Türkei als Geburtsland mit rund 23 Prozent[81]. Zudem hatten rund 44 Prozent aller Betroffenen die deutsche oder zumindest eine doppelte Staatsbürgerschaft[82]. Einzelne Schätzungen gehen sogar von einer Zwangsheiratsquote von über 33 Prozent unter deutschen Musliminnen mit Migrationshintergrund zu einem islamisch geprägten Land aus.[83]

Zur Bevölkerung mit Migrationshintergrund im weiteren Sinne „zählen alle Personen, die die deutsche Staatsangehörigkeit nicht durch Geburt besitzen oder die mindestens ein Elternteil haben, auf das dies zutrifft. Im Einzelnen haben folgende Gruppen nach dieser Definition einen Migrationshintergrund: Ausländerinnen und Ausländer, Eingebürgerte, (Spät-) Aussiedlerinnen und (Spät-) Aussiedler, Personen, die durch die Adoption deutscher Eltern die deutsche Staatsbürgerschaft erhalten haben,

---

75 Vgl. BT-Drs. 18/9595, S. 20.

76 Vgl. ebd., S. 20; BT-Drs. 18/12086, S. 14.

77 Vgl. *Arbeitsgemeinschaft Zwangsverheiratung und Kinder- und Jugendhilferecht*, Zwangsverheiratung bekämpfen, S. 49 f.; *Mirbach/Schaak/Triebl*, Zwangsverheiratung in Deutschland, S. 18, 42 ff.; *PAPATYA*, Projektabschlussbericht Interkulturelle Onlineberatung, S. 31; *Strobl/Lobermeier*, Abschlussbericht Evaluierung Interkulturelle Onlineberatung, S. 5; Europäisches Parlament, Bericht über die künftige externe Strategie der EU gegen Früh- und Zwangsverheiratung, S. 5.

78 Vgl. *Mirbach/Schaak/Triebl*, Zwangsverheiratung in Deutschland, S. 22.

79 Vgl. *Karakaşoğlu/Subaşı*, Ausmaß und Ursachen von Zwangsverheiratungen, S. 104.

80 Vgl. *Freudenberg*, Verfangen im Netz des Aufenthaltsrechts, S. 242; *Schlenker*, Das Verbot der Zwangsheirat, S. 29.

81 Vgl. *Mirbach/Schaak/Triebl*, Zwangsverheiratung in Deutschland, S. 28.

82 Vgl. ebd., S. 30.

83 Vgl. *Spuler-Stegemann*, Die 101 wichtigsten Fragen - Islam, S. 66 f.

sowie die Kinder dieser vier Gruppen."[84] Miterfasst werden demnach Personen, die „aufgrund ihrer eigenen Merkmale eigentlich keinen Migrationshintergrund ha[ben], jedoch Eltern ha[ben], die ausländisch, eingebürgert, (Spät-) Aussiedler/-in oder von einem deutschen Elternteil adoptiert sind"[85].

Die Bedeutung eines Migrationshintergrunds im weitesten Sinne – insbesondere im Hinblick auf die Türkei[86] und arabisch-islamische Staaten[87]– spielt damit zwar eine entscheidende, aber keinesfalls eine ausschließliche Rolle[88]. Zwangsverheiratungen kommen in diversen ethnischen und religiösen Konstellationen vor, so dass neben dem Islam auch christliche, christlich-orthodoxe, jüdische, jüdisch-orthodoxe und hinduistische Religionsbezüge bestehen.[89]

Als sozialwissenschaftlich interessanten Gesichtspunkt zeigten die Studien ferner eine Korrelation mit dem bestehenden Bildungsniveau der Betroffenen selbst und dem ihrer nächsten Familienangehörigen. Je höher demnach das Bildungsniveau war, desto unwahrscheinlicher war die Gefahr der Zwangsheirat[90].

Zwar darf nicht verkannt werden, dass die Erhebungen meist vor den einschlägigen, vermeintlich zwangsheiratszurückdrängenden Gesetzesanpassungen erfolgten, gleichwohl dürften die gewonnenen Erkenntnisse unverändert fortgelten, zumal der rechtspraktische Erfolg der legislativen

84 *Statistisches Bundesamt*, Personen mit Migrationshintergrund, [ohne Seitenangabe].

85 Ebd., [ohne Seitenangabe].

86 Vgl. *Edinger*, StAZ 2012, 194 (195); *Karakaşoğlu/Subaşı*, Ausmaß und Ursachen von Zwangsverheiratungen, S. 110 f.; MüKoStGB/*Wieck-Noodt* (2021) StGB § 237 Rn. 2; *Fachkommission Zwangsverheiratung Baden-Württemberg*, Bericht, S. 17; *Schlenker*, Das Verbot der Zwangsheirat, S. 70.

87 Vgl. BT-Drs. 15/5951, S. 6 ff.; *Büchler*, FS Brudermüller, S. 64 ff.; *Rohe*, Das islamische Recht, S. 213 f.; *Kaiser*, FamRZ 2013, 77 (77 f.); *Fadlalla*, FPR 2011, 449 (450); *Menne*, FamRZ 2016, 1223 (1224).

88 Vgl. *Parhisi*, Stellungnahme zur öffentlichen Anhörung des Bundestagsausschusses - Bekämpfung von Zwangsverheiratungen, S. 6; *Schlenker*, Das Verbot der Zwangsheirat, S. 71.

89 Vgl. *Schröttle*, Zwangsverheiratung, Gewalt und Paarbeziehungen, S. 149; *Schubert/Moebius*, ZRP 2006, 33 (34); MüKoStGB/*Wieck-Noodt* (2021) StGB § 237 Rn. 3; *Schlenker*, Das Verbot der Zwangsheirat, S. 29, 49; *Yerlikaya*, Zwangsehen, S. 50.

90 Vgl. *Strobl/Lobermeier*, Zwangsverheiratung, S. 7; *Mirbach/Schaak/Triebl*, Zwangsverheiratung in Deutschland, S. 33; *Mirbach/Müller/Triebl*, Befragung Zwangsheirat in Hamburg, S. 21; ähnlich: *Schlenker*, Das Verbot der Zwangsheirat, S. 60 ff.

Anpassungen ohnehin seit jeher bezweifelt wird.[91] Vielmehr dürfte sich das Problem der Zwangsverheiratung in den letzten Jahren durch die zunehmenden Migrationsbewegungen und abnehmenden Integrationsbemühungen noch verschärft, keinesfalls jedoch gebessert haben.[92] Alleine beim staatlichen Hilfetelefon *Gewalt gegen Frauen* des Bundesamtes für Familie und zivilgesellschaftliche Aufgaben erfolgten im Zeitraum vom Juli 2017 bis Juni 2020 rund 600 Beratungsgespräche zum Thema Zwangsheirat.[93] Auch andere Beratungsstellen melden in den letzten Jahren weiterhin viele von Zwangsheirat betroffene Minderjährige[94]. Mit nach alledem vermeintlich jährlich weiterhin mehreren Tausenden von Zwangsverheiratung Betroffenen in der Bundesrepublik ist jedenfalls festzuhalten, dass die Zahl der von drohender Zwangsheirat bedrohten Minderjährigen kein Randphänomen darstellt.

III. Geschichtliche Entwicklung, Hintergrund und Einordnung der Zwangsheirat

Wenn im Rahmen von Zwangsheiratsfällen unter pauschalem Hinweis auf deren soziokulturell überkommenes Verständnis von Familie[95] oder auf den migrationsbedingten Ursprung und Eintrag[96] verwiesen wird, ist dies in einzelnen Fällen korrekt, greift aber auch in zweierlei Hinsicht zu kurz.

Einerseits wird dabei das generell in den letzten Jahrzenten veränderte und sich in Teilen immer noch im Wandel befindliche Familien- und

---

91 Vgl. exemplarisch *Kaiser*, FamRZ 2013, 77 (89 f.).

92 Vgl. BT-Drs. 18/12086, S. 1, 14; *Andrae*, NZFam 2016, 923 (923, 927); *Wissenschaftliche Dienste*, Ausarbeitung - Zwangsheirat und Minderjährigenehen in Deutschland, S. 4; *Andrae*, Internationales Familienrecht, S. 89; für das Unionsgebiet ähnlich *Europäische Kommission*, Zweiter Bericht über die Fortschritte bei der Bekämpfung des Menschenhandels, S. 5; exemplarisch: *Bezirksamt Friedrichshain-Kreuzberg*, Informationen für die Berliner Schulen zu Zwangsverheiratungen in den Sommerferien, S. 1; *Ateş*, Trennung, Scheidung und (Rechts-)Folgen, S. 226.

93 Vgl. BT-Drs. 19/21079, S. 6.

94 Vgl. *Berliner Initiative gegen Gewalt an Frauen*, Zwangsverheiratung, S. 7; *Evangelische Gesellschaft Stuttgart*, Erfahrungen Gesetz zur Bekämpfung von Kinderehen, S. 4; *Bezirksamt Friedrichshain-Kreuzberg*, Evaluierungsergebnisse zum Ausmaß von Zwangsverheiratungen in Berlin, S. 2.

95 Vgl. BT-Drs. 17/4401, S. 8; *Sering*, NJW 2011, 2161 (2161).

96 Vgl. BR-Drs. 767/04, S. 4; *Letzgus*, FPR 2011, 451 (451).

Eheverständnis[97] verkannt. Exemplarisch sei hier nur auf den, trotz des *Gesetzes über die Gleichberechtigung von Mann und Frau auf dem Gebiete des bürgerlichen Rechts*[98] vom 18.06.1957 nach § 1628 BGB a.F. und § 1629 Abs. 1 BGB a.F., bis 1959 geltenden Stichentscheids[99] des Vaters oder das nach § 1356 Abs. 1 BGB a.F.[100] bis 1977 geltende Leitbild der Hausfrauenehe[101] verwiesen. Insoweit gibt es gerade nicht das eine historische und ein hiervon abweichendes neuzeitliches Familienverständnis, vielmehr handelt es sich um einen sich dynamisch weiter entwickelnden Begriff.

Andererseits wird unterstellt, Zwangsheiratsfälle seien einzig eine Folge migrationsbedingten Ursprungs und kulturellen Eintrags. Die gesellschaftliche Pluralität und Multikulturalität, die je nach Ursprung ein differentes Verständnis von Ehe und Familie haben mögen, sind sicherlich entscheidend mitursächlich in den jeweiligen Zwangsheiratsfällen. Es ist jedoch zu kurz gegriffen einem vom modernen europäisch, abendländischen Familienverständnis[102] abweichenden Familienbild[103] – wie es beispielsweise vielfach im Islam aber auch in jeweiligen afrikanischen und asiatischen Regionen vorherrscht – eine diesbezügliche Alleinverantwortung zuzuweisen. Hier ist ebenfalls auf diejenigen Zwangsheiratsfälle ohne direkten Migrations- und Religionsbezug zu verweisen.

---

97 Vgl. Schulz/Hauß/*Hauß*, Familienrecht Handkommentar (2018) BGB § 1353 Rn. 5 f.; MüKoBGB/*Koch* (2019) Einleitung zum Familienrecht, Rn. 31 ff., 79 ff.

98 Gesetz über die Gleichberechtigung von Mann und Frau auf dem Gebiete des bürgerlichen Rechts (Gleichberechtigungsgesetz – GleichberG) vom 18.06.1957 (BGBl. Jahrgang 1957 Teil I Nr. 26, S. 609).

99 Vgl. die Nichtigerklärung des § 1628 BGB a.F. und des § 1629 Abs. 1 BGB a.F. durch das Bundesverfassungsgericht: BVerfGE 10, 59 (82); MüKoBGB/*Koch* (2019) Einleitung zum Familienrecht, Rn. 103.

100 Dieser entfiel erst 1976 durch das Erste Gesetz zur Reform des Ehe- und Familienrechts (1. EheRG) vom 14.06.1976 (BGBl. Jahrgang 1976 Teil I Nr. 67, S. 1421).

101 Vgl. MüKoBGB/*Koch* (2019) Einleitung zum Familienrecht, Rn. 115.

102 Vgl. *Sütçü*, Zwangsheirat und Zwangsehe, S. 46; MüKoBGB/*Koch* (2019) Einleitung zum Familienrecht, Rn. 48.

103 Vgl. *Sütçü*, Zwangsheirat und Zwangsehe, S. 46 ff.

1. Geschichtlicher Hintergrund der Zwangsheirat

Wie in den meisten streng hierarchischen, vornehmlich patriarchischen Gesellschaftssystemen früherer Zeit[104] gab es auch auf dem europäischen Kontinent zunächst keine Eheschließungsfreiheit und somit de facto Zwangsheiraten.[105] Hier sei nur exemplarisch auf Vorläufer wie die „Kaufehe"[106] und die „Manusehe"[107] im Römischen Reich oder die germanische „Muntehe"[108] verwiesen. Danach erfolgten über Jahrhunderte neben erzwungenen Eheschließungen zur wirtschaftlichen Sicherung in der gemeinen Bevölkerung vor allem auch dynastisch und politisch motivierte Zwangseheschließungen im europäischen Adel.[109]

Der in Europa entscheidend durch das Christentum mitentwickelte Ehekonsens zwischen Mann und Frau[110], der gerade auch dem äußeren Zwang der Eltern oder der Gesellschaft entgegentritt, brachte eine erste Abkehr von der bis dahin häufig im Wesentlichen fremdbestimmten Eheschließung.[111] Durch die kirchliche Formalisierung der Eheschließung

---

104 Vgl. beispielhaft die *patria potesta* im römischen Reich: *Zimmer*, Das Sorge- und Umgangsrecht, S. 55; *Schwab*, HRG, Art. Heiratserlaubnis, Sp. 915.

105 Vgl. *Deutscher Juristinnenbund*, Stellungnahme Bekämpfung der Zwangsverheiratungen, S. 4; *Schwab*, HRG, Art. Heiratserlaubnis, Sp. 915; *Lehnhoff*, Sklavinnen der Tradition, S. 13.

106 Vgl. *Köstler*, Raub-, Kauf- und Friedelehe bei den Germanen, S. 95 f.; *König*, Vita romana, S. 32 f.

107 Bei der Manusehe ging die Verfügungsgewalt über die Tochter aus der Hand des Vaters auf den Ehegatten beziehungsweise den Schwiegervater über; vgl. *König*, Vita romana, S. 32; *Wesel*, Geschichte des Rechts, S. 201; *Wesel*, Geschichte des Rechts in Europa, S. 72.

108 Bei der Muntehe ging die Vormundschaft über die Frau vom Vater auf den Ehemann über; vgl. *Schott*, Trauung und Jawort, S. 19 ff.; *Stöferle*, Ehe als Nationalfiktion, S. 28 f.; *Schlenker*, Das Verbot der Zwangsheirat, S. 51; *Ogris/Olechowski*, HRG, Art. Munt, Sp. 1683 ff.; *Wesel*, Geschichte des Rechts, S. 317.

109 Vgl. *Schwab*, FamRZ 2017, 1369 (1373); *Schwab*, HRG, Art. Kinderehe, Sp. 1748; *Müller*, Arrangement und Zwang, S. 125 f.

110 Vgl. zum Konzil von Trient der katholischen Kirche (1563): *Lettmann*, Die Diskussion über die klandestinen Ehen, S. 48, 118 f.; MüKoBGB/*Koch* (2019) Einleitung zum Familienrecht Rn. 3 ff., 8; vgl. zur christlichen Prägung allgemein: *Wesel*, Geschichte des Rechts in Europa, S. 164, 258; *Troje*, European Journal of Legal History 1992, 191 (194); MüKoBGB/*Koch* (2019) Einleitung zum Familienrecht, Rn. 3 ff.; vgl. zur Verankerung im deutschen Rechtssystem: v.Mangoldt/Klein/Starck/*Robbers* (2018) GG Art. 6, Rn. 58; v.Münch/Kunig/*Heiderhoff* (2021) GG Art. 6 Rn. 55.

111 Vgl. *Wesel*, Geschichte des Rechts in Europa, S. 374; *Laux*, Staatslexikon, Art. Ehe, Sp. 1497.

wurden gleichzeitig Klandestine Ehen[112] und beispielsweise Kebsehen[113] zurückgedrängt beziehungsweise delegitimiert. Dennoch waren, nicht zuletzt aufgrund des damaligen Familienverständnisses, auch weiterhin selbstbestimmte und freie Eheschließungen eher die Ausnahme. Diente eine erzwungene Heirat gerade Minderjähriger – vor allem in Zeiten fehlenden staatlichen Beistands – der Absicherung und Entwicklung des jeweiligen Kindes und der gesamten restlichen Familie, reduzierte sich der diesbezügliche innerfamiliäre Zwang zur frühen Verheiratung der Kinder einerseits erst durch staatliche Schutz-, Unterstützungs- und Hilfsangebote und andererseits durch die Fortentwicklung und den Wandel des Familienbildes sowie die Emanzipation.[114]

Doch auch in jüngerer Zeit gibt es noch patriarchische Gesellschaftssysteme[115] und kulturelle Subsysteme, die zu Zwangsheiraten Minderjähriger führen. Auch der bisher wissenschaftlich nicht erfasste Bereich der Zwangsverheiratung in Sekten und sektenähnlichen Strukturen ist hier zu nennen.[116] Zwangsheiraten können heute alle Geschlechter gleichermaßen betreffen, wobei nach wie vor von einem Überhang auf weiblicher Seite, sprich eben von der Zwangsverheiratung der Töchter[117], auszugehen ist.

Besonders in jüngster Zeit hat sich neben innerfamiliär organisierten Zwangsheiraten ein weiterer, kommerzieller Zwangsheiratsmarkt etabliert, der im Hinblick auf die Eheanbahnung und Eheschließung ein

---

112 Vgl. zur klandestinen Ehe als heimlich geschlossene Ehe mit dennoch bestehender kirchenrechtlicher Gültigkeit – bisweilen auch als „heimliche Ehe" oder „Winkelehe" bezeichnet: *Schwab*, HRG, Art. Heiratserlaubnis, Sp. 915 f.; *Grimm*, (Digitalisiertes) Wörterbuch der deutschen Sprache, Erstbearbeitung, Art. „Gewissensehe"; MüKoBGB/*Koch* (2019) Einleitung zum Familienrecht, Rn. 7; *Stöferle*, Ehe als Nationalfiktion, S. 30.

113 Vgl. zur Ehe mit mindestens einer Nebenfrau, „Kebse": *Buchholz*, HRG, Art. Ehe, Sp. 1193; *Grimm*, (Digitalisiertes) Wörterbuch der deutschen Sprache, Erstbearbeitung, Art. „Kebsehe".

114 Vgl. v.Münch/Kunig/*Heiderhoff* (2021) GG Art. 6 Rn. 53; *Zimmer*, Das Sorge- und Umgangsrecht, S. 58.

115 Vgl. BT-Drs. 17/4401, S. 8; Wissenschaftliche Dienste, Ausarbeitung - Zwangsheirat und Minderjährigenehen in Deutschland, S. 4; *Lehnhoff*, Sklavinnen der Tradition, S. 12; *Letzgus*, FPR 2011, 451 (451); *Sering*, NJW 2011, 2161 (2161); *Deutscher Juristinnenbund*, Stellungnahme Bekämpfung der Zwangsverheiratungen, S. 4; *Arbeitsgemeinschaft Zwangsverheiratung und Kinder- und Jugendhilferecht*, Zwangsverheiratung bekämpfen, S. 14.

116 Vgl. *Mayr*, Gedrillt zu willenlosen Jüngern Gottes, [ohne Seitenangabe].

117 Vgl. BT-Drs. 17/4401, S. 8; BR-Drs. 767/04, S. 4; *Letzgus*, FPR 2011, 451 (451); *Sering*, NJW 2011, 2161 (2161); *Fachkommission Zwangsverheiratung Baden-Württemberg*, Bericht, S. 17.

regelrechtes Geschäftsfeld darstellt und sich so in den strafbaren Themenkomplexen Menschenhandel und -ausbeutung ausdehnt.[118] Daher haben die vereinten Nationen bereits im Jahr 2001 die Zwangsheirat als moderne Ausprägung der Sklaverei[119] bezeichnet.

2. Eheschließungsfreiheit als Grund- und Menschenrecht

Führt Art. 6 Abs. 1 des Grundgesetzes allgemein aus, dass die Ehe unter dem besonderen Schutz der staatlichen Ordnung steht[120], so muss dieser Schutz selbstverständlich stets im Sinne der Eheschließung und der Eheschließungsfreiheit weiter gedacht werden.

Auch wenn dem Bürgerlichen Gesetzbuch – wie für die Ehe im Allgemeinen – ein eindeutiges rechtliches Leitbild[121] zur zugrunde gelegten Form der Eheschließung fremd ist, so ist die Eheschließung dennoch hinsichtlich der Eheschließungsfreiheit nicht disponibel[122]. Erst mit dem *Gesetz zur Bekämpfung der Zwangsheirat und zum besseren Schutz der Opfer von Zwangsheirat sowie zur Änderung weiterer aufenthalts- und asylrechtlicher Vorschriften*[123] vom 23.06.2011 wurde dies im Hinblick auf die Zwangsheirat auch rechtspolitisch durch den Gesetzgeber aktiv aufgegriffen[124]. Jedoch konnten aus dem grundgesetzlichen beziehungsweise menschenrechtlichen Kontext auch zuvor keine gegenteiligen Rückschlüsse gezogen

118 Vgl. *Kreckel*, Heiratsmigration, S. 26 f., 97; Richtlinie 2011/36/EU (Richtlinie zur Verhütung und Bekämpfung des Menschenhandels und zum Schutz seiner Opfer sowie zur Ersetzung des Rahmenbeschlusses 2002/629/JI des Rates) vom 05.04.2011 (ABl. L101 vom 15.04.2011, S. 2); *Europäische Kommission*, Zweiter Bericht über die Fortschritte bei der Bekämpfung des Menschenhandels, S. 5; *Göbel-Zimmermann*, Stellungnahme zur öffentlichen Anhörung des Bundestagsausschusses - Bekämpfung von Zwangsverheiratungen, S. 7; *UNODC*, Global Report on Trafficking in Persons 2020, S. 11, 50, 89.

119 Vgl. BR-Drs. 767/04, S. 7; *Sering*, NJW 2011, 2161 (2161); *Berliner Initiative gegen Gewalt an Frauen*, Zwangsverheiratung, S. 5; *International Labour Office*, Global estimates of modern slavery, S. 5.

120 Vgl. Art. 6 Abs. 1 GG; v.Mangoldt/Klein/Starck/*Robbers* (2018) GG Art. 6, Rn. 20; Maunz/Dürig/*Badura* (2020) GG Art. 6 Rn. 48.

121 Vgl. MüKoBGB/*Koch* (2019) Einleitung zum Familienrecht, Rn. 52.

122 Vgl. *Laux*, Staatslexikon, Art. Ehe, Sp. 1499.

123 Gesetz zur Bekämpfung der Zwangsheirat und zum besseren Schutz der Opfer von Zwangsheirat sowie zur Änderung weiterer aufenthalts- und asylrechtlicher Vorschriften vom 23.06.2011 (BGBl. Jahrgang 2011 Teil I Nr. 33, S. 1266).

124 Vgl. *Sering*, NJW 2011, 2161 (2161).

werden[125]. Weswegen die mittlerweile existierende gesetzliche Normierung insofern als primär klarstellend zu betrachten ist.

Mit Blick auf das Grundgesetz lässt sich für die Zwangsheirat zunächst ein entsprechender Verstoß gegen Art. 6 Abs. 1 GG festhalten[126], der eine selbstbestimmte Heirat mit einem frei gewählten Partner ermöglicht[127]. Jedweder Versuch der Täter einen derartigen Verstoß durch kulturelle oder religiöse Verhaltensweisen[128] und Argumente oder durch die in Art. 4 Abs. 2 GG gewährte Religionsfreiheit zu legitimieren[129], geht fehl. Eine Berufung auf Grundrechte scheidet nämlich dann aus, wenn dadurch der Kernbereich anderer Grund- und Menschenrechte, hier die Eheschließungsfreiheit, verletzt wird[130].

Die Zwangsheirat verstößt darüber hinaus aber auch noch gegen weitere Grundrechte. Hier ist zunächst die Menschenwürde[131] nach Art. 1 Abs. 1 GG, aber auch das Recht auf freie Entfaltung der Persönlichkeit[132] gemäß Art. 2 Abs. 1 GG und das Recht auf körperliche Unversehrtheit[133] nach Art. 2 Abs. 2 GG zu nennen. Somit steht die Grundrechtswidrigkeit der Zwangsheirat in mehrerlei Hinsicht außer Frage.

---

125 Vgl. *Letzgus*, FPR 2011, 451 (452).

126 Vgl. BVerfGE 31, 58 (67); BVerfGE 105, 313 (342); BVerfGE 29, 166 (175); v.Münch/Kunig/*Heiderhoff* (2021) GG Art. 6 Rn. 55; Maunz/Dürig/*Badura* (2020) GG Art. 6 Rn. 47; v.Mangoldt/Klein/Starck/*Robbers* (2018) GG Art. 6, Rn. 51, 57; Jarass/Pieroth/*Jarass*, (2020) GG Art. 6 Rn. 6; Dreier/*Brosius-Gersdorf* (2013) GG Art. 6 Rn. 61; BR-Drs. 767/04, S. 7; *Letzgus*, FPR 2011, 451 (452).

127 Vgl. BVerfGE 31, 58 (67); BVerfGE 29, 166 (175); BVerfG NJW 2000, 2495 (2495); Maunz/Dürig/*Badura* (2020) GG Art. 6 Rn. 47; v.Mangoldt/Klein/Starck/*Robbers* (2018) GG Art. 6, Rn. 51; Jarass/Pieroth/*Jarass* (2020) GG Art. 6 Rn. 6; Dreier/*Brosius-Gersdorf* (2013) GG Art. 6 Rn. 61; *Sering*, NJW 2011, 2161 (2161 f.).

128 Vgl. *Letzgus*, FPR 2011, 451 (452); so auch BR-Drs. 767/04, S. 7.

129 Vgl. v.Mangoldt/Klein/Starck/*Starck* (2018) GG Art. 4, Rn. 57ff.; *Sering*, NJW 2011, 2161 (2161 f.); *Letzgus*, FPR 2011, 451 (452).

130 Vgl. BR-Drs. 767/04, S. 7; *Letzgus*, FS Puppe, S. 1233; *Sering*, NJW 2011, 2161 (2162); *Letzgus*, FPR 2011, 451 (452).

131 Vgl. v.Mangoldt/Klein/Starck/*Starck* (2018) GG Art. 1, Rn. 124; v.Münch/Kunig/*Kunig/Kotzur* (2021) GG Art. 1 Rn. 30 ff.; BR-Drs. 767/04, S. 7; *Letzgus*, FPR 2011, 451 (454) ; Schlenker, Das Verbot der Zwangsheirat, S. 95.

132 Vgl. v.Mangoldt/Klein/Starck/*Starck* (2018) GG Art. 2, Rn. 8 ff.; v.Mangoldt/Klein/Starck/*Robbers* (2018) GG Art. 6, Rn. 57; v.Münch/Kunig/*Kunig/Kämmerer* (2021) GG Art. 2 Rn. 18 ff., insb. 27; BR-Drs. 767/04, S. 7.

133 Vgl. v.Mangoldt/Klein/Starck/*Starck* (2018) GG Art. 2, Rn. 193 f.; v.Münch/Kunig/*Kunig/Kämmerer* (2021) GG Art. 2 Rn. 116; BR-Drs. 767/04, S. 7.

Auch innerhalb der Menschenrechte findet sich eine entsprechende Verankerung zur selbstbestimmten Wahl des Partners[134]. So beispielsweise in der *Allgemeinen Erklärung der Menschenrechte der Vereinten Nationen*[135] vom 10.12.1948, nach deren Art. 16 Nr. 2 AEMR eine Eheschließung „nur bei freier und uneingeschränkter Willenseinigung der künftigen Ehegatten" [136] erfolgen darf.

Hier ebenso zu erwähnen ist die Garantie[137] des Art. 12 der *Europäischen Menschenrechtskonvention*[138] vom 04.11.1950, der Männern und Frauen im heiratsfähigen Alter das grundsätzliche Recht zur Eheschließung einräumt; wohlgemerkt ohne jedoch auf das heiratsfähige Alter näher einzugehen.

Nicht unerwähnt sei in diesem Zusammenhang auch die *Allgemeine Empfehlung Nr. 21 des Ausschusses der Vereinten Nationen zur Beseitigung jeder Form von Diskriminierung der Frau*[139] aus dem Jahr 1994, die die frei Partnerwahl und die selbstbestimmte Heirat mit der Gleichberechtigung und der Würde der Frau in Verbindung bringt[140]. Ferner anzuführen ist hier die durch die Weltfrauenkonferenz der Vereinten Nationen in Peking 1995 angestoßene Anerkennung der Zwangsheirat als Form der Gewalt gegen Frauen[141]. Auch andere politische Zielverpflichtungen wie

---

134 Vgl. v.Mangoldt/Klein/Starck/*Robbers* (2018) GG Art. 6, Rn. 22 f.; *Sering*, NJW 2011, 2161 (2161 f.); *Letzgus*, FPR 2011, 451 (452).

135 Allgemeinen Erklärung der Menschenrechte (AEMR) der Vereinten Nationen vom 10.12.1948 (A/RES/217 A (III)).

136 Art. 16 Nr. 2 der Allgemeinen Erklärung der Menschenrechte (AEMR) der Vereinten Nationen vom 10.12.1948 (A/RES/217 A (III)); ferner beispielsweise Art. 1 Abs. 1 UN-Übereinkommen über die Erklärung des Ehewillens, das Heiratsmindestalter und die Registrierung von Eheschließungen vom 07.11.1962 (BGBl. Jahrgang 1969 Teil II Nr. 7, S. 161).

137 Vgl. *Letzgus*, FS Puppe, S. 1233; *Sering*, NJW 2011, 2161 (2162).

138 Konvention zum Schutze der Menschenrechte und Grundfreiheiten (Europäische Menschenrechtskonvention - EMRK) vom 04.11.1950, Bekanntmachung der Neufassung der Konvention vom 4. November 1950 zum Schutze der Menschenrechte und Grundfreiheiten vom 17.05.2002 (BGBl. Jahrgang 2002 Teil II Nr. 18, S. 1054); vgl. zum Status der Europäischen Menschenrechtskonvention in Deutschland BVerfG NJW 2009, 1133 (1134); *Geimer*, Internationales Zivilprozessrecht, Rn. 244 f.; Staudinger/*Coester* (2020) BGB § 1666 Rn. 5.

139 Vgl. *Ausschuss der Vereinten Nationen zur Beseitigung jeder Form von Diskriminierung der Frau*, Allgemeine Empfehlung Nr. 21; *Frings*, Die freie Wahl des Ehegatten, S. 20.

140 Vgl. BR-Drs. 767/04, S. 7; *Sering*, NJW 2011, 2161 (2161 f.); *Letzgus*, FPR 2011, 451 (452).

141 Vgl. *Vierte Weltfrauenkonferenz*, Anlage 2 (Aktionsplattform) des Berichts der Vierten Weltfrauenkonferenz, [ohne Seitenangabe].

das Eheschließungsabkommen der Vereinten Nationen[142] vom 07.11.1962, der Internationale Pakt über bürgerliche und politische Rechte[143], das Übereinkommen zur Beseitigung jeder Form von Diskriminierung der Frau [144] und diverse Resolutionen der Generalversammlung der Vereinten Nationen[145] sowie das Ziel 5.3 der globalen Agenda 2030 der Generalversammlung der Vereinten Nationen vom 25.09.2015[146] zielen allesamt auch in Richtung der Ächtung von Zwangsheiraten Minderjähriger[147]. Die

---

142 Vgl. Art. 2 UN-Übereinkommen über die Erklärung des Ehewillens, das Heiratsmindestalter und die Registrierung von Eheschließungen vom 07.11.1962, BGBl. Jahrgang 1969 Teil II Nr. 7, S. 161; MüKoBGB/*Koch* (2019) Einleitung zum Familienrecht, Rn. 332.

143 Vgl. Art. 23 Abs. 2, 3 Internationaler Pakt über bürgerliche und politische Rechte (International Covenant on Civil and Political Rights – CCPR) vom 19.12.1966 (BGBl. Jahrgang 1973 Teil II Nr. 60, S. 1553).

144 Vgl. Art. 16 Abs. 1 lit. b Übereinkommen zur Beseitigung jeder Form von Diskriminierung der Frau (Convention on the Elimination of All Forms of Discrimation against Women - CEDAW) vom 18.12.1979 (BGBl. Jahrgang 1985 Teil II Nr. 17, S. 648); *Schöpp-Schilling*, Zwangsverheiratung als Menschenrechtsverletzung, S. 197.

145 Vgl. Resolution der Generalversammlung der Vereinten Nationen vom 18.12.2014: Verstärkung der Bemühungen zur Beseitigung aller Formen der Gewalt gegen Frauen und Mädchen (A/RES/69/147), S. 12; Resolution der Generalversammlung der Vereinten Nationen vom 19.12.2016: Kinderheirat, Frühverheiratung und Zwangsheirat (A/RES/71/175); Resolution der Generalversammlung der Vereinten Nationen vom 08.01.2019: Kinderheirat, Frühverheiratung und Zwangsheirat (A/RES/73/153); ferner: Resolutionen des Menschenrechtsrat der Vereinten Nationen vom 09.10.2013: Stärkung der Bemühungen zur Verhinderung und Beseitigung der Kinderheirat, der Frühverheiratung und der Zwangsheirat: Herausforderungen, Erfolge, bewährte Verfahren und Umsetzungslücken (A/HRC/RES/24/23); Resolutionen des Menschenrechtsrat der Vereinten Nationen vom 22.07.2015: Stärkung der Bemühungen zur Verhinderung und Beseitigung der Kinderheirat, der Frühverheiratung und der Zwangsheirat (A/HRC/RES/29/8); Resolutionen des Menschenrechtsrat der Vereinten Nationen vom 22.06.2017 und seine Resolution 35/16 vom 22. Juni 2017 zu Kinderheirat, Frühverheiratung und Zwangsheirat in humanitären Zusammenhängen (A/HRC/RES35/16).

146 Vgl. Ziel 5.3 Resolution der Generalversammlung der Vereinten Nationen. Transformation unserer Welt: die Agenda 2030 für nachhaltige Entwicklung vom 25.09.2015, 2015, (A/RES/70/1), S. 19; BT-Drs. 18/12086, S. 15.

147 Vgl. zum kritischen Hinweis des fehlenden Mindestehealters: *Mankowski*, FamRZ 2016, 1274 (1275).

Einstufung der Zwangsheirat als Menschenrechtsverletzung[148] unterliegt insofern keinem Zweifel.

Zusammenfassend lässt sich damit festhalten, dass es in heutiger Zeit aufgrund nationaler und internationaler Vorgaben und Ziele weder tragbare Argumente – seien sie nun traditioneller oder kultureller Art[149] – zur Relativierung noch für die Akzeptanz oder gar Legitimation von Zwangsheiraten gibt.

IV. Entwicklung und Einordnung staatlicher Kindesschutzmaßnahmen

Nach der einleitenden Darstellung zur Zwangsheirat soll im Folgenden auch der thematische Gegenpol, der staatliche Kindesschutz, näher betrachtet werden. Die Entwicklung der staatlichen Maßnahmen bei Kindeswohlgefährdung[150] und insbesondere der Sorgerechtsentzug haben dabei eng mit dem Verständnis von elterlicher Sorge und der verfassungsrechtlichen Verankerung staatlicher Maßnahmen zu tun.

1. Elterliche Sorge, Kindesschutz und Sorgerechtsentzug

Der Begriff der elterlichen Sorge ist nur in Teilen objektiv definierbar[151]. Er wird landläufig aber primär mit Sorgerechtsverfahren assoziiert, in welchen häufig die Rechte der Inhaber der elterlichen Sorge – meist der Eltern – im Hinblick auf die jeweiligen Kinder im Fokus stehen.

---

148 Vgl. BR-Drs. 767/04, S. 7; *Letzgus*, FPR 2011, 451 (452); *Europäisches Parlament*, Bericht über die künftige externe Strategie der EU gegen Früh- und Zwangsverheiratung, S. 5.

149 Vgl. unter Hinweis auf derartig fehlgehende Vorstellungen: BT-Drs. 17/4401, S. 8; *Sering*, NJW 2011, 2161 (2161).

150 Die Begriffe Kindeswohlgefährdung und Kindesgefährdung sowie die Begriffe Kindeswohlschutz und Kindesschutz werden in der Literatur häufig synonym verwandt, vgl. *Lasner-Tietze*, Kindesschutz und Kinderrechte, S. 109, 111; dogmatisch abgegrenzt umfasst die Kindesgefährdung die (persönliche) Kindeswohlgefährdung und die Kindesvermögensgefährdung sowie der Kindesschutz im Sinne kindesschutzrechtlicher Maßnahmen gemäß § 1696 Abs. 2 BGB den Kindeswohlschutz und den Kindesvermögensschutz; vgl. BeckOGK/*Amend-Traut* (2021) BGB § 1626 Rn. 51.1; Staudinger/*Lettmaier* (2020) BGB § 1626 Rn. 2 f., 110 ff.

151 Vgl. *Zimmer*, Das Sorge- und Umgangsrecht, S. 85; BeckOGK/*Amend-Traut* (2021) BGB § 1626 Rn. 62.

Die elterliche Sorge normiert in § 1626 Abs. 1 S. 1 BGB insbesondere aber auch eine Pflicht der Eltern sich um ihre minderjährigen Kinder zu sorgen, weshalb der Begriff des Sorgerechts bisweilen als zu kurzgreifend angesehen wird[152] und der Begriff der „Elternverantwortung“[153] zur Betonung der Pflichtgebundenheit[154] und der Sorgepflicht herangezogen wird. Diese Sorgepflicht, die schlussendlich dem Schutz des Kindeswohls zu dienen hat[155], wird – primär für den Fall des Ausfallens der oder des Sorgeverpflichtenden – flankiert von § 1666 BGB.

Die Regelung des § 1666 BGB ergänzt insofern den Schutz des Kindeswohls durch familiengerichtliche Maßnahmen bei Gefährdung des Kindeswohls.

Die inhaltliche und textliche Entwicklung des § 1666 BGB hin zu seiner heutigen Fassung ist dabei in mehreren Schritten[156] erfolgt, deren wesentlichster Zwischenschritt wohl im *Gesetz zur Neuregelung des Rechts der elterlichen Sorge*[157] vom 18.07.1979 zu sehen ist, welches nicht nur den Schutz der Kinder in den Vordergrund stellte, sondern auch die gerichtlichen Möglichkeiten bei beispielsweise unverschuldetem Elternversagen eröffnete[158].

Es folgte das *Gesetz zur Reform des Kindschaftsrechts*[159] vom 16.12.1997, welches im Wesentlichen die Vermögensgefährdung konkretisierte[160], so-

---

152 Vgl. *Zimmer*, Das Sorge- und Umgangsrecht, S. 67 f.; BeckOGK/*Amend-Traut* (2021) BGB § 1626 Rn. 9; Staudinger/*Lettmaier* (2020) BGB § 1626 Rn. 111.

153 BVerfGE 56, 363 (381) [= FamRZ 1981, 429 (433)]; vgl. BVerfG FamRZ 1986, 769 (772 f.); BVerfGE 107, 150 (169); BeckOGK/*Amend-Traut* (2021) BGB § 1626 Rn. 9; *Coester*, FamRZ 2012, 1337 (1344); v.Mangoldt/Klein/Starck/*Robbers* (2018) GG Art. 6, Rn. 149; Staudinger/*Lettmaier* (2020) BGB § 1626 Rn. 87.

154 Vgl. Staudinger/*Lettmaier* (2020) BGB § 1626 Rn. 110.

155 Vgl. BVerfGE 55, 171 (182); BVerfGE 56, 363 (383); BeckOGK/*Amend-Traut* (2021) BGB § 1626 Rn. 9; Staudinger/*Lettmaier* (2020) BGB § 1626 Rn. 87.

156 Vgl. MüKoBGB/*Lugani* (2020) BGB § 1666 Rn. 3 f.; insgesamt zur chronologischen Entwicklung Staudinger/BGB-Synopse 1896-2005 (2005) BGB § 1666; *Hirsch*, Entzug und Beschränkung des elterlichen Sorgerechts, S. 78 ff; *Schubert*, FS Strätz, S. 464 ff.; *Bauer*, Kindeswohlgefährdung, S. 33 ff.; zum Spannungsfeld zwischen Gefährdungs- und Verschuldensprinzip: *Zenz*, Kindesmißhandlung und Kindesrechte, S. 311 ff.; Staudinger/*Coester* (2020) BGB § 1666 Rn. 6.

157 Gesetz zur Neuregelung des Rechts der elterlichen Sorge vom 18.07.1979 (BGBl. Jahrgang 1979 Teil I Nr. 42, S. 1061); vgl. MüKoBGB/*Koch* (2019) Einleitung zum Familienrecht, Rn. 143.

158 Vgl. Staudinger/*Coester* (2020) BGB § 1666 Rn. 6.

159 Gesetz zur Reform des Kindschaftsrechts (Kindschaftsrechtsreformgesetz – KindRG) vom 16.12.1997 (BGBl. Jahrgang 1997 Teil I Nr. 84, S. 2942).

160 Vgl. Staudinger/*Coester* (2020) BGB § 1666 Rn. 7.

wie das *Gesetzes zur Ächtung der Gewalt in der Erziehung und zur Änderung des Kindesunterhaltsrechts*[161] vom 02.11.2000, das ausdrücklich das Recht auf gewaltfreie Erziehung[162] festlegte, bevor durch das *Gesetz zur Erleichterung familiengerichtlicher Maßnahmen bei Gefährdung des Kindeswohls*[163] vom 04.07.2008 der § 1666 BGB seine aktuelle Prägung erlangte. Neben einer exemplarischen Auflistung familiengerichtlicher Maßnahmen[164] wurde hierdurch auch der familiengerichtliche Maßnahmenrahmen in zeitlicher und funktionaler Hinsicht spezifiziert[165].

Im Fokus stand hierbei auch das familiengerichtliche Maßnahmenbündel als Ausformung der staatlichen Wächterfunktion über das Kindeswohl[166] entsprechend stärker zu betonen und eine familienpolitische Adaption an das Aufgabenprofil der Jugendämter – wie es für selbige bereits durch das *Gesetz zur Weiterentwicklung der Kinder- und Jugendhilfe*[167] vom 08.09.2005 insbesondere durch das Einfügen des § 8a SGB VIII in das *Achte Buch des Sozialgesetzbuchs (Kinder- und Jugendhilfegesetz)*[168] geschaffen wurde – weg vom repressiven hin zum präventiven Handeln zu erreichen[169]. Dieses Ziel verfolgte auch das *Gesetz zur Kooperation und Information im Kinderschutz*[170] vom 22.12.2011, welches Berufsgeheimnisträger wie Ärzte

---

161 Gesetzes zur Ächtung der Gewalt in der Erziehung und zur Änderung des Kindesunterhaltsrechts vom 02.11.2000 (sog. Gewaltächtungsgesetz) (BGBl. Jahrgang 2000 Teil I Nr. 48, S. 1479).

162 Vgl. MüKoBGB/*Koch* (2019) Einleitung zum Familienrecht, Rn. 186; *Maywald*, FPR 2003, 299 (300).

163 Gesetz zur Erleichterung familiengerichtlicher Maßnahmen bei Gefährdung des Kindeswohls vom 4.7.2008 (BGBl. Jahrgang 2008 Teil I Nr. 28, S. 1188).

164 Vgl. Staudinger/*Coester* (2020) BGB § 1666 Rn. 8, 218 ff.

165 Vgl. *Stößer*, FamRB 2008, 243 (243 f.); *Coester*, Inhalt und Funktionen des Begriffs der Kindeswohlgefährdung, S. 32 ff.; *Sommer*, Das Verhältnis von Familiengericht und Jugendamt, S. 43 ff.; Staudinger/*Coester* (2020) BGB § 1666 Rn. 8, 59.

166 Vgl. *Coester*, Inhalt und Funktionen des Begriffs der Kindeswohlgefährdung, S. 39 ff.; *Willutzki*, FPR 2008, 488 (491); Staudinger/*Coester* (2020) BGB § 1666 Rn. 8, 86.

167 Gesetz zur Weiterentwicklung der Kinder- und Jugendhilfe (Kinder- und Jugendhilfeweiterentwicklungsgesetz – KICK) vom 8. September 2005 (BGBl. Jahrgang 2005 Teil I Nr. 57, S. 2729); vgl. MüKoBGB/*Koch* (2019) Einleitung zum Familienrecht, Rn. 193.

168 Sozialgesetzbuch (SGB) Achtes Buch (VIII) - Kinder- und Jugendhilfegesetz vom 14.12.2006 (BGBl. Jahrgang 2006 Teil I Nr. 62, S. 3134).

169 Vgl. *Bundesjugendkuratorium/Lücking-Michel*, ZKJ 2008, 200 (200 f.); Staudinger/*Coester* (2020) BGB § 1666 Rn. 8; MüKoBGB/*Lugani* (2020) BGB § 1666 Rn. 24.

170 Gesetz zur Kooperation und Information im Kinderschutz (KKG) vom 22.12.2011 (BGBl. Jahrgang 2011 Teil I Nr. 70, S. 2975) = Art. 1 Gesetz zur

und Lehrer neben dem Jugendamt und dem Familiengericht als gemeinschaftlich verantwortliche Akteure des Kindesschutzes einbindet.[171]

§ 1666 BGB ist Bestandteil des staatlichen Rechtsschutzsystems für Kinder[172], der, obgleich er keinen klassisch zivilrechtlichen, schuldrechtsgleichen Rechtsschutz gegenüber den Eltern gewährt[173], dennoch einen „familienrechtlichen Anspruch des Kindes auf pflichtgemäße Ausübung der elterlichen Sorge“[174] bietet.

Ein darüber hinausgehendes schematisches[175], rechtlich verbindliches Leitbild[176] familiärer Beziehungen und Gemeinschaften existiert gerade nicht.

Im Kern bleibt es damit bei einer Rechtsschutzgewährung in und für Konfliktsituationen[177]. Eine staatliche Verpflichtung zur optimalen Variante einer Kindeswohlgewährung oder gar zur bestmöglichen Kindesförderung gibt es nicht[178], dennoch ist dem Kindeswohl durch entsprechende Sorgebemühungen Rechnung zu tragen.

Diese gleichsame Verpflichtung zur Sorge führt daher gerade in patriarchisch geprägten Familienstrukturen, wie beispielsweise im traditionell

---

Stärkung eines aktiven Schutzes von Kindern und Jugendlichen (Bundeskinderschutzgesetz – BKiSchG) vom 22.12.2011 (BGBl. Jahrgang 2011 Teil I Nr. 70, S. 2975); MüKoBGB/*Koch* (2019) Einleitung zum Familienrecht, Rn. 208.

171 Vgl. *Jestead*, Staatlicher Kindesschutz unter dem Grundgesetz, S. 5 f.; Staudinger/*Coester* (2020) BGB § 1666 Rn. 8, 218, 221.

172 Vgl. Staudinger/*Coester* (2020) BGB § 1666 Rn. 10; *Hinz*, Kindesschutz als Rechtsschutz und elterliches Sorgerecht, S. 24 ff.

173 Vgl. OLG Düsseldorf FamRZ 1981, 85 (86); *Gernhuber/Coester-Waltjen*, Familienrecht (2020) § 62 Schutz des Kindes: Die Generalklausel Rn. 2, S. 690; Staudinger/*Coester* (2020) BGB § 1666 Rn. 11; in anderem Zusammenhang: *Coester-Waltjen*, NJW 1985, 2175 (2176 f.); ebenso deutlich dargestellt zum Recht auf gewaltfreie Erziehung aus § 1631 Abs. 2 S. 1 BGB: BT-Drs. 14/1247, S. 5; Palandt/*Götz* (2021) BGB § 1631 Rn. 6; MüKo-BGB/*Huber* (2020) BGB § 1631 Rn. 33; *Huber/Scherer*, FamRZ 2001, 797 (800).

174 Staudinger/*Coester* (2020) BGB § 1666 Rn. 11; vgl. bereits *Hinz*, Kindesschutz als Rechtsschutz und elterliches Sorgerecht, S. 22 ff.; BVerfG FamRZ 2008, 845 (848); *Coester*, Die Rechte des Kindes, S. 14; v.Mangoldt/Klein/Starck/*Starck* (2018) GG Art. 2, Rn. 185; v.Münch/Kunig/*Heiderhoff* (2021) GG Art. 6 Rn. 21 ff.; Jarass/Pieroth/*Jarass* (2020) GG Art. 6 Rn. 45.

175 Vgl. BVerfG FamRZ 2006, 187 (187); BVerfG FamRZ 2008, 2185 (2188).

176 Vgl. MüKoBGB/*Koch* (2019) Einleitung zum Familienrecht, Rn. 48 ff.

177 Vgl. ebd., Rn. 248; *Scherer*, ZfJ 1999, 86 (86).

178 Vgl. BVerfG FamRZ 2008, 2185 (2186); Dreier/*Brosius-Gersdorf* (2013) GG Art. 6 Rn. 183; Palandt/*Götz* (2021) BGB § 1666 Rn. 7; MüKoBGB/*Lugani* (2020) BGB § 1666 Rn. 46, 52; Staudinger/*Coester* (2020) BGB § 1666 Rn. 69, 181.

islamischen Familienverständnis[179], zu Akzeptanzproblemen, da das Sorgerecht hier als Teil des nicht entziehbaren Herrschaftsrecht des Vaters über die gesamte Familie verstanden wird[180]. Insofern werden staatliche Eingriffe, erfolgen sie durch Jugendamt oder Gericht, vielfach bestenfalls abgelehnt, nicht akzeptiert oder nicht toleriert.

Auch gibt es im Rahmen des § 1666 BGB gerade nicht die *eine* Maßnahmen bei Gefährdung des Kindeswohls, sondern eine Vielzahl möglicher Maßnahmen, unter welchen sich nur ein Teilbereich auf den möglichen Sorgerechtsentzug bezieht. Schließlich bedarf es auch bei der Verwendung des Begriffs Sorgerechtsentzugs – entgegen dem allgemeinen Sprachgebrauch[181] – einer klaren Differenzierung zwischen vollständigem Sorgerechtsentzug, sprich dem Entzug der Personen- und Vermögenssorge gemäß § 1666 Abs. 3 Nr. 6 Alt. 1 BGB, dem Entzug lediglich der Personensorge gemäß § 1666 Abs. 3 Nr. 6 Alt. 2 BGB oder dem Entzug nur eines Teils der Personensorge wie des Aufenthaltsbestimmungsrechts gemäß § 1666 Abs. 3 Nr. 6 Alt. 2 BGB i.V.m. § 1631 Abs. 1 BGB.

2. Verankerung im Grundgesetz

„Pflege und Erziehung der Kinder sind das natürliche Recht der Eltern und die zuvörderst ihnen obliegende Pflicht"[182] heißt es in Art. 6 Abs. 2 S. 1 des Grundgesetzes als der entscheidenden verfassungsrechtlichen Ausprägung der elterlichen Sorge[183]. Mit Art. 6 Abs. 2 und Abs. 3 GG findet aber auch die Entwicklung der staatlichen Maßnahmen bei Kindeswohlgefährdung – insbesondere auch der Sorgerechtsentzugs[184] – in Form der staatlichen Wächterfunktion ihre Verankerung im Grundgesetz[185]. Diese

---

179 Vgl. *Sering*, NJW 2011, 2161 (2161); *Bock*, NJW 2012, 122 (125).

180 Vgl. *Bock*, NJW 2012, 122 (123).

181 Insbesondere nicht-juristische Literaturangaben lassen die bestehenden, differenzierten Möglichkeiten des § 1666 BGB häufig vermissen und unterscheiden nicht bei der begrifflichen Verwendung.

182 Art. 6 Abs. 2 S. 1 GG; vgl. v.Mangoldt/Klein/Starck/*Robbers* (2018) GG Art. 6, Rn. 143 f.; v.Münch/Kunig/*Heiderhoff* (2021) GG Art. 6 Rn. 100; Maunz/Dürig/*Badura* (2020) GG Art. 6 Rn. 107.

183 Vgl. zur begrifflichen Deckungsgleichheit von *Pflege und Erziehung* und *elterliche Sorge*: Staudinger/*Coester* (2020) BGB § 1666 Rn. 3.

184 Vgl. MüKoBGB/*Lugani* (2020) BGB § 1666 Rn. 3 f.

185 Vgl. v.Mangoldt/Klein/Starck/*Robbers* (2018) GG Art. 6, Rn. 246; v.Münch/Kunig/*Heiderhoff* (2021) GG Art. 6 Rn. 168, 189 ff.; Maunz/Dürig/*Badura* (2020) GG Art. 6 Rn. 141; Jarass/Pieroth/*Jarass* (2020) GG Art. 6 Rn. 60; BeckOGK/

greift sofern die Eltern ihrem Schutzauftrag nicht gerecht werden[186]. Die gerichtlichen Eingriffsbefugnisse des § 1666 BGB sind die entscheidende familien- und damit zivilrechtliche[187] Ausprägung dieses staatlichen Wächtersamtes[188]. Wenn es um staatliche Maßnahmen bei Kindesgefährdungen geht, eröffnet erst § 1666 BGB – in Abgrenzung[189] zur andernfalls vorrangigen elterlichen Sorge – die Legitimation zum staatlichen Einschreiten[190]. Dieses Einschreiten hat dann entsprechend der individuellen Bedürfnisse und der jeweiligen konkreten Situation des betroffenen Kindes zu erfolgen[191]; dabei sind sowohl die Elternrechte[192] als auch die letztlich vorrangigen[193] Rechte der Kinder zu berücksichtigen. Es besteht aus Art. 1, 2 GG – unabhängig von der aktuellen Diskussion[194] zu verfassungsrechtlich

---

Amend-Traut (2021) BGB § 1626 Rn. 51; Prütting/Wegen/Weinreich/*Ziegler* (2020) BGB § 1626 Rn. 1 ff, § 1666 Rn. 1; Staudinger/*Coester* (2020) BGB § 1666 Rn. 3.

186 Vgl. *Zimmer*, Das Sorge- und Umgangsrecht, S. 74 f.; Staudinger/*Coester* (2020) BGB § 1666 Rn. 3, 63.

187 Vgl. Staudinger/*Coester* (2020) BGB § 1666 Rn. 3; zur sozialrechtlichen Ausprägung: Staudinger/*Coester* (2020) BGB § 1666 Rn. 16.

188 Vgl. MüKoBGB/*Lugani* (2020) BGB § 1666 Rn. 1; Staudinger/*Coester* (2020) BGB § 1666 Rn. 3.

189 Vgl. die gleichbedeutenden Begriffe der „Grenze" und „Einsatzschwelle" bei: Staudinger/*Coester* (2020) BGB § 1666 Rn. 3; MüKoBGB/*Lugani* (2020) BGB § 1666 Rn. 1 f.

190 Vgl. Staudinger/*Coester* (2020) BGB § 1666 Rn. 3.

191 Vgl. ebd., Rn. 3.

192 Vgl. zu Art. 6 Abs. 2 S. 1 und Abs. 3 GG beispielhaft BVerfGE 55, 171 (181); BVerfGE 60, 79 (89 ff.); NJW 1986, 3129 (3130); vgl. zur verfassungsrechtlichen Position als Grundrechtsbegünstigte in Art. 6 Abs. 2 GG: v.Mangoldt/Klein/Starck/*Robbers* (2018) GG Art. 6, Rn. 189; v.Münch/Kunig/*Heiderhoff* (2021) GG Art. 6 Rn. 102, 133ff.; Maunz/Dürig/*Badura* (2020) GG Art. 6 Rn. 24; Staudinger/*Coester* (2020) BGB § 1666 Rn. 3.

193 Vgl. MüKoBGB/*Lugani* (2020) BGB § 1666 Rn. 46; insbesondere zur Abgrenzung *Britz*, FamRZ 2015, 793 (795); *Schwab*, Familienrecht, Rn. 889; Staudinger/Coester (2020) BGB § 1666 Rn. 61.

194 Vgl. zu aktuellen Tendenzen: *BMJV*, Entwurf eines Gesetzes zur Änderung des Grundgesetzes zur ausdrücklichen Verankerung der Kinderrechte, S. 4; *Bund-Länder-Arbeitsgruppe Kinderrechte ins Grundgesetz*, Abschlussbericht, S. 111 ff.; *Dederer*, Kinderrechte auf internationaler oder supranationaler Ebene, S. 309 ff.; *Meysen/Salgo*, FamRZ 2021, 13 (13 ff.); das Scheitern der Bemühungen gab Bundesjustiz- und -Familienministerin Lambrecht am 08.06.2021 bekannt: *ZDF-Heute*, Rechte von Kindern - Verankerung im Grundgesetz gescheitert, [ohne Seitenangabe]; zur seit längerem bestehenden Forderung: *Heilmann*, NJW 2017, 986 (989); *Kirchhof*, NJW 2018, 2690 (2690); v.Münch/Kunig/*Heiderhoff* (2021) GG Art. 6 Rn. 25 ff.; *Hohmann-Dennhardt*, FPR 2012, 185 (186); *Heiß*, NZFam

verbrieften spezifischen Kinderrechten – kein Zweifel, dass Kinder als Rechtssubjekte Grundrechtsträger sind[195] und der Staat diesen als solchen zum Rechtsschutz verpflichtet ist[196].

3. Verankerung innerhalb des supranationalen Rechts

Die Aufforderung zum staatlichen Schutz im Sinne des Kindeswohl bei dessen Gefährdung ergibt sich jedoch nicht rein auf nationaler Ebene, sondern auch innerhalb der Menschenrechte[197] findet sich eine entsprechende Verankerung. Die Regelung des § 1666 BGB ist dabei nicht allein in Beziehung zum grundrechtlichen Ausgangspunkt und der dortigen Verankerung zu sehen, sondern neben nationalen kinderschutzrechtlichen Regelungen haben auch europäische und internationale Regelungen direkten und indirekten Einfluss[198].

In situationsbezogenen[199] Teilbereichen des Kindeswohlschutzes – bei internationalen Bezugspunkten[200] – ist daher sowohl das *Europäische Übereinkommen über die Anerkennung und Vollstreckung von Entscheidungen über das Sorgerecht für Kinder und die Wiederherstellung des Sorgeverhältnisses*[201]

2015, 532 (536 f.); *Benassi*, ZRP 2015, 24 (25 f.); *Wiesner*, ZKJ 2008, 225 (228); BeckOGK/*Amend-Traut* (2021) BGB § 1626 Rn. 50.1.

195 Vgl. BVerfG FamRZ 2017, 524 (527 f.); *Lack*, NJW 2017, 1300 (1301); *Wapler*, Kinderechte und Kindeswohl, S. 73 ff.; ferner *Jestead*, Staatlicher Kindesschutz unter dem Grundgesetz, S. 12 f.; BVerfG FamRZ 2014, 907 (908); BVerfG FamRZ 2014, 1266 (1267); BayObLG FamRZ 1985, 737 (738); *Britz*, NZFam 2016, 1113 (1113 f.); Palandt/*Götz* (2021) BGB § 1666 Rn. 1; Staudinger/*Coester* (2020) BGB § 1666 Rn. 10; v.Mangoldt/Klein/Starck/*Robbers* (2018) GG Art. 6, Rn. 241; v.Münch/Kunig/*Heiderhoff* (2021) GG Art. 6 Rn. 17.

196 Vgl. BVerfGE 24, 119 (144); BVerfG FamRZ 2008, 845 (848 f.); Palandt/*Götz* (2021) BGB § 1666 Rn. 1; Staudinger/*Coester* (2020) BGB § 1666 Rn. 3, 12; Staudinger/*Lettmaier* (2020) BGB § 1626 Rn. 84; zur verfassungsrechtlichen Position als Grundrechtsbegünstigte in Art. 6 Abs. 2 GG: v.Münch/Kunig/*Heiderhoff* (2021) GG Art. 6 Rn. 104; v.Mangoldt/Klein/Starck/*Robbers* (2018) GG Art. 6, Rn. 182; Maunz/Dürig/*Badura* (2020) GG Art. 6 Rn. 140.

197 Vgl. hierzu beispielhaft Art. 16 Nr. 3 der Allgemeinen Erklärung der Menschenrechte (AEMR) der Vereinten Nationen vom 10.12.1948 (A/RES/217 A (III)).

198 Vgl. Staudinger/*Coester* (2020) BGB § 1666 Rn. 5.

199 Vgl. ebd., Rn. 5.

200 Vgl. *Andrae*, Internationales Familienrecht, S. 549 ff.

201 Europäisches Übereinkommen über die Anerkennung und Vollstreckung von Entscheidungen über das Sorgerecht für Kinder und die Wiederherstellung des Sorgeverhältnisses (Europäisches Sorgerechtsübereinkommen - ESÜ) vom

vom 20.05.1980 sowie das *Haager Übereinkommen über die zivilrechtlichen Aspekte internationaler Kindesentführung*[202] vom 25.10.1980 als auch das *Übereinkommen über die Zuständigkeit, das anzuwendende Recht, die Anerkennung, Vollstreckung und Zusammenarbeit auf dem Gebiet der elterlichen Verantwortung und der Maßnahmen zum Schutz von Kindern*[203] vom 19.10.1996 von Belang.

In internationaler Perspektive zuvorderst[204] ist jedoch die Europäische Menschenrechtskonvention[205] zu nennen, deren Art. 8 Abs. 2 EMRK staatliche Eingriffe in das Familienleben einer Notwendigkeits- und Verhältnismäßigkeitsprüfung unterwirft[206]. Neben der Europäischen Menschen-

---

20.05.1980 (SEV Nr. 105; BGBl. Jahrgang 1990 Teil II Nr. 11 S. 206, 220); vgl. Staudinger/*Pirrung* (2018) ESÜ Rn. F1 ff.

202 Haager Übereinkommen über die zivilrechtlichen Aspekte internationaler Kindesentführung (Haager Kindesentführungsübereinkommen - HKÜ) vom 25.10.1980 (BGBl. Jahrgang 1990 Teil II Nr. 11, S. 206, 207); modifiziert durch die Verordnung (EG) Nr. 2201/2003 des Rates über die Zuständigkeit und die Anerkennung und Vollstreckung von Entscheidungen in Ehesachen und in Verfahren betreffend die elterliche Verantwortung und zur Aufhebung der Verordnung (EG) Nr. 1347/2000 (EuEheVO; Brüssel IIa-Verordnung) vom 27.11.2003 (ABl. L338 vom 23.12.2003, S. 1) bzw. ab 01.08.2022 durch die Verordnung (EU) 2019/1111 des Rates über die Zuständigkeit, die Anerkennung und Vollstreckung von Entscheidungen in Ehesachen und in Verfahren betreffend die elterliche Verantwortung und über internationale Kindesentführungen (Brüssel IIb-Verordnung) vom 25.06. 2019 (ABl. L178 vom 02.07.2019, S. 1); vgl. *Andrae*, Internationales Familienrecht, S. 555.

203 Übereinkommen über die Zuständigkeit, das anzuwendende Recht, die Anerkennung, Vollstreckung und Zusammenarbeit auf dem Gebiet der elterlichen Verantwortung und der Maßnahmen zum Schutz von Kindern (Haager Übereinkommen über den Schutz von Kindern - KSÜ) vom 19.10.1996 (BGBl. Jahrgang 2009 Teil II Nr. 21, S. 602, 603); zu berücksichtigen ist aufgrund differierender Vertragsstaaten zudem weiterhin daneben das Übereinkommen über die Zuständigkeit der Behörden und das anzuwendende Recht auf dem Gebiet des Schutzes von Minderjährigen (Haager Minderjährigenschutzabkommen – MSA) vom 05.10.1961 (BGBl. Jahrgang 1971 Teil II Nr. 20, S. 217).

204 Vgl. Staudinger/*Coester* (2020) BGB § 1666 Rn. 5; MüKoBGB/*Lugani* (2020) BGB § 1666 Rn. 35; *Thym*, JZ 2015, 53 (54 ff.).

205 Konvention zum Schutze der Menschenrechte und Grundfreiheiten (Europäische Menschenrechtskonvention – EMRK) vom 04.11.1950, Bekanntmachung der Neufassung der Konvention vom 4. November 1950 zum Schutze der Menschenrechte und Grundfreiheiten vom 17.05.2002 (BGBl. Jahrgang 2002 Teil II Nr. 18, S. 1054); vgl. zum Status der Europäischen Menschenrechtskonvention in Deutschland BVerfG NJW 2009, 1133 (1134); *Geimer*, Internationales Zivilprozessrecht, Rn. 244 f.; Staudinger/*Coester* (2020) BGB § 1666 Rn. 5.

206 Vgl. Staudinger/*Coester* (2020) BGB § 1666 Rn. 5.

rechtskonvention sind sodann die Europäischen Grundrechte-Charta[207] und die UN-Kinderrechtskonvention[208] zu nennen.

V. Bisheriger Forschungsstand und eigener Untersuchungsansatz

Der bisherige Forschungsstand bezieht sich im Themenkomplex Zwangsheirat nach wie vor primär und weit überwiegend auf die damit einhergehenden strafrechtlichen und aufenthaltsrechtlichen Aspekte. Zentraler Ansatz ist hierbei meist das *Gesetz zur Bekämpfung der Zwangsheirat und zum besseren Schutz der Opfer von Zwangsheirat sowie zur Änderung weiterer aufenthalts- und asylrechtlicher Vorschriften*[209] aus dem Jahr 2011 mit dem damals neuen § 237 StGB, der den bis dahin geltenden § 240 Abs. 4 S. 2 Nr. 1 Alt. 2 StGB a. F.[210] als regelbeispielartige Behandlung des besonders schweren Falls der Nötigung ersetzte. Vor allem die strafrechtliche Dimension der Zwangsheirat ist seither wissenschaftlich gut abgedeckt[211].

Die zivilrechtliche Dimension der Zwangsheirat hingegen ist im Hinblick auf die familiengerichtlichen Wechselwirkungen wissenschaftlich nicht gut erfasst und auch in der Praxis kaum dokumentiert.

Aufgrund der stets landesspezifischen Verschränkung von Zwangsheiratsfällen im Hinblick auf die jeweiligen, unterschiedlichen nationalen Eheschließungsregelungen und die differierenden Regelungen zu obligatorischen und fakultativen Zivilehen, zur Minderjährigkeit, zum Sorgerecht und zu den staatlichen Maßnahmen der Gefahrenabwehr beziehen sich die Ausführungen einzig auf die deutsche Rechtslage mit lediglich singulären,

---

207 Charta der Grundrechte der Europäischen Union (GRCh) vom 08.10.2008 (BGBl. Jahrgang 2008 Teil II Nr. 27, S. 1165).

208 Übereinkommens über die Rechte des Kindes (Resolution 44/25 der Generalversammlung; sog. UN-Kinderrechtskonvention) vom 20.11.1989 (BGBl. Jahrgang 1992 Teil II Nr. 6, S. 121); vgl. exemplarisch *Schmahl*, Kinderrechtekonvention, Art. 19 Rn. 6, Art. 32-36 Rn. 38.

209 Gesetz zur Bekämpfung der Zwangsheirat und zum besseren Schutz der Opfer von Zwangsheirat sowie zur Änderung weiterer aufenthalts- und asylrechtlicher Vorschriften vom 23.06.2011 (BGBl. Jahrgang 2011 Teil I Nr. 33, S. 1266).

210 Dieser wurde seinerzeit eingeführt durch Art. 1 Nr. 12 des Siebenunddreißigsten Strafrechtsänderungsgesetz (37. StrÄndG) vom 11. Februar 2005 (BGBl. Jahrgang 2005 Teil I Nr. 10, S. 239 (240)); vgl. *Sering*, NJW 2011, 2161 (2161).

211 Vgl. *Sering*, NJW 2011, 2161 (2161 ff.); statt vieler: *Fischer*, Strafgesetzbuch (2021) § 237 Rn. 1, 1a.

rechtsvergleichenden Anmerkungen und nur punktuellen Bezügen zum internationalen Privatrecht.

Der Fokus auf die zivilrechtliche Darstellung ermöglicht zudem weder eine vertiefte Betrachtung der durchaus mannigfaltigen Bezugspunkte zu aufenthaltsrechtlichen Überlegungen noch eine umfassende Berücksichtigung der in Teilen quasi parallel auf die Betroffenen einwirkenden religiösen Vorgaben aufgrund beispielsweise des Kirchenrechts oder der Scharia; vorhandene Querverweise dienen hier allenfalls einer thematischen Abrundung.

Zentraler Untersuchungsansatz ist die Zwangsheirat Minderjähriger, denn nur bei diesen besteht im Falle einer erzwungenen Eheschließung die Möglichkeit des familiengerichtlichen Einschreitens hinsichtlich der den Zwang ausübenden sorgeberechtigten Eltern oder gegenüber Dritten. Nicht miterfasst werden daher – auch wenn die faktischen Bedrohungslagen der jeweiligen Betroffenen in großen Teilen identisch sein mögen – volljährige Zwangsverheiratete soweit Eheversprechen, Eheanbahnung und Eheschließung insgesamt nach Eintritt der Volljährigkeit liegen, da hier ein striktes Abhängigkeitsverhältnis im Sinne des Sorgeverhältnisses der Eltern zum Kind nicht mehr besteht. Diese Betroffenen können sich ohne weiterhin rechtlich von ihren Eltern abhängig zu sein, von Selbigen lösen.

Eine wie auch immer geartete rechtliche Einflussnahme auf Volljährige, wie beispielsweise die in einigen ausländischen Rechtsordnungen vorhandene Ehevormundschaft über volljährige Frauen[212], ist dem deutschen Recht fremd und würde unserem Rechtssystem entgegenlaufen. Selbst wenn subjektiv vergleichbare Zwangslagen bestehen, ist bei Volljährigen – anders als im Sozialrecht, das für die Förderung und Hilfen bei jungen

212 Vgl. zum *Heiratsvormund* oder „*Wali*“: Staudinger/*Mankowski* (2010) EGBGB Art. 13 Rn. 207 ff.; *Rohe*, Das islamische Recht, S. 213 ff.; *Bock*, NJW 2012, 122 (123); *Fadlalla*, FPR 2011, 449 (450); *Scholz*, StAZ 2002, 321 (330); *v.Bar/Mankowski*, Internationales Privatrecht II (2019), § 4 Internationales Familienrecht, Rn. 58 ff., S. 499; *Spellenberg*, FS Schwab, S. 1280 f.; *Sütçü*, Zwangsheirat und Zwangsehe, S. 215; *Hildebrand*, Bekämpfung der Zwangsheirat, S. 148 ff.; MüKoBGB/*Coester* (2020) EGBGB Art. 13 Rn. 43, 46; *Kaiser*, FamRZ 2013, 77 (83).

Menschen die Grenze bei siebenundzwanzig Jahren zieht[213] – ein familiengerichtliches Eingreifen mangels Schutzsubjekt nicht mehr möglich[214].

Inhaltlich ist zunächst auf die grundlegende Darstellung der heute bestehenden Unmöglichkeit der Eheschließung Minderjähriger in Deutschland einzugehen (Kapitel B). Diese wird jedoch nur verständlich, betrachtet man die vormals auch in Deutschland bestehende rechtliche Möglichkeit der Eheschließung Minderjähriger noch vollkommen losgelöst vom juristischen Bezug zur Zwangsheirat und damit am ehemals möglichen nicht-pathologischen Fall der Eheschließung Minderjähriger.

Dem gegenüber zu stellen ist die Gefahr der drohenden Zwangsheirat für Minderjährige (Kapitel C), wie sie zur tatsächlichen Situation in Deutschland nach wie vor gehört. Dies stellt gleichsam den pathologischen Fall dar. Hierzu werden zunächst Erscheinungsformen, Gründe und Folgen aufgezeigt und die bisher erfolgte, juristische Auseinandersetzung mit entsprechendem Fokus auf die legislative und judikative Entwicklung aufgegriffen.

Sodann folgen die gerichtlichen Maßnahmen bei Gefährdung des Kindeswohls (Kapitel D) allgemein, wobei insbesondere auch der Schutzgedanke des § 1666 BGB ins Verhältnis zur Elterlichen Sorge gesetzt wird bevor auf die möglichen Maßnahmen im Einzelnen eingegangen wird.

Im Hinblick auf die differenzierte Gefährdungslage und die gebotenen Maßnahmen werden die gerichtlichen Maßnahmen bei Gefährdung des Kindeswohls durch eine drohende Zwangsheirat (Kapitel E) spezifisch dargestellt. Hierbei wird insgesamt (Kapitel C-D-E) einem gewissen Syllogismus gefolgt, wobei die Prämissen inhaltlich stark reduziert und simplifiziert »Drohende Zwangsheiraten führen zur Gefährdung der betroffenen Kinder« und »Kindeswohlgefährdungen führen zu gerichtlichen Maßnahmen« lauten, so dass sich die Konklusion »Drohende Zwangsheiraten führen zu gerichtlichen Maßnahmen nach § 1666 BGB« ergibt.

Abschließend werden künftig denkbare, ergänzende Lösungsansätze (Kapitel F) aufgezeigt, die der Problematik der Zwangsheirat vorbeugen oder zumindest den zivilrechtlichen Schutz Minderjähriger vor drohender Zwangsheirat positiv beeinflussen könnten.

---

213 Vgl. §§ 1, 7 Abs. 1 Nr. 4 SGB VIII; *Arbeitsgemeinschaft Zwangsverheiratung und Kinder- und Jugendhilferecht*, Zwangsverheiratung bekämpfen, S. 23 ff.

214 Zur Verfahrenserledigung wegen Eintritt der Volljährigkeit im laufenden familiengerichtlichen Verfahren siehe unten unter D.II.1.a.; vgl. Staudinger/*Coester* (2020) BGB § 1666 Rn. 21.

B. Eheschließungsunmöglichkeit für Minderjährige

Bestand auch in Deutschland bis in das Jahr 2017[215] noch die rechtliche Möglichkeit der zivilrechtlichen Eheschließung Minderjähriger, stellt sich dies heute gegenteilig als grundlegende Unmöglichkeit zur Eingehung der Zivilehe für Minderjährige in Deutschland dar. Um diese Entwicklung besser einordnen zu können, bietet sich zunächst eine grundlegende Betrachtung aller denkbaren Eheschließungsformen an.

I. Grundsätzliches zur Zivilehe im Bürgerlichen Gesetzbuch

Die Zivilehe oder sprachlich genauer die *Bürgerliche Ehe*[216] ist als Rechtsinstitut in den §§ 1297-1588 BGB geregelt, wobei vorliegend neben den allgemeinen Wirkungen der Ehe im Sinne des familienrechtlichen Dauerrechtsverhältnisses[217] gemäß §§ 1353 ff. BGB vor allem die Eingehung der Ehe gemäß §§ 1303 ff. BGB und hierin speziell die Eheschließung nach § 1310 ff. BGB als Begründungsakt[218] genauer zu betrachten ist.

1. Die Ehe als eheliche Lebensgemeinschaft zweier Personen

Zur Erfassung dessen, was heute zivilrechtlich unter Ehe verstanden wird, drängt sich eine Orientierung an § 1353 Abs. 1 BGB auf, so dass die Ehe eine grundrechtlich geschützte[219], auf Lebenszeit geschlossene Verbindung

---

215 Vgl. Gesetz zur Bekämpfung von Kinderehen vom 17.07.2017 (BGBl. Jahrgang 2017 Teil I Nr. 48, S. 2429).

216 Vgl. MüKoBGB/*Koch* (2019) Einleitung zum Familienrecht, Rn. 38; Maunz/Dürig/*Badura* (2020) GG Art. 6 Rn. 42; v.Mangoldt/Klein/Starck/*Robbers* (2018) GG Art. 6, Rn. 39; *Wissenschaftliche Dienste*, Sachstand - Der Begriff der Ehe im Grundgesetz und anderen Verfassungen, S. 4.

217 Vgl. MüKoBGB/*Roth* (2019) BGB § 1353 Rn. 15; ähnlich schon *Hübner*, FamRZ 1962, 1 (3, 6).

218 Vgl. MüKoBGB/*Wellenhofer* (2019) BGB § 1310 Rn. 1, 5 ff.; Staudinger/*Löhnig* (2018) BGB § 1310 Rn. 31 ff., 41.

219 Vgl. Art. 6 Abs. 1 GG; Maunz/Dürig/*Badura* (2020) GG Art. 6 Rn. 42 f.; v.Mangoldt/Klein/Starck/*Robbers* (2018) GG Art. 6, Rn. 20, 39; Dreier/*Brosius-Gersdorf*

zwischen zwei Personen verschiedenen oder gleichen Geschlechts ist[220], in welcher sich die Ehegatten einander zur ehelichen Lebensgemeinschaft verpflichten[221] und füreinander Verantwortung tragen[222].

Das erste tragende Elemente ist damit die Eingehung der Ehe auf Lebenszeit.[223] An dieser grundlegenden Ausrichtung vermögen auch die jüngsten Ehescheidungsraten sowie die Wiederverheiratungsquote nichts ändern. Die Zivilehe kennt keine zeitliche Befristung, sondern geht von einer dauerhaften Bindung[224] aus; eine bereits im Vorfeld zeitlich befristete Ehe lässt sich folglich schon gar nicht unter den Ehebegriff subsumieren.[225]

Als weiteres Merkmal kommt die Exklusivität hinzu, sprich dass der eine Ehepartner zu jeder Zeit nur eine weitere Person als Ehepartner hat. Damit werden sowohl jegliche Überschneidungen bei Trennung und Scheidung als auch generell polygame Verbindungen ausgeschlossen.[226]

Das Merkmal der Verschieden- oder Gleichgeschlechtlichkeit der Ehepartner ist das rechtsgeschichtlich jüngste Element, welches erst durch das *Gesetz zur Einführung des Rechts auf Eheschließung für Personen gleichen Geschlechts*[227] vom 20.07.2017 Einzug in das Bürgerliche Gesetzbuch ge-

---

(2013) GG Art. 6 Rn. 49; *Wissenschaftliche Dienste*, Sachstand - Der Begriff der Ehe im Grundgesetz und anderen Verfassungen, S. 6.

220 Vgl. § 1353 Abs. 1 S. 1 BGB; v.Mangoldt/Klein/Starck/*Robbers* (2018) GG Art. 6, Rn. 45 ff.; v.Münch/Kunig/*Heiderhoff* (2021) GG Art. 6 Rn. 58 ff.; BeckOGK/*Erbarth* (2021) BGB § 1353 Rn. 611 ff., 638 ff.; Jauernig/*Budzikiewicz* (2021) BGB § 1353 Rn. 1.

221 Vgl. § 1353 Abs. 1 S. 2 Hs. 1 BGB; v.Mangoldt/Klein/Starck/*Robbers* (2018) GG Art. 6, Rn. 73; v.Münch/Kunig/*Heiderhoff* (2021) GG Art. 6 Rn. 65; BeckOGK/*Erbarth* (2021) BGB § 1353 Rn. 78 ff.; MüKoBGB/*Roth* (2019) BGB § 1353 Rn. 18.

222 Vgl. § 1353 Abs. 1 S. 2 Hs. 2 BGB; v.Mangoldt/Klein/Starck/*Robbers* (2018) GG Art. 6, Rn. 38; Palandt/*Götz* (2021) BGB Einleitung vor § 1297 Rn. 6; BeckOGK/*Erbarth* (2021) BGB § 1353 Rn. 163 ff.; MüKoBGB/*Roth* (2019) BGB § 1353 Rn. 22 f.

223 Vgl. v.Münch/Kunig/*Heiderhoff* (2021) GG Art. 6 Rn. 63; v.Mangoldt/Klein/Starck/*Robbers* (2018) GG Art. 6, Rn. 38, 59; BeckOGK/*Erbarth* (2021) BGB § 1353 Rn. 71 ff.

224 Vgl. auch die Formulierung in § 11 Abs. 2 S. 1 PStG; *Pfeifer*, (Digitalisiertes) Etymologisches Wörterbuch des Deutschen, Art. Ehe.

225 Vgl. *Bock*, NJW 2012, 122 (124); zum ausländischen Recht MüKoBGB/*Coester* (2020) EGBGB Art. 13 Rn. 7.

226 Vgl. v.Münch/Kunig/*Heiderhoff* (2021) GG Art. 6 Rn. 57; v.Mangoldt/Klein/Starck/*Robbers* (2018) GG Art. 6, Rn. 42.

227 Gesetz zur Einführung des Rechts auf Eheschließung für Personen gleichen Geschlechts vom 20.07.2017 (BGBl. Jahrgang 2017 Teil I Nr. 52, S. 2787).

funden hat und das diesbezüglich wohl die rechtspolitisch kontroverseste Entwicklung genommen hat.[228]
Schlussendlich kommt noch das Merkmal der ehelichen Lebensgemeinschaft hinzu, das insbesondere Bedeutung hinsichtlich der Unterscheidung zu anderen Lebensgemeinschaftsformen[229] hat. Hierüber erfolgt auch die Abgrenzung gegenüber der erwähnten Scheinehe.

Auch wenn es damit nicht das eine eindeutige, gesetzlich normierte Eheleitbild[230] hinsichtlich der inhaltlichen Ausgestaltung gibt, so ist dem Bürgerlichen Gesetzbuch zumindest die grundlegende strukturelle Ausgestaltung der Zivilehe – auch und gerade im Unterschied zu anderen Lebensgemeinschaftsformen – klar zu entnehmen.

2. Die Eheschließung

Mit Inkrafttreten des *Gesetz über die Beurkundung des Personenstandes und die Eheschließung*[231] vom 06.02.1875 wurde die obligatorische Zivilehe[232] ausdrücklich normiert. Dies hat zur Folge, dass von staatlichen Instanzen und entsprechenden gesetzlichen Regelungen nur und ausschließlich diejenigen als Eheleute anerkannt werden, die die Eheschließung gemäß

228 Vgl. v.Mangoldt/Klein/Starck/*Robbers* (2018) GG Art. 6, Rn. 47a; v.Münch/Kunig/*Heiderhoff* (2021) GG Art. 6 Rn. 60.; BeckOGK/*Erbarth* (2021) BGB § 1353 Rn. 638 ff.; *Brosius-Gersdorf*, NJW 2015, 3557 (3561); *Schwab*, FamRZ 2017, 1284 (1286 f.); *Kaiser*, FamRZ 2017, 1889 (1897 ff.).

229 Vgl. Staudinger/*Löhnig* (2018) Anhang zu §§ 1297 ff, Rn. 1, 6ff.; Palandt/*Götz* (2021) BGB Einleitung vor § 1297 Rn. 6, 9; v.Mangoldt/Klein/Starck/*Robbers* (2018) GG Art. 6, Rn. 43, 48; v.Münch/Kunig/*Heiderhoff* (2021) GG Art. 6 Rn. 56.

230 Vgl. MüKoBGB/*Koch* (2019) Einleitung zum Familienrecht, Rn. 52; Staudinger/*Löhnig* (2018) BGB § 1303 Rn. 14 f.

231 Gesetz über die Beurkundung des Personenstandes und die Eheschließung vom 06.02.1875 (RGBl. Jahrgang 1875 Nr. 4, S. 23), in Kraft getreten gemäß § 79 S. 1 zum 01.01.1876.

232 Vgl. § 67 Gesetz über die Beurkundung des Personenstandes und die Eheschließung vom 06.02.1875 (RGBl. Jahrgang 1875 Nr. 4, S. 23); Gaaz/Bornhofen/Lammers/*Lammers*, Handkommentar Personenstandsgesetz, S. 17; v.Mangoldt/Klein/Starck/*Robbers* (2018) GG Art. 6, Rn. 39; Scholz/Kleffmann/*Eckebrecht*, Praxishandbuch Familienrecht, Teil A Materielles Eherecht, Eheschließungsrecht, Rn. 146 ff.; zur rechtsgeschichtlichen Entwicklung ferner: MüKoBGB/*Koch* (2019) Einleitung zum Familienrecht, Rn. 31ff., insb. 36; *Mikat*, Dotierte Ehe, S. 9; *Maschwitz*, Die Form der Eheschließung, S. 36 ff.

§ 1310 Abs. 1 S. 1 BGB öffentlich[233] vollzogen haben. Demnach ist von den Eheschließenden vor einem Standesbeamten[234] zu erklären, dass sie die Ehe miteinander eingehen wollen. Die diesbezügliche Zuständigkeit des Standesamtes ergibt sich dabei aus § 11 Abs. 1 PStG, weitergehende Regelungen finden sich in den §§ 1310-1312 BGB sowie gegebenenfalls für fremdstaatliche Verlobte in Art. 13 EGBGB.

Im Umkehrschluss entfalten religiöse Trauungen[235] und Zeremonien keine Folgen im Hinblick auf Personen- und Familienstand. Für die Ansehung und die Wirkung der Ehe ist einzig die Zivilehe relevant. Mag die Zivilehe heute aus vielerlei Gründen nicht mehr den ursprünglichen Stellenwert haben, so ist sie im Kerngehalt gleichgeblieben, auch wenn der äußere Rahmen gewissen Wandeln unterworfen ist. Die Prokuration[236], sprich die Eheschließung per Stellvertretung, ist der deutschen Rechtsordnung heute[237] genauso fremd wie die postmortale Eheschließung[238]; gleichwohl sind beides Beispiele dafür, wie sich die Zivilehe vor und seit in Kraft treten des Bürgerlichen Gesetzbuches gewandelt und schließlich durch das *Gesetz zur Einführung des Rechts auf Eheschließung für Personen*

233 Vgl. zur rechtshistorischen Bedeutung und Abgrenzung von klandestinen Eheschließungen: *Mikat*, Dotierte Ehe, S. 10 f.; ferner: *Schmidt-Wiegand*, HRG, Art. Hochzeitsbräuche, Sp. 1070.

234 Vgl. zu den Bestellungsvoraussetzungen zum Standesbeamten und zur Bestellungsmöglichkeit von Bürgermeistern zu Standesbeamten beispielhaft § 2 BayAVPStG, § 2 HessAVPStG oder § 1 PStG-DVO-BW.

235 Vgl. *Schmidt-Wiegand*, HRG, Art. Hochzeitsbräuche, Sp. 1069 f., 1072.

236 Auch als „Stellvertreterhochzeit" oder „Handschuhehe" bezeichnet; vgl. zur fortbestehenden Möglichkeit in anderen Staaten: Italien - BGHZ 29, 137 (139); Iran - BayObLG FamRZ 2001, 16100 (1610); Pakistan – *Hohloch*, JuS 2005, 753 (753 f.); Pakistan - OLG Zweibrücken NJW-RR 2011, 725 (725); Libanon - VG Magdeburg FamRZ 2021, 491 (491); *Schlenker*, Das Verbot der Zwangsheirat, S. 127; *Rohe*, StAZ 2006, 93 (97); *Hohloch*, FPR 2011, 422 (426); MüKoBGB/*Coester* (2020) EGBGB Art. 13 Rn. 46; *Kaiser*, FamRZ 2013, 77 (82 f.); zur entsprechenden islamische Eheschließungsform: *Bock*, NJW 2012, 122 (124 f.); *Kubik/Zimmermann*, JR 2013, 192 (194).

237 Vgl. den entsprechenden Antrag zur Stellvertreterehe in: *Achilles/Gebhard/Spahn*, Protokolle der Kommission für die zweite Lesung des Entwurfs des Bürgerlichen Gesetzbuchs, S. 51 f.; § 1311 BGB regelt, dass die Eheschließenden ihre Erklärung der Eheschließung nach § 1310 Abs. 1 BGB persönlich und bei gleichzeitiger Anwesenheit abzugeben haben – zum § 1317 BGB a.F.: Staudinger/BGB-Synopse 1896-2005 (2005) BGB § 1311/1317.

238 Vgl. zur entsprechenden Möglichkeit in Frankreich: *Beitzke*, IPRax 1991, 227 (227 f.); a.A. MüKoBGB/*Coester* (2020) EGBGB Art. 13 Rn. 8, 44.

gleichen Geschlechts[239] vom 20.07.2017 hin zum aktuell politisch herrschenden Verständnis von Ehe geöffnet hat.

II. Zivilehen Minderjähriger in Deutschland

Die prinzipielle Möglichkeit der Eingehung einer Zivilehe als Minderjähriger – die Ehefähigkeit – war und ist primär[240] eine Frage der Ehemündigkeit.[241]

Sah die ursprüngliche Fassung[242] des § 1303 BGB noch vor, das Männer nicht vor dem Eintritt der Volljährigkeit – diese lag damals bei einundzwanzig Jahren[243] – und Frauen, außer im Falle einer Befreiung, nicht vor Vollendung des sechzehnten Lebensjahrs eine Ehe eingehen durften, wurde die Regelung des § 1303 BGB durch das *Gesetz zur Vereinheitlichung des Rechts der Eheschließung und der Ehescheidung im Lande Österreich und im übrigen Reichsgebiet*[244] vom 27.07.1938 aufgehoben[245] und durch § 1 des selben Gesetzes die Ehemündigkeit neu geregelt. Demnach sollte ein Mann nicht vor Vollendung des einundzwanzigsten Lebensjahres und eine Frau nicht vor Vollendung des sechzehnten Lebensjahrs eine Ehe eingehen; außer wiederum im Falle einer diesbezüglichen Befreiung der Frau oder des Mannes, die dem Mann aber nur insofern erteilt werden konnte, dass

239 Gesetz zur Einführung des Rechts auf Eheschließung für Personen gleichen Geschlechts vom 20.07.2017 (BGBl. Jahrgang 2017 Teil I Nr. 52, S. 2787).

240 Vgl. Staudinger/*Löhnig* (2018) BGB § 1303 Rn. 4 ff.; zur daneben ebenso notwendigen Ehegeschäftsfähigkeit § 1304 BGB; *Amend-Traut*, Lexikon für Kirchen- und Religionsrecht, Art. Ehefähigkeit, staatlich, S. 724 f.; *Creifelds*, Rechtswörterbuch (2021), Art. „Ehefähigkeit"; *Finger*, StAZ 1996, 225 (228 f.); Staudinger/*Löhnig* (2018) BGB § 1304, Rn. 3.

241 Vgl. Palandt/*Siede* (2021) BGB Einführung vor § 1303 Rn. 8.

242 Vgl. Staudinger/BGB-Synopse 1896-2005 (2005) BGB § 1303; *Schwab*, HRG, Art. Heiratserlaubnis, Sp. 917.

243 Vgl. Staudinger/BGB-Synopse 1896-2005 (2005) BGB § 2.

244 Gesetz zur Vereinheitlichung des Rechts der Eheschließung und der Ehescheidung im Lande Österreich und im übrigen Reichsgebiet vom 06.07.1938 (RGBl. Jahrgang 1938 Teil I Nr. 106, S. 807-822).

245 Vgl. § 84 des Gesetzes zur Vereinheitlichung des Rechts der Eheschließung und der Ehescheidung im Lande Österreich und im übrigen Reichsgebiet vom 06.07.1938 (RGBl. Jahrgang 1938 Teil I Nr. 106, S. 817).

er nicht mehr unter elterlicher Gewalt oder unter Vormundschaft stand und das achtzehnte Lebensjahr vollendet hatte[246].

Diese Regelung wurde dann inhaltsgleich in § 1 des *Kontrollratsgesetzes Nr. 16 (Ehegesetz)*[247] übernommen. § 1 des *Kontrollratsgesetzes Nr. 16 (Ehegesetz)* seinerseits wurde dann nach der inhaltlichen Adaption durch das *Gesetz zur Neuregelung des Volljährigkeitsalters*[248] vom 31.07.1974 wiederum zum Vorgänger des § 1303 BGB a. F.

Seit dem *Eheschließungsrechtsgesetz*[249] vom 04.05.1998 regelte die Ehemündigkeit dann wieder § 1303 BGB a. F., wonach die Ehe nicht vor Eintritt der Volljährigkeit – diese liegt seit 1975 aufgrund des *Gesetzes zur Neuregelung des Volljährigkeitsalters*[250] bei achtzehn Jahren – eingegangen werden sollte; samt Dispensmöglichkeit von dieser Regelung, falls der Antragsteller das sechzehnte Lebensjahr vollendet hatte und der künftige Ehegatte volljährig war. Insofern bestand seinerzeit neben dem regulären Ehemündigkeitsalter ein Mindestehemündigkeitsalter[251], das die Befreiung vom Erfordernis der Volljährigkeit zum Schutzes des Wohles der Minderjährigen als maßgebendes Kriterium[252] ermöglichte.

Erst durch das Inkrafttreten des *Gesetz zur Bekämpfung von Kinderehen*[253] vom 17.07.2017 ist das Ehemündigkeitsrecht zum heutigen Rechtsstand[254]

---

246 Vgl. § 1 Abs. 1, 2 des Gesetzes zur Vereinheitlichung des Rechts der Eheschließung und der Ehescheidung im Lande Österreich und im übrigen Reichsgebiet vom 06.07.1938 (RGBl. Jahrgang 1938 Teil I Nr. 106, S. 807).

247 Gesetz Nr. 16 des Kontrollrats (Ehegesetz) vom 20.02.1946 (ABlKR Dtl. Jahrgang 1946 S. 77, 294).

248 Gesetz zur Neuregelung des Volljährigkeitsalters vom 31.07.1974 (BGBl. Jahrgang 1974 Teil I Nr. 87, S. 1713).

249 Gesetz zur Neuordnung des Eheschließungsrechts (Eheschließungsrechtsgesetz – EheschlRG) vom 04.05.1998 (BGBl. Jahrgang 1998 Teil I Nr. 25, S. 833).

250 Gesetz zur Neuregelung des Volljährigkeitsalters vom 31.07.1974 (BGBl. Jahrgang 1974 Teil I Nr. 87, S. 1713).

251 Vgl. Scholz/Kleffmann/*Eckebrecht*, Praxishandbuch Familienrecht, Teil A Materielles Eherecht, Eheschließungsrecht, Rn. 129; Staudinger/*Voppel* (2018) BGB Einleitung zu §§ 1303 Rn. 13; Staudinger/*Löhnig* (2018) BGB § 1303 Rn. 8 f.; MüKoBGB/*Wellenhofer* (2019) BGB § 1303 Rn. 2 f.; zur zuletzt mangelnden rechtspraktischen Bedeutung dieser Dispensmöglichkeit mit nur 92 Fällen im Jahr 2015: BT-Drs. 18/12086, S. 13; *Schwab*, FamRZ 2017, 1369 (1369).

252 Vgl. MüKoBGB/*Wellenhofer* (2019) BGB § 1303 Rn. 3; Palandt/*Siede* (2021) BGB § 1303 Rn. 2; zur regelmäßigen Konstellation einer bestehenden Schwangerschaft der Minderjährigen: BT-Drs. 7/1762, S. 5; BT-Drs. 18/12086, S. 13.

253 Gesetz zur Bekämpfung von Kinderehen vom 17.07.2017 (BGBl. Jahrgang 2017 Teil I Nr. 48, S. 2429).

254 Vgl. zur Verfassungsmäßigkeit: v.Münch/Kunig/*Heiderhoff* (2021) GG Art. 6 Rn. 79; *Antomo*, ZRP 2017, 79 (80).

vorgedrungen; nach § 1303 S. 1 BGB darf eine Ehe nicht vor Eintritt der Volljährigkeit eingegangen werden. Zudem kann gemäß § 1303 S. 2 BGB mit einer Person, sofern diese das 16. Lebensjahr nicht vollendet hat, eine Ehe nicht wirksam eingegangen werden. Ergänzend wird diese Regelung durch den altersspezifischen Aufhebungsgrund gemäß § 1314 Abs. 1 Nr. 1 BGB komplettiert. Besteht für unter sechzehnjährige Minderjährige selbst bei erfolgter Eheschließung eine unwirksame Ehe oder Nichtehe[255], so ist für Minderjährige zwischen dem sechzehnten und dem achtzehnten Lebensjahr eine aufhebbare Ehe[256] gegeben – und selbige ab Eintritt der Volljährigkeit sogar gemäß § 1315 Abs. 1 S. 1 Nr. 1 lit. a BGB bestätigbar[257]. Zwar muss die Aufhebung nach § 1316 Abs. 3 S. 2 BGB i.V.m. § 1314 Abs. 1 Nr. 1 BGB auch und gerade von Amts wegen betrieben werden und erfolgen[258], gleichwohl verbleibt es bis zur Rechtskraft des Aufhebungsbeschlusses bei einer wirksamen Ehe.[259]

Selbst für den quasi nicht-pathologischen, hypothetischen Beispielsfall des selbstgewollten und wahrhaftigen Eheschließungswunsches einer fast achtzehnjährigen, todkranken Frau mit ihrem fast gleichaltrigen Freund sieht das Gesetz keinerlei Dispensmöglichkeit mehr vor; insofern wird mittlerweile eine strikte Nulltoleranzpolitik verfolgt. Im Hinblick auf Minderjährigenehen – Kinderehen[260] Minderjähriger unter sechzehn Jahren und sogenannte Frühehen[261] jugendlicher Minderjähriger zwischen sechzehn und achtzehn Jahren – ist mit der Neuregelung des § 1303 BGB zur möglichen Verheiratungspraxis eine klare Linie gezogen worden.[262]

255 Vgl. BT-Drs. 18/12086, S. 15; *Schwab*, FamRZ 2017, 1369 (1370); zur früheren Rechtslage BT-Drs. 18/12086, S. 13.

256 Vgl. BT-Drs. 18/12086, S. 15; *Schwab*, FamRZ 2017, 1369 (1369 f.).

257 Vgl. BT-Drs. 18/12086, S. 14; *Schwab*, FamRZ 2017, 1369 (1370).

258 Vgl. BT-Drs. 18/12086, S. 15.

259 Vgl. ebd., S. 13; *Schwab*, FamRZ 2017, 1369 (1369).

260 Vgl. KG FamRZ 2012, 1495 (1496); AG Offenbach FamRZ 2010, 1561 (1562); AG Hannover FamRZ 2002, 1117 (1117); KG FamRZ 1990,45 (46); BeckOK-BGB/*Mörsdorf* (2020) EGBGB Art. 13 Rn. 26; Staudinger/Mankowski (2010) EGBGB Art. 13 Rn. 196 ff, 476; *Rohe*, StAZ 2000, 161 (165); a.A. *Scholz*, StAZ 2002, 321 (328); *Mankowski*, FamRZ 2016, 1274 (1275); zur lange Zeit fehlenden verbindlichen Definition der Kinderehe: *Maschwitz*, Die Form der Eheschließung, S. 109 f., 459; zum Begriff der Kinderehe kritisch *Schwab*, FamRZ 2017, 1369 (1373); *Schwab*, HRG, Art. Kinderehe, Sp. 1747 f.

261 Vgl. zum Begriff und zur abweichenden unteren Altersgrenze von 14 Jahren: *TERRE DES FEMMES*, Stellungnahme Gesetzesentwurf zur Bekämpfung von Kinderehen, S. 1.

262 Vgl. BT-Drs. 18/12086, S. 15; *Schwab*, FamRZ 2017, 1369 (1370, 1373).

Jedoch wird damit (lediglich) der Zeitpunkt der Zulässigkeit der Verheiratungspraxis erfasst, in keiner Weise aber im Ergebnis hilfreich auf die Eheanbahnung oder den Zeitraum der vorehelichen Dependenz eingewirkt. Insbesondere wurde hinsichtlich der Möglichkeit auch ein entsprechendes Verlöbnis gemäß §§ 1297 ff. BGB von Minderjährigen zu untersagen durch den Gesetzgeber kein Gebrauch gemacht[263]; diese quasi Vorstufe zur Eheschließung ist im Umkehrschluss weiterhin auch für Minderjährige möglich.[264] Stellt ein Verlöbnis doch gerade als hoheitlich anerkannte Vorstufe der Ehe vor allem in Form der Zwangsverlobung[265] durchaus die erste Manifestierung einer drohenden Zwangsheirat dar.[266] Damit besteht in der fehlenden Regelung de lege lata wohl ein entsprechendes Versäumnis des Gesetzgebers.

III. Religiöse und traditionelle Eheschließungen Minderjähriger in Deutschland

Wie erwähnt wurde mit Inkrafttreten des *Gesetzes über die Beurkundung des Personenstandes und die Eheschließung*[267] vom 06.02.1875 die obligatorische Zivilehe[268] normiert. Ferner galt seither das Verbot der religiösen Voraustrauung[269] bis am 01.01.2009 das *Personenstandsgesetz*[270] vom 19.02.2007 in

263 Vgl. *Schwab*, FamRZ 2017, 1369 (1373).

264 Vgl. ebd., S. 1373; Palandt/*Götz* (2021) BGB Einführung vor § 1297 Rn. 1; Staudinger/*Voppel* (2018) BGB Vorbemerkung zu §§ 1297 Rn. 51, 100 ff.

265 Vgl. *Schwab*, FamRZ 2017, 1369 (1373); Staudinger/*Voppel* (2018) BGB Vorbemerkung zu §§ 1297 Rn. 102.

266 Vgl. *Sütçü*, Zwangsheirat und Zwangsehe, S. 71 f.; *Arbeitsgemeinschaft Zwangsverheiratung und Kinder- und Jugendhilferecht*, Zwangsverheiratung bekämpfen, S. 15.

267 Gesetz über die Beurkundung des Personenstandes und die Eheschließung vom 06.02.1875 (RGBl. Jahrgang 1875 Nr. 4, S. 23), in Kraft getreten gemäß § 79 S. 1 zum 01.01.1876.

268 Vgl. § 67 Gesetz über die Beurkundung des Personenstandes und die Eheschließung vom 06.02.1875 (RGBl. Jahrgang 1875 Nr. 4, S. 23); Gaaz/Bornhofen/Lammers/*Lammers*, Handkommentar Personenstandsgesetz, S. 17.

269 Vgl. § 67 Gesetz über die Beurkundung des Personenstandes und die Eheschließung vom 06.02.1875 (RGBl. Jahrgang 1875 Nr. 4, S. 36); Gaaz/Bornhofen/Lammers/*Lammers*, Handkommentar Personenstandsgesetz, S. 17 ff.; v.Mangoldt/Klein/Starck/*Robbers* (2018) GG Art. 6, Rn. 41.

270 Art. 1 Gesetz zur Reform des Personenstandsrechts (Personenstandsrechtsreformgesetz – PStRG) vom 19.02.2007 (BGBl. Jahrgang 2007 Teil I Nr. 5, S. 122).

Kraft trat, wodurch die religiöse Eheschließung personenstandsrechtlich[271] schließlich auch in zeitlicher Hinsicht gänzlich von der Zivilesheschließung abgekoppelt wurde[272].

Durch das *Gesetz zur Bekämpfung von Kinderehen*[273] vom 17.07.2017 ist das Personenstandsgesetz[274] um den Standesamtsvorbehalt in § 11 Abs. 2 PStG ergänzt worden. Demnach sind durch § 11 Abs. 2 S. 1 PStG neben religiösen Trauungen und Eheschließungen unter Beteiligung eines unter Achtzehnjährigen auch andere Handlungen, die eheähnliche Verbindungen zweier Menschen entfalten, verboten, sofern einer der Beteiligten minderjährig ist.[275] Selbiges gilt nach § 11 Abs. 2 S. 2 PStG für Vertragsabschlüsse, die nach den jeweiligen traditionellen oder religiösen Vorstellungen die Eheschließung ersetzen. Ergänzend werden in § 11 Abs. 2 S. 3 PStG die Personen aufgezählt, die als Verbotsadressaten in Betracht kommen; dies sind neben Geistlichen und Mitwirkenden als volljährige Ehepartner, als Beauftragte oder als Zeugen vor allem auch die Sorgeberechtigten der beteiligten Minderjährigen, sofern diese die entsprechenden traditionellen oder religiösen Handlungen veranlasst haben.

Unter religiösen Eheschließungen sind solche Eheschließungen zu verstehen, die innerhalb einer Glaubensgemeinschaft vollzogen werden. Häufig sind diese von Zeremonien, Ritualen oder spezifischen Elementen der jeweiligen Glaubensgemeinschaft geprägt. Egal ob christliche Kirchen, jüdische Gemeinschaften, die Hauptströmungen[276] des Islam oder sonstige Religionsgemeinschaften, fast alle haben eigene Regelungen für ihre jeweiligen religiösen Eheschließungen. Sei dies nun die katholische Trau-

---

271 Vgl. zur Fortgeltung religionsgemeinschaftsinterner Möglichkeit der Regelung des zeitlichen Vorrangs der Zivileheschließung beispielhaft: *Kirchenamt der EKD*, KD-Text 101, S. 18; ferner beispielhaft § 1 Abs. 2 Trauordnung der Evangelischen Kirche in Württemberg vom 27.06.1957 (EKWue-ABl. 37, S. 326).

272 Vgl. MüKoBGB/*Wellenhofer* (2019) BGB § 1310 Rn. 2.

273 Gesetz zur Bekämpfung von Kinderehen vom 17.07.2017 (BGBl. Jahrgang 2017 Teil I Nr. 48, S. 2429).

274 § 11 PStG neu gefasst durch das Gesetz zur Bekämpfung von Kinderehen vom 17.07.2017 (BGBl. Jahrgang 2017 Teil I Nr. 48, S. 2429); vgl. Gaaz/Bornhofen/Lammers/*Lammers*, Handkommentar Personenstandsgesetz, § 11 PStG Rn. 3; v.Mangoldt/Klein/Starck/*Robbers* (2018) GG Art. 6, Rn. 41.

275 Vgl. Gaaz/Bornhofen/Lammers/*Lammers*, Handkommentar Personenstandsgesetz, § 11 PStG Rn. 10; Palandt/*Siede* (2021) BGB Einführung vor § 1303 Rn. 3; zur zuvor möglichen Umgehung des Mindestalters: Motzer/Kugler/Grabow/*Motzer*: Kinder aus Migrationsfamilien in der Rechtspraxis, Rn. 64.

276 Vgl. *Bock*, NJW 2012, 122 (127).

ung[277], die evangelische Trauung, die jüdische Eheschließung[278] oder die islamische Eheschließung. Gerade letztere wird als reinreligiöse Eheschließung von etlichen Muslimen – auch und gerade aufgrund der fehlenden Rechtswirkungen – gewünscht[279] und hat auch in Deutschland eine hohe tatsächliche Relevanz[280]. Dabei ist zwischen verschiedenen Formen, Ausprägungen und Bezeichnungen der islamischen Eheschließung – die sich letztlich alle auf das Schariarecht berufen[281] – zu unterscheiden: Dies sind einerseits die Imam-Ehe oder die Hoca-Ehe, die nach den, die religiöse Eheschließung vornehmenden, islamischen Würdenträgern Imam[282] beziehungsweise Hoca[283] bezeichnet werden. Andererseits bestehen daneben regionale oder kulturelle Unter- und Sonderformen wie die zeitlich begrenzte Misyar-Ehe[284] in Ägypten, die formlose Urfi-/Orif-Ehe[285]

---

277 Vgl. beispielsweise zur möglichen Minderjährigkeit der Ehepartner: Codex Iuris Canonici, Can. 1083 § 1, wonach der Mann das sechzehnte, die Frau nur das vierzehnte Lebensjahr vollendet haben muss; *Deutscher Notarverein*, Stellungnahme Gesetzesentwurf zur Bekämpfung von Kinderehen, S. 2 f.

278 Vgl. *Homolka*, Das jüdische Eherecht, S. 39.

279 Vgl. *Rohe/Jaraba*, Paralleljustiz, S. 112 f., 122 ff.; *Rohe*, Scharia und deutsches Recht, S. 292; *Yassari*, FamRZ 2011, 1 (1 ff.); *Menne*, FamRZ 2016, 1223 (1224); *Rohe*, StAZ 2006, 93 (96); *Kaiser*, FamRZ 2013, 77 (84); *Schlenker*, Das Verbot der Zwangsheirat, S. 131; spezifisch in Bezug auf die Türkei: *Sütçü*, Zwangsheirat und Zwangsehe, S. 259 ff., 277 f.; ferner beispielshaft zu Versuchen der zivilrechtlichen Adaption derartiger Praktiken in der Türkei: Familiengerichtliche Sondergesetz Nr. 3716 der Republik Türkei, in: StAZ 1992, 87 (87); *Rumpf/Odendahl*, Türkei, S. 23.

280 Vgl. zu Schätzungen, wonach bis zu 50% der Eheschließungen unter Muslimen in Deutschland rein nach dem islamischen Recht als religiöse Eheschließung erfolgen: *Rohe/Jaraba*, Paralleljustiz, S. 112 f.; *Menne*, FamRZ 2016, 1223 (1225).

281 Vgl. Staudinger/*Mankowski* (2010) EGBGB Art. 13 Rn. 686 f.; *Rohe*, RuP 2009, 86 (86 f.); *Schlenker*, Das Verbot der Zwangsheirat, S. 36; *Sütçü*, Zwangsheirat und Zwangsehe, S. 186 ff.

282 Der Imam ist der Vorbeter in der Moschee im Rahmen des islamischen Gebets und ein religiöses Oberhaupt seiner jeweiligen Gemeinde; vgl. *Pürlü*, Weiterbildung 06/2015, 23 (23); *Fachkommission Zwangsverheiratung Baden-Württemberg*, Bericht, S. 21; *Schlenker*, Das Verbot der Zwangsheirat, S. 131; *Sütçü*, Zwangsheirat und Zwangsehe, S. 159 ff.

283 Als Hoca wird meist ein islamischer Geistlicher bezeichnet; vgl. *Fachkommission Zwangsverheiratung Baden-Württemberg*, Bericht, S. 22; *Sütçü*, Zwangsheirat und Zwangsehe, S. 159.

284 Vgl. BT-Drs. 19/23820 S. 78.

285 Vgl. Staudinger/*Mankowski* (2010) EGBGB Art. 13 Rn. 686; BT-Drs. 19/23820 S. 76.

in Ägypten, die Ala-katschuu-Ehe[286] in Kirgistan oder die Mutʿa-/Sighe-Ehe[287] beispielsweise im Iran. So reicht im Rahmen der Nikāḥ-Zeremonie eine schriftliche Erklärung der Eheschließenden[288]. Nach der Scharia, den überlieferten islamischen Rechtsgrundsätzen, kann – beispielsweise bei der Ala-katschuu-Heirat[289] – eine Eheschließung sogar ohne ausdrückliche Zustimmung der Braut durch reines Schweigen der selbigen erfolgen.[290]

Augenfällig ist jedoch, dass in § 11 PStG neben religiösen nunmehr auch traditionelle Eheschließungen und vergleichbare Handlungen aufgeführt sind.[291] Auch außerhalb der jeweiligen Glaubensgemeinschaften oder bei Ehepartnern ohne Religionszugehörigkeit und bei interreligiösen[292] sowie konfessionsverschiedenen Ehepartnern gibt es – neben den staatlichen und religiösen Eheschließungen – durch traditionelle oder kulturelle Prägungen entstandene, quasi nichtstaatliche Formen der Eheschließungen, die primär im jeweiligen Kulturkreis aber entsprechende faktische Wirkungen entfalten[293]. Bisweilen wird diese informelle Eheschließungsform gerade gewählt, weil eine staatliche Ehe mit einem anderen Partner bereits besteht[294]; insofern eröffnet der Rückgriff auf die nichtstaatliche Eheschließung damit in Teilen auch die Möglichkeit einer polygamen Lebensführung.

Im Sinne eines negativen Abgrenzungskriteriums zu religiösen, interkonfessionellen, interreligiösen, kulturellen, interkulturellen oder traditio-

---

286 Vgl. zu dieser in Kirgistan legalen Heiratsform durch erzwungenes Anlegen eines Brautschleiers: *Heifel*, Brautraub in Kirgistan, S. 14 f.; *Kubik/Zimmermann*, JR 2013, 192 (196).

287 Vgl. *Kischel*, Rechtsvergleichung, S. 893; Staudinger/*Mankowski* (2010) EGBGB Art. 13 Rn. 390.

288 Vgl. AG Offenbach FamRZ 2010, 1561 (1561); *Bock*, NJW 2012, 122 (123 f.); *Toprak*, Das schwache Geschlecht – die türkischen Männer, S. 78; *Sütçü*, Zwangsheirat und Zwangsehe, S. 204 ff.; *Yerlikaya*, Zwangsehen, S. 53.

289 Vgl. zu dieser in Kirgistan legalen Heiratsform durch erzwungenes Anlegen eines Brautschleiers: *Heifel*, Brautraub in Kirgistan, S. 14 f.; *Kubik/Zimmermann*, JR 2013, 192 (196).

290 Vgl. *Bock*, NJW 2012, 122 (124); *Heifel*, Brautraub in Kirgistan, S. 14 f.; *Sütçü*, Zwangsheirat und Zwangsehe, S. 223; *Kubik/Zimmermann*, JR 2013, 192 (196); derartige Möglichkeiten verkennend: *Fachkommission Zwangsverheiratung Baden-Württemberg*, Bericht, S. 16.

291 Vgl. BT-Drs. 18/12086, S. 24.

292 Vgl. *Haug*, FPR 2011, 417 (420 f.); *Menne*, FamRZ 2016, 1223 (1224).

293 Vgl. Staudinger/*Mankowski* (2010) EGBGB Art. 13 Rn. 688; *Rohe/Jaraba*, Paralleljustiz, S. 170 ff.; exemplarisch zur sogenannten Sinti-Ehe: BVerfG NJW 1993, 3316 (3317).

294 Vgl. *John*, FamRZ 1983, 1274 (1274); *Bock*, NJW 2012, 122 (125).

nellen Eheschließungen ist dabei jedoch festzuhalten, dass all diese Formen der „informellen“[295] Eheschließung für die Beteiligten und deren Sozial- und Kulturkreis gerade weiter gehen als die sonstigen losen Lebensgemeinschaftsformen der jeweiligen Kreise und Communities[296]; es handelt sich um verbindliches, ehegleiches Zusammenleben[297].

Für religiöse und traditionelle Eheschließungen gibt es neben § 11 Abs. 2 PStG keine entsprechenden zivilrechtlich verankerten Mindeststandards, unter anderem da dies in Teilen einem Eingriff in die Freiheiten der jeweiligen Religions- und Glaubensgemeinschaften gleichkäme. Obgleich in Deutschland die erwähnte obligatorische Zivilehe gilt, spielen im Alltag religiöse Eheschließungen unter oder mit Minderjährigen trotz des § 11 Abs. 2 PStG eine faktische Rolle[298]. Im Fokus stehen hier wohl weniger kirchliche Trauungen, die in Deutschland mit Minderjährigen auch und nach wie vor möglich sind, als vielmehr Eheschließungen in Form der Imam- beziehungsweise Hoca-Ehe[299].

Ähnliches gilt für die in § 11 Abs. 2 S. 2 PStG aufgeführten Verträge, welche nach den traditionellen oder religiösen Vorstellungen der Partner an die Stelle der Eheschließung treten. Hierunter fallen nur solche Verträge, die statt der Eheschließung abgeschlossen werden. Exemplarisch sei hier wiederum der Urfi-Vertrag erwähnt.[300]

Mit einer nichtstaatlichen Eheschließung gehen zwar keine zivilrechtlich relevanten Folgen einher, sie führt für die Betroffenen gleichwohl

---

295 Unter den Begriff der informellen Eheschließung fallen aufgrund von religiösen oder sozialen Zeremonie geschlossenen Ehen; vgl. *Mirbach/Schaak/Triebl*, Zwangsverheiratung in Deutschland, S. 18.

296 Unter Community wird vorliegend eine von einem gemeinsamen Migrationshintergrund geprägte Gemeinschaft im Sinne einer Teilgesellschaft verstanden; vgl. *Arbeitsgemeinschaft Zwangsverheiratung und Kinder- und Jugendhilferecht*, Zwangsverheiratung bekämpfen, S. 10; beispielhaft auch BVerfG NJW 1993, 3316 (3317).

297 Vgl. BT-Drs. 18/12086, S. 18; *Fachkommission Zwangsverheiratung Baden-Württemberg*, Bericht, S. 22; *Menne*, FamRZ 2016, 1223 (1224); *Deutscher Juristinnenbund*, Stellungnahme Gesetzesentwurf zur Bekämpfung der Zwangsheirat, S. 6; *Arbeitsgemeinschaft Zwangsverheiratung und Kinder- und Jugendhilferecht*, Zwangsverheiratung bekämpfen, S. 8; *Yerlikaya*, Zwangsehen, S. 46; *Rohe/Jaraba*, Paralleljustiz, S. 112 f., 122 ff., 170 ff.; Palandt/*Götz* (2021) BGB Einleitung vor § 1297 Rn. 9.

298 Vgl. *Valerius*, JR 2011, 430 (432).

299 Vgl. *Fachkommission Zwangsverheiratung Baden-Württemberg*, Bericht, S. 22; zur Eheschließung durch den Hoca als muslimischen Geistlichen: *John*, FamRZ 1983, 1274 (1274).

300 Vgl. Staudinger/*Mankowski* (2010) EGBGB Art. 13 Rn. 686.

aber zu ähnlichen faktischen, sozialen und relevanten Folgen[301]. Auch wenn der Bereich der nichtstaatlichen Verheiratungspraxis Minderjähriger nunmehr von einem staatlichen Verbot erfasst ist, so bezieht sich selbiges jedoch wiederum gerade nicht auf die drohende Zwangsheirat im Sinne der Eheanbahnung und der vorehelichen Dependenz.

IV. Eheschließungen Minderjähriger im Ausland

Innerhalb des *Einführungsgesetzes zum Bürgerlichen Gesetzbuche*[302] wurde in dessen Artikel 13 zur Eheschließung ein Absatz 3 durch das *Gesetz zur Bekämpfung von Kinderehen*[303] vom 17.07.2017 ergänzt[304], wonach – sofern die Ehemündigkeit eines Beteiligten ausländischem Recht[305] unterliegt – die Ehe nach deutschem Recht entweder gemäß Art. 13 Abs. 3 Nr. 1 EGBGB unwirksam ist, wenn der Beteiligte das sechszehnte Lebensjahr zum Zeitpunkt der Eheschließung nicht vollendet hatte oder gemäß Art. 13 Abs. 3 Nr. 2 EGBGB aufhebbar ist, wenn der Beteiligte das sechzehnte, aber nicht das achtzehnte Lebensjahr zum Zeitpunkt der Eheschließung vollendet hatte.[306]

Hintergrund dieser Regelung ist letztlich die Erwägung, dass Minderjährige auch bei Eheschließungen im Ausland – unabhängig davon, ob

301 Vgl. *Menne*, FamRZ 2016, 1223 (1224); *Valerius*, JR 2011, 430 (432); *Kaiser*, FamRZ 2013, 77 (86).

302 Einführungsgesetz zum Bürgerlichen Gesetzbuche, in der Neufassung vom 21.09.1994 (BGBl. Jahrgang 1994 Teil I Nr. 63, S. 2494).

303 Gesetz zur Bekämpfung von Kinderehen vom 17.07.2017 (BGBl. Jahrgang 2017 Teil I Nr. 48, S. 2429).

304 Vgl. *Hüßtege*, FamRZ 2017, 1374 (1375 ff.); zur Verfassungsmäßigkeit: BGH FamRZ 2019, 181 (186 f.); *Dutta*, FamRZ 2019, 188 (189); *Löhnig*, NZFam 2019, 72 (73); *Gausing/Wittebol*, DÖV 2018, 41 (46 ff.); v.Münch/Kunig/*Heiderhoff* (2021) GG Art. 6 Rn. 255.

305 Vgl. v.Münch/Kunig/*Heiderhoff* (2021) GG Art. 6 Rn. 250; *Reuß*, FamRZ 2019, 1 (2 f.); *v.Bar/Mankowski*, Internationales Privatrecht II (2019), § 4 Internationales Familienrecht Rn. 81; BeckOK-BGB/*Mörsdorf* (2020) EGBGB Art. 13 Rn. 26.

306 Vgl. BT-Drs. 18/12086, S. 15 f.; Heilmann/*Köhler*: Praxiskommentar Kindschaftsrecht (2020) EGBGB Art. 13 Rn. 3 ff.; *Andrae*, Internationales Familienrecht, S. 89 ff.

deren Eheschließung im jeweiligen Fremdstaat ebenfalls unzulässig oder unwirksam ist[307] – geschützt werden sollen.[308]

Bedenkt man, dass in vielen Staaten auch heute noch Kinderehen möglich sind, erscheint diese Überlegung durchaus nachvollziehbar. So ist in den Vereinigten Staaten von Amerika – einem nicht gerade mit Kinderehen assoziierten Staat – im US-Bundesstaat Mississippi das Heiratsmindestalter für Frauen fünfzehn Jahre und für Männer siebzehn Jahre.[309] Auch wenn die zu erfüllenden Voraussetzungen zur Eheschließung durch die Vielzahl an ausländischen Rechtsordnungen bisweilen stark differenzieren mögen[310], sind es neben dem Ehemündigkeits- beziehungsweise Heiratsmindestalter[311] vor allem Ehevormundschaften die ausländische Eheschließungen unangemessen prägen können. Diese, dem deutschen Recht fremden und unserem Rechtssystem entgegenlaufenden, Ehevormundschaften über volljährige Frauen zum Beispiel seitens des Vaters bestehen nach wie vor in einigen ausländischen Rechtsordnungen.[312]

Ein weiteres Problemfeld im Hinblick auf Eheschließungen Minderjähriger stellen Staaten ohne obligatorische Zivilehe[313] dar. Insbesondere rein

307 Vgl. *Fachkommission Zwangsverheiratung Baden-Württemberg*, Bericht, S. 21 f.; *Hüßtege*, FamRZ 2017, 1374 (1376); Staudinger/*Mankowski* (2010) EGBGB Art. 13 Rn. 196 ff; AG Hannover FamRZ 2002, 1117 (1117 f.); kritisch KG FamRZ 2012, 1495 (1496); *Mankowski*, FamRZ 2016, 1274 (1275); *Coester*, FamRZ 2017, 77 (79); v.Münch/Kunig/*Heiderhoff* (2021) GG Art. 6 Rn. 251, 255; zur damit im Ergebnis nicht nötigen Aufhebung der Ehe: BT-Drs. 18/12086, S. 16.

308 Vgl. OLG Oldenburg FamRZ 2018, 1152 (1153); BT-Drs. 18/12086, S. 14; BT-Drs. 19/9568, S. 3.

309 Vgl. Mississippi MS Code § 93-1-5 Abs. 1 (2017); ähnlich Rieck/*Rieck*, Ausländisches Familienrecht (2021) Missouri, Rn. 4; *Deutscher Notarverein*, Stellungnahme Gesetzesentwurf zur Bekämpfung von Kinderehen, S. 2 f.; *Seibl*, Vereinigte Staaten von Amerika, S. 62.

310 Vgl. *Dethloff/Maschwitz*, StAZ 2010, 162 (163 ff.).

311 Vgl. *Rohe*, Das islamische Recht, S. 354; *Bock*, NJW 2012, 122 (123); *Meier*, Zwangsheirat Rechtslage in der Schweiz, S. 165; *Sütçü*, Zwangsheirat und Zwangsehe, S. 159 ff., 238; *Kaiser*, FamRZ 2013, 77 (84).

312 Vgl. *Bock*, NJW 2012, 122 (123); *Fadlalla*, FPR 2011, 449 (450); *Scholz*, StAZ 2002, 321 (330); Staudinger/*Mankowski* (2010) EGBGB Art. 13 Rn. 207 ff., 218 ff.; *v.Bar/Mankowski*, Internationales Privatrecht II (2019), § 4 Internationales Familienrecht, Rn. 58 ff., S. 499; *Spellenberg*, FS Schwab, S. 1280 f.; MüKo-BGB/*Coester* (2020) EGBGB Art. 13 Rn. 42; *Kaiser*, FamRZ 2013, 77 (83).

313 Vgl. zur fakultativen, obligatorisch religiösen und formfreien Eheschließung: *Maschwitz*, Die Form der Eheschließung, S. 39 ff.; Staudinger/*Mankowski* (2010) EGBGB Art. 13 Rn. 664 ff., 682 ff.

religiöse Eheschließungen[314] verhindern häufig staatliche Kontrollen und Schutz im jeweiligen Fremdstaat; exemplarisch sei hier erneut die Urfi-Ehe genannt, die in Ägypten aber ähnlich auch in einigen anderen islamisch geprägten Staaten durch einfachen Vertrag geschlossen werden kann. Die Zulässigkeit der jeweiligen Eheschließung entsprechend der Regelungen des Heimatrechts[315] der betroffenen Staatsangehörigen führt damit prinzipiell über Art. 13 Abs. 1 EGBGB letztlich häufig auch zur Wirksamkeitsanerkennung dieser Art von Eheschließung.[316] Allenfalls ein Verstoß gegen die Regelung des Art. 13 Abs. 3 EGBGB – beziehungsweise vor dessen Inkrafttreten die offensichtliche Unvereinbarkeit mit wesentlichen Grundsätzen des deutschen Rechts, also ein ordre public-Verstoß entsprechend Art. 6 EGBGB[317] – könnte aufgrund des zu geringen Alters eines der Ehegatten eine Anerkennung verhindern.[318]

---

314 Vgl. beispielhaft für Eritrea: *Wissenschaftliche Dienste*, Sachstand - Religiöse Eheschließung eritreischer Staatsangehöriger im Heimatstaat, S. 6; allgemein: *Menne*, FamRZ 2016, 1223 (1224 f.).

315 Vgl. *Dethloff/Maschwitz*, StAZ 2010, 162 (163 ff.).

316 Vgl. OLG Bamberg FamRZ 2016, 1270 (1274); *Mankowski*, FamRZ 2016, 1274 (1275 f.); *v.Bar/Mankowski*, Internationales Privatrecht II (2019), § 4 Internationales Familienrecht Rn. 15 ff.; Palandt/*Thorn* (2021) EGBGB Art. 13 Rn. 26 ff.; MüKoBGB/*Coester* (2020) EGBGB Art. 13 Rn. 148 ff., 174 ff.; *Bock*, NJW 2012, 122 (123); *Menne*, FamRZ 2016, 1223 (1224); Staudinger/*Mankowski* (2010) EGBGB Art. 13 Rn. 686 f.; *Kaiser*, FamRZ 2013, 77 (82); *Büchler*, FS Brudermüller, S. 63; im konkreten Fall einer Hindu-Ehe ablehnend: VGH Baden-Württemberg FamRZ 2007, 144 (144 f.); eine Anerkennung ist jedoch nicht möglich, wenn die Eheschließung gar nicht im Fremdstaat erfolgt, sondern dort nur die Eheeintragung registriert wird: OLG Oldenburg FamRZ 2021, 269 (270).

317 Vgl. BT-Drs. 18/12086, S. 14; *Wissenschaftliche Dienste*, Sachstand - Zur Anerkennung von religiös geschlossenen Ehen und Ehen mit minderjährigen Ehepartnern in der Bundesrepublik Deutschland, S. 6; *Meier*, Zwangsheirat Rechtslage in der Schweiz, S. 160 ff.; *Andrae*, Internationales Familienrecht, S. 90 f.

318 Vgl. BGH FamRZ 2019, 181 (184); KG FamRZ 1990,45 (46); BT-Drs. 18/12086, S. 1; AG Hannover FamRZ 2002, 1117 (1118); Staudinger/*Mankowski* (2010) EGBGB Art. 13 Rn. 203; *Andrae*, Internationales Familienrecht, S. 91 ff., 97 ff.; *Rohe*, StAZ 2006, 93 (95); MüKoBGB/*Coester* (2020) EGBGB Art. 13 Rn. 38 f.; *v.Bar/Mankowski*, Internationales Privatrecht II (2019), § 4 Internationales Familienrecht Rn. 81 ff.; *Maschwitz*, Die Form der Eheschließung, S. 112 f.; *Wissenschaftliche Dienste*, Sachstand - Zur Anerkennung von religiös geschlossenen Ehen und Ehen mit minderjährigen Ehepartnern in der Bundesrepublik Deutschland, S. 5; *Meier*, Zwangsheirat Rechtslage in der Schweiz, S. 163 f.; a.A. *Rohe*, StAZ 2000, 161 (165); kritisch und eine syrische Kinderehe im Einzelfall anerkennend OLG Bamberg FamRZ 2016, 1270 (1273); *Mankowski*, FamRZ 2016, 1274 (1275).

Folglich eröffnet sich bei Eheschließungen Minderjähriger im Ausland und einem quasi zeitlich rein nachgelagerten Bezug zu Deutschland neben der auch hier de lege lata nicht geklärten Phase der Eheanbahnung zudem ein entsprechendes Problemfeld in Bezug auf die damit weiterhin bestehende Möglichkeit der tatsächlichen Verheiratungspraxis.

C. Die Gefahr der Zwangsheirat für Minderjährige

Zur näheren Betrachtung der Gefahr, die durch die drohende Zwangsheirat für die Minderjährigen ausgeht, sollen die bisherigen Erkenntnisse zur Zwangsheirat und aus bekannten Zwangsheiratsfällen differenziert nach Erscheinungsformen, Gründen und Folgen betrachtet werden.

I. Tatsächliche Situation in Deutschland

Zunächst soll hierzu die tatsächliche Situation der Zwangsheiratsgefahr in Deutschland samt ihrer Erscheinungsformen dargestellt werden. Dabei wird speziell auch auf die Ursachen und Auswirkungen der Zwangsheirat eingegangen.

1. Allgemeine Erscheinungsformen

Obgleich die Erscheinungsformen der Zwangsheirat sehr unterschiedlich sind[319], wird, sofern die Problematik in der Öffentlichkeit überhaupt wahrgenommen wird[320], häufig von sehr klischeehaften und stereotypen Bildern ausgegangen[321]. Daher sollen im Folgenden die drei unterschiedlichen Elemente – die Betroffenen, die Täter und die Druckmittel – einzeln betrachtet werden. Die summarische Gesamtbetrachtung möglicher Erscheinungsformen ergibt sich sodann aus der Kombination der jeweiligen Ausprägungen dieser Einzelelemente.

---

319 Vgl. *Göbel-Zimmermann/Born*, ZAR 2007, 54 (54); *Letzgus*, FPR 2011, 451 (452).

320 Vgl. *Letzgus*, FPR 2011, 451 (452); *Sütçü*, Zwangsheirat und Zwangsehe, S. 7.

321 Vgl. beispielhaft den fälschlicherweise unterstellten zwingenden Auslandsbezug in: BR-Drs. 767/04, S. 5; *Letzgus*, FPR 2011, 451 (452); *Bauer*, Kindeswohlgefährdung, S. 223; zur Fehlvorstellung rein fremder, kultureller Traditionen: BR-Drs. 436/05, S. 9; *Kubik/Zimmermann*, JR 2013, 192 (197 f.); *Parhisi*, Stellungnahme zur öffentlichen Anhörung des Bundestagsausschusses - Bekämpfung von Zwangsverheiratungen, S. 6; *Berliner Initiative gegen Gewalt an Frauen*, Zwangsverheiratung, S. 6; *Hassani*, Zwangsverheiratung und Gewalt gegen Frauen – Zur Debatte in muslimischen Organisationen, S. 328; Grandel/Stockmann/*Knahn*, Familienrecht, 282. Zwangsheirat, Rn. 1.

a) Charakteristika der Betroffenen

In der Mehrzahl der Zwangsheiratsfälle handelt es sich um weibliche Betroffene[322]. Aber auch männliche Betroffene sind von Zwangsheirat bedroht[323]; soweit diesbezüglich vorgetragen wird, dass bei männlichen Jugendlichen die Betroffenheit und Folgen weniger gravierend seien[324], lässt sich dies nicht generell valide verifizieren. Nachdem aber vor allem in traditionellen Erziehungsvorstellungen den männlichen Minderjährigen im Hinblick auf deren später angedachtes Rollenverständnis als künftiger Ernährer und Familienoberhaupt mehr Freiheiten und Rechte zugestanden werden[325] und demnach den weiblichen Minderjährigen Ehestand und Hausarbeit angedacht ist[326], ist gerade in derartigen Fällen von einer stärkeren Betroffenheit von Frauen auszugehen[327].

Die Betroffenen sind primär minderjährige Mädchen[328], die sich häufig einem wesentlich älteren[329] künftigen Ehepartner ausgesetzt sehen. So wenig, wie es jedoch ein klassisches Zwangsverheiratungsalter gibt, so wenig kann ein tatsächlich bestehender Altersunterschied valide nachgewiesen werden.

---

322 Vgl. BR-Drs. 767/04, S. 4; *Letzgus*, FPR 2011, 451 (451); *Sering*, NJW 2011, 2161 (2161); *Schlenker*, Das Verbot der Zwangsheirat, S. 75.

323 Vgl. BR-Drs. 767/04, S. 5; *Alfes*, FactSheet Zwangsverheiratung, S. 3.

324 Vgl. BR-Drs. 767/04, S. 5.

325 Vgl. KG NJW 1985, 68 (69); *Berliner Initiative gegen Gewalt an Frauen*, Zwangsverheiratung, S. 10; *Sütçü*, Zwangsheirat und Zwangsehe, S. 174; a.A. *Toprak*, Geschlechterrollen und Geschlechtererziehung in traditionellen türkischen Familien, S. 176.

326 Vgl. KG NJW 1985, 68 (69 f.); *Coester*, DAVorm 1990, 847 (850 f.); *Toprak*, Das schwache Geschlecht – die türkischen Männer, S. 89; *Westphal*, Geschlechterstereotype und Migration, S. 136; *Eisenrieder*, Zwangsheirat bei MigrantInnen, S. 41.

327 Vgl. *Schöpp-Schilling*, Zwangsverheiratung als Menschenrechtsverletzung, S. 199.

328 Vgl. *John*, FamRZ 1983, 1274 (1274); BR-Drs. 767/04, S. 4.; ferner ergab sich ein Wert von 68% Minderjähriger innerhalb der Fälle von hilfesuchenden Betroffenen unter Verweis auf die Berliner Kriseneinrichtung Papatya, in: BR-Drs. 767/04, S. 5; *Fachkommission Zwangsverheiratung Baden-Württemberg*, Bericht, S. 17; *Schlenker*, Das Verbot der Zwangsheirat, S. 73, 75.

329 Vgl. *John*, FamRZ 1983, 1274 (1274); BR-Drs. 767/04, S. 4; *Fachkommission Zwangsverheiratung Baden-Württemberg*, Bericht, S. 17; *Bauer*, Kindeswohlgefährdung, S. 226.

Die Betroffenen weisen zudem Verbindungen zu den unterschiedlichsten Traditionen, Religionen und Kulturen[330] auf, haben häufig einen direkten oder indirekten[331] Migrationshintergrund und internationale Wurzeln in der ganzen Welt. Sie differieren ferner hinsichtlich ihrer ethnischen Zugehörigkeit und ihrer Staatsangehörigkeit[332].

Unter den Betroffenen mit Migrationshintergrund besteht häufig ein türkischer oder kurdischer Migrationshintergrund[333]. Dies verwundert jedoch nicht, weil selbige den zahlenmäßig größten Anteil unter den Migranten[334] in Deutschland ausmachen und der Geburtsstaat Türkei den zahlenmäßig größten Anteil der Bevölkerung mit Migrationshintergrund im weiteren Sinne abbildet.[335] Insofern lässt alleine die Häufung keine validen Rückschlüsse oder Beurteilungen zu.

---

330 Vgl. BR-Drs. 767/04, S. 4.; *Strobl/Lobermeier*, Zwangsverheiratung, S. 28; *Karakaşoğlu/Subaşı*, Ausmaß und Ursachen von Zwangsverheiratungen, S. 112 f.; *Alfes*, FactSheet Zwangsverheiratung, S. 3; MüKoStGB/Wieck-Noodt (2021) StGB § 237 Rn. 3; *Bielefeldt*, Zwangsheirat und multikulturelle Gesellschaft, S. 13; *Schlenker*, Das Verbot der Zwangsheirat, S. 35 ff.

331 Vgl. *Bauer*, Kindeswohlgefährdung, S. 221.

332 Vgl. die Nennung von Türkinnen, Kurdinnen, Albanerinnen, Pakistanerinnen, Inderinnen, Marokkanerinnen, Italienerinnen und Griechinnen in: BR-Drs. 767/04, S. 4; ebenso, jedoch zusätzlich Nennung Sri Lankas in: *Fachkommission Zwangsverheiratung Baden-Württemberg*, Bericht, S. 17; die Nennung der Türkei, arabischer Ländern (Libanon, Syrien, Palästina, Jordanien, Irak, Marokko, Tunesien, Ägypten, Iran, Somalia, Aserbeidschan, Pakistan, Sri Lanka), verschiedener afrikanischer Länder, Indien, Albanien, Serbien zudem Roma in BR-Drs. 436/05, S. 6; die Nennung der Türkei, des Libanon, des Iran, des Irak, des Kosovos, von Serbien und Montenegro: *Berliner Initiative gegen Gewalt an Frauen*, Zwangsverheiratung, S. 33 ff.; die Nennung von Albanern, Bosniern, Griechen, Indern, Kurden, Tamilen, Türken und Roma-Familien in: *Alfes*, FactSheet Zwangsverheiratung, S. 2 f.; zudem Assyrer, Aramäer, Kosovaren, Juden, Pakistaner und Bengalen in: *Alfes*, FactSheet Zwangsverheiratung, S. 3; *Ehringfeld*, Eltern-Kind-Konflikte in Ausländerfamilien, S. 38 ff., 128, 138, 148; ähnlich zur Minderjährigenehe: *Deutscher Notarverein*, Stellungnahme Gesetzesentwurf zur Bekämpfung von Kinderehen, S. 2 f.

333 Vgl. BR-Drs. 767/04, S. 4; BT-Drs. 17/1213, S. 7; *Mirbach/Schaak/Triebl*, Zwangsverheiratung in Deutschland, S. 34; *Schubert/Moebius*, ZRP 2006, 33 (34); *Fischer*, Strafgesetzbuch (2021) § 237 Rn. 4; MüKoStGB/*Wieck-Noodt* (2021) StGB § 237 Rn. 2; *Kaiser*, FamRZ 2013, 77 (77).

334 Vgl. *Statistisches Bundesamt*, Ausländische Bevölkerung nach ausgewählten Staatsangehörigkeiten, [ohne Seitenangabe]; BR-Drs. 767/04, S. 4; *Kaiser*, FamRZ 2013, 77 (77); *Alfes*, FactSheet Zwangsverheiratung, S. 3.

335 Vgl. *Statistisches Bundesamt*, Bevölkerung in Privathaushalten nach Migrationshintergrund im weiteren Sinn, [ohne Seitenangabe]; *Menne*, FamRZ 2016, 1223 (1223).

Möglich sind auch Fälle einer Doppelbetroffenheit[336], sprich, dass sich die Heirat für beide künftigen Ehepartner aus deren Position und Sicht als Zwangsheirat darstellt. Die Art und Weise der jeweiligen Betroffenheit, aber auch die durch die Täter verfolgte Intention, kann dabei durchaus voneinander differieren; so ist beispielsweise denkbar, dass die weibliche Betroffene aus ihrem Heimatland nach Deutschland verheiratet werden soll, der männliche Betroffene zur Heirat unangemessen gedrängt wird, um dessen vermeintliche sexuelle Orientierung zu verbergen.

In diesem Zusammenhang ist auch auf die zeitliche Komponente Bezug zu nehmen, nämlich wie die individuelle Vorstellung vom Heiratsalter der betroffenen Kinder definiert wird. Hierfür ist entscheidend, ab welchem Lebensalter eine Zwangsverheiratung der Kinder aus Sicht der beteiligten Eltern in Frage kommt. Auch wenn es aufgrund der Vielschichtigkeit wieder keine klare Untergrenze für ein Heiratsmindestalter geben kann, so gibt es dennoch tendenzielle Altersstufen, die die Opfer der Zwangsverheiratung typischerweise erreichen. Sind diese bisweilen in Einzelfällen bereits mit Einsetzen der Pubertät gegeben, so doch weitaus häufiger ab einem Alter von ungefähr fünfzehn Jahren.[337]

b) Klassifikation und Differenzierung nach dem Tätertyp

Stehen auf der einen Seite die Betroffenen als Opfer der Zwangsheirat, müssen auch diejenigen, die den unangemessenen Druck ausüben, in den Blick genommen und quasi als die Täter und Teilnehmer der Zwangsheiratstatbestände identifiziert werden.

Der ausgeübte Druck geht entweder direkt von den Eltern, der Familie im engeren Sinne, von dem künftigen Ehegatten beziehungsweise den künftigen Schwiegereltern[338] oder aber von Mitgliedern der Familien im weiteren Sinne wie einem Familienpatriarchen, einem Klanoberhaupt[339] oder einem Würdenträger[340] innerhalb der jeweiligen Community aus. In den weitaus meisten Fällen sind es jedoch die eigenen Eltern oder

336 Vgl. *Sering*, NJW 2011, 2161 (2163).

337 Vgl. *TERRE DES FEMMES*, Im Namen der Ehre misshandelt, zwangsverheiratet, ermordet, S. 9; Staudinger/*Mankowski* (2010) EGBGB Art. 13 Rn. 199; *Schlenker*, Das Verbot der Zwangsheirat, S. 136.

338 Vgl. BR-Drs. 767/04, S. 4, 5.

339 Vgl. *Sering*, NJW 2011, 2161 (2163).

340 Vgl. *Schlenker*, Das Verbot der Zwangsheirat, S. 195.

die faktisch Sorgeberechtigten.[341] In Anlehnung an die strafrechtliche Einordnung fällt die Klassifizierung als unmittelbare Allein- oder Mittäter, als mittelbare Täter oder als Anstifter oder Gehilfe in der Praxis zumeist schwierig aus.[342] So stellt sich im Hinblick auf sonstige Familienmitglieder wie beispielsweise der Mutter die Frage nach einer entsprechenden Beteiligung an der drohenden Zwangsverheiratung, sofern aufgrund der Anweisungen des Familienoberhaupts für diese Familienmitglieder generell bei jedweden familiären Entscheidungen kein Entscheidungsspielraum bleibt.

Die Täter selbst weisen häufig ein stark hierarchisches – vorwiegend patriarchales, seltener matriarchalisches – Familienverständnis auf[343] und besitzen eine von der klassisch abendländischen Prägung stark abweichende kulturelle Prägung im Hinblick auf das Verständnis von Tradition, Rechtssystem, Wertevorstellung und zum Teil auch der Religion.

In vielen Fällen gibt es feste Vereinbarungen zwischen den Familien oder Familienteilen der künftigen Ehegatten[344]; zudem bestehen darüber hinaus häufig verwandtschaftliche oder regionale Verbindungen zwischen den beteiligten Familien[345].

c) Klassifikation nach der Art des eingesetzten Druckmittels

Das Portfolio der möglichen Druckmittel, welchen sich von Zwangsheirat bedrohte Minderjährige ausgesetzt sehen, ist äußert mannigfaltig[346]. Zu den Mitteln der Druckausübung zählen klassische Straftatbestände gegen Individualrechtsgüter, wie sexuelle Nötigungen und Vergewaltigungen[347]

341 Vgl. *Mirbach/Schaak/Triebl*, Zwangsverheiratung in Deutschland, S. 37; *Kaiser*, FamRZ 2013, 77 (79); *Schlenker*, Das Verbot der Zwangsheirat, S. 75 ff., 195.

342 Vgl. *Letzgus*, FS Puppe, S. 1234; *Sering*, NJW 2011, 2161 (2163); *Kalthegener*, Strafrechtliche Ahndung der Zwangsverheiratung, S. 214.

343 Vgl. BR-Drs. 767/04, S. 5; *Sering*, NJW 2011, 2161 (2161); *Valerius*, JR 2011, 430 (432); *Schubert/Moebius*, ZRP 2006, 33 (34).

344 Vgl. BR-Drs. 767/04, S. 5.

345 Vgl. ebd., S. 5.

346 Vgl. *Hildebrand*, Bekämpfung der Zwangsheirat, S. 61 ff.

347 Vgl. BR-Drs. 767/04, S. 4; *Letzgus*, FPR 2011, 451 (452); *Bock*, NJW 2012, 122 (124); *Mirbach/Schaak/Triebl*, Zwangsverheiratung in Deutschland, S. 37; *Kaiser*, FamRZ 2013, 77 (79); *Fischer*, Strafgesetzbuch (2021) § 177 Rn. 2, 48, 118 f.; BeckOK-StGB/*Ziegler* (2021) StGB § 177 Rn. 6, 46 ff.; *Schlenker*, Das Verbot der Zwangsheirat, S. 97; *Spuler-Stegemann*, Die 101 wichtigsten Fragen - Islam, S. 67; a.A., aufgrund der vorzufindenden kulturellen Gegebenheiten sei sexuelle Gewalt in drohenden Zwangsheiratsfällen abwägig: *Parhisi*, Stellungnahme zur

gemäß § 177 StGB, Körperverletzungen[348] gemäß § 223 StGB, Misshandlungen[349] gemäß § 225 StGB, Verschleppungen[350] gemäß § 234a StGB, Freiheitsberaubungen[351] gemäß § 239 StGB, Nötigungen[352] gemäß § 240 StGB bis hin zu Androhungen des Ehrenmordes[353] gemäß § 241 StGB. Vielfach gehen schwerwiegend Missbrauchs- und Misshandlungsfälle[354] mit drohenden Zwangsheiratsfällen einher.

Neben eindeutig strafrechtlich relevantem Verhalten gibt es aber auch viele Begehungsarten, die die strafrechtliche Schwelle gerade (noch) nicht erreichen[355], aber als ebenso verwerflich anzusehen sind oder zumindest durch die Art der erzielten Druckausübung für die Betroffenen die gleiche Wirkung ausstrahlen. Hier sind einerseits der Aufbau sozialen Drucks[356] und alle denkbaren Formen psychischer Erpressung[357] und Beeinflussung zu nennen, andererseits die tatsächliche Reduktion der Bewegungsfrei-

---

öffentlichen Anhörung des Bundestagsausschusses - Bekämpfung von Zwangsverheiratungen, S. 5.

348 Vgl. LG Hamburg FamRZ 1981, 309 (309); BR-Drs. 767/04, S. 4; *Letzgus*, FPR 2011, 451 (452); *Mirbach/Schaak/Triebl*, Zwangsverheiratung in Deutschland, S. 37; *Kaiser*, FamRZ 2013, 77 (79); *Schlenker*, Das Verbot der Zwangsheirat, S. 97; *Fischer*, Strafgesetzbuch (2021) § 223 Rn. 2; BeckOK-StGB/*Eschelbach* (2021) StGB § 223 Rn. 1 ff.

349 Vgl. BR-Drs. 767/04, S. 4; *Fischer*, Strafgesetzbuch (2021) § 225 Rn. 2; BeckOK-StGB/*Eschelbach* (2021) StGB § 223 Rn. 1 f.

350 Vgl. BR-Drs. 767/04, S. 4; *Letzgus*, FPR 2011, 451 (452); *Valerius*, JR 2011, 430 (433 f.); BT-Drs. 17/1213, S. 7; BT-Drs. 17/4401, S. 8; *Schubert/Moebius*, ZRP 2006, 33 (34); *Kaiser*, FamRZ 2013, 77 (79); *Schlenker*, Das Verbot der Zwangsheirat, S. 95; *Fischer*, Strafgesetzbuch (2021) § 234a Rn. 1, 13; BeckOK-StGB/*Valerius* (2021) StGB § 234a Rn. 2 ff.

351 Vgl. LG Hamburg FamRZ 1981, 309 (309); BR-Drs. 767/04, S. 4; *Letzgus*, FPR 2011, 451 (452); *Schlenker*, Das Verbot der Zwangsheirat, S. 95; *Fischer*, Strafgesetzbuch (2021) § 239 Rn. 2 f.; BeckOK-StGB/*Valerius* (2021) StGB § 239 Rn. 1; ergänzend sei in diesem Zusammenhang auf die Tathandlungen in Fällen der Brautentführungen hingewiesen: *Sütçü*, Zwangsheirat und Zwangsehe, S. 143 f.

352 Vgl. BR-Drs. 767/04, S. 4; *Letzgus*, FPR 2011, 451 (452); *Fischer*, Strafgesetzbuch (2021) § 240 Rn. 2; BeckOK-StGB/*Valerius* (2021) StGB § 240 Rn. 1, § 237 Rn. 19.

353 Vgl. BR-Drs. 767/04, S. 4; *Mirbach/Schaak/Triebl*, Zwangsverheiratung in Deutschland, S. 37; *Kaiser*, FamRZ 2013, 77 (79); *Schlenker*, Das Verbot der Zwangsheirat, S. 95; *Fischer*, Strafgesetzbuch (2021) § 241 Rn. 2; BeckOK-StGB/*Valerius* (2021) StGB § 241 Rn. 1.

354 Vgl. BR-Drs. 767/04, S. 5.

355 Vgl. *Bauer*, Kindeswohlgefährdung, S. 223; *Hildebrand*, Bekämpfung der Zwangsheirat, S. 61.

356 Vgl. BR-Drs. 767/04, S. 4; *Letzgus*, FPR 2011, 451 (452).

357 Vgl. BR-Drs. 767/04, S. 4; *Letzgus*, FS Puppe, S. 1231; *Letzgus*, FPR 2011, 451 (452).

heit[358] oder die Verhinderung der freien Persönlichkeitsentfaltung[359] sowie übermäßig kontrollierende Maßnahmen[360] zu nennen. Die proaktive Weigerung oder reaktive Einwendung der Betroffenen findet dabei keine Beachtung. Alternativ findet aus Resignation, sich seinem vermeintlichen Schicksal zu fügen, oder aus Furcht heraus kein aktiver Widerstand (mehr) statt[361]. Betroffene haben zudem Angst vor Bestrafung, Familienverlust oder vor Repressalien gegenüber anderen Familienmitgliedern[362].

Der unangemessene Druck wird dabei meist nicht nur singulär oder kurzweilig – beispielsweise im Rahmen eines einmaligen Verheiratungsversuches – ausgeübt, sondern systematisch und über lange Zeit. Mithin handelt es sich nicht um einen klar abzugrenzenden Tatzeitraum, sondern um ein prozesshafte Entwicklung[363], die sich über mehrere Jahre und mit steigender Intensität hinziehen kann.

d) Kombinatorische Gesamtbetrachtung

Zusammenfassend lässt sich für die Zwangsheiratssituation in Deutschland festhalten, dass die drohende Zwangsheirat Minderjährigen unabhängig von Geschlecht oder religiöser Zugehörigkeit in jedem Alter bis zum Erreichen der Volljährigkeit begegnen kann.[364] Als Täter kommen neben den Eltern eine Vielzahl von weiteren Personen in Betracht, regelmäßig gehören diese jedoch zum engsten familiären Umfeld. Sowohl direkte als

358 Vgl. BR-Drs. 767/04, S. 4; *Letzgus*, FPR 2011, 451 (452); *Sering*, NJW 2011, 2161 (2161).

359 Vgl. BR-Drs. 767/04, S. 4.

360 Vgl. ebd., S. 4; *Sering*, NJW 2011, 2161 (2161).

361 Vgl. BR-Drs. 767/04, S. 4; BT-Drs. 17/4401, S. 8; *Yerlikaya/Çakır-Ceylan*, ZIS 2011, 205 (208); *Eisele/Majer*, NStZ 2011, 546 (548); *Valerius*, JR 2011, 430 (433); kritisch: *Ensenbach*, Jura 2012, 507 (508 f.); *Sütçü*, Zwangsheirat und Zwangsehe, S. 49 ff., 73 ff. (speziell 75 f.); *Kaiser*, FamRZ 2013, 77 (79); BT-Wortprotokoll 17/34 vom 14.03.2011, S. 20; *Berliner Initiative gegen Gewalt an Frauen*, Zwangsverheiratung, S. 5.

362 Vgl. BR-Drs. 767/04, S. 5; *Kreckel*, Heiratsmigration, S. 98; zur ersatzweisen Verheiratung der Schwester: *ada Schutzhaus*, Stellungnahme Evaluierung des Gesetzes zur Bekämpfung von Kinderehen, S. 3.

363 Vgl. *Deutscher Juristinnenbund*, Stellungnahme Gesetzesentwurf zur Bekämpfung der Zwangsheirat, S. 2; *Kalthegener*, Stellungnahme zur öffentlichen Anhörung des Bundestagsausschusses - Bekämpfung von Zwangsverheiratungen, S. 5; *Bauer*, Kindeswohlgefährdung, S. 240.

364 Vgl. *Verband binationaler Familien und Partnerschaften*, Stellungnahme Gesetzesentwurf zur Bekämpfung der Zwangsheirat, S. 3.

auch indirekte Druckmittel im Hinblick auf die Zwangsverheiratung sind denkbar.

In der politischen Diskussion, aber auch in der rechtlichen Befassung wurde zu Beginn bisweilen zu kurz greifend und einschränkend lediglich auf die Zivilehe abgestellt.[365] Dies hat sich durch die gesetzliche Aufnahme der religiösen und traditionellen Eheschließungen in § 11 PStG mittlerweile geändert, so dass die tatsächlichen Zwangsverheiratungsformen in Deutschland diesbezüglich gesetzlich besser abgebildet werden.

Minderjährige sind aufgrund der bestehenden elterlichen Sorge gleichsam an diese gebunden und können sich deshalb schlecht – oder zumindest schlechter als volljährige Betroffene – dem ausgeübten Zwang, der unangemessenen Drucksituation und gegebenenfalls begleitenden Gewalterfahrungen[366] entziehen. Daher sind minderjährige Kinder ganz besonders durch drohende Zwangsheiraten gefährdet.

2. Spezifische Unterformen bei Auslandsbezug

Auch wenn es – wie bereits dargestellt – äußerst verschiedene Erscheinungsformen und diese jeweils mit und ohne Fokus auf einen Auslandsbezug gibt[367], so lassen sich innerhalb derjenigen mit Auslandsbezug dennoch drei wiederkehrende Unterformen herausbilden, auf welche spezifisch eingegangen werden soll. Dies sind Ferienverheiratungen, Importbräute und Verheiratungen für ein Einwanderungsticket.

a) Ferienverheiratungen und Heiratsverschleppungen

Bei der Ferienverheiratung werden vornehmlich minderjährige Frauen mit Migrationshintergrund im weiteren Sinne zunächst in ihre Geburts- oder Heimatländer oder das Heimatland zumindest eines Elternteils – häufig unter der Legende einer regulären Ferienreise oder unter Vorspiegelung

365 Vgl. *Kaiser*, FamRZ 2013, 77 (80).
366 Vgl. *Mirbach/Müller/Triebl*, Befragung Zwangsheirat in Hamburg, S. 30 f.
367 Vgl. *Sütçü*, Zwangsheirat und Zwangsehe, S. 153.

eines Verwandtenbesuchs – verbracht.[368] Sodann werden diese dort häufig ohne vorheriges Wissen verlobt oder direkt verheiratet.[369]

Bisweilen sind die Betroffenen bis unmittelbar vor der eigenen Eheschließung diesbezüglich kenntnis- und ahnungslos[370] und werden so im Rahmen einer vermeintlichen Urlaubsreise vor vollendete Tatsachen gestellt[371]. In anderen Fällen werden, sofern die Verheiratungsabsicht bekannt gemacht wurde, Heiratsunwillige bisweilen mit Zwang ins Ausland verbracht oder in anderen Fällen regelrecht entführt[372].

Sofern die Ferienverheiratung mit der Intention erfolgt, dass die Minderjährigen aus den vermeintlichen Ferien nicht zurückkehren und gegen ihren Willen auf Dauer oder zumindest für einen längeren Zeitraum im Ausland verbleiben sollen, liegt die sogenannte Heiratsverschleppung[373] als Sonderform der Zwangsheirat vor.[374] Ist später eine perspektivische Rückkehr nach Deutschland angedacht, liegt hingegen eine reine Ferienverheiratung vor.

Die spezifische Umsetzung dieser Zwangsverheiratungsform nutzt dabei das Verbringen ins Ausland aus, damit den Betroffenen der rechtliche oder tatsächliche Schutz, den selbige auf deutschem Hoheitsgebiet nachsuchen könnten, gerade nicht zuteilwird.[375] Häufig werden den Betroffenen daher auch ihre Passdokumente entzogen, so dass diese aus dem vermeintlichen

---

368 Vgl. BR-Drs. 767/04, S. 5; *Valerius*, JR 2011, 430 (433 f.); MüKoStGB/*Wieck-Noodt* (2021) StGB § 237 Rn. 18; *Sütçü*, Zwangsheirat und Zwangsehe, S. 151; *Bauer*, Kindeswohlgefährdung, S. 223.

369 Vgl. BR-Drs. 767/04, S. 5; *Ter-Nedden*, Zwangsverheiratung, S. 359; *Sütçü*, Zwangsheirat und Zwangsehe, S. 151.

370 Vgl. BR-Drs. 767/04, S. 6; *Schlenker*, Das Verbot der Zwangsheirat, S. 33.

371 Vgl. BR-Drs. 767/04, S. 5, 6; *Ter-Nedden*, Zwangsverheiratung, S. 359; *Göbel-Zimmermann*, Stellungnahme zur öffentlichen Anhörung des Bundestagsausschusses - Bekämpfung von Zwangsverheiratungen, S. 13.

372 Vgl. zur Konstellation der Brautentführung in Bezug auf die Familienehre beispielhaft: *Sütçü*, Zwangsheirat und Zwangsehe, S. 143 f.

373 Vgl. *Fachkommission Zwangsverheiratung Baden-Württemberg*, Bericht, S. 18; *Mirbach/Müller/Triebl*, Befragung Zwangsheirat in Hamburg, S. 27; BR-Drs. 767/04, S. 5; BT-Drs. 17/4401, S. 13; *Valerius*, JR 2011, 430 (433 f.); zur begrifflichen Anlehnung an § 234a StGB: *Sering*, NJW 2011, 2161 (2161); begrifflich insoweit ungenau: *Letzgus*, FPR 2011, 451 (452).

374 Vgl. BR-Drs. 767/04, S. 5; *Arbeitsgemeinschaft Zwangsverheiratung und Kinder- und Jugendhilferecht*, Zwangsverheiratung bekämpfen, S. 10.

375 Vgl. BR-Drs. 704/10, S. 21; *Sering*, NJW 2011, 2161 (2161); *Letzgus*, FPR 2011, 451 (455 f.); *Sütçü*, Zwangsheirat und Zwangsehe, S. 151.

Urlaubsort und dem Land der beabsichtigten Zwangseheschließung weder flüchten, noch dort ungehindert Hilfe aufsuchen können.[376]

b) Importbräute und Heiratshandel

Eine weitere spezifische Unterform der Zwangsheirat stellen sogenannte Importbräute[377] oder geschlechtsneutraler ausgedrückt, sogenannte Importeheleute[378] dar. In der klassischen Grundkonstellation lebt der männliche künftige Ehegatte mit Migrationshintergrund im weiteren Sinne in Deutschland und holt sich eine minderjährige Frau aus deren Heimatland als Braut nach Deutschland, wo er diese schließlich heiratet[379]. Aus dem Aufenthaltswechsels der Braut aus dem Ausland in das Inland und dem häufig damit einhergehenden Verständnis der Frau als Ware leitet sich schließlich auch der Begriff der Importbraut ab. Durch die restriktivere Gesetzeslage in Deutschland muss bei minderjährigen Importbräuten im klassischen Sinne nunmehr die Eheschließung im Ausland erfolgen und der minderjährige Ehepartner kommt erst im Nachgang der Heirat nach Deutschland oder wird hierher verbracht.[380] Gegebenenfalls erfolgt die tatsächliche Einreise in das Geltungsgebiet der Bundesrepublik eventuell sogar erst zeitlich versetzt zur Eheschließung im Ausland, so dass erst mit Erreichen des sechzehnten Lebensjahrs oder mit Erreichen der Volljährigkeit die Einreise in die Bundesrepublik erfolgt[381]. Die Eheschließung erfolgt mit der Intention eine willige und folgsame Ehefrau mit entsprechender Erziehung gemäß der Tradition des ursprünglichen Heimatlandes zu erhalten.[382] Zumeist fehlt den Importbräuten jeglicher Bezug zur deutschen Kultur, darüber hinaus jegliche sozialen Kontakte und elementare

376 Vgl. *Göbel-Zimmermann*, Stellungnahme zur öffentlichen Anhörung des Bundestagsausschusses - Bekämpfung von Zwangsverheiratungen, S. 8; allgemeiner *Sütçü*, Zwangsheirat und Zwangsehe, S. 151.

377 Vgl. BR-Drs. 767/04, S. 5.; *Sütçü*, Zwangsheirat und Zwangsehe, S. 148 ff.

378 Vgl. *Fachkommission Zwangsverheiratung Baden-Württemberg*, Bericht, S. 17; *Schlenker*, Das Verbot der Zwangsheirat, S. 31.

379 Vgl. BR-Drs. 767/04, S. 5.; *Verband binationaler Familien und Partnerschaften*, Stellungnahme Gesetzesentwurf zur Bekämpfung der Zwangsheirat, S. 5.

380 Vgl. zur diesbezüglichen, bereits in der Vergangenheit bestehenden Verheiratungspraxis: *Arbeitsgemeinschaft Zwangsverheiratung und Kinder- und Jugendhilferecht*, Zwangsverheiratung bekämpfen, S. 9.

381 Vgl. Art. 229 § 44 Abs. 4 EGBGB; MüKoBGB/*Wellenhofer* (2021) EGBGB Art. 229 § 44 Rn. 3 ff.; BeckOGK/*Kriewald* (2021) EGBGB Art. 229 § 44 Rn. 14 ff.

382 Vgl. *Toprak*, Das schwache Geschlecht – die türkischen Männer, S. 90 ff.

Sprachkenntnisse, so dass eine noch stärkere Abhängigkeit vom Ehegatten oder dessen Familie besteht.[383] Häufig existieren dabei langjährige Beziehungen oder sogar langfristig geplante Verabredungen zwischen den beiden Familienverbänden der künftigen Ehegatten.[384]

Die Importbräute stellen insofern eine spezifische Ausprägung des tatbestandlich weitergehenden Heiratshandels dar. Im Rahmen des Heiratshandels werden durch sogenannte Kuppler oder durch Mitglieder der jeweiligen Communities, die für eine Anbahnung der Eheschließung Sorge tragen, die potenziellen Ehepartner – teilweise sogar ohne Kenntnis der künftigen Ehegatten – ausgesucht oder aber gleichsam einer Katalogbestellung ausgewählt.[385] Bedingt durch die Möglichkeiten der digitalen Medien hat sich diese Brautschau in Teilen sogar hin zu einer Art digitalen Onlinebestellung weiterentwickelt.[386] Auch hier wird meist die Verheiratung direkt in den Heimatländern bevorzugt.[387] Betrifft der Heiratshandel vor allem internationale und landesgrenzenübergreifende Fälle, so sind dennoch auch reine Inlandsfälle innerhalb Deutschlands in entsprechenden Communities oder ethnischen Teilkulturen möglich – rein exemplarisch seien hier Roma-Familien[388] erwähnt. Vielfach haben die betroffenen Minderjährigen bis zur tatsächlichen Umsetzung keinerlei Kenntnis von den Absprachen oder davon, dass sie als potenzielle Bräute gelistet sind.

c) Verheiratung für ein Einwanderungsticket

Die Verheiratung für ein Einwanderungsticket[389] stellt eine dritte Unterform der Zwangsheirat dar. Dabei wird der gesicherte Aufenthaltsstatus[390]

383 Vgl. BR-Drs. 546/05, S. 5; *Letzgus*, FPR 2011, 451 (452); Sütçü, Zwangsheirat und Zwangsehe, S. 149 f., 303; *Kaiser*, FamRZ 2013, 77 (89 f.); *Göbel-Zimmermann*, Stellungnahme zur öffentlichen Anhörung des Bundestagsausschusses - Bekämpfung von Zwangsverheiratungen, S. 14; *Schlenker*, Das Verbot der Zwangsheirat, S. 31.

384 Vgl. *Letzgus*, FPR 2011, 451 (452); *Sütçü*, Zwangsheirat und Zwangsehe, S. 50, 148.

385 Vgl. *Schlenker*, Das Verbot der Zwangsheirat, S. 32.

386 Vgl. *Kreckel*, Heiratsmigration, S. 12, 82 f.; *Hildebrandt*, Zwangsehe, [ohne Seitenangabe].

387 Vgl. *Sütçü*, Zwangsheirat und Zwangsehe, S. 151.

388 Vgl. BR-Drs. 436/05, S. 6; *Alfes*, FactSheet Zwangsverheiratung, S. 2 f.

389 Vgl. *Fachkommission Zwangsverheiratung Baden-Württemberg*, Bericht, S. 19; *Bauer*, Kindeswohlgefährdung, S. 223.

390 Vgl. BR-Drs. 767/04, S. 5.

einer vornehmlich jungen Person mit Migrationshintergrund im weiteren Sinne dafür genutzt, dass dem künftigen Ehegatten im Rahmen des Ehegattennachzuges die Einwanderung und ein dauerhafter legaler Aufenthalt in Deutschland ermöglicht wird[391]. Häufig wird die Einreise mit der subjektiven Intention eines besseren Lebens ins Deutschland verknüpft.[392] Obgleich diese Erscheinungsform prinzipiell mit jedem Fremdstaat erfolgen kann, fallen in Bezug auf den registrierten Ehegattennachzug – zunächst losgelöst von einem Zwangsverheiratungsnachweis – insbesondere die Türkei, die Russische Föderation und der Kosovo ins Auge. Daneben haben sich aber auch die Ukraine, Brasilien, Thailand und China als besonders relevante Staaten etabliert.[393]

Hauptintention der Heirat ist der Erhalt eines entsprechenden Aufenthaltstitels oder Bleiberechts mit Hilfe des Ehegattennachzugs[394]; hierin liegt gleichsam die Schnittmenge dieser Zwangsverheiratungspraxis mit der Scheinehe.[395]

Hierfür ist es aufgrund der Rechtslage mittlerweile nötig, dass die Eheschließung bei Beteiligung eines Minderjährigen zwingend im Ausland stattfinden muss[396], da gleichsam nach der deutschen Regelung des Bürgerlichen Gesetzbuches in § 1303 BGB keine Eheschließung Minderjähriger vor dem Standesbeamten möglich ist und nur die Zivilehe die Nachzugsregelung auszulösen vermag. Bei einer Eheschließung mit einem beispielsweise bereits sechzehnjährigen Ehegatten im Fremdstaat ist hingegen – sofern ein Ehepartner deutscher Staatsbürger oder EU-Bürger ist oder über einen entsprechenden Aufenthaltstitel verfügt – der weitere Fortbe-

---

391 Vgl. ebd., S. 5, 6; *Rohe/Jaraba*, Paralleljustiz, S. 169 f.; *Menne*, FamRZ 2016, 1223 (1224).

392 Vgl. *Arbeitsgemeinschaft Zwangsverheiratung und Kinder- und Jugendhilferecht*, Zwangsverheiratung bekämpfen, S. 10.

393 Vgl. *BMI/BAMF*, Migrationsbericht 2018, S. 140; *BAMF*, Familiennachzug von Drittstaatsangehörigen nach Deutschland, S. 19; BMI/BAMF, Migrationsbericht 2009, S. 285; *Kreckel*, Heiratsmigration, S. 47; *Kalthegener*, Stellungnahme zur öffentlichen Anhörung des Bundestagsausschusses - Bekämpfung von Zwangsverheiratungen, S. 4.

394 Vgl. *Schlenker*, Das Verbot der Zwangsheirat, S. 34; *Sütçü*, Zwangsheirat und Zwangsehe, S. 151 f.

395 Vgl. kritisch aufgrund der rechtspolitischen Vermengung zwischen Zwangsheirat und Scheinheirat: *Göbel-Zimmermann*, Stellungnahme zur öffentlichen Anhörung des Bundestagsausschusses - Bekämpfung von Zwangsverheiratungen, S. 4.

396 Vgl. zur diesbezüglichen Rechtspraxis: *Schlenker*, Das Verbot der Zwangsheirat, S. 78.

stand der Ehe in Deutschland durch eine nachgelagerte, spätere Anerkennung der Eheschließung möglich. Der minderjährige Ehegatte ist insofern nur Vehikel für die Einwanderung und den Aufenthalt des Partners im Rahmen des Ehegattennachzugs.[397]

Die gesetzliche Verhinderungsintention, vor allem durch das *Gesetz zur Bekämpfung von Kinderehen* vom 17.07.2017, führt insofern weniger zu einer strikten Verhinderung, sondern allenfalls zu einer Adaption im Sinne einer geografischen oder zeitlichen Verlagerung der Eheschließung.

Nicht in die Kategorie Verheiratung für ein Einwanderungsticket fallen die aus Elternsicht quasi-wohlgemeinten Zwangsheiraten zum Schutz der jeweiligen Kinder während der Flucht und Migration. Hier steht vielmehr ein falschverstandener Schutzgedanke[398], denn eine Verheiratung für ein Einwanderungsticket im Vordergrund. Dies zumal in Fällen der ebenfalls mitflüchtenden, künftigen Ehegatten Selbige gerade gar keinen gesicherteren Aufenthaltsstatus besitzen.

3. Gründe für Zwangsheirat

Wie die Formen der Zwangsheirat sind auch die Gründe für Zwangsheiraten sehr vielschichtig und sehr unterschiedlich geprägt[399]. So gibt es als Anlass sowohl umfassende soziologische, kulturelle[400], soziokulturelle und religiöse[401] Aspekte einerseits, sozioökonomische[402] und finanzielle[403] Aspekte andererseits, wobei sich diese Aspektfelder zudem gegenseitig bedingen und ergänzen. Aufgrund der Mannigfaltigkeit werden hier nur einige exemplarisch näher betrachtet.

---

397 Vgl. *Letzgus*, FPR 2011, 451 (452).

398 Siehe unten unter C.I.3.d.

399 Vgl. *Sering*, NJW 2011, 2161 (2161); *Schlenker*, Das Verbot der Zwangsheirat, S. 16.

400 Vgl. *Sering*, NJW 2011, 2161 (2161); *Mirbach/Müller/Triebl*, Befragung Zwangsheirat in Hamburg, S. 18.

401 Vgl. *Mirbach/Schaak/Triebl*, Zwangsverheiratung in Deutschland, S. 35; *Mirbach/Müller/Triebl*, Befragung Zwangsheirat in Hamburg, S. 19.

402 Vgl. *Sering*, NJW 2011, 2161 (2161); *Mirbach/Schaak/Triebl*, Zwangsverheiratung in Deutschland, S. 44.

403 Vgl. *Sering*, NJW 2011, 2161 (2161); *Mirbach/Müller/Triebl*, Befragung Zwangsheirat in Hamburg, S. 25.

a) Soziokulturelle Aspekte

In Bezug auf soziokulturelle Aspekte muss – ohne dass dies in irgendeiner Weise eine Rechtfertigung darstellen könnte – vorausgeschickt werden, dass die heute vielfach als selbstverständlich betrachtete selbstbestimmte individuelle Partnerwahl ethnosoziologisch nur eine kurze Zeitspanne im Vergleich zur jahrhundertelang[404] vorherrschenden kollektiven oder fremdbestimmten Partnerwahl besteht.[405] Eine traditionelle Verankerung der Beeinflussung der Eheschließung durch die Familie oder durch Dritte kann daher nicht gänzlich in Abrede gestellt werden. Ihre Bedeutung und vermeintliche Legitimation hat sich jedoch in den letzten Jahrzehnten grundlegend gewandelt. Dessen ungeachtet beeinflussen auch heute noch wiederkehrende soziokulturelle Muster das Fortbestehen von Zwangsheiraten.

Zuvörderst ist hier die Sicherung überkommener Wertvorstellungen[406] zu nennen. Vor allem die in vielen Kulturen vorzufindende, bisweilen alle anderen Werte überstrahlende Familienehre[407] ist hier zu nennen. Zentraler Ansatzpunkt ist hierbei ein als sittsam und ehrenhaft angesehener Lebenswandel aller Familienmitglieder, der bei entsprechender Beachtung in seiner Gesamtheit die Familienehre verkörpert. Eng verbunden hiermit ist die Vorherrschaft und Unfehlbarkeit des Familienoberhaupts, welche den Kindern aber auch den sonstigen Familienmitgliedern im Fa-

---

404 Vgl. *TERRE DES FEMMES*, Einschätzung Gesetz zur Bekämpfung von Kinderehen, S. 8; *Schwab*, HRG, Art. Heiratserlaubnis, Sp. 917.

405 Vgl. *Schwab*, HRG, Art. Heiratserlaubnis/Heiratszwang, Sp. 915, 917, 920 ff.

406 Vgl. BR-Drs. 767/04, S. 5; *Sering*, NJW 2011, 2161 (2161); *Valerius*, JR 2011, 430 (432); *Kizilhan*, Migration, Identität und Zwangsverheiratung, S. 17; BeckOK-StGB/*Valerius* (2021) § 237 Rn. 1.1; *Schlenker*, Das Verbot der Zwangsheirat, S. 35.

407 Vgl. *Fachkommission Zwangsverheiratung Baden-Württemberg*, Bericht, S. 19; *Ter-Nedden*, Zwangsverheiratung, S. 346; *Sütçü*, Zwangsheirat und Zwangsehe, S. 127 ff.; *Deutscher Juristinnenbund*, Stellungnahme Bekämpfung der Zwangsverheiratungen, S. 3; *Bezirksamt Friedrichshain-Kreuzberg*, Intervention bei Gewalt gegen Mädchen und junge Frauen in traditionell-patriarchalen Familien, S. 6; *Arbeitsgemeinschaft Zwangsverheiratung und Kinder- und Jugendhilferecht*, Zwangsverheiratung bekämpfen, S. 14; *Bielefeldt*, Zwangsheirat und multikulturelle Gesellschaft, S. 13; *Hildebrand*, Bekämpfung der Zwangsheirat, S. 83 ff.; *Bauer*, Kindeswohlgefährdung, S. 225; *Müller*, Arrangement und Zwang, S. 65.

milienverband jedwedes gegenläufiges Recht auf Selbstbestimmung aberkennt.[408]

Hierzu gehört auch die eigene und eingeforderte Unterwerfung unter Traditionen[409]. Wie schon im Hinblick auf Ehre und Gehorsam kommt dabei neben der Eigenwahrnehmung innerhalb der Familie auch der Fremdwahrnehmung in der Gesellschaft oder der jeweiligen Community besondere Bedeutung zu. Im Sinne einer vermeintlichen Exkulpationsmöglichkeit wird die Bedeutung der äußeren Wahrnehmung dabei sogar als entscheidend angeführt. So wenden die Eltern beispielsweise ein, sie selbst hätten keine Möglichkeit sich gegen die Zwangsheirat aufzulehnen, da sie schließlich auch der Gesamtfamilie und den Traditionen verpflichtet seien. Hinter dieser gefühlten Verpflichtung steht häufig wiederum die Familienehre, die – so die Vorstellung – durch die männlichen Familienmitglieder gerade für die weiblichen Mitglieder zu bewahren sei.[410] Diese Wahrung der Ehre – und hier speziell in der Ausprägung der Jungfräulichkeit des unverheirateten weiblichen Familienmitglieds[411] – erfolgt jedoch aus Sicht der Beteiligten in vielen Fällen am einfachsten, indem die Verantwortung für die Töchter durch eine Verheiratung möglichst frühzeitig auf den künftigen Ehemann übergeht.[412] Ziel ist damit häufig letztlich ein ehrenhafter und traditionsbewusster Lebenswandel, der von Seiten der Eltern bei den eigenen Kindern eingefordert wird[413], weil er andernfalls auf die Wahrnehmung der Gesamtfamilie negativ durchschlagen würde.[414]

---

408 Vgl. *Strobl/Lobermeier*, Zwangsverheiratung, S. 2; *Schlenker*, Das Verbot der Zwangsheirat, S. 42; *Sütçü*, Zwangsheirat und Zwangsehe, S. 162.

409 Vgl. *Sering*, NJW 2011, 2161 (2161); *Ter-Nedden*, Zwangsverheiratung, S. 350; *Schlenker*, Das Verbot der Zwangsheirat, S. 35; *Beck-Gernsheim*, Wir und die anderen, S. 23 ff.

410 Vgl. *Sütçü*, Zwangsheirat und Zwangsehe, S. 129; *Bauer*, Kindeswohlgefährdung, S. 225.

411 Vgl. *Fachkommission Zwangsverheiratung Baden-Württemberg*, Bericht, S. 19; *Ter-Nedden*, Zwangsverheiratung, S. 347; *Sütçü*, Zwangsheirat und Zwangsehe, S. 110 f.; *Bauer*, Kindeswohlgefährdung, S. 225.

412 Vgl. *Fachkommission Zwangsverheiratung Baden-Württemberg*, Bericht, S. 19; *Sütçü*, Zwangsheirat und Zwangsehe, S. 136 ff.

413 Vgl. *Berliner Initiative gegen Gewalt an Frauen*, Zwangsverheiratung, S. 6; *Alfes*, FactSheet Zwangsverheiratung, S. 4.

414 Vgl. *Hildebrand*, Bekämpfung der Zwangsheirat, S. 83; *Müller*, Arrangement und Zwang, S. 65 f.

Einen weiteren Grund stellt die Disziplinierung[415] der eigenen Kinder dar, sei es im Hinblick auf deren als zu liberal oder gar freizügig empfundenen Lebensstil oder im Hinblick auf die fehlende Akzeptanz der erwähnten traditionellen Vorstellungen[416]. Häufig geht dies mit einer eher unreflektierten Übernahme der selbst erlebten Erziehung einher. Vor allem wenn die Eltern selbst eine traditionelle oder kulturell abweichende Erziehung genossen haben oder nach einer traditionellen beziehungsweise sogar religiös-restriktiven Lebensweise leben, lässt aus deren Sicht eine Disziplinierung und Rückbesinnung der eigenen Kinder auf diese ihrer Ansicht nach richtig empfundene Lebensweise als notwendig erscheinen.

Im weitesten Sinne zu den soziokulturellen Gründen gehört auch die Konstellation, dass durch die Zwangsheirat – in den Augen der Täter – einer unangemessenen (Liebes-)Verbindung vorgebeugt oder einem Bekanntwerden einer vermeintlich unangemessenen – vor allem gleichgeschlechtlichen – sexuellen Orientierung des Kindes vorgegriffen werden soll.[417] Denn hierbei steht die Vorbeugung beziehungsweise die Verdeckung von Liebesbeziehungen oder sexuellen Beziehungen des eigenen Kindes häufig in einem engen Kontext zur soziokulturellen Sichtweise der Familien und Communities der Betroffenen. Hinzu tritt der Gedanke, dass die jeweiligen Kinder durch die erzwungene Eheschließung bekehrt und diszipliniert werden könnten.[418] So beispielsweise, wenn homosexuelle Beziehungen innerhalb der jeweiligen Community strikt und vehement abgelehnt werden.[419]

Steht bei diesen quasi Verdeckungsehen die Wahrung der soziokulturellen Normen im Fokus, führen auf der anderen Seite traditionelle und kulturelle Verankerungen ebenso zu intolerablen Strukturen. Hierzu gehört

415 Vgl. BR-Drs. 767/04, S. 5; *Fachkommission Zwangsverheiratung Baden-Württemberg*, Bericht, S. 20; *Sering*, NJW 2011, 2161 (2161); *Bielefeldt*, Zwangsheirat und multikulturelle Gesellschaft, S. 13 f.; BeckOK-StGB/*Valerius* (2021) § 237 Rn. 1.1.

416 Vgl. BR-Drs. 767/04, S. 5.

417 Vgl. *Thiemann*, Zwangsverheiratung im Kontext gleichgeschlechtlicher Lebensweisen, S. 189 ff.; *Sütçü*, Zwangsheirat und Zwangsehe, S. 166; *Alfes*, FactSheet Zwangsverheiratung, S. 5; Berliner Initiative gegen Gewalt an Frauen, Zwangsverheiratung, S. 10 f.; *Arbeitsgemeinschaft Zwangsverheiratung und Kinder- und Jugendhilferecht*, Zwangsverheiratung bekämpfen, S. 14; *Schlenker*, Das Verbot der Zwangsheirat, S. 26, 56 f.; *Yerlikaya*, Zwangsehen, S. 36.

418 Vgl. *Sütçü*, Zwangsheirat und Zwangsehe, S. 166 ff.; *Schlenker*, Das Verbot der Zwangsheirat, S. 57.

419 Vgl. beispielshaft für den Islam: *Sütçü*, Zwangsheirat und Zwangsehe, S. 241 f.

exemplarisch die Polygamie, speziell in der Form der Polygynie[420], welche zu weiteren soziokulturellen Fehlvorstellungen führt[421]. Dies führt bisweilen sogar soweit, dass eine (weitere) Eheschließung einzig zu dem Zweck erfolgt, den soziokulturellen Status und das Ansehen des Ehemanns herauszustellen. Es geht hierbei in Teilen nicht um die Eheschließung selbst, sondern um die Wahrnehmung gesellschaftlich und wirtschaftlich in der Lage zu sein sich eine Zweit- und Drittfrau leisten zu können.[422]

Andererseits sind auch die Stabilisierung und der Ausbau eines möglichen familiären Einflusses der (Groß-)Familie[423] von Bedeutung. Die Aufrechterhaltung familiärer Machtstrukturen[424] spiegelt sich am deutlichsten bei der Verwandtenheirat zwischen nahen Familienangehörigen, wie der Cousinenheirat[425], wider; hier bleibt die entsprechende familiäre Einflussmöglichkeit[426] auf die künftigen Eheleute am stärksten erhalten, nachdem beispielsweise die Schwiegereltern ja wechselseitig zugleich Onkel und Tante sind.[427]

Ähnliche Überlegungen greifen, wenn zwar nicht im engsten Familienkreis, aber dennoch innerhalb der gleichen kulturellen Kreise oder aufgrund ähnlicher geografischer Herkunft geheiratet wird. Hier kommt jedoch häufig noch verstärkt das Ansehen, die äußere Wahrnehmung und der soziale Status der Gesamtfamilie als Begründungsstrang hinzu.[428]

Neben den individuell soziokulturellen Vorstellungen der Eltern wirken auch kollektiv soziokulturelle Vorstellungen der jeweiligen traditionellen oder religiösen Teilgesellschaften und Communities entsprechend mit auf

---

420 Vgl. zur religiösen Möglichkeit der Mehrfachehe für Männer: *Bock*, NJW 2012, 122 (125); *Schlenker*, Das Verbot der Zwangsheirat, S. 42.

421 Vgl. *Kischel*, Rechtsvergleichung, S. 895; ferner zur Fehlvorstellung des Schutzbedürfnisses der Frau durch den polygam lebenden Mann: *Yerlikaya*, Zwangsehen, S. 48.

422 Vgl. exemplarisch: *Gizitdinov*, Polygamie in Kasachstan, [ohne Seitenangabe].

423 Vgl. *Fachkommission Zwangsverheiratung Baden-Württemberg*, Bericht, S. 20; *Sering*, NJW 2011, 2161 (2161); *Valerius*, JR 2011, 430 (432); BeckOK-StGB/*Valerius* (2021) § 237 Rn. 1.1; *Sütçü*, Zwangsheirat und Zwangsehe, S. 50.

424 Vgl. BR-Drs. 767/04, S. 5; *Teubert/Sauer*, Prävention sexualisierter Gewalt im Kontext Flucht, S. 401; *Alfes*, FactSheet Zwangsverheiratung, S. 4.

425 Vgl. BR-Drs. 767/04, S. 5; BR-Drs. 436/05, S. 6; OLG Bamberg FamRZ 2016, 1270 (1271); *John*, FamRZ 1983, 1274 (1274); *Ter-Nedden*, Zwangsverheiratung, S. 349.

426 Vgl. BR-Drs. 767/04, S. 5; *Sütçü*, Zwangsheirat und Zwangsehe, S. 115.

427 Vgl. BR-Drs. 767/04, S. 5.

428 Vgl. *Bauer*, Kindeswohlgefährdung, S. 224.

die Verheiratungspraxis ein.[429] So gibt es innerhalb mehrerer ethnischer Gruppen beispielsweise ethnosoziologische Regelungen für Eheschließungen. Diese Regelungen gehen bis hin zu präskriptiven endogamen[430] Heiratsregeln[431], die spezifische Festlegungen hinsichtlich der Partnerwahl und der Eheschließung treffen. Rein exemplarisch erwähnt seien hier aus dem Bereich der Verwandtenheirat die Parallel- oder die Kreuz-Cousinenheirat[432], bei dem eine Cousine zu heiraten ist, und das Levirat[433], das die Eheschließung mit der Frau des verstorbenen Bruders vorsieht.

Zu differenzieren ist unabhängig vom konkreten Regelungsinhalt im Hinblick auf den ausgeübten Zwang danach, ob es sich um eine präskriptive Regelung[434] mit oder ohne Dispensmöglichkeit oder um eine lediglich empfehlende Regelung handelt.

Den meisten dieser Regelungen gemein ist, dass damit – oftmals aufgrund fehlender Alternativen zur Eheeingehung oder ganz banal aufgrund fehlender Mobilität – als heiratsfähig angesehene Individuen innerhalb der eigenen Ethnie verheiratet und interkulturelle Heiraten vermieden werden sollen, um das Überleben der Ethnie oder des Familienverbands auf Dauer zu sichern.[435] Mag diese Intention in einer weltoffenen, schnelllebigen und hypermobilen Gesellschaft anachronistisch erscheinen, so sollte der soziokulturelle Einfluss und Druck derartiger, den Betroffenen geradezu indoktrinierter, Regelungen nicht unterschätzt werden.

---

429 Vgl. *Zentralrat der Muslime in Deutschland*, Stellungnahme Gesetzesentwurf zur Bekämpfung von Kinderehen, S. 2; *Alfes*, FactSheet Zwangsverheiratung, S. 4.

430 Vgl. zur Endogamie als Eheschließung innerhalb der eigenen Familie oder sozialen Gemeinschaft: *Grimm*, (Digitalisiertes) Wörterbuch der deutschen Sprache, Neubearbeitung, Art. Endogamie; *Sütçü*, Zwangsheirat und Zwangsehe, S. 113 ff.; *Yerlikaya*, Zwangsehen, S. 56 ff.; *Schlenker*, Das Verbot der Zwangsheirat, S. 54; *Eisenrieder*, Zwangsheirat bei MigrantInnen, S. 38.

431 Vgl. *Ter-Nedden*, Zwangsverheiratung, S. 349.

432 Vgl. BR-Drs. 767/04, S. 5; BR-Drs. 436/05, S. 6; OLG Bamberg FamRZ 2016, 1270 (1271); *Sütçü*, Zwangsheirat und Zwangsehe, S. 114 f.; *John*, FamRZ 1983, 1274 (1274); *Ter-Nedden*, Zwangsverheiratung, S. 349.

433 Auch als „Leviratsehe“ oder „Schwagerehe“ bezeichnet; vgl. *Homolka*, Das jüdische Eherecht, S. 43 ff.; *Schlenker*, Das Verbot der Zwangsheirat, S. 53.

434 Vgl. *Sütçü*, Zwangsheirat und Zwangsehe, S. 114.

435 Vgl. *Alfes*, FactSheet Zwangsverheiratung, S. 4.

b) Sozioökonomische Aspekte

Im Rahmen der sozioökonomischen Überlegungen geht es häufig um die finanzielle Verankerung von Familienverbänden im Sinne der Sicherung des finanziellen familiären Einflusses[436]. Hierbei denkbar sind Abreden und Familienabsprachen[437] zu Morgengaben[438] oder auch die Begrenzung und der Ausschluss Externer in gewachsene, tradierte Familienbetriebe. Neben der Bindung der Kinder an die jeweilige Familie oder gar an beide Familien bezwecken Verwandtenheiraten daher vor allem auch eine Kumulation von Vermögenswerten beziehungsweise die Vermeidung eines entsprechenden Vermögensabflusses an eine andere Familie oder Außenstehende[439].

Ebenso in dieses Spektrum gehören die Konstellationen, in welchen primär die Ehefrau quasi als billige Arbeitskraft[440] und Bedienstete des Mannes[441] angesehen wird. Hier wird bisweilen sogar eine offen gelebte Polygamie zusätzlich als Möglichkeit der Nutzung vieler kostenfreier Arbeitskräfte genutzt und die – vornehmlich weiblichen Ehepartner – haben dabei eher den Status einer Leibeigenen als eines Ehepartners.

Nicht unerwähnt sei im sozioökonomischen Zusammenhang auch die Sicherung des sozialen sowie ökonomischen Status durch entsprechende Nachkommen. Erfolgt die Eheschließung einzig zu diesem Zwecke, werden die betroffenen Frau somit nicht nur zum Sexualobjekt[442], sondern auf ihre Rolle als Gebärende reduziert und sehen sich häufig ehelichen

---

436 Vgl. *Sering*, NJW 2011, 2161 (2161); *Sütçü*, Zwangsheirat und Zwangsehe, S. 116 f.; *Müller*, Arrangement und Zwang, S. 124 f.

437 Vgl. *Alfes*, FactSheet Zwangsverheiratung, S. 4; *Sütçü*, Zwangsheirat und Zwangsehe, S. 50, 116 f.; *Finger*, FuR 2017, 182 (182).

438 Bisweilen auch als *Brautgabe* oder *Mahr* bezeichnet, handelt es sich um eine Zuwendung des Bräutigams an die Braut; vgl. *Yassari*, Die Brautgabe im Familienvermögensrecht, S. 10 ff.; *Schlenker*, Das Verbot der Zwangsheirat, S. 58 f.; *Sütçü*, Zwangsheirat und Zwangsehe, S. 117 f.; *Kischel*, Rechtsvergleichung, S. 892; *Brauneder*, HRG, Art. Heiratsabgabensystem, Sp. 912 ff.

439 Vgl. BR-Drs. 767/04, S. 5; *Sütçü*, Zwangsheirat und Zwangsehe, S. 117.

440 Vgl. *Europäische Kommission*, Zweiter Bericht über die Fortschritte bei der Bekämpfung des Menschenhandels, S. 5; BR-Drs. 767/04, S. 5; *Toprak*, Das schwache Geschlecht – die türkischen Männer, S. 70; *Çileli*, Lieber sterben als heiraten, S. 32.

441 Vgl. BR-Drs. 767/04, S. 4.

442 Vgl. *Toprak*, Das schwache Geschlecht – die türkischen Männer, S. 88 f.; *Lehnhoff*, Sklavinnen der Tradition, S. 15.

Vergewaltigungen[443] und erzwungenen Schwangerschaften ausgesetzt. Verfolgtes Ziel ist dann vor allem die Geburt eines bevorzugt männlichen Nachkommen.[444]

c) Finanzielle Aspekte

Seit Jahrtausenden[445] gibt es in Zusammenhang mit Eheschließungen – unabhängig vom durch die künftigen Eheleute in die Ehe eingebrachten Vermögen – regelmäßig auch finanzielle Leistungen und Gegenleistungen der künftigen Ehegatten und beteiligten Familien anlässlich der Eheschließung. Diese dienen wie die Morgengabe[446] und die Mitgift[447] entweder als Starthilfe für die künftigen Eheleute oder aber der nachgelagerten Absicherung dieser oder aber wie die Brautgabe[448] auch der Kompensation der Restfamilie.

Hinsichtlich des Blickwinkels ist grundlegend zu differenzieren. Einerseits ist hier der Bezug zum zu verheiratenden Kind zu sehen. Die finanziellen Aspekte beginnen schon bei der uneigennützigen elterlichen

---

443 Vgl. *Europäische Kommission*, Zweiter Bericht über die Fortschritte bei der Bekämpfung des Menschenhandels, S. 5; *Bock*, NJW 2012, 122 (124); *Berliner Initiative gegen Gewalt an Frauen*, Zwangsverheiratung, S. 6; *Bauer*, Kindeswohlgefährdung, S. 226; *Lehnhoff*, Sklavinnen der Tradition, S. 15; zur fehlenden Anerkennung der ehelichen Vergewaltigung im Islam: *Spuler-Stegemann*, Die 101 wichtigsten Fragen - Islam, S. 67.

444 Vgl. *Sütçü*, Zwangsheirat und Zwangsehe, S. 162; *Toprak*, Das schwache Geschlecht – die türkischen Männer, S. 86.

445 Vgl. nur beispielhaft Einheitsübersetzung der Heiligen Schrift (2016), 2. Buch Mose 22, 15 f.; Codex Hammurabi [ca. 1750 v.Chr.], §§ 159 ff.; *Kohler/Preiser*, Hammurabi's Gesetz, S. 118 f.; Codex Ur-Nammu [ca. 2100 v. Chr.], § 12; *Wesel*, Geschichte des Rechts, S. 77.

446 Zuwendung des Bräutigams an die Braut; vgl. *Yassari*, Die Brautgabe im Familienvermögensrecht, S. 10 ff.; *Bock*, NJW 2012, 122 (124); *Finger*, FuR 2017, 182 (182); *Brauneder*, HRG, Art. Heiratsabgabensystem, Sp. 912 ff.

447 Zuwendung der Familie der Braut an die Braut; vgl. *Yassari*, Die Brautgabe im Familienvermögensrecht, S. 8f.; *Sütçü*, Zwangsheirat und Zwangsehe, S. 211; *Brauneder*, HRG, Art. Heiratsabgabensystem, Sp. 912 ff.; *Wesel*, Geschichte des Rechts in Europa, S. 73.

448 Zuwendung an die Familie der Braut; vgl. *Yassari*, Die Brautgabe im Familienvermögensrecht, S. 5 f.; *Fachkommission Zwangsverheiratung Baden-Württemberg*, Bericht, S. 20; *Sütçü*, Zwangsheirat und Zwangsehe, S. 117; *Schlenker*, Das Verbot der Zwangsheirat, S. 58 f.; *Brauneder*, HRG, Art. Heiratsabgabensystem, Sp. 912 ff.

Wunschvorstellung, dass das Kind durch den künftigen Ehepartner gut abgesichert und versorgt[449] wird. Ziel der Zwangsverheiratung ist hier eine klassische Versorgungsehe, in welcher es dem Kind vor allem finanziell an nichts mangelt. Indirekt führt die Verheiratung aber natürlich stets auch zu einer Entlastung der Restfamilie[450], welche für das künftig verheiratete Kind nicht länger aufzukommen hat. Einer vorgeschobenen, vermeintlich rein altruistischen Intention der Verheiratung ist in derartigen Fällen weitaus überwiegend eine Absage zu erteilen.

Auf der anderen Seite gibt es auch die direkte Auswirkung der Verheiratung auf den Gesamtfamilienverband beziehungsweise die Restfamilie.[451] Neben der erwähnten finanziellen Entlastung durch quasi die Ausgabenreduzierung in Form der Abgabe eines Kindes, besteht auf der anderen Seite sogar die Möglichkeit zur Einnahmengenerierung. Dies kann entweder direkt ein Brautpreis[452] sein oder eine zu gewährende Morgengabe, die nicht beim zu verheirateten Ehegatten verbleibt, sondern von selbigem sogleich an die Restfamilie abzuliefern ist.[453] Daneben existieren je nach Konstellation weitere direkte und indirekte Zahlungen wie sogenannte Kuppel- und Vermittlungsentgelter.

In einer Vielzahl der Zwangsheiratsfälle kommt unter den finanziellen Aspekten insbesondere dem Brautpreis besondere Bedeutung zu[454]. Dies führt soweit, dass der Brautpreis das einzige Ziel der Verheiratung ist und quasi ein faktisches Verkaufen der betroffenen Minderjährigen durch ihre

---

449 Vgl. *Sering*, NJW 2011, 2161 (2161); *Valerius*, JR 2011, 430 (432); *Alfes*, FactSheet Zwangsverheiratung, S. 4; *Deutscher Juristinnenbund*, Stellungnahme Bekämpfung der Zwangsverheiratungen, S. 3; *Bielefeldt*, Zwangsheirat und multikulturelle Gesellschaft, S. 13; BeckOK-StGB/*Valerius* (2021) § 237 Rn. 1.1; *Schlenker*, Das Verbot der Zwangsheirat, S. 35.

450 Vgl. *Sütçü*, Zwangsheirat und Zwangsehe, S. 165; *Schlenker*, Das Verbot der Zwangsheirat, S. 59.

451 Vgl. Grandel/Stockmann/*Knahn*, Familienrecht, 282. Zwangsheirat, Rn. 1.

452 Bisweilen auch als *Brautgeld* bezeichnet, handelt es sich um eine Zuwendung an die Familie der Braut; vgl. *Yassari*, Die Brautgabe im Familienvermögensrecht, S. 5 f.; *Sütçü*, Zwangsheirat und Zwangsehe, S. 208 ff.; *Schlenker*, Das Verbot der Zwangsheirat, S. 58; *Toprak*, Das schwache Geschlecht – die türkischen Männer, S. 99 ff.

453 Vgl. *Schlenker*, Das Verbot der Zwangsheirat, S. 59.

454 Vgl. BR-Drs. 767/04, S. 5; *Alfes*, FactSheet Zwangsverheiratung, S. 4; *Arbeitsgemeinschaft Zwangsverheiratung und Kinder- und Jugendhilferecht*, Zwangsverheiratung bekämpfen, S. 14; *Sütçü*, Zwangsheirat und Zwangsehe, S. 117.

jeweiligen Familien zu einem vereinbarten Gegenwert von beispielsweise einigen tausend Euro erfolgt. [455]

Ähnlich gestaltet sich dies bei der sogenannten Katalogheirat[456]; hier zielt die Familie nicht auf die direkte Zahlung des Brautpreises, sondern auf die Zahlungen der Vermittlungsentgelter[457] von sogenannten Kupplern oder gar von Heiratsvermittlungsagenturen ab. An diesen Bereich schließt sich nahtlos der bereits angesprochene kommerzielle Zwangsverheiratungsmarkt an, der – allenfalls unter Unterstützung des innerfamiliären Zwangs – vor allem auf Dritte als Zwangsausübende baut und rein finanzielle Aspekte im Zusammenhang mit der Zwangsverheiratung verfolgt; letztlich bis hin zum diesbezüglichen reinen Menschenhandel im Rahmen der organisierten Kriminalität.

d) Geografische und geopolitische Aspekte

Daneben bestehen die im Rahmen der Verheiratung für ein Einwanderungsticket bereits angeklungenen Intentionen der schlichten Einreise und des legalen dauerhaften Aufenthalts in Deutschland[458], in der Europäischen Union beziehungsweise im Schengenraum. Auch diesbezüglich gibt es umfassende und unzählige Motive wie Frieden, Sicherheit, soziale Absicherung, Arbeits- und Wohlstandsperspektiven. Sämtliche dieser Motive liegen letztlich häufig jedoch in der Vorstellung eines besseren oder zumindest gesicherten Lebens für die einwanderungswilligen Ehegatten begründet.[459]

e) Fehlverstandene Aspekte des Kindesschutzes

Es gibt darüber hinaus Einzelfälle der durch die Eltern wohlgemeinten Zwangsheirat zum fehlverstandenen Schutz des jeweiligen Kindes. Derartige Konstellationen sind insbesondere denkbar, wenn die Minderjährigen

---

455 Vgl. BR-Drs. 767/04, S. 4; *Letzgus*, FPR 2011, 451 (452); *Schlenker*, Das Verbot der Zwangsheirat, S. 59; *Çileli*, Lieber sterben als heiraten, S. 30.

456 Vgl. *Kreckel*, Heiratsmigration, S. 54 f., 84; *Lauser*, Ein guter Mann ist harte Arbeit, S. 16.

457 Vgl. *TERRE DES FEMMES*, Frühehen in Afrika, Asien, Europa und Lateinamerika, [ohne Seitenangabe].

458 Vgl. *Schlenker*, Das Verbot der Zwangsheirat, S. 35.

459 Vgl. ebd., S. 35; *Bauer*, Kindeswohlgefährdung, S. 223.

aufgrund Ihres Status als Ehefrau vor möglichen Übergriffen durch Dritte während der gemeinsamen Flucht oder Migration geschützt werden sollen.[460] Begründet ist dies meist primär in der Fehlvorstellung, dass einer verheirateten Person eine vorteilhaftere Wahrnehmung oder ein höherer Status zukommt oder sie geschützter vor sexuellen Übergriffen Dritter sei. Auch besteht die Annahme, dass dem Minderjährigen der Ehegatte als bekannte Person während der Migration verbleibt und dieser dann nicht vom Minderjährigen getrennt wird. Dies geschieht dabei häufig in Unkenntnis der staatlichen Schutzmöglichkeiten in Deutschland und in Verkennung der hiesigen Rechtslage, wonach auch verheiratete Minderjährige, sofern sie nicht in Begleitung der Erziehungsberechtigten einreisen, als unbegleitete minderjährige Flüchtlinge gelten und vom Jugendamt in Obhut zu nehmen sind.[461]

f) Bildungsferne als Aspekt

Bisweilen wird auch die Bildungsferne der von Zwangsheirat betroffenen Familien als Grund für Zwangsheiraten angeführt.[462] Auch wenn eine gewisse diesbezügliche Korrelation wie bereits angesprochen nicht von der Hand zu weisen ist[463], muss dennoch kritisch hinterfragt werden, ob nicht auch hier andere Aspekte und hierunter vor allem der soziokulturelle Aspekt der eigentliche Agitator der Zwangsverheiratung ist. Denn sofern keiner der zuvor erwähnten Aspekte und deren Ausprägungen vorliegen, vermag allein fehlende Bildung nicht für Zwangsverheiratungen ursächlich sein. Eine Begünstigung der Zwangsheirat aufgrund beispielsweise der Unkenntnis hinsichtlich des gesetzlichen Rahmens oder entsprechender

---

460 Vgl. *Arbeitsgemeinschaft Zwangsverheiratung und Kinder- und Jugendhilferecht*, Zwangsverheiratung bekämpfen, S. 11.

461 Vgl. *Arbeitsgemeinschaft Zwangsverheiratung und Kinder- und Jugendhilferecht*, Zwangsverheiratung bekämpfen, S. 11; zum insoweit fortbestehenden Umgangsrecht verheirateter Minderjähriger: Staudinger/*Dürbeck* (2019) BGB § 1685 Rn. 26.

462 Vgl. *Schlenker*, Das Verbot der Zwangsheirat, S. 60 ff.

463 Vgl. *Strobl/Lobermeier*, Zwangsverheiratung, S. 7; *Mirbach/Schaak/Triebl*, Zwangsverheiratung in Deutschland, S. 33; *Mirbach/Müller/Triebl*, Befragung Zwangsheirat in Hamburg, S. 21; *Schlenker*, Das Verbot der Zwangsheirat, S. 60 ff.

Hilfemöglichkeiten kann der Bildungsferne mithin aber nicht abgesprochen werden.[464]

4. Folgen von Zwangsheirat

Die möglichen Folgen der drohenden und der erfolgten Zwangsheirat sind vielfältig und von Fall zu Fall sehr unterschiedlich. Neben der gefühlten und erlebten Schutzlosigkeit sowie den fehlenden Ansprech- und Unterstützungspersonen sind es vor allem auch gesundheitliche Folgen an welchen die Betroffenen leiden.[465] Exemplarisch seien einige Punkte im Folgenden erwähnt.

Bereits frühzeitig, häufig weit vor der tatsächlichen Eheschließung, zum Beispiel während der Eheanbahnung und der vorehelichen Dependenz leiden die Betroffenen bereits an Auswirkungen auf ihren Gesundheitszustand. Häufig manifestieren sich bei den Betroffenen aufgrund der andauernden Drucksituation physische und psychische Krankheitsbilder[466]. In der Folge bekundet ein erheblicher[467] Teil der Betroffenen sogar suizidale Absichten[468].

Besteht für volljährige Betroffene die theoretische Möglichkeit eines Frauenhauses, stellt sich für minderjährige Betroffene die Situation weitaus schwieriger dar[469]. Es gibt kaum entsprechende Schutzmöglichkeiten oder Angebote. Öffentliche Hilfsangebote werden zudem aus Furcht vor der Gefahr der Rückführung des minderjährigen Kindes zurück in seine Familie nicht wahrgenommen.

Ferner müssen viele Betroffene ihre Schullaufbahn möglichst frühzeitig beenden[470], so dass auch insofern keine Aussicht auf Sozialisation oder

---

464 Vgl. *Schlenker*, Das Verbot der Zwangsheirat, S. 275.

465 Vgl. *Fachkommission Zwangsverheiratung Baden-Württemberg*, Bericht, S. 17; *Kizilhan*, Migration, Identität und Zwangsverheiratung, S. 16.

466 Vgl. BR-Drs. 767/04, S. 5; *Letzgus*, FPR 2011, 451 (451); *Europäisches Parlament*, Bericht über die künftige externe Strategie der EU gegen Früh- und Zwangsverheiratung, S. 5.

467 Vgl. BR-Drs. 767/04, S. 5.

468 Vgl. *Spuler-Stegemann*, Die 101 wichtigsten Fragen - Islam, S. 67; *Razum/Zeeb*, Der Nervenarzt 2004, 1092 (1097).

469 Vgl. BR-Drs. 767/04, S. 4 f.; *Fachkommission Zwangsverheiratung Baden-Württemberg*, Bericht, S. 18; *Joo-Schauen/Najafi*: Für das Recht auf Selbstbestimmung – gegen Zwangsverheiratung, S. 291.

470 Vgl. zum frühesten Zeitpunkt - regelmäßig entsprechend dem Zeitpunkt des Erreichens des mittleren Schulabschlusses - die jeweils einschlägige län-

Perspektive besteht. Durch mangelnden Sozialkontakt über die Schule und das soziale Umfeld sowie durch fehlende Bildung im Allgemeinen entsteht regelrechte Perspektivlosigkeit. Die Betroffenen sehen keine Alternative zum präskriptiven Weg der Eheschließung mit dem vorgegebenen Ehepartner und ergeben sich in ihr Schicksal.[471]

Betroffene werden häufig auch nach der Eheschließung von der Familie oder dem Ehegatten bevormundet und überwacht[472], so dass sich meist eine Zwangsehe mit dem entsprechenden Angstregime an die Zwangsheirat anschließt[473].

Vor allem in Fällen mit Auslandsbezug, wie beispielsweise bei den Importbräuten, bestehen für die Betroffenen zudem bisweilen kulturelle und vor allem sprachliche Hemmnisse[474], die es somit unmöglich machen aus ihrer Lage zu entkommen.

Die unterschiedlichen Folgen der Zwangsheirat mit ihren vielfältigen Auswirkungen begleiten die betroffenen Minderjährigen damit meist ihr Leben lang.[475]

II. *Juristische Auseinandersetzung*

Hinsichtlich der juristischen Auseinandersetzung mit der Zwangsheirat muss zwischen der legislativen und der judikativen Entwicklung differenziert werden. Hat der Gesetzgeber einerseits die Problematik erkannt und zumindest den Versuch unternommen gegen Zwangsheiraten vorzugehen,

---

derspezifische Regelung (beispielhaft Art. 35, 39 Abs. 3 S. 1 Nr. 5 BayEUG, § 59 HessSchG, § 75 SchG-BW); zur insoweit irreführenden Formulierung des „Schulabbruchs": BR-Drs. 767/04, S. 4; *Fachkommission Zwangsverheiratung Baden-Württemberg*, Bericht, S. 17; *Europäisches Parlament*, Bericht über die künftige externe Strategie der EU gegen Früh- und Zwangsverheiratung (2018), S. 6.

471 Vgl. *Fachkommission Zwangsverheiratung Baden-Württemberg*, Bericht, S. 23.

472 Vgl. BR-Drs. 767/04, S. 4; *Europäisches Parlament*, Bericht über die künftige externe Strategie der EU gegen Früh- und Zwangsverheiratung, S. 6.

473 Vgl. BR-Drs. 767/04, S. 4 f.; *Deutscher Juristinnenbund*, Stellungnahme Gesetzesentwurf zur Bekämpfung der Zwangsheirat, S. 2; *Europäisches Parlament*, Bericht über die künftige externe Strategie der EU gegen Früh- und Zwangsverheiratung, S. 6; *Arbeitsgemeinschaft Zwangsverheiratung und Kinder- und Jugendhilferecht*, Zwangsverheiratung bekämpfen, S. 11.

474 Vgl. BR-Drs. 767/04, S. 5; *Kaiser*, FamRZ 2013, 77 (89 f.).

475 Vgl. *Europäisches Parlament*, Bericht über die künftige externe Strategie der EU gegen Früh- und Zwangsverheiratung, S. 6.

so sind in der Judikative bis dato allenfalls Ansätze einer spezifischen Adaption zu erkennen.

1. Legislative Entwicklung

Auf parlamentarischer Ebene entwickelte sich ein erstes Problembewusstsein hinsichtlich Zwangsheiraten bereits seit 2004 durch entsprechende Bundesratsinitiativen[476] und durch die Aufnahme der erzwungenen Eheeingehung als Sonderform der Nötigung im *Siebenunddreißigsten Strafrechtsänderungsgesetz*[477] vom 11.02.2005. Vorab und parallel gab es schon mehrere diesbezügliche Versuche auf Europäischer Ebene.[478]

Im Hinblick auf die legislative Entwicklung sind als tatsächlich verabschiedete Gesetze mit spezifischem Fokus zur Verhinderung von Zwangsheiraten das erwähnte *Gesetz zur Bekämpfung der Zwangsheirat und zum besseren Schutz der Opfer von Zwangsheirat sowie zur Änderung weiterer aufenthalts- und asylrechtlicher Vorschriften*[479] vom 23.06.2011 und das ebenfalls erwähnte *Gesetz zur Bekämpfung von Kinderehen*[480] vom 17.07.2017 zu nennen.

---

476 Vgl. vor allem Gesetzesantrag des Landes Baden-Württemberg vom 06.10.2004: Entwurf eines Gesetzes zur Bekämpfung der Zwangsheirat und zum besseren Schutz vor Opfer von Zwangsheirat (Zwangsheirat-Bekämpfungsgesetz), BR-Drs. 767/04; Gesetzesantrag des Landes Berlin vom 03.06.2005: Entwurf eines Gesetzes zur Bekämpfung der Zwangsheirat und zum besseren Schutz vor Opfer von Zwangsheirat (Zwangsheirat-Bekämpfungsgesetz), BR-Drs. 436/05; Gesetzesantrag des Landes Baden-Württemberg vom 25.01.2010, BR-Drs. 36/10, sowie der Länder Hessen und Nordrhein-Westfalen: Entwurf eines Gesetzes zur Bekämpfung der Zwangsheirat und zum besseren Schutz vor Opfer von Zwangsheirat (Zwangsheirat-Bekämpfungsgesetz), BT-Drs. 17/1213; *Letzgus*, FPR 2011, 451 (452 f.); *Letzgus*, FS Puppe, S. 1234.

477 Vgl. Art. 1 Nr. 12 des Siebenunddreißigsten Strafrechtsänderungsgesetz (37. StrÄndG) vom 11.02.2005 (BGBl. Jahrgang 2005 Teil I Nr. 10, S. 239 (240)); *Sering*, NJW 2011, 2161 (2161); *Letzgus*, FPR 2011, 451 (452 f.).

478 Vgl. *Sering*, NJW 2011, 2161 (2161); *Letzgus*, FPR 2011, 451 (452).

479 Gesetz zur Bekämpfung der Zwangsheirat und zum besseren Schutz der Opfer von Zwangsheirat sowie zur Änderung weiterer aufenthalts- und asylrechtlicher Vorschriften vom 23.06.2011 (BGBl. Jahrgang 2011 Teil I Nr. 33, S. 1266).

480 Gesetz zur Bekämpfung von Kinderehen vom 17.07.2017 (BGBl. Jahrgang 2017 Teil I Nr. 48, S. 2429).

a) Gesetz zur Bekämpfung der Zwangsheirat

Das *Gesetz zur Bekämpfung der Zwangsheirat und zum besseren Schutz der Opfer von Zwangsheirat sowie zur Änderung weiterer aufenthalts- und asylrechtlicher Vorschriften*[481] vom 23.06.2011 hat – trotz weiterer Regelungen in vielen Rechtsgebieten[482] und trotz gegenteiliger Intentionen[483] – primär eine inhaltlich stark strafrechtlich[484] und allenfalls eine aufenthalts- beziehungsweise asylrechtlich[485] geprägte Wahrnehmung erfahren. Hierunter wiederum überwiegen im Hinblick auf die Art der Umsetzung der prinzipiell zu begrüßenden Zwangsheiratsverhinderung insgesamt die eher kritischen Meinungen.[486] Im Bürgerlichen Gesetzbuch selbst findet sich

---

481 Gesetz zur Bekämpfung der Zwangsheirat und zum besseren Schutz der Opfer von Zwangsheirat sowie zur Änderung weiterer aufenthalts- und asylrechtlicher Vorschriften vom 23.06.2011 (BGBl. Jahrgang 2011 Teil I Nr. 33, S. 1266); vgl. zum Gesetzgebungsverfahren: BR-Drs. 704/10; BT-Drs. 17/5093; *Letzgus*, FPR 2011, 451 (452f.); *Koopmann-Aleksin*, Expertise zum Thema Zwangsverheiratung, S. 7 ff.

482 Vgl. zu den nicht-strafrechtlichen Regelungen beispielhaft: Verlängerung der Antragsfrist zur Aufhebung der Ehe auf drei Jahre im Rahmen des § 1317 Abs. 1 S. 1 BGB, Verlängerung der aufenthaltsrechtlichen Mindestbestandszeit der Ehe im Rahmen des § 31 Abs. 1 S. 1 Nr. 1, Abs. 2 S. 1 AufenthaltsG, Aufnahme eines Wiederkehrrecht für Zwangsheiratsopfer in § 37 Abs. 2a AufenthaltsG; vgl. *Sering*, NJW 2011, 2161 (2163 f.).

483 Vgl. *Letzgus*, FPR 2011, 451 (453).

484 Vgl. *Valerius*, JR 2011, 430 (431); BeckOK-StGB/*Valerius* (2021) § 237 Rn. 1.2 f.; *Kubik/Zimmermann*, JR 2013, 192 (197 f.); Grandel/Stockmann/*Knahn*, Familienrecht, 282. Zwangsheirat, Rn. 6 ff.

485 Vgl. *Deutscher Anwaltverein*, Stellungnahme Gesetzesentwurf zur Bekämpfung der Zwangsheirat, S. 3 ff.; *Deutsches Rotes Kreuz*, Stellungnahme Gesetzesentwurf zur Bekämpfung der Zwangsheirat, S. 3; *Schröder*, Stellungnahme zur öffentlichen Anhörung des Bundestagsausschusses - Bekämpfung von Zwangsverheiratungen, S. 1 ff.; *Middelbeck*, Stellungnahme zur öffentlichen Anhörung des Bundestagsausschusses - Bekämpfung von Zwangsverheiratungen, S. 2 ff.; *Schmäing*, Stellungnahme zur öffentlichen Anhörung des Bundestagsausschusses - Bekämpfung von Zwangsverheiratungen, S. 6 ff.

486 Vgl. *Valerius*, JR 2011, 430 (434); *Ensenbach*, Jura 2012, 507 (513); *Kelek*, ZAR 2006, 232 (235); *Göbel-Zimmermann/Born*, ZAR 2007, 54 (59); *Kubik/Zimmermann*, JR 2013, 192 (194); *Verband binationaler Familien und Partnerschaften*, Stellungnahme Gesetzesentwurf zur Bekämpfung der Zwangsheirat, S. 2 ff.; *Deutscher Juristinnenbund*, Stellungnahme Gesetzesentwurf zur Bekämpfung der Zwangsheirat, S. 1 ff.; *Marx*, Stellungnahme zur öffentlichen Anhörung des Bundestagsausschusses - Bekämpfung von Zwangsverheiratungen, S. 15 f.; *Göbel-Zimmermann*, Stellungnahme zur öffentlichen Anhörung des Bundestagsausschusses - Bekämpfung von Zwangsverheiratungen, S. 3ff., 11, 19; *Kalthe-*

weiterhin nur in § 1314 Abs. 2 Nr. 4 BGB eine unveränderte Regelung[487], wonach eine Ehe aufgehoben werden kann, wenn ein Ehegatte zur Eingehung der Ehe widerrechtlich durch Drohung bestimmt worden ist. Diese Regelung nimmt damit lediglich Bezug auf eine widerrechtliche Drohung bei der Eingehung der Ehe und ferner auf die Verweigerung der Mitwirkung des Standesbeamten gemäß § 1310 Abs. 1 S. 2 BGB a.F., sowie auf die Aufhebung der Ehe nach § 1316 Abs. 1 Nr. 2 BGB a.F.. Allein die entsprechende Antragsfrist in § 1317 Abs. 1 S. 1 BGB a.F. wurde auf drei Jahre erhöht.[488]

Ergänzend sei an dieser Stelle auf das *Gesetz zur Einführung des Rechts auf Eheschließung für Personen gleichen Geschlechts*[489] vom 20.07.2017 verwiesen, welches die bis dahin bestehende Möglichkeit zur Eingehung einer gleichgeschlechtlichen Lebenspartnerschaft[490] zu Gunsten der Möglichkeit auf Eheschließung für Personen gleichen Geschlechts ersetzte. Hierdurch wurde eine bisherige Lücke geschlossen, die seit Einführung des § 237 StGB noch bestanden hatte, nämlich das gleichgeschlechtliche Lebenspartnerschaften nicht erfasst waren und aufgrund des strafrechtlichen Analogieverbots nicht auf selbige erstreckt werden konnte[491]. Ursächlich hierfür sei eine Einengung der Sichtweise des Gesetzgebers dahingehend, dass es keine Schnittmenge zwischen den typischen Kulturkreisen der Zwangsheiratsfälle und der Akzeptanz gleichgeschlechtlicher Lebensweisen gebe[492]. Unabhängig von der Einordnung der dahingehenden, bestenfalls spekula-

---

gener, Stellungnahme zur öffentlichen Anhörung des Bundestagsausschusses - Bekämpfung von Zwangsverheiratungen, S. 3 ff.; BT-Wortprotokoll 17/34 vom 14.03.2011, S. 17; *Parhisi*, Stellungnahme zur öffentlichen Anhörung des Bundestagsausschusses - Bekämpfung von Zwangsverheiratungen, S. 5 f.

487 Vgl. Staudinger/*Voppel* (2018) BGB § 1314 Rn. 46.

488 Vgl. Staudinger/*Voppel* (2018) BGB § 1317 Rn. 1, 6; *Kaiser*, FamRZ 2013, 77 (77 f.).

489 Gesetz zur Einführung des Rechts auf Eheschließung für Personen gleichen Geschlechts vom 20.07.2017 (BGBl. Jahrgang 2017 Teil I Nr. 52, S. 2787); vgl. zum Gesetzgebungsverfahren: BT-Drs. 18/12086; 18/12377; 18/12607; BR-Drs. 461/17; *Schwab*, FamRZ 2017, 1369 (1369); *Hüßtege*, FamRZ 2017, 1374 (1375 ff.).

490 Insofern hätte es bis dahin einer Betrachtung bedurft, ob nicht auch Zwangsverpartnerungen nach dem Lebenspartnerschaftsgesetz in Analogie zur Zwangsverheiratung in Betracht kommen; vgl. zum Themenkomplex Lebenspartnerschaft und Ehe insgesamt kritisch MüKoBGB/*Koch* (2019) Einleitung zum Familienrecht, Rn. 52.

491 Vgl. *Sering*, NJW 2011, 2161 (2162); *Letzgus*, FPR 2011, 451 (455); *Kaiser*, FamRZ 2013, 77 (79).

492 Vgl. *Sering*, NJW 2011, 2161 (2162); *Letzgus*, FPR 2011, 451 (455).

tiven Fehlannahme des Gesetzgebers, ist es zum Schutz aller hypothetisch Betroffenen gut, dass diese Lücke entfallen ist.

b) Gesetz zur Bekämpfung von Kinderehen

Der internationalen Tendenz der letzten Jahre, Minderjährigenehen verstärkt einzuschränken, folgt mit der politischen Intention verbunden dadurch auch Zwangsheiraten zu unterbinden ebenfalls der deutsche Gesetzgeber.[493] Mit dem *Gesetz zur Bekämpfung von Kinderehen*[494] vom 17.07.2017 wurde schließlich das Ehemündigkeitsalter ohne Ausnahme an die Volljährigkeit gekoppelt und mithin auf achtzehn Jahre festgelegt. Aus der bisherigen Soll-Regelung[495] zum Ehemündigkeitsalter wurde damit eine entsprechend verpflichtende Regelung eines dispenslosen Ehemindestmündigkeitsalters[496] von achtzehn Jahren. Gemäß § 1303 S. 1 BGB darf demnach eine Ehe nicht vor Eintritt der Volljährigkeit eingegangen werden und nach § 1303 S. 2 BGB kann mit einer Person, die das sechzehnte Lebensjahr nicht vollendet hat, eine Ehe nicht wirksam eingegangen werden. Die §§ 1310, 1314-1317 BGB sowie weitere Regelungen des Bürgerlichen Gesetzbuches und weitere Gesetze wurden entsprechend angepasst.[497] Ergänzend erfolgte in Art. 13 Abs. 3 EGBGB eine quasi deckungsgleiche Anpassung der Regelungen zum internationalen Privatrecht.

Hierdurch sollte auch die Zwangsheirat Minderjähriger zurückgedrängt werden. Unabhängig von Einzelfällen, in welchen das erhöhte Ehemündigkeitsalter geradezu kontraproduktiv ist – so beispielsweise bei der

493 Vgl. BT-Drs. 18/12086, S. 1, 14.

494 Gesetz zur Bekämpfung von Kinderehen vom 17.07.2017 (BGBl. Jahrgang 2017 Teil I Nr. 48, S. 2429).

495 Vgl. JurisPK-BGB/*Wahlen* (2020) BGB § 1303 Rn. 1; Palandt/*Siede* (2021) BGB § 1303 Rn. 2; RGRK/*Lohmann*, BGB § 1303 Rn. 11; MüKoBGB/*Wellenhofer* (2019) BGB § 1303 Rn. 2 f.

496 Das Bürgerliche Gesetzbuch in seiner ursprünglichen Fassung (Inkrafttreten am 1. Januar 1900; Reichsgesetzblatt, Jahrgang 1896, S. 195) sah beispielsweise eine Ehemündigkeit des Mannes mit Vollendung des 21. Lebensjahrs vor; RGRK/*Lohmann*, BGB § 1303 Rn. 1; vgl. ferner die Befürwortung einen ähnlichen Ansatz in Bezug auf das aufenthaltsrechtliche Nachzugsalter von Ehegatten, *Kelek*, ZAR 2006, 232 (236).

497 Vgl. Gesetz zur Bekämpfung von Kinderehen vom 17.07.2017 (BGBl. Jahrgang 2017 Teil I Nr. 48, S. 2429).

Liebesheirat um der Zwangsverheiratung zu entgehen[498] –, betrifft die Zwangsheirat nunmehr bisweilen lediglich in anderer Form nach wie vor primär Minderjährige.[499]

Neben kritischer Stimmen zum Gesetz[500] und speziell zur politischen Vermischung von Minderjährigenehen und Zwangsverheiratungen[501] gibt es in Teilen auch verfassungsrechtliche Bedenken im Hinblick auf die gesetzliche Regelung. Aufgrund des Zweifels an der teilweisen Verfassungsmäßigkeit des Gesetztes hat der Bundesgerichtshof diese Fragestellung betreffend Art. 13 Abs. 3 EGBGB zur Entscheidung an das Bundesverfassungsgericht vorgelegt.[502]

Ergänzend sei an dieser Stelle noch darauf hingewiesen, dass der Gesetzgeber seinerzeit eine Evaluationsbestimmung in Art. 10 des Gesetzestextes zum Verbot von Kinderehen mit dreijährigem Evaluierungszeitraum aufgenommen hat. Die am 14.08.2020 veröffentlichen Evaluationsergebnisse fielen eher gemischt bis negativ aus. Auch zeigte sich mit lediglich elf erfolgreichen von insgesamt einhundertvier Aufhebungsverfahren in den

---

498 Vgl. *Deutsches Rotes Kreuz*, Stellungnahme Ehen von minderjährigen Geflüchteten, S. 3.

499 Vgl. Staudinger/*Coester* (2020) BGB § 1666 Rn. 2.

500 Vgl. *Deutscher Berufsverband für Soziale Arbeit*, Stellungnahme Gesetzesentwurf zur Bekämpfung von Kinderehen, S. 2; *Deutsches Rotes Kreuz*, Stellungnahme Ehen von minderjährigen Geflüchteten, S. 5; *Deutscher Anwaltverein*, Stellungnahme Gesetzesentwurf zur Bekämpfung von Kinderehen, S. 3; *TERRE DES FEMMES*, Stellungnahme Gesetzesentwurf zur Bekämpfung von Kinderehen, S. 2 f.; *Deutscher Familiengerichtstag*, Stellungnahme Gesetzesentwurf zur Bekämpfung von Kinderehen, S. 1 ff.; *Zentralrat der Muslime in Deutschland*, Stellungnahme Gesetzesentwurf zur Bekämpfung von Kinderehen, S. 4; *Deutscher Juristinnenbund*, Stellungnahme Gesetzesentwurf zur Bekämpfung von Kinderehen, S. 6; *Schwab*, FamRZ 2017, 1369 (1373 f.); *Hüßtege*, FamRZ 2017, 1374 (1380); *Bongartz*, NZFam 2017, 541 (546); *Reuß*, FamRZ 2019, 1 (9); MüKo-BGB/*Coester* (2020) EGBGB Art. 13 Rn. 39; in Teilen weniger kritisch: *Andrae*, Internationales Familienrecht, S. 97.

501 Vgl. *Deutscher Caritasverband*, Stellungnahme Gesetzesentwurf zur Bekämpfung von Kinderehen, S. 2; *Deutsches Institut für Jugendhilfe und Familienrecht*, Stellungnahme Gesetzesentwurf zur Bekämpfung von Kinderehen, S. 2; Deutsches Kinderhilfswerk, Stellungnahme Gesetzesentwurf zur Bekämpfung von Kinderehen, S. 1; *Coester-Waltjen*, IPRax 2019, 127 (131).

502 Vgl. BGH FamRZ 2019, 181 (181 ff.) [Beschluss vom 14. 11.2018 - XII ZB 292/16]; *Coester-Waltjen*, IPRax 2019, 127 (127 f.); *Andrae*, Internationales Familienrecht, S. 95 f.; ferner deswegen ausgesetzt: OLG Hamm, Verfügung vom 10.01.2019 – 4 UF 133/18; BT-Drs. 19/9568, S. 3; 19/21079, S. 2, 6.

drei Evaluationsjahren ein diesbezüglich rechtspraktisch kaum vorhandener Nutzen des Gesetzes.[503]

c) Fortbestehende Defizite

Die legislative Auseinandersetzung mit der Zwangsheirat steckt heute immer noch in den Kinderschuhen und ist zu einseitig auf singuläre, häufig stereotype Fallkonstellationen verheirateter Flüchtlinge und auf religiöse und traditionelle Vorstellungen fokussiert.[504] Zudem stehen nach wie vor strafrechtliche sowie aufenthalts- und asylrechtliche Regelungen im Mittelpunkt. Gerade der zivilrechtliche und speziell familienrechtliche Gesetzesrahmen hat bisher – abgesehen von der Anhebung des Ehemündigkeitsalters – eher nur kosmetische Anpassungen im Hinblick auf mögliche Zwangsverheiratungen und deren Gefährdungen erfahren.

Alleine die schlagwortartige Nennungen des Kindeswohls und des Minderjährigenschutzes[505], sowie rechtspolitische Ächtungstendenzen führen aber gerade zu keinem rechtspraktischen Umdenken oder gar Handeln; ein konkreterer legislativer Bezug der Zwangsheiratsproblematik zu originär kindesschützenden Normen wie dem § 1666 BGB ist aktuell weder den Gesetzestexten noch den zugehörigen Gesetzesbegründungen zu entnehmen.

503 Vgl. *BMJV*, Gesamtauswertung zur Evaluierung des Gesetzes zur Bekämpfung von Kinderehen, S. 12; *BMJV*, Evaluierung des Gesetzes zur Bekämpfung von Kinderehen, Anlage 1 - Rechtsprechungsübersicht, S. 1-9; zur fehlenden Rückschlussmöglichkeit auf das Vorliegen einer Zwangsheirat: *BMI*, Evaluierung des Gesetzes zur Bekämpfung von Kinderehen, Anlage 3 - Zusammenfassung der Erkenntnisse der für die Beantragung der Aufhebung einer Ehe zuständigen Behörden, S. 32, 36, 40, 44; *BMJV*, Evaluierung des Gesetzes zur Bekämpfung von Kinderehen, Anlage 4 - Zusammenfassung Rückmeldungen der Jugendämter, S. 9; unter Bezugnahme auf eine geringfügig abweichende Datenbasis: *TERRE DES FEMMES*, Einschätzung Gesetz zur Bekämpfung von Kinderehen, S. 2, 10ff.; *ada Schutzhaus*, Stellungnahme Evaluierung des Gesetzes zur Bekämpfung von Kinderehen, S. 3; *Evangelische Gesellschaft Stuttgart*, Erfahrungen Gesetz zur Bekämpfung von Kinderehen, S. 2.

504 Vgl. BR-Drs. 767/04, S. 7; BT-Drs. 18/12086, S. 1, 14 mit konkretem Hinweis auf OLG Bamberg FamRZ 2016, 1270 (1270 ff.).

505 Vgl. BT-Drs. 18/12086, S. 1.

2. Judikative Entwicklung

Wurde vor Inkrafttreten des *Gesetzes zur Bekämpfung der Zwangsheirat und zum besseren Schutz der Opfer von Zwangsheirat sowie zur Änderung weiterer aufenthalts- und asylrechtlicher Vorschriften*[506] bereits konstatiert, dass Zwangsheiratsfälle eher nicht wahrgenommen werden und insbesondere deren Ahndung kaum rechtspraktische Relevanz entwickelt[507], so hat sich dies, wenn man die judikative Entwicklung betrachtet nicht wesentlich geändert.[508] Im Hinblick auf einen möglichen Zwangsheiratsbezug gibt es seither keine relevanten veröffentlichten, strafrechtlichen Entscheidungen[509] und allenfalls eher vereinzelte Rechtsprechung zum Aufenthaltsrecht[510] mit selbigem Bezug.

Zum Kerngebiet der Zwangsheirat gibt es zivilrechtlich seit jeher insgesamt kaum wegweisende, veröffentlichte gerichtliche[511] oder gar obergerichtliche[512] Entscheidungen. Zudem fehlt es generell an einer Klassifizierung entsprechender familiengerichtlicher Entscheidungen[513], so dass die Zwangsheiratsproblematik weder separat noch als Gefährdungslage insgesamt statistisch erfasst würde; ebenso lässt das familiengerichtliche Schrifttum klare Stellungnahmen zur Zwangsheirat bislang größtenteils vermissen. Dies hat wiederum zur Folge, dass singuläre Ansätze nicht oder nur schwer anhand zugänglicher, praktischer Fallkonstellationen fal-

---

506 Gesetz zur Bekämpfung der Zwangsheirat und zum besseren Schutz der Opfer von Zwangsheirat sowie zur Änderung weiterer aufenthalts- und asylrechtlicher Vorschriften vom 23.06.2011 (BGBl. Jahrgang 2011 Teil I Nr. 33, S. 1266).

507 Vgl. BR-Drs. 767/04, S. 7, 8.

508 Vgl. zur Anzahl der Fälle in der Justiz – im Jahr 2019 zwei Fälle: *Statistisches Bundesamt*, Fachserie Rechtspflege, Strafverfolgung, S. 34; vgl. ferner: MüKoStGB/*Wieck-Noodt* (2021) StGB § 237 Rn. 6.

509 Vgl. zur Anzahl von Verfahren in der Strafverfolgung – lediglich zwei Ermittlungsverfahren in 2019 und nur ein Ermittlungsverfahren in 2018: *Bundeskriminalamt*, Bundeslagebild Menschenhandel und Ausbeutung 2019, S. 32.

510 Vgl. OVG Lüneburg FamRZ 2018, 472 (473); BayVGH NVwZ 2016, 1271 (1271 f.); ferner VG Kassel, Urteil vom 26.03.2012 - 4 K 782/10.KS.A, juris.

511 Vgl. AG Ingolstadt IPRax 1992, 326 (327); zur im Zeitpunkt des Beschlusses noch nicht erkennbaren Zwangsheiratslage LG Berlin FamRZ 1983, 943 (943 ff.); *John*, FamRZ 1983, 1274 (1274).

512 Vgl. exemplarisch den Zwangsheiratsbezug verkennend beziehungsweise marginalisierend: KG NJW 1985, 68 (69 ff.); BayObLG FamRZ 1984, 1259 (1259 ff.) und FamRZ 1985, 737 (737 ff.); OLG Bamberg FamRZ 2016, 1270 (1271); anders vor allem: OLG Köln FamRZ 2001, 1087 (1088).

513 Vgl. ähnlich zu Erhebungen betreffend das Erziehungsrecht: *Bock*, NJW 2012, 122 (126).

sifiziert oder verifiziert werden können. Zwangsheiratsfälle werden als solche in entsprechenden gerichtlichen Veröffentlichungen damit faktisch nicht oder allenfalls marginal wahrgenommen.

III. Zwischenfazit

In Deutschland besteht für Minderjährige in allen Phasen der Eheanbahnung – beginnend bei Heiratsvermittlungen, den vorgelagerten Eheversprechen und in der Zeit der vorehelichen Dependenz – eine faktische und eine rechtliche Gefahr mit drohender Zwangsverheiratung konfrontiert zu werden. Minderjährige werden in den frühen Phasen einer drohenden Zwangsheirat nicht ausreichend geschützt, so dass sich entsprechende Gefährdungen für diese Minderjährigen ergeben.

Für die zivilrechtliche Eheschließung, sprich den Eheschließungsakt als solchen, besteht für Minderjährige aufgrund der gesetzlichen Regelung durch § 1303 BGB im Rechtssinne durch die vollständige Unterbindung von Eheschließungen Minderjähriger zwar keine rechtliche Gefahr mehr; gleichwohl besteht die Gefahr der drohenden Zwangsheirat sehr wohl in tatsächlicher Hinsicht weiter. Insbesondere ist derzeit noch keine stringente juristische und vor allem gerichtliche Adaption an den möglichen gesetzlichen Rahmen zu erkennen. Vor allem die nach wie vor mögliche und erfolgende Missachtung des (straf-)gesetzlichen Rahmens – sei es nun aufgrund Unkenntnis oder proaktiver Weigerung[514] – führt damit letztlich weiterhin zur Gefährdung durch drohende Zwangsverheiratungen für die betroffenen Minderjährigen.

Die legislative und judikative Auseinandersetzung mit der Zwangsheiratsproblematik bleibt in Deutschland damit hinter der tatsächlichen Gefährdungslage der drohenden Zwangsverheiratung für Minderjährige zurück.

514 Vgl. *Letzgus*, FPR 2011, 451 (452).

D. Gerichtliche Maßnahmen bei Gefährdung des Kindeswohls

Zur modellhaften Einordnung der gerichtlichen Reaktionsmöglichkeiten soll nunmehr zunächst eine umfassende Darstellung der Zusammenhänge zwischen Kindeswohl, dessen Gefährdung und den korrelierenden gerichtlichen Maßnahmen vermittelt werden. Innerhalb der Betrachtung der möglichen gerichtlichen Maßnahmen bei Gefährdung des Kindeswohls wird dabei auch der Sorgerechtsentzug gemäß § 1666 Abs. 3 Nr. 6 BGB erörtert.

I. Einführung in die Problematik des Sorgerechtsentzugs Minderjähriger

Bevor im Detail auf die gerichtlichen Maßnahmen bei Gefährdung des Kindeswohls nach § 1666 BGB allgemein eingegangen wird, soll anhand der Zahlen jährlicher Sorgerechtsverfahren und anhand der tatsächlichen Wahrnehmung selbiger eine gewisse Sensibilisierung und Einordnung erfolgen.

1. Zahlen zu gerichtlichen Maßnahmen nach § 1666 BGB

Die Zahlen zum Sorgerechtsentzug werden zwar jährlich statistisch erhoben, hierbei sind jedoch kaum oder gar keine Korrelationsangaben vorhanden, beziehungsweise diese werden nicht allgemeinzugänglich veröffentlicht. Somit lassen sich aus den statistischen Zahlen keine Rückschlüsse auf die Gründe des Sorgerechtsentzugs entnehmen.

Allgemein ist die Gesamtzahl der familiengerichtlichen Maßnahmen bei Kindeswohlgefährdung mit 32.591 Fällen im Jahr 2019 seit 2012 beständig, obgleich zuletzt eher moderat gestiegen[515]. Auch die vollständige oder teilweise Übertragung des Personensorgerechts auf das Jugendamt nahm mit zuletzt 7.787 beziehungsweise 8.670 Fällen im selben Erhebungszeit-

515 Vgl. eigene Auswertung, Datenbasis: *Statistisches Bundesamt*, Tabelle 22522-0004 - Maßnahmen des Familiengerichts bei Kindeswohlgefährdung.

raum deutlich zu und macht immer noch rund 50 Prozent aller entsprechenden Maßnahmen aus. Wohingegen von der Möglichkeit des Erlasses von Ge- und Verboten wesentlich weniger Gebrauch gemacht wurde, zuletzt nur in 4.678 Fällen und damit in rund 14 Prozent aller familiengerichtlichen Maßnahmenverfahren[516]. Statistische Erhebungen betreffend gerichtliche Maßnahmen zum Kindeswohl, die Rückschlüsse auf einen Zusammenhang mit Zwangsverheiratungen zuließen, liegen nicht vor.

2. Das besondere Spannungsverhältnis gerichtlicher Maßnahmen

Mit § 1666 BGB wird beinahe reflexartig der Sorgerechtsentzug assoziiert. In der Tat ist der Entzug des Sorgerechts in § 1666 Abs. 1, Abs. 3 Nr. 6 BGB geregelt und dieser dient auf seinen Kerngehalt reduziert stets dem „Schutz des Kindes [...] bei Gefährdung seines Wohls“[517]. Spätestens seit der Aufnahme des nicht abschließenden Maßnahmenkatalogs möglicher gerichtlicher Maßnahmen ist § 1666 BGB nicht mehr nur alleine zentrale Vorschrift des zivilrechtlichen Kindesschutzes[518], sondern ist auch hinsichtlich seines Anwendungs- und Maßnahmenrahmens ersichtlich mehr als die Normierung der staatlichen Sorgerechtsentzugsmöglichkeit. In der Praxis wird dennoch der mögliche Maßnahmenpool kaum genutzt[519], sondern primär der Sorgerechtsentzug. Somit wird dieser weiterhin als zentrales und gegen die Eltern gerichtetes Element familiengerichtlichen Handelns wahrgenommen.

Entsprechende gerichtliche Maßnahmen werden folglich häufig als negativ assoziierte, obrigkeitsstaatliche Eingriffe fehlverstanden. Es ist jedoch die gerichtliche Maßnahme, die – quasi im Versagensfall oder bei Ausfall der Eltern – den Schutz des Kindes herbeiführt. Insofern sollte unter Zentrierung auf das Wohl des Kindes auch und gerade der Sorgerechtsentzug als positive, sprich kindesförderliche Maßnahme begriffen werden.

---

516 Vgl. eigene Auswertung, Datenbasis: *Statistisches Bundesamt*, Tabelle 22522-0004-Maßnahmen des Familiengerichts bei Kindeswohlgefährdung; zu Vergleichswerten von noch 60 Prozent aller gerichtlicher Maßnahmen, die auf die teilweise oder vollständige Übertragung des Sorgerechts im Jahr 2008 entfielen: MüKoBGB/*Lugani* (2020) BGB § 1666 Rn. 197.

517 Palandt/*Götz* (2021) BGB § 1666 Rn. 2.

518 Vgl. Staudinger/*Coester* (2020) BGB § 1666 Rn. 1.

519 Vgl. MüKoBGB/*Lugani* (2020) BGB § 1666 Rn. 153, 197; Staudinger/*Coester* (2020) BGB § 1666 Rn. 218.

II. § 1666 BGB – Gerichtliche Maßnahmen bei Gefährdung des Kindeswohls

Zunächst wird im Folgenden der grundlegende Schutzgedanke[520] des § 1666 BGB und die gesetzlichen Anforderungen an die Sorgeberechtigten[521] dargestellt. Speziell das Kindeswohl[522] und die bestehende beziehungsweise drohende Gefährdung[523] werden hierzu näher betrachtet, bevor auf weitere Spezifika des Sorgerechtsentzugs und sonstiger gerichtlicher Maßnahmen im Rahmen des § 1666 BGB eingegangen wird. Abschließend wird das familiengerichtliche Verfahren, wie es sich im Falle des § 1666 BGB als „Generalklausel des Kindesschutzrechts"[524] etabliert hat, näher beleuchtet.

1. Anwendungsbereich

Bevor der Kernaspekt gerichtlicher Maßnahmen bei Gefährdung des Kindeswohls spezifischer erörtert wird, sei zu Beginn kurz auf den persönlichen und sachlichen Anwendungsbereich des § 1666 BGB verwiesen.

a) Persönlicher Anwendungsbereich

Spricht § 1666 Abs. 1 BGB selbst von den Eltern als Verpflichteten und lediglich § 1666 Abs. 2 BGB differenzierter vom Inhaber der Vermögens-

---

520 Vgl. Palandt/*Götz* (2021) BGB § 1666 Rn. 7; JurisPK-BGB/*Thormeyer* (2020) BGB § 1666 Rn. 2; Staudinger/*Coester* (2020) BGB § 1666 Rn. 58; MüKoBGB/*Lugani* (2020) BGB § 1666 Rn. 2.

521 Vgl. MüKoBGB/*Lugani* (2020) BGB § 1666 Rn. 40; JurisPK-BGB/*Thormeyer* (2020) BGB § 1666 Rn. 12; Bamberger/Roth/*Veit* (2019) § 1666 Rn. 11; Scholz/Kleffmann/*Wache*, Praxishandbuch Familienrecht, Teil E Elterliche Sorge, Umgangsrecht, Rn. 11; HK-BGB/*Kemper* (2019) BGB § 1666 Rn. 6.

522 Vgl. Palandt/*Götz* (2021) BGB § 1666 Rn. 7, ferner § 1626 Rn. 1, 3, § 1697a Rn. 1 f.; Staudinger/*Coester* (2020) BGB § 1666 Rn. 65; MüKoBGB/*Lugani* (2020) BGB § 1666 Rn. 44 f.

523 Vgl. Palandt/*Götz* (2021) BGB § 1666 Rn. 8; Staudinger/*Coester* (2020) BGB § 1666 Rn. 81 f.; MüKoBGB/*Lugani* (2020) BGB § 1666 Rn. 50 ff.; Jauernig/*Budzikiewicz* (2021) BGB §§ 1666-1667 Rn. 4; Erman-BGB/*Döll* (2020) BGB § 1666 Rn. 6 ff.; HK-BGB/Kemper (2019) BGB § 1666 Rn. 2 ff.; *Coester*, Inhalt und Funktionen des Begriffs der Kindeswohlgefährdung, S. 31 f., 39 ff.

524 Staudinger/*Coester* (2020) BGB § 1666 Rn. 58; vgl. *Münder*, ZAR 1985, 93 (95 f.).

sorge, stellt sich die generelle Frage nach dem persönlichen Anwendungsbereich des § 1666 BGB.

Erfasst werden von § 1666 BGB alle Inhaber der elterlichen Sorge[525] gemäß § 1626 Abs. 1 S. 1 BGB, seien sie alleinige Sorgerechtsinhaber oder Mitsorgeberechtigte[526], seien sie Inhaber der kompletten elterlichen Sorge oder nur Inhaber des jeweils streitgegenständlichen Teilsorgerechts[527]; mithin gemäß § 1754 Abs. 3 BGB selbstverständlich auch die Adoptiveltern[528]. Die Regelung gilt ferner gemäß § 1837 Abs. 4 BGB für den Vormund[529] oder die Vormünder[530] sowie gemäß §§ 1915 Abs. 1 S. 1, 1837 Abs. 4 BGB für den Pfleger[531] – nicht jedoch für die Pflegepersonen der Familienpflege, die Pflegeltern[532].

Letztere können – gleichsam wie Stiefeltern oder Großeltern, oder aber auch andere Verwandte – als Inhaber der tatsächlichen Sorge[533] allenfalls als Dritte gemäß § 1666 Abs. 4 BGB in dessen Anwendungsbereich gelangen[534]. Als solche haben sie jedoch keine abweichende rechtliche Stellung im Vergleich zu jedem sonstigen Dritten.[535]

Auf der Seite des Schutzsubjekts des § 1666 BGB ergibt sich ebenfalls ein sich aufspannender Anwendungsbereich; dieser beginnt für das Kind spä-

---

525 Vgl. BeckOGK/*Amend-Traut* (2021) BGB § 1626 Rn. 72 ff.; MüKoBGB/*Lugani* (2020) BGB § 1666 Rn. 40; Staudinger/*Coester* (2020) BGB § 1666 Rn. 20.

526 Vgl. Staudinger/*Coester* (2020) BGB § 1666 Rn. 20.

527 Vgl. ebd., Rn. 20.

528 Vgl. MüKoBGB/*Maurer* (2020) BGB § 1754 Rn. 1; MüKoBGB/*Lugani* (2020) BGB § 1666 Rn. 40; Staudinger/*Coester* (2020) BGB § 1666 Rn. 20.

529 Vgl. MüKoBGB/*Lugani* (2020) BGB § 1666 Rn. 40; zu den Voraussetzungen der Vormundschaft MüKoBGB/*Spickhoff* (2020) BGB § 1773 Rn. 1 f.

530 Vgl. zur Bestellung mehrerer Vormünder MüKoBGB/*Spickhoff* (2020), BGB § 1775 Rn. 1, 8 ff.

531 Vgl. MüKoBGB/*Lugani* (2020) BGB § 1666 Rn. 40; zu den Voraussetzungen der Pflegschaft Staudinger/*Bienwald* (2017) BGB § 1909 Rn. 21 ff.; MüKoBGB/*Schneider* (2020) BGB § 1909 Rn. 7 ff.

532 Vgl. zur insoweit einschlägigen Regelung für Pflegepersonen § 1688 Abs. 3 S. 2 BGB bzw. § 1688 Abs. 4 BGB, wonach das Familiengericht, sofern dies zum Wohl des Kindes erforderlich ist, ohnehin Befugnisse einschränken oder ausschließen kann; MüKoBGB/*Hennemann* (2020) BGB § 1688 Rn. 11; MüKoBGB/*Lugani* (2020) BGB § 1666 Rn. 40; Staudinger/*Coester* (2020) BGB § 1666 Rn. 20.

533 Vgl. *Amend-Traut*, FamRZ 2020, 805 (807); Staudinger/*Coester* (2020) BGB § 1666 Rn. 20; MüKoBGB/*Lugani* (2020) BGB § 1666 Rn. 40.

534 Vgl. MüKoBGB/*Lugani* (2020) BGB § 1666 Rn. 40; Staudinger/*Coester* (2020) BGB § 1666 Rn. 20.

535 Vgl. Staudinger/*Coester* (2020) BGB § 1666 Rn. 20.

testens[536] mit der Vollendung der Geburt gemäß § 1 BGB und endet mit dem Eintritt der Volljährigkeit gemäß § 2 BGB[537]. Tritt die Volljährigkeit während eines laufenden Verfahrens ein, führt dies mithin zur Verfahrenserledigung[538].

b) Sachlicher Anwendungsbereich

Grundsätzlich ist der sachliche Anwendungsbereich im Rahmen des § 1666 BGB für das gesamte[539] Kindeswohl – bestehend aus dem persönlichen Kindeswohl[540] im Rahmen der Personensorge[541] gemäß § 1626 Abs. 1 S. 2 Alt. 1 BGB und dem Vermögensinteresse[542] des Kindes im Rahmen der Vermögenssorge[543] nach § 1626 Abs. 1 S. 2 Alt. 2 BGB – eröffnet.

Im Folgenden wird – obwohl es auch Fälle gibt, welche die beiden Bereiche Personensorge und Vermögenssorge gleichermaßen betreffen – im Hinblick auf die praktische Relevanz für die vorliegende Arbeit der Schwerpunkt auf das persönliche Kindeswohl und folglich auf Maßnahmen betreffend die Personensorge gelegt.

Der durch § 1666 BGB aufgespannte Schutzschirm zum Wohle des Kindes als umfassender Anwendungsbereich wird lediglich in einigen

---

536 Vgl. MüKoBGB/*Lugani* (2020) BGB § 1666 Rn. 41; Grandel/Stockmann/*Seebach*, Familienrecht, 87. Elterliches Sorgerecht, Rn. 3; NK-BGB/*Rakete-Dombek/Berning* (2021) BGB § 1626 Rn. 5; zum Nasciturus: Staudinger/*Coester* (2020) BGB § 1666 Rn. 22 ff.; MüKoBGB/*Lugani* (2020) BGB § 1666 Rn. 42 f.; hierzu zurecht kritisch BeckOGK/*Amend-Traut* (2021) BGB § 1626 Rn. 82; BeckOGK/*Burghart* (2021) BGB § 1666 Rn. 56.

537 Vgl. MüKoBGB/*Lugani* (2020) BGB § 1666 Rn. 41; BeckOGK/*Amend-Traut* (2021) BGB § 1626 Rn. 92; Staudinger/*Coester* (2020) BGB § 1666 Rn. 21.

538 Vgl. OLG Köln FamRZ 2001, 37 (38); Palandt/*Götz* (2021) BGB § 1666 Rn. 5; Staudinger/*Coester* (2020) BGB § 1666 Rn. 21.

539 Erst durch das Gesetz zur Reform des Kindschaftsrechts (Kindschaftsrechtsreformgesetz – KindRG) vom 16.12.1997 (BGBl. Jahrgang 1997 Teil 1 Nr. 84, S. 2942) wurde die zuvor in § 1667 a.F. getrennt verortete Regelung zum Vermögensschutz in den § 1666 BGB aufgenommen; vgl. Staudinger/*Coester* (2020) BGB § 1666 Rn. 6, 37.

540 Vgl. MüKoBGB/*Lugani* (2020) BGB § 1666 Rn. 44; Staudinger/*Coester* (2020) BGB § 1666 Rn. 37.

541 Vgl. BeckOGK/*Amend-Traut* (2021) BGB § 1626 Rn. 104 ff.

542 Vgl. MüKoBGB/*Lugani* (2020) BGB § 1666 Rn. 126; Staudinger/*Coester* (2020) BGB § 1666 Rn. 37.

543 Vgl. BeckOGK/*Amend-Traut* (2021) BGB § 1626 Rn. 151 ff.

Bereichen durch spezifischere Sondervorschriften verdrängt[544]; dies sind jedoch vornehmlich Fälle anderweitiger familiengerichtlicher Verfahrensanhängigkeit wie Sorgerechtsübertragungen nach Trennung oder Scheidung[545] gemäß §§ 1671 Abs. 1, 1696 Abs. 1 BGB oder bei nicht verheirateten Eltern[546] gemäß §§ 1671 Abs. 2, 1626a Abs. 1 Nr. 3, Abs. 2 BGB sowie Fälle des tatsächlichen elterlichen Sorgeentfalls[547] gemäß § 1678 BGB oder § 1680 BGB oder § 1681 BGB, welche jedoch allesamt ohnehin eine Möglichkeit der inzidenten Kindeswohlprüfung[548] vorsehen. Im Rahmen der sonstigen Schutz- und Maßnahmemöglichkeiten[549] sei hier lediglich auf die vorrangigen familiengerichtlichen Möglichkeiten – wie beispielsweise bei Regelungskonflikten[550] gemäß § 1628 BGB und bei Vertretungskonflikten[551] gemäß § 1629 Abs. 2 BGB i.V.m. §§ 1795, 1796 BGB – verwiesen, welche im Bedarfsfall durch Maßnahmen nach § 1666 BGB flankiert[552] werden oder zur Verfahrenseinleitung nach § 1666 BGB führen[553] können.

---

544 Vgl. Palandt/*Götz* (2021) BGB § 1666 Rn. 2; MüKoBGB/*Lugani* (2020) BGB § 1666 Rn. 6 ff.

545 Vgl. OLG Brandenburg FamRZ 2014, 1649 (1650); Palandt/*Götz* (2021) BGB § 1666 Rn. 2; MüKoBGB/*Lugani* (2020) BGB § 1666 Rn. 7, 10; Staudinger/*Coester* (2020) BGB § 1666 Rn. 38 ff.

546 Vgl. MüKoBGB/*Lugani* (2020) BGB § 1666 Rn. 10; Staudinger/*Coester* (2020) BGB § 1666 Rn. 45.

547 Vgl. MüKoBGB/*Lugani* (2020) BGB § 1666 Rn. 14 f.; Staudinger/*Coester* (2020) BGB § 1666 Rn. 47.

548 Vgl. beispielhaft § 1671 Abs. 4 BGB; ferner: Staudinger/*Coester* (2020) BGB § 1666 Rn. 47, 94.

549 Vgl. ausführlich: Staudinger/*Coester* (2020) BGB § 1666 Rn. 48-57 (jedoch mit der Einschränkung, dass es den von Coester in Rn. 48 der Neubearbeitung 2020 beschriebenen „Konflikt zwischen dem heiratswilligen minderjährigen Kind und seinen widersprechenden Eltern, § 1303 Abs. 3, 4 BGB" seit der Neufassung des § 1303 BGB durch das Gesetz zur Bekämpfung von Kinderehen vom 17.07.2017 (BGBl. Jahrgang 2017 Teil I Nr. 48, S. 2429), in Kraft getreten am 22.07.2017, nicht mehr gibt).

550 Vgl. MüKoBGB/*Lugani* (2020) BGB § 1666 Rn. 13; Staudinger/*Coester* (2020) BGB § 1666 Rn. 53.

551 Vgl. MüKoBGB/*Lugani* (2020) BGB § 1666 Rn. 18; Staudinger/*Coester* (2020) BGB § 1666 Rn. 48.

552 Vgl. beispielhaft für den Fall des § 1628 BGB: Staudinger/*Coester* (2020) BGB § 1666 Rn. 53.

553 Vgl. MüKoBGB/*Lugani* (2020) BGB § 1666 Rn. 12; beispielhaft für den Fall des § 1631b BGB: Staudinger/*Coester* (2020) BGB § 1666 Rn. 48a.

2. Schutz von Kindeswohl und Kindesvermögen

Hinsichtlich des Kindeswohls im weiteren Sinne lässt sich trotz entsprechender Gemeinsamkeiten und Überschneidungen[554] zwischen dem Schutz des Kindesvermögens und dem Schutz des persönlichen Kindeswohls differenzieren.

a) Das persönliche Kindeswohl

Das Kindeswohl beziehungsweise die Gefährdung des persönlichen Kindeswohls ist – unabhängig von der elterlichen Unwilligkeit oder der elterlichen Unfähigkeit der Gefahrabwendung[555] – auf der Tatbestandsseite der zentrale und entscheidende Ansatzpunkt[556], der letztlich im Rahmen der richterlichen Abwägung und Entscheidung über das Ergreifen beziehungsweise die Rechtmäßigkeit einer staatlichen Maßnahme entscheidet[557].

Vor der Frage nach der jeweiligen Gefährdung ist jedoch zunächst zu klären, inwiefern das Kindeswohl überhaupt tatbestandlich allgemeingültig definiert werden kann beziehungsweise ob es sich nicht um den Kern der Generalklausel[558] des § 1666 BGB handelt, der stets konkretisiert[559]

---

554 Vgl. Staudinger/*Coester* (2020) BGB § 1666 Rn. 37.

555 Vgl. MüKoBGB/*Lugani* (2020) BGB § 1666 Rn. 37 ff.; Staudinger/*Coester* (2020) BGB § 1666 Rn. 3, 58.

556 Vgl. BVerfGE 24, 119 (144); BVerfGE 68, 176 (188); BVerfGE 75, 201 (218); BVerfG FamRZ 2000, 1489 (1489); BGH FamRZ 2016, 1752 (1754); FamRZ 2017, 212 (213); Staudinger/*Coester* (2020) BGB § 1666 Rn. 58, 65; Grandel/Stockmann/*Seebach*, Familienrecht, 87. Elterliches Sorgerecht, Rn. 5; NK-BGB/Rakete-Dombek/Berning (2021) BGB § 1627 Rn. 6.

557 Vgl. *Coester*, Das Kindeswohl als Rechtsbegriff, S. 135 ff.; *Coester*, Das Kindeswohl als Rechtsbegriff II, S. 37 f., 39 f.; Staudinger/*Coester* (2020) BGB § 1666 Rn. 65.

558 Vgl. *Coester*, NZFam 2016, 577 (579); Staudinger/*Coester* (2020) BGB § 1666 Rn. 66.

559 Vgl. *Wank*, Juristische Methodenlehre, S. 335 ff.; *Coester*, NZFam 2016, 577 (579); *Bund-Länder-Arbeitsgruppe Kinderrechte ins Grundgesetz*, Abschlussbericht, S. 48; Grandel/Stockmann/*Seebach*, Familienrecht, 87. Elterliches Sorgerecht, Rn. 9; Palandt/*Götz* (2021) BGB § 1666 Rn. 7; Bamberger/Roth/*Veit* (2019) § 1666 Rn. 14; JurisPK-BGB/*Thormeyer* (2020) BGB § 1666 Rn. 15; Staudinger/*Coester* (2020) BGB § 1666 Rn. 66.

werden muss, und nur im Rahmen der individuellen Einzelfallbetrachtung verstanden werden kann und darf[560].

In der Tat bedarf es, nachdem sich jeder Sorgerechtsfall individuell gestaltet, für die Beurteilung des jeweils streitgegenständlichen Kindeswohl einer ebenso individuellen und einzellfallbezogenen Abwägung und Entscheidung, so dass sich ex ante stets ein umfassender Entscheidungsspielraum[561] für das Familiengericht eröffnen muss.

Als Maßstab und Orientierung für diesen Spielraum bedarf es eines zeitgemäßen[562] und sich weiterentwickelnden Werte-[563] und Leitliniensystems. Hierin müssen auch Elemente jenseits rein rechtlicher Konkretisierbarkeit[564], wie objektive wissenschaftliche Erkenntnisse[565], subjektive Kindesinteressen[566], diesen erkennbar gegenläufige Elterninteressen[567], die familiäre Gesamtsituation[568] und natürlich auch der subjektive Kindeswille[569], zum Tragen kommen. Elemente wie eine gesellschafts- oder rechtspolitische Zielerreichung[570] oder der Wunsch die Eltern beziehungsweise

560 Vgl. BGH FamRZ 2019, 181 (184); Staudinger/*Coester* (2020) BGB § 1666 Rn. 3; *Andrae*, Internationales Familienrecht, S. 96.

561 Vgl. Staudinger/*Coester* (2020) BGB § 1666 Rn. 58; kritisch *Mnookin*, FamRZ 1975, 1 (2 ff.); *Diederichsen*, FamRZ 1978, 461 (468); *Gernhuber*, FamRZ 1973, 229 (230); *Giesen*, FamRZ 1977, 594 (595).

562 Vgl. *Coester*, Inhalt und Funktionen des Begriffs der Kindeswohlgefährdung, S. 27 f.; Staudinger/*Coester* (2020) BGB § 1666 Rn. 66.

563 Vgl. *Coester*, Das Kindeswohl als Rechtsbegriff, S. 169 f.; *Coester*, Das Kindeswohl als Rechtsbegriff II, S. 35, 40 f.; *Coester*, Inhalt und Funktionen des Begriffs der Kindeswohlgefährdung, S. 26 ff.; Staudinger/*Coester* (2020) BGB § 1666 Rn. 66.

564 Vgl. Staudinger/*Coester* (2020) BGB § 1666 Rn. 67.

565 Vgl. ebd., Rn. 72.

566 Vgl. *Coester*, Das Kindeswohl als Rechtsbegriff, S. 204 ff.; *Zitelmann*, Kindeswohl und Kindeswille, S. 145.

567 Vgl. *Scherer*, ZfJ 1999, 86 (86 f., 90); MüKoBGB/*Lugani* (2020) BGB § 1666 Rn. 46; Staudinger/*Coester* (2020) BGB § 1666 Rn. 69.

568 Vgl. Staudinger/*Coester* (2020) BGB § 1666 Rn. 71.

569 Vgl. BVerfGE 55, 171 (182); BVerfG FamRZ 2007, 1797 (1798); BVerfG FamRZ 2008, 1737 (1738); BVerfG FamRZ 2014, 1843 (1844); *Zitelmann*, Kindeswohl und Kindeswille, S. 146 ff.; MüKoBGB/*Lugani* (2020) BGB § 1666 Rn. 47; Staudinger/*Coester* (2020) BGB § 1666 Rn. 71, 74-80; *Coester*, Das Kindeswohl als Rechtsbegriff, S. 255 ff.; *Wapler*, Kinderechte und Kindeswohl, S. 263 ff.; *Osthold*, Die rechtliche Behandlung von Elternkonflikten, S. 233 ff.; OLG Köln ZKJ 2012, 71 (73); *Clauß/Karle*, Psychologische Grundlagen, S. 45; *Biesel*, Chancen und Risiken von Kinderrechten im Kinderschutz, S. 243 f.

570 Vgl. BVerfG FamRZ 2015, 112 (117); BVerfG FamRZ 2006, 187 (187); BVerfG FamRZ 2008, 2185 (2187 f.); Staudinger/*Coester* (2020) BGB § 1666 Rn. 67.

deren Verhalten direkt oder indirekt zu disziplinieren[571] haben hingegen als sachfremde Erwägungen außen vor zu bleiben. Selbiges gilt aber auch für Überlegungen hinsichtlich der vermeintlich optimalen Kindeswohlvariante, auf die insoweit im Sinne eines Quervergleichs gerade auch nicht abgestellt werden darf[572].

Letztlich gibt es keine objektive[573], allgemeingültige Vorgabe, sondern das betroffene Kind und seine Eltern bestimmen über das persönliche Kindeswohl. [574] Sowohl das bereits verfassungsrechtlich vorgegebene Ziel der Erziehung zur „selbständigen und eigenverantwortlichen, zu sozialem Zusammenleben fähigen Persönlichkeit“[575] als auch der einfachgesetzliche Rahmen mit seinen Ausprägungen, wie exemplarisch der sozialen Bindung nach § 1632 Abs. 4 BGB[576] beziehungsweise nach § 1682 BGB[577], der Gewaltächtung nach § 1631 Abs. 2 BGB[578] oder der elterlichen Eigenverantwortung nach § 1626 Abs. 2 BGB[579], sind bei der Abwägung dessen, was das individuell konkrete Kindeswohl im jeweiligen Einzelfall ausmacht, mit einzustellen.[580]

Das Kindeswohl muss demnach für jeden Einzelfall unter Beachtung der Dimensionen körperliches Wohl[581], geistiges Wohl[582] und seelisches

---

571 Vgl. BVerfG FamRZ 2015, 112 (116); Staudinger/*Coester* (2020) BGB § 1666 Rn. 67; im Ergebnis auch: BVerfG FamRZ 2007, 1626 (1626); BVerfG FamRZ 2009, 189 (190).

572 Vgl. BVerfG FamRZ 2008, 2185 (2186); Staudinger/*Coester* (2020) BGB § 1666 Rn. 69, 181.

573 Vgl. Staudinger/*Coester* (2020) BGB § 1666 Rn. 11.

574 Vgl. BVerfGE 72, 122 (139 f.); Staudinger/*Coester* (2020) BGB § 1666 Rn. 11; *Knöpfel*, FamRZ 1985, 1211 (1213 f.).

575 Staudinger/*Coester* (2020) BGB § 1666 Rn. 71; vgl. auch BVerfG FamRZ 2008, 1737 (1738); *Coester*, Das Kindeswohl als Rechtsbegriff, S. 183 ff.; Heilmann/*Heilmann*: Praxiskommentar Kindschaftsrecht (2020) BGB § 1666 Rn. 18; BeckOGK/*Amend-Traut* (2021) BGB § 1626 Rn. 177 f.; MüKoBGB/*Huber* (2020) BGB § 1626 Rn. 62; ferner werden diese Aspekte auch in § 1 Abs. 1, § 9 Nr. 2 SGB VIII aufgegriffen: Wiesner/*Wiesner* (2015) SGB VIII § 1 Rn. 10, § 9 Rn. 18.

576 Vgl. Staudinger/*Salgo* (2020) BGB § 1632 Rn. 42; Staudinger/*Coester* (2020) BGB § 1666 Rn. 71.

577 Vgl. Staudinger/*Salgo* (2020) BGB § 1682 Rn. 1.

578 Vgl. Staudinger/*Salgo* (2020) BGB § 1631 Rn. 66.

579 Vgl. BeckOGK/*Amend-Traut* (2021) BGB § 1626 Rn. 173 ff.; Staudinger/*Lettmaier* (2020) BGB § 1626 Rn. 326 ff.

580 Vgl. *Bauer*, Kindeswohlgefährdung, S. 66.

581 Vgl. Staudinger/*Coester* (2020) BGB § 1666 Rn. 70.

582 Vgl. BayObLG FamRZ 1981, 86 (86); Staudinger/*Coester* (2020) BGB § 1666 Rn. 70.

Wohl[583] sowie deren jeweilige Wechselwirkungen[584] herausgearbeitet werden und ist selbst unter Rückgriff auf Erfahrungssätze und wissenschaftliche Erkenntnisse nicht verallgemeinerungsfähig definierbar. Ausschlaggebend bleibt letztlich der Blickwinkel des Kindes und die objektive wie subjektive Wirkung auf Selbiges.

b) Das Kindesvermögen

Der Schutz der Vermögensinteressen des Kindes ist in § 1666 BGB gleichberechtigt neben dem Schutz des persönlichen Kindeswohls aufgeführt und wird zusätzlich durch § 1667 BGB näher konkretisiert.[585] Erfasst ist dabei das gesamte Vermögensinteresse des betroffenen Kindes[586]; insbesondere sind sowohl – sofern überhaupt Vermögen des Kindes vorhanden[587] ist – der positive Schutz im Sinne der Vermögenserhaltung und -mehrung[588] als auch der gegenteilige Schutz des Kind vor einer entsprechenden Verschuldung[589] erfasst. Der Schutz erstreckt sich dabei nicht auf jede einzelne (Teil-)Vermögensposition, sondern auf die Vermögenslage in ihrer Gesamtheit[590].

---

583 Vgl. MüKoBGB/*Lugani* (2020) BGB § 1666 Rn. 44; Staudinger/*Coester* (2020) BGB § 1666 Rn. 70; *Simitis*, Kindeswohl, S. 34 ff., 163 ff.

584 Vgl. Staudinger/*Coester* (2020) BGB § 1666 Rn. 70; Heilmann/*Heilmann*: Praxiskommentar Kindschaftsrecht (2020) BGB § 1666 Rn. 18; *Simitis*, FS Müller-Freienfels, S. 605 ff.

585 Vgl. Staudinger/*Coester* (2020) BGB § 1666 Rn. 177.

586 Vgl. MüKoBGB/*Lugani* (2020) BGB § 1666 Rn. 126 ff.; Staudinger/*Coester* (2020) BGB § 1666 Rn. 182, 187.

587 Vgl. BeckOGK/*Amend-Traut* (2021) BGB § 1626 Rn. 152; MüKoBGB/*Lugani* (2020) BGB § 1666 Rn. 131; zum Vermögen im weiten Sinne des § 1666 BGB: Staudinger/*Coester* (2020) BGB § 1666 Rn. 187 f.

588 Vgl. MüKoBGB/*Lugani* (2020) BGB § 1666 Rn. 126; Staudinger/*Coester* (2020) BGB § 1666 Rn. 187.

589 Vgl. Staudinger/*Coester* (2020) BGB § 1666 Rn. 187; sowie zum insofern unzureichenden Minderjährigenschutz des § 1629a BGB: Staudinger/*Coester* (2020) BGB § 1629a Rn. 6 ff.

590 Vgl. MüKoBGB/*Lugani* (2020) BGB § 1666 Rn. 127; Staudinger/*Coester* (2020) BGB § 1666 Rn. 189.

3. Gefährdung und Gefährdungsbegriff

Auch hinsichtlich der Gefährdung ist zwischen der Gefährdung des persönlichen Kindeswohls und der Vermögensgefährdung zu differenzieren.

a) Gefährdung des persönlichen Kindeswohls

Zur persönlichen Gefährdung des Kindeswohls gibt es weder eine Legaldefinition oder gesetzliche Ausführung[591] noch eine entsprechend vorgegebene Vermutungsregelung[592]. Wie beim Kindeswohl, so ist auch beim Gefährdungsbegriff – sowie beim teilweise synonym verwendeten Begriff der Bedrohung[593] – kein Rückgriff auf objektive[594] oder gar standardisierte Pflichtverletzungen und damit auf allgemeingültige Gefährdungen an sich möglich. Es bedarf demnach auch im Rahmen des Gefährdungsbegriffs einer entsprechenden Konkretisierung, um die Grenze von gleichsam staatlicher Interventionsmöglichkeit und -notwendigkeit zur noch tolerablen elterlichen Ermessensausübung im Rahmen ihrer jeweiligen elterlichen Sorge zu ziehen[595]. Hierfür können die zum Kindeswohl angeführten Abwägungselemente herangezogen werden.

Die Rechtsprechung umschreibt Kindeswohlgefährdung als „eine gegenwärtige, [...] in einem solchen Maße vorhandene Gefahr, daß sich bei der weiteren Entwicklung [...] eine erhebliche Schädigung des [...] Wohls des Kindes mit ziemlicher Sicherheit voraussehen läßt“[596] und statuiert hier-

---

591 Vgl. BayObLG FamRZ 1996, 1031 (1032); *Coester*, Inhalt und Funktionen des Begriffs der Kindeswohlgefährdung, S. 31 ff.; *Dettenborn*, FPR 2003, 293 (293 f.); Staudinger/*Coester* (2020) BGB § 1666 Rn. 81; *Arbeitsgruppe Familiengerichtliche Maßnahmen bei Gefährdung des Kindeswohls*, Abschlussbericht, S. 29.

592 Vgl. Staudinger/*Coester* (2020) BGB § 1666 Rn. 81; *Arbeitsgruppe Familiengerichtliche Maßnahmen bei Gefährdung des Kindeswohls*, Abschlussbericht, S. 30.

593 Vgl. KG NJW 1985, 68 (69); OLG Köln FamRZ 2001, 1087 (1088).

594 Vgl. *Dettenborn*, FPR 2003, 293 (293 ff.); Staudinger/Coester (2020) BGB § 1666 Rn. 12.

595 Vgl. *Coester*, NZFam 2016, 577 (578 f.); Staudinger/*Coester* (2020) BGB § 1666 Rn. 61a, 81; OLG Frankfurt FamRZ 2019, 1865 (1866 f.).

596 BGH FamRZ 1956, 350 (351); BVerfG FamRZ 2010, 713 (714); ähnlich: BGH FamRZ 2005, 344 (345 f.); OLG Hamm FamRZ 2009, 1752 (1752); ähnlich, jedoch mit zusätzlicher Präzisierung der „Schädigung“ zur „Schädigung des geistigen oder leiblichen Wohls des Kindes“ und Ersetzung des Begriffs „mit ziemlicher Sicherheit“ durch „mit hinreichender Wahrscheinlichkeit“: BGH FamRZ 2017, 212 (213); BGH FamRZ 2019, 598 (600 f.); vgl. *Gottschalk*, FamFR

durch eine abwägende Entscheidung als Grundlage jedweder gerichtlichen Maßnahmen im Rahmen des § 1666 BGB. Jede Abwägung hinsichtlich des Vorliegens einer Gefährdungslage kann dabei im Wesentlichen auf drei Elemente zurückgeführt werden.

aa) Das zeitliche Element

Das zeitliche Element lässt sich hierbei aus den Begriffen der *gegenwärtigen* Gefahr beziehungsweise der *vorhandenen* Gefahr ableiten.

Es bedarf insofern einer in absehbarer Zeit drohenden oder aktuellen Gefährdung.[597] Sowohl zurückliegende[598], abgeschlossene[599] Gefährdungen als auch künftige[600], perspektivische Gefährdungen im Sinne einer abstrakten[601] Gefährdung genügen gerade nicht.

Die notwendige Gegenwärtigkeit bezieht sich dabei jedoch alleine auf die Gefährdung, nicht auf den befürchteten Beeinträchtigungserfolg, der durchaus auch erst zeitverzögert oder künftig eintreten kann.[602]

2010, 357 (357); *Rake*, FamRZ 2017, 285 (286); Palandt/*Götz* (2021) BGB § 1666 Rn. 8; Staudinger/*Coester* (2020) BGB § 1666 Rn. 82; BeckOK-BGB/*Veit* (2019) BGB § 1666 Rn. 16.

597 Vgl. BeckOGK/*Burghart* (2021) BGB § 1666 Rn. 92; MüKoBGB/*Lugani* (2020) BGB § 1666 Rn. 50; Bamberger/Roth/*Veit* (2019) § 1666 Rn. 18; kritisch: *Schader*, Risikoabschätzung bei Kindeswohlgefährdung, S. 18.

598 Vgl. BVerfG ZKJ 2014, 242 (244); OLG Karlsruhe FamRZ 1974, 661 (662); OLG Stuttgart NJW 1985, 67 (68); KG FamRZ 1985, 735 (737); BayObLG FamRZ 1988, 748 (749); OLG Naumburg FamRZ 2002, 1274 (1275); OLG Celle FamRZ 2003, 549 (550 f.); OLG Karlsruhe FamRZ 2007, 576 (576); LG Freiburg FamRZ 1985, 95 (96); Staudinger/*Coester* (2020) BGB § 1666 Rn. 82a, 83, § 1666a Rn. 4.

599 Vgl. zur auch nach Gefährdungsabschluss fortbestehenden Indizwirkung im Hinblick auf eine erneut drohende Gefährdung: BVerfG FamRZ 2017, 524 (530); OLG Stuttgart FamRZ 2002, 1279 (1279); Staudinger/*Coester* (2020) BGB § 1666 Rn. 82a.

600 Vgl. BVerfGE 60, 79 (92 f.); Staudinger/*Coester* (2020) BGB § 1666 Rn. 82a.

601 Vgl. BVerfG FamRZ 2014, 907 (910); BVerfG FamRZ 2014, 1772 (1774); BVerfG ZKJ 2014, 242 (244); BGH FamRZ 2019, 598 (601); *Hammer*, FamRZ 2019, 604 (604); OLG Celle FamRZ 2003, 1490 (1491); OLG Dresden FamRZ 2003, 1862 (1863); OLG Hamm FamRZ 2006, 359 (359); MüKoBGB/*Lugani* (2020) BGB § 1666 Rn. 50; zur präventiven Vermutung ferner: BVerfG FamRZ 2009, 1472 (1475).

602 Vgl. Staudinger/*Coester* (2020) BGB § 1666 Rn. 82a; BayObLGZ 1983, 231 (237); BayObLG FamRZ 1984, 932 (933); OLG Hamm ZKJ 2014, 254 (255 f.); Palandt/*Götz* (2021) BGB § 1666 Rn. 8; ähnlich: *Schader*, Risikoabschätzung bei Kindeswohlgefährdung, S. 18.

bb) Das qualitative Element

In qualitativer Hinsicht ist mit entsprechendem Bezug zur Eingriffs- und Gefährdungsgrenze das Ausmaß der Gefahr und die Erheblichkeit der Schädigung zu nennen.

Insofern ist auf die Schwere[603] der Beeinträchtigung abzustellen, die für den jeweiligen Einzelfall mit Blick auf die Gefährdung der Kindesentwicklung zu beurteilen ist.

Vor Überschreiten dieser Erheblichkeitsschwelle ist der gerichtliche Schutzbereich nicht eröffnet[604], so dass familiengerichtliches Einschreiten hier gleichsam weder auf Erlangung einer vermeintlich besseren oder gar bestmöglichen Position[605] noch auf Verhinderung jedweden Nachteils[606] oder Lebensrisikos[607] ausgerichtet sein kann. Sobald die Schwelle jedoch erreicht ist, sprich eine Beeinträchtigung von entsprechender Schwere und Intensität vorliegt oder droht, ist eine Gefährdung in qualitativer Hinsicht gegeben.

---

603 Vgl. Staudinger/*Coester* (2020) BGB § 1666 Rn. 84 f.; Bamberger/Roth/*Veit* (2019) § 1666 Rn. 19; MüKoBGB/*Lugani* (2020) BGB § 1666 Rn. 50, 52.

604 Vgl. BVerfGE 24, 119 (145); BVerfG FamRZ 2008, 492 (492); BVerfG FamRZ 2014, 907 (908); OLG Stuttgart FamRZ 1966, 256 (257); *Schmitt Glaeser*, DÖV 1978, 629 (634); *Jestead*, Staatlicher Kindesschutz unter dem Grundgesetz, S. 13 ff.; *Knöpfel*, FamRZ 1977, 600 (605); MüKoBGB/*Lugani* (2020) BGB § 1666 Rn. 52; Staudinger/*Coester* (2020) BGB § 1666 Rn. 84 f.

605 Vgl. BVerfGE 24, 119 (144 f.); BVerfGE 34, 165 (184); BVerfGE 60, 79 (94); BVerfGE 72, 122 (139); BVerfG FamRZ 2008, 2185 (2186); BVerfG FamRZ 2014, 907 (908); *Jestead*, Staatlicher Kindesschutz unter dem Grundgesetz, S. 14; OLG Hamburg FamRZ 2001, 1088 (1089); OLG Hamm FamRZ 2004, 1664 (1665); MüKoBGB/*Lugani* (2020) BGB § 1666 Rn. 52; ferner zu Art. 8 EMRK: EGMR FamRZ 2005, 585 (588); OLG Hamm FamRZ 2006, 1476 (1477); *Coester*, Inhalt und Funktionen des Begriffs der Kindeswohlgefährdung, S. 34; Staudinger/*Coester* (2020) BGB § 1666 Rn. 84.

606 Vgl. BVerfGE 60, 79 (94); BVerfGE 72, 122 (139 f.); BVerfG FamRZ 2008, 492 (492); BVerfG FamRZ 2008, 2185 (2186); BVerfG FamRZ 2014, 907 (908); BayObLG FamRZ 1993, 1350 (1351); Staudinger/*Coester* (2020) BGB § 1666 Rn. 85.

607 Vgl. BVerfGE 60, 79 (94); BVerfG FamRZ 2015, 112 (116); *Wapler*, Kinderechte und Kindeswohl, S. 515 ff.; Staudinger/*Coester* (2020) BGB § 1666 Rn. 84 f., 93.

cc) Das prognostische Element

Das prognostische Element schließlich leitet sich aus dem Blick auf die weitere Entwicklung, der ziemlichen Sicherheit beziehungsweise der hinreichenden Wahrscheinlichkeit und der Voraussehbarkeit ab, an deren Ende eine valide, tragfähige Prognoseentscheidung[608] steht.

Ein hypothetischer oder lediglich denkbarer[609] Kausalverlauf genügt für eine hinreichende Wahrscheinlichkeit nicht, es sei denn im Rahmen des weiteren konkreten Verlaufs verdichtet[610] sich der Eintritt der Gefährdung bis hin zur an Sicherheit grenzenden Wahrscheinlichkeit[611]; selbiges gilt im Hinblick auf die „ziemliche Sicherheit"[612]. Für die Beurteilung der konkreten Gefährdungslage bedarf es daher einer auf den jeweiligen Einzelfall heruntergebrochenen Plausibilitätsprüfung[613].

dd) Kombination der Elemente zur Gefährdung im Sinne von § 1666 BGB

Sofern alle drei Elemente im jeweils notwendigen Mindestmaß vorliegen, ergibt sich aus der Kombination des zeitlichen, des qualitativen und des prognostischen Elements das Vorliegen einer Gefährdung im Sinne des § 1666 BGB in Form einer Gefährdung oder einer „möglichen Gefährdung"[614] wie sie das *Gesetz über das Verfahren in Familiensachen und in*

---

608 Vgl. MüKoBGB/*Lugani* (2020) BGB § 1666 Rn. 50; Staudinger/*Coester* (2020) BGB § 1666 Rn. 82; *Bauer*, Kindeswohlgefährdung, S. 67; *Jaeckel*, JZ 2011, 116 (117 ff.); BeckOGK/*Burghart* (2021) BGB § 1666 Rn. 35 ff.

609 Vgl. BayObLG FamRZ 1996, 1031 (1032); AG Meschede FamRZ 1997, 958 (958); Staudinger/*Coester* (2020) BGB § 1666 Rn. 82a.

610 Vgl. OLG Celle NJW 1995, 792 (793); Staudinger/*Coester* (2020) BGB § 1666 Rn. 86.

611 Vgl. BGH FamRZ 2019, 598 (601 f.); *Hammer*, FamRZ 2019, 604 (604 f.); *Clausius*, jM 2019, 266 (266 f.); jeweils in anderem Zusammenhang, jedoch mit gleichlaufender Intention: BVerwG NJW 1974, 807 (810); NJW 1975, 130 (132); NVwZ 2010, 389 (390); BVerfG NJW 2000, 55 (66); NJW 2005, 2603 (2610).

612 Vgl. BVerfG FamRZ 2015, 112 (113); OLG Karlsruhe FamRZ 2018, 1830 (1832 ff.); Staudinger/*Coester* (2020) BGB § 1666 Rn. 82a.

613 Vgl. Staudinger/*Coester* (2020) BGB § 1666 Rn. 82a.

614 Vgl. Keidel/*Engelhardt* (2020) FamFG § 157 Rn. 2; Bork/Jacoby/Schwab/*Zorn* (2018) FamFG § 157 Rn. 6; Zöller/*Lorenz*, Zivilprozessordnung (2020) FamFG § 157 Rn. 1; Staudinger/*Coester* (2020) BGB § 1666 Rn. 86.

den Angelegenheiten der freiwilligen Gerichtsbarkeit[615] in § 157 Abs. 1 FamFG explizit als Bezeichnung aufgreift.[616]

Durch das *Gesetz zur Erleichterung familiengerichtlicher Maßnahmen bei Gefährdung des Kindeswohls*[617] vom 04.07.2008 wurde in das damalige *Gesetz über die Angelegenheiten der freiwilligen Gerichtsbarkeit*[618] vom 20.05.1898 der § 50f FGG a.F. eingefügt, welcher in § 50f Abs. 1 FGG a.F. für Verfahren nach § 1666 BGB eine Erörterung im Falle „einer möglichen Gefährdung des Kindeswohls"[619] vorsah. Selbiger wurde im *Gesetz über das Verfahren in Familiensachen und in den Angelegenheiten der freiwilligen Gerichtsbarkeit*[620] vom 17.12.2008 in § 157 Abs. 1 FamFG inhaltlich unverändert fortgeführt.

Ist zumindest eine mögliche Gefährdung gegeben, ist die Gefährdungsgrenze und damit auch die Eingriffsgrenze des § 1666 BGB erreicht[621]. Das jeweils gebotene Mindestmaß ist dabei jedoch nicht starr, sodass falls

---

615 Gesetz über das Verfahren in Familiensachen und in den Angelegenheiten der freiwilligen Gerichtsbarkeit (FamFG) vom 17.12.2008 (BGBl. Jahrgang 2008 Teil I Nr. 61, S. 2586).

616 Vgl. zum gerichtlich entwickelten Begriff der *Gefährdung* im Rahmen des § 1666 BGB, der „möglichen Gefährdung" in § 157 FamFG und zum inhaltlichen Gleichlauf mit den „gewichtigen Anhaltspunkte[n] für die Gefährdung" in § 8a Abs. 1 SGB VIII: Staudinger/*Coester* (2020) BGB § 1666 Rn. 86, 88; ferner *Willutzki*, FPR 2008, 488 (489); *Coester*, Inhalt und Funktionen des Begriffs der Kindeswohlgefährdung, S. 37 f.

617 Gesetz zur Erleichterung familiengerichtlicher Maßnahmen bei Gefährdung des Kindeswohls vom 4.7.2008 (BGBl. Jahrgang 2008 Teil I Nr. 28, S. 1188).

618 Gesetz über die Angelegenheiten der freiwilligen Gerichtsbarkeit vom 20.05.1898 (RGBl. I S. 771); außer Kraft getreten am 01.09.2009 aufgrund Gesetzes zur Reform des Verfahrens in Familiensachen und in den Angelegenheiten der freiwilligen Gerichtsbarkeit (FGG-Reformgesetz – FGG-RG) vom 17.12.2008 (BGBl. Jahrgang 2008 Teil I Nr. 61, S. 2586).

619 Vgl. § 50f Abs. 1 FGG, damals Vorschrift eingefügt durch das Gesetz zur Erleichterung familiengerichtlicher Maßnahmen bei Gefährdung des Kindeswohls vom 04.07.2008 (BGBl. Jahrgang 2008 Teil I Nr. 28, S. 1188); BT-Drs. 16/6815 S. 11, 17 f.

620 Gesetz über das Verfahren in Familiensachen und in den Angelegenheiten der freiwilligen Gerichtsbarkeit (FamFG) vom 17.12.2008 (BGBl. Jahrgang 2008 Teil I Nr. 61, S. 2586); in Kraft getreten am 01.09.2009.

621 Vgl. zur dogmatisch weitergehenden Differenzierung und Abgrenzung der jugendhilferechtlichen Hilfsangebote nach §§ 27 ff. SGB VIII, der möglichen Gefährdung nach § 157 Abs. 1 s. 1 FamFG und der Gefährdung im Sinne des § 1666 BGB: Staudinger/*Coester* (2020) BGB § 1666 Rn. 86 ff., insbesondere Rn. 89; zum konkreten Ansetzen: OLG Zweibrücken ZKJ 2011, 136 (136 f.); *Dahm*, ZKJ 2015, 222 (223).

ein Element stärker ausgeprägt ist, eine geringere Ausprägung der anderen Elemente – quasi im Sinne eines Toleranzausgleichs – ausreicht[622]. Das Vorliegen einer Gefährdung ist hierdurch zwar nicht relativierbar[623], aber trifft gerade auch keine allgemeingültige Aussage; vielmehr kommt es nach wie vor auf eine umfassende, individuelle[624] und zeitgemäße[625] Einzelfallbetrachtung an.

Zur Abgrenzung der Gefährdung im Sinne des § 1666 BGB bietet sich auch ein partieller Rückgriff auf die polizeirechtliche Terminologie[626] an: In komplett verdachtsunabhängigen, präventiven Fällen scheidet eine Gefährdungslage demnach ebenso aus, wie beim reinen Gefahrenverdacht. Dieser kann allenfalls zu einer Gefahrerforschung führen. Selbiges gilt für die abstrakte Gefährdung[627], die sich in zeitlicher Hinsicht als künftige Gefährdungslage darstellt. Für die Gefährdung im Sinne des § 1666 BGB verbleibt insofern die drohende Gefährdung, die eine Gefährdung in absehbarer Zeit umschreibt und bereits entsprechende Vorbereitungshandlungen mit einschließt, und die konkrete Gefährdung, die in zeitlicher Hinsicht – und in Abgrenzung zur drohenden Gefährdung – alle aktuellen Gefährdungslagen erfasst.[628]

Die Abgrenzung der Gefährdung des Kindes muss dabei wiederum aus dem Blickwinkel des Kindes sowie seiner Interessen und Bedürfnisse beurteilt und definiert[629] werden; die Gefährdung muss insofern mit Gewissheit und zur Überzeugung des Gerichts bestehen[630].

---

622 Vgl. BVerfG FamRZ 2021, 104 (106); BGH FamRZ 2017, 212 (213); BGH FamRZ 2019, 598 (600 f.); MüKoBGB/*Lugani* (2020) BGB § 1666 Rn. 50; Staudinger/*Coester* (2020) BGB § 1666 Rn. 82a, 82a.1.

623 Vgl. Staudinger/*Coester* (2020) BGB § 1666 Rn. 91 f.

624 Vgl. MüKoBGB/*Lugani* (2020) BGB § 1666 Rn. 50; Staudinger/*Coester* (2020) BGB § 1666 Rn. 6.

625 Vgl. Staudinger/*Coester* (2020) BGB § 1666 Rn. 90; Bamberger/Roth/*Veit* (2019) § 1666 Rn. 25.

626 Vgl. *Holzner*, DÖV 2018, 946 (947 f.); *Jestead*, Staatlicher Kindesschutz unter dem Grundgesetz, S. 17 f.; Staudinger/*Coester* (2020) BGB § 1666 Rn. 88.

627 Vgl. BGH FamRZ 2017, 212 (213); BGH FamRZ 2019, 598 (600).

628 Siehe insgesamt unter D.II.8.d.

629 Vgl. Staudinger/*Coester* (2020) BGB § 1666 Rn. 3.

630 Vgl. BeckOGK/*Burghart* (2021) BGB § 1666 Rn. 93; zur Abgrenzung auch die Reduktion des Gewissheitserfordernisses auf die Stufe der möglichen Gefährdung nach § 157 Abs. S. 1 FamFG, wie sie zur Glaubhaftmachung im Eilrechtsschutzverfahren genügt: Staudinger/*Coester* (2020) BGB § 1666 Rn. 307.

ee) Die nachhaltige Gefährdung als Sonderfall der Gefährdung

Für den Fall der Eltern-Kind-Trennung und ebenso für den vergleichbaren rechtlichen Sorgeentzug[631] wird nicht zuletzt aufgrund des elementaren Grundrechtseingriffs in Art. 6 Abs. 3 GG eine „nachhaltige Gefährdung"[632] verlangt. Dies erfordert eine fundierte, noch striktere Prognosebeurteilung der beteiligten Gerichte, die über die generelle Beurteilung als Gefährdung im Sinne von § 1666 BGB hinausgeht[633] und dann wegen Art. 6 Abs. 3 GG zudem einer vollumfänglichen[634] verfassungsgerichtlichen Überprüfung zugänglich ist. Für die Beurteilung einer nachhaltigen Gefährdung ist dabei nicht nur auf die zeitliche, etymologische Bedeutung von Nachhaltigkeit im Sinne von „lange nachwirkend"[635] abzustellen, sondern es ist insbesondere auch die erhöhte Wahrscheinlichkeit[636] und die Intensität der Beeinträchtigungen von Bedeutung. Als schwerstmöglicher Sorgerechtseingriff erfordert die Eltern-Kind-Trennung eine erhöhte Schadenseintrittswahrscheinlichkeit einer zudem gerade nicht unerheblichen Schädigung.[637]

---

631 Vgl. BVerfG FamRZ 2014, 1772 (1773); Staudinger/*Coester* (2020) BGB § 1666 Rn. 85a; im Gegenzug gerade nicht erfasst ist der Sorgerechtsentzug unter Vermeidung einer Trennung – zu dessen Unzulässigkeit vgl. BVerfG FamRZ 2014, 1772 (1773); OLG Köln FamRZ 2006, 877 (877); Staudinger/*Coester* (2020) BGB § 1666 Rn. 219, 225.

632 BVerfGE 60, 79 (91); BVerfG FamRZ 2008, 492 (492); BVerfG FamRZ 2010, 713 (713); BVerfG FamRZ 2014, 907 (908); BVerfG FamRZ 2014, 1270 (1273); BVerfG FamRZ 2017, 524 (527); vgl. v.Mangoldt/Klein/Starck/*Robbers* (2018) GG Art. 6, Rn. 272; v.Münch/Kunig/*Heiderhoff* (2021) GG Art. 6 Rn. 168, 189, 193; Maunz/Dürig/*Badura* (2020) GG Art. 6 Rn. 140; Jarass/Pieroth/*Jarass* (2020) GG Art. 6 Rn. 65; *Britz*, NZFam 2016, 1113 (1115 f.); BeckOGK/*Amend-Traut* (2021) BGB § 1626 Rn. 51.1; MüKoBGB/*Lugani* (2020) BGB § 1666 Rn. 52; Staudinger/*Coester* (2020) BGB § 1666 Rn. 82, 84, 85a.

633 Vgl. kritisch Staudinger/*Coester* (2020) BGB § 1666 Rn. 82, 91.

634 Vgl. BVerfG FamRZ 2010, 713 (714); BVerfG ZKJ 2014, 242 (243 f.); BVerfG FamRZ 2014, 907 (908); BVerfG NJW 2014, 2936 (2937); BVerfG FamRZ 2015, 112 (113); v.Münch/Kunig/*Heiderhoff* (2021) GG Art. 6 Rn. 169; Staudinger/*Coester* (2020) BGB § 1666 Rn. 85a, § 1666a Rn. 9.

635 Vgl. *Pfeifer*, (Digitalisiertes) Etymologisches Wörterbuch des Deutschen, Art. „nachhaltig".

636 Vgl. BGH FamRZ 2017, 212 (213); BGH FamRZ 2012, 99 (100 f.); BGH FamRZ 2019, 598 (599, 601); Heilmann/*Heilmann*: Praxiskommentar Kindschaftsrecht (2020) BGB § 1666 Rn. 19.

637 Vgl. BVerfG FamRZ 2018, 1084 (1086); FamRZ 2020, 1562 (1564); FamRZ 2021, 104 (106); *Schader*, Risikoabschätzung bei Kindeswohlgefährdung, S. 19;

b) Vermögensgefährdung

Eine Vermögensgefährdung liegt unabhängig von der Gefährdungsursache[638] dann vor, wenn die erhebliche Schädigung des Kindesvermögens voraussehbar[639] ist. Auch bei der Vermögensgefährdung bedarf es – ähnlich wie bei der persönlichen Kindeswohlgefährdung[640] – eines zeitlichen, qualitativen und prognostischen Elements; ein Verschulden[641] der Eltern an der Gefährdung ist dabei aber gerade nicht erforderlich. Im Rahmen der gerichtlichen Abwägung darf dennoch nicht allein auf die objektiv richtige Form[642] der Vermögenssorge oder die bestmögliche[643] Umsetzung abgestellt werden, sondern es ist wiederum eine umfassende, individuelle Beurteilung geboten[644].

4. Anerkannte Gefährdungslagen bezüglich des persönlichen Kindeswohls

Auch wenn die Maßnahmen nach § 1666 BGB für jeden Einzelfall einem konkret auf diesen Fall zugeschnittenen, individuellem Kindesschutzansatz[645] folgen, gibt es in den jeweils vorgefundenen Ausgangs- und Gefährdungslagen dennoch regelmäßig Überschneidungen. Betrachtet man eingedenk der obigen Ausführungen nun die sich daraus ergebende Vielzahl von potenziellen Gefährdungslagen – vor allem bei der Gefährdung des persönlichen Kindeswohl – scheint es erforderlich diese Bereiche zu kategorisieren und damit anerkannten Fallgruppen[646] zuzuordnen.

MüKoBGB/*Lugani* (2020) BGB § 1666 Rn. 52; Staudinger/*Coester* (2020) BGB § 1666 Rn. 85a, 217, 226, 304a, § 1666a Rn. 9.

638 Vgl. Staudinger/*Coester* (2020) BGB § 1666 Rn. 184.

639 Vgl. MüKoBGB/*Lugani* (2020) BGB § 1666 Rn. 130 f.; Staudinger/*Coester* (2020) BGB § 1666 Rn. 182.

640 Siehe oben unter D.II.3.a.; vgl. ferner Staudinger/*Coester* (2020) BGB § 1666 Rn. 189 f.

641 Vgl. Staudinger/*Coester* (2020) BGB § 1666 Rn. 179.

642 Vgl. ebd., Rn. 181.

643 Vgl. ebd., Rn. 182.

644 Vgl. MüKoBGB/*Lugani* (2020) BGB § 1666 Rn. 131; Staudinger/*Coester* (2020) BGB § 1666 Rn. 190.

645 Vgl. Staudinger/*Coester* (2020) BGB § 1666 Rn. 3.

646 Vgl. zum Begriff der „phänomenologischen Erfassung“: Staudinger/*Coester* (2020) BGB § 1666 Rn. 64; die gewählte Abgrenzung dieser Fallgruppen orientiert sich lose in entsprechender Anlehnung an: Staudinger/*Coester* (2020) BGB

a) Gesundheitsgefährdung

Die wohl umfassendste und damit aber auch mannigfaltigste Fallgruppe ist diejenige der Gesundheitsgefährdung, die jedwede Beeinträchtigung des Gesundheitszustands des Kindes umfasst, sei sie nun körperlicher, seelischer oder geistiger Art[647].

Um diese Fallgruppe überhaupt konkret erfassen zu können, erscheint es selbst bei einer überblickhaften Darstellung geboten entsprechende Untergruppen zu bilden.

aa) Kindesmisshandlungen

Unter die Sammelbezeichnung der Kindesmisshandlung fällt jedwede physische und psychische Integritätsschädigung[648]. Einen quantitativ bedeutenden Anteil nehmen hierbei die Fälle sexuellen Missbrauchs ein.[649]

Neben der Begehung durch das Unterlassen[650] der Gefahrenabwehr kommen Affekthandlungen[651] und ungezielte Aggressionen[652] ebenso wie zielgerichtete Schädigungen[653] in Betracht – letztere unabhängig davon,

---

§ 1666 Rn. 96-168a, wäre jedoch ebenso abbildbar entsprechend: MüKoBGB/*Lugani* (2020) BGB § 1666 Rn. 59-120; siehe ferner: *Coester*, FPR 2009, 549 (550 ff.).

647 Vgl. Staudinger/*Coester* (2020) BGB § 1666 Rn. 96.

648 Vgl. MüKoBGB/*Lugani* (2020) BGB § 1666 Rn. 60; Staudinger/*Coester* (2020) BGB § 1666 Rn. 96; *Zenz*, Kindesmißhandlung und Kindesrechte, S. 96; Salgo/Lack/*Maywald*, Verfahrensbeistandschaft (2020) Rn. 985 ff.; Salgo/Lack/*Fegert/Zwönitzer/Köhler-Dauner*, Verfahrensbeistandschaft (2020) Rn. 1046 ff.; Salgo/Lack/*Diouani-Streek/Zenz*, Verfahrensbeistandschaft (2020) Rn. 1056 ff.; *Bensel/Rheinberger/Radbill*, Kinder in einer Welt der Gewalt, S. 11 ff.; *Korbin*, Kindesmißhandlung im kulturellen Kontext, S. 51 ff.; *Maywald*, FPR 2003, 299 (300 ff.); *Sommer*, ZKJ 2014, 372 (372 f.).

649 Vgl. *Bensel/Rheinberger/Radbill*, Kinder in einer Welt der Gewalt, S. 21 ff.; MüKoBGB/*Lugani* (2020) BGB § 1666 Rn. 63; Staudinger/*Coester* (2020) BGB § 1666 Rn. 100.

650 Vgl. OLG Celle FamRZ 2007, 1265 (1265); Staudinger/*Coester* (2020) BGB § 1666 Rn. 96.

651 Vgl. Staudinger/*Coester* (2020) BGB § 1666 Rn. 96.

652 Vgl. ebd., Rn. 96; *Zenz*, Kindesmißhandlung und Kindesrechte, S. 55 ff.; *Rotax*, FPR 2001, 251 (255); *Maywald*, FPR 2003, 299 (301 f.); OLG Naumburg FamRZ 2002, 1274 (1275); Johannsen/Henrich/Althammer/*Jokisch*, Familienrecht (2020) BGB § 1666 Rn. 50.

653 Vgl. Staudinger/*Coester* (2020) BGB § 1666 Rn. 96.

ob sie auf Boshaftigkeit[654], eigener psychischer Erkrankung des Schädigers[655], religiöser oder kultureller Überzeugung[656] beruhen.

Miterfasst ist hier ebenso die Anwendung von Gewalt als Mittel der elterlichen Sorge oder als vermeintlich erzieherische Maßnahme[657]. Derartige Schädigungen sind spätestens seit dem Recht auf gewaltfreie Erziehung[658] aus § 1631 Abs. 2 BGB im Rahmen der elterlichen Sorge nicht mehr tolerabel[659]. Mag eine singuläre Gewalterfahrung noch nicht ausreichen[660], so ist dies anders zu beurteilen, wenn sie als Drohkulisse fortwirkt[661]. Auch nur mittelbare Gewalterlebnisse[662] in Form des Miterlebens von Gewalt zwischen anderen Familienangehörigen genügen.

bb) Unangemessene Fürsorge

Auch eine unangemessene Fürsorge kann zu Gesundheitsgefährdungen führen; dabei kann die Unangemessenheit in einer Unterschreitung im Sinne einer Vernachlässigung oder in einem Überschreiten im Sinne

654 Vgl. ebd., Rn. 96.

655 Vgl. ebd., Rn. 96; vgl. auch OLG Celle FamRZ 2006, 1478 (1478); *Luthien*, FamRZ 2006, 1478 (1478); OLG Dresden FamRZ 2008, 712 (712); Salgo/Lack/*Fegert /Köhler-Dauner/Zwönitzer*, Verfahrensbeistandschaft (2020) Rn. 1011 ff.

656 Vgl. Staudinger/*Coester* (2020) BGB § 1666 Rn. 96, 156.

657 Vgl. BayObLG FamRZ 1984, 1259 (1260); LG Hamburg FamRZ 1981, 309 (309); Staudinger/*Coester* (2020) BGB § 1666 Rn. 97.

658 Vgl. *Huber/Scherer*, FamRZ 2001, 797 (798 ff.); *Maywald*, FPR 2003, 299 (300); MüKoBGB/*Lugani* (2020) BGB § 1666 Rn. 60; Staudinger/*Coester* (2020) BGB § 1666 Rn. 97, 99; Staudinger/*Salgo* (2020) BGB § 1631 Rn. 66, 83; MüKoBGB/*Huber* (2020) BGB § 1631 Rn. 14; *Kindler/Salzgeber/Fichtner/Werner*, FamRZ 2004, 1241 (1250 ff.); *Baltz*, ZfJ 2000, 210 (213 f.); vgl. ferner zum korrespondieren, jugendhilferechtlichen Angebot in § 16 Abs. 1 S. 3 SGB VIII: BT-Drs. 14/1247, S. 5; BT-Drs. 13/11368, S. 167; *Salgo*, RdJB 2001, 283 (289 ff.).

659 Vgl. Staudinger/*Salgo* (2020) BGB § 1631 Rn. 73; *Kellner*, NJW 2001, 796 (797); *Knödler*, ZKJ 2007, 58 (59 ff.); *Coester*, FS Schwab, S. 747 ff.; *Lasner-Tietze*, Kindesschutz und Kinderrechte, S. 109; *Schroeder*, FamRZ 2014, 1745 (1747 f.); Staudinger/*Coester* (2020) BGB § 1666 Rn. 97 f.

660 Vgl. BT-Drs. 14/1247, S. 5; *Will*, FPR 2004, 233 (234); *Rotax*, FPR 2001, 251 (252); Staudinger/*Coester* (2020) BGB § 1666 Rn. 98.

661 Vgl. Staudinger/*Coester* (2020) BGB § 1666 Rn. 98.

662 Vgl. *Weber-Hornig/Kohaupt*, FPR 2003, 315 (317 ff.); *Will*, FPR 2004, 233 (234); *Kindler/Salzgeber/Fichtner/Werner*, FamRZ 2004, 1241 (1245); *Brisch*, Bindung und Umgang, S. 107 f.; OLG Köln FamRZ 2007, 1682 (1682); bis hin zur Tötung des anderen Elternteils: OLG Frankfurt FamRZ 2008, 1554 (1555); Staudinger/*Coester* (2020) BGB § 1666 Rn. 98.

der Überbehütung liegen. Entscheidend ist, inwiefern die unangemessene Fürsorge, sofern sie sich bereits unmittelbar aus dem äußeren Anschein darstellt[663], auch tatsächlich auf das seelische und körperliche Wohl des Kindes durchschlägt[664]. Während beispielsweise fehlendes Einfühlungsvermögen[665], häufige Abwesenheiten[666] und Desinteresse[667] nicht ausreichen, sind Fälle von Mangelversorgung, Wohnungsvermüllung sowie krankheits- und drogenbedingte Erziehungs- und Betreuungsausfälle der Eltern anders zu bewerten[668]. Ebenfalls Fälle missbräuchlicher Mediennutzung ohne jedwedes elterliches Einschreiten oder Überwachen können hierunter fallen[669]. Aber auch das andere Extrem der Überbehütung durch die Eltern bis hin zur völligen Abschottung der Kinder kann zu pathologischen, sozialen Entwicklungsverzögerungen führen[670].

---

663 Vgl. OLG Brandenburg FamRZ 2008, 713 (713); Staudinger/*Coester* (2020) BGB § 1666 Rn. 117.

664 Vgl. OLG Brandenburg FamRZ 2008, 713 (713); Staudinger/*Coester* (2020) BGB § 1666 Rn. 118 f.

665 Vgl. Staudinger/*Coester* (2020) BGB § 1666 Rn. 119.

666 Vgl. BayObLG FamRZ 1980, 1062 (1064); BayObLG NJW 1999, 293 (294); OLG Koblenz FamRZ 2005, 1923 (1924); OLG Brandenburg ZKJ 2008, 208 (210); MüKoBGB/*Lugani* (2020) BGB § 1666 Rn. 103; Staudinger/*Coester* (2020) BGB § 1666 Rn. 118.

667 Vgl. Staudinger/*Coester* (2020) BGB § 1666 Rn. 118.; a.A. MüKoBGB/*Lugani* (2020) BGB § 1666 Rn. 104.

668 Vgl. MüKoBGB/*Lugani* (2020) BGB § 1666 Rn. 103 f., 117; Staudinger/*Coester* (2020) BGB § 1666 Rn. 118.

669 Vgl. *Coester-Waltjen/Coester*, FS Koch, S. 462 f.; *Götz*, FamRZ 2017, 1725 (1725 ff.); Palandt/*Götz* (2021) BGB § 1666 Rn. 13; *Jülicher*, NJW 2019, 2801 (2805); Soergel/*Plettenberg* (2016) BGB § 1666 a Rn. 35; kritisch *Rake*, FamRZ 2018, 1717 (1721); BeckOGK/*Amend-Traut* (2021) BGB § 1626 Rn. 141; MüKoBGB/*Lugani* (2020) BGB § 1666 Rn. 119; Staudinger/*Coester* (2020) BGB § 1666 Rn. 128a.

670 Vgl. OLG Hamburg, Beschluss vom 04.04.2018 – 2 UF 139/17, juris Rn. 31; BayObLG FamRZ 1987, 1080 (1081); OLG Köln FamRZ 1996, 1027 (1028); AG Moers ZfJ 1986, 113 (115); *Hirsch*, Entzug und Beschränkung des elterlichen Sorgerechts, S. 21 f.; MüKoBGB/*Lugani* (2020) BGB § 1666 Rn. 111; Staudinger/*Coester* (2020) BGB § 1666 Rn. 121.

cc) Medizinische Eingriffe in die körperliche Integrität

Nicht von dieser Fallgruppe erfasst werden medizinisch erforderliche Eingriffe in die körperliche Integrität, in welche entsprechend § 630d BGB durch die Eltern eingewilligt[671] wurde.

Somit verbleiben einerseits Elektiveingriffe, die trotz gegensätzlich bekundetem Kindeswillen durchgeführt werden[672], und andererseits genitale Beschneidungen von Mädchen[673], genitale Beschneidungen von Jungen außerhalb der von § 1631d Abs. 1 S. 1 und Abs. 2 BGB eingeräumten Möglichkeiten[674] und Fälle des von den Eltern gewünschten[675] oder durch Druck[676] eingeforderten Schwangerschaftsabbruchs der Tochter gegen den Willen der selbigen.

dd) Verweigerung medizinisch gebotener Behandlungen

Hinsichtlich der Behandlungs- und Therapieverweigerung für Kinder durch die Eltern ist zunächst zwischen medizinisch notwendigen oder gebotenen Behandlungen und reinen Elektiveingriffen zu differenzieren. Handelt es sich bei Letzteren gerade um medizinisch nicht notwendige Behandlungen, so wird sich aus einer diesbezüglichen elterlichen Weigerung – mit Ausnahme des Blicks auf eventuelle, psychologische und soziale Folgen – schwerlich eine Kindeswohlgefährdung ergeben[677]. Selbiges trifft auch auf gebotene, aber medizinisch nicht zwingend erforderliche Ein-

---

671 Vgl. MüKoBGB/*Wagner* (2020) BGB § 630d Rn. 39, 42; BeckOGK/*Amend-Traut* (2021) BGB § 1626 Rn. 119 ff.; MüKoBGB/*Lugani* (2020) BGB § 1666 Rn. 79.

672 Vgl. Staudinger/*Coester* (2020) BGB § 1666 Rn. 102; MüKoBGB/*Wagner* (2020) BGB § 630d Rn. 44.

673 Vgl. *Hoppe*, Präventionsmaßnahmen bei drohender weiblicher Genitalverstümmelung, S. 51 ff., 74 f.; Staudinger/*Coester* (2020) BGB § 1666 Rn. 106a; BeckOK-StGB/*Eschelbach* (2021) StGB § 223 Rn. 9.

674 Vgl. Staudinger/*Salgo* (2020) BGB § 1631d Rn. 39 ff., 43; *Schroeder*, FamRZ 2014, 1745 (1748 f.); Staudinger/*Coester* (2020) BGB § 1666 Rn. 106b.

675 Vgl. *Belling/Eberl*, FuR 1995, 287 (290); *Scherer*, FamRZ 1997, 589 (591); *Moritz*, ZfJ 1999, 92 (98); BeckOGK/*Amend-Traut* (2021) BGB § 1626 Rn. 128 ff., 130; anderer Ansicht: Staudinger/*Coester* (2020) BGB § 1666 Rn. 108.

676 Vgl. AG Dorsten DAVorm 1978, 131 (132 f.); LG Hamburg FamRZ 1981, 309 (309); MüKoBGB/*Lugani* (2020) BGB § 1666 Rn. 71; Staudinger/*Coester* (2020) BGB § 1666 Rn. 110.

677 Vgl. MüKoBGB/*Lugani* (2020) BGB § 1666 Rn. 85; Staudinger/*Coester* (2020) BGB § 1666 Rn. 102.

griffe[678] sowie auf die Verweigerung von Schutzimpfungen[679], Früherkennungs- und Vorsorgeuntersuchungen[680] zu, so dass hierbei jeweils eher auf die Beurteilung einer sorgsamen, elterlichen Abwägung zurückgegriffen werden muss[681]. Spezifische, eigene Problemkreise ergeben sich daneben insbesondere bei Fragestellungen wie dem Schwangerschaftsabbruch einer Minderjährigen einerseits[682] und den lebenserhaltenden Maßnahmen bei schwerstkranken, unheilbaren Kindern andererseits[683].

Die elterliche Verweigerung – respektive die verweigerte Einwilligung nach § 630d BGB[684] – zu medizinischen Therapien oder ärztlichen Behandlungen trotz zwingender oder alternativloser medizinischen Notwendigkeit stellt regelmäßig eine akute Gesundheits- oder gar Lebensgefährdung des Kindes dar[685], so dass eine Gefährdungslage im Sinne des § 1666 BGB gegeben ist.

---

678 Vgl. MüKoBGB/*Lugani* (2020) BGB § 1666 Rn. 82; Staudinger/*Coester* (2020) BGB § 1666 Rn. 102.

679 Vgl. MüKoBGB/*Lugani* (2020) BGB § 1666 Rn. 85; Staudinger/*Coester* (2020) BGB § 1666 Rn. 104.

680 Vgl. Staudinger/*Coester* (2020) BGB § 1666 Rn. 104.

681 Vgl. MüKoBGB/*Lugani* (2020) BGB § 1666 Rn. 82; Staudinger/*Coester* (2020) BGB § 1666 Rn. 102.

682 Vgl. zur Verweigerung der Zustimmung LG Berlin FamRZ 1980, 285 (287); *Belling/Eberl*, FuR 1995, 287 (293); *Scherer*, FamRZ 1997, 589 (591); *Moritz*, ZfJ 1999, 92 (98); BT-Drs. 17/10488, S. 23; *Amend-Traut/Bongartz*, FamRZ 2016, 5 (8 f.); MüKoBGB/*Lugani* (2020) BGB § 1666 Rn. 69 f.; Staudinger/*Coester* (2020) BGB § 1666 Rn. 107 ff., 112.

683 Vgl. BVerfG FamRZ 2007, 2046 (2046); OLG Hamm FamRZ 2007, 2098 (2099 f.); OLG Brandenburg NJW 2000, 2361 (2363); Staudinger/*Coester* (2020) BGB § 1666 Rn. 106.

684 Vgl. MüKoBGB/*Wagner* (2020) BGB § 630d Rn. 39, 42; *Hau*, FS Coester-Waltjen, S. 1021 ff.; Staudinger/*Coester* (2020) BGB § 1666 Rn. 153.

685 Vgl. hinsichtlich notwendiger Bluttransfusion: OLG Celle NJW 1995, 792 (793); OLG Hamm FamRZ 1968, 221 (222); BayObLG FamRZ 1976, 43 (46); OLG Saarbrücken FamRZ 1996, 561 (562); AG Meschede FamRZ 1997, 958 (958); kritisch bei nur potenzieller Notwendigkeit: OLG Oldenburg NJW 1997, 2962 (2962); MüKoBGB/*Lugani* (2020) BGB § 1666 Rn. 81; hinsichtlich anderer Behandlungen: KG FamRZ 1970, 491 (492); BayObLG FamRZ 1988, 748 (749); FamRZ 1995, 1437 (1437); MüKoBGB/*Lugani* (2020) BGB § 1666 Rn. 81 f.; Staudinger/*Coester* (2020) BGB § 1666 Rn. 106.

ee) Kindesgefährdende Umweltfaktoren

Ist das Kind in seinem Lebensumfeld über längere Zeit gesundheitsgefährdenden Umweltfaktoren ausgesetzt, kann auch hierin, vor allem beim Hinzutreten weiterer Faktoren wie medizinischen Vorbelastungen des Kindes[686], eine Gesundheitsgefährdung liegen[687].

In Bezug auf die familiäre Ernährungspraxis, die exzessive Rauchereigenschaft der Eltern oder die HIV-Trägerschaft der Eltern wird dies abgelehnt[688]. Eine entsprechende Gefährdung mit der Notwendigkeit eines Kontaktverbots nach § 1666 Abs. 4 Nr. 4 BGB wird hingegen hinsichtlich der Coronavirus-Infektion beziehungsweise der COVID-19-Erkrankung eines Elternteils vereinzelt bejaht[689].

ff) Nicht tolerable Wertesystemabweichungen

Zu den Gesundheitsgefährdungen gehören schließlich sowohl das Vermitteln als auch das Praktizieren kindesgefährdender Wertvorstellungen, die bis hin zur reinen Objektivierung des Kindes[690] und somit letztlich zur Degradierung des Kindes zum elterlichen Werkzeug führen.

Hierzu zählt die fehlende Gesellschaftsfähigkeit[691] im Hinblick auf die Gesamtgesellschaft wie beispielsweise die proaktive elterliche Tolerierung von Jugendkriminalität[692] oder ähnlichen Ausprägungen bis hin zur Erziehung der Kinder zu Anarchisten oder gar Terroristen[693].

---

686 Vgl. BayObLG FamRZ 1993, 1350 (1350 f.); Staudinger/*Coester* (2020) BGB § 1666 Rn. 116.

687 Vgl. Staudinger/*Coester* (2020) BGB § 1666 Rn. 116.

688 Vgl. OLG Hamm NJW 1989, 2336 (2336); BayObLG FamRZ 1993, 1350 (1351 f.); *Tiedemann*, NJW 1988, 729 (730, 735 f.); MüKoBGB/*Lugani* (2020) BGB § 1666 Rn. 118; Staudinger/*Coester* (2020) BGB § 1666 Rn. 116.

689 Vgl. Staudinger/*Coester* (2020) BGB § 1666 Rn. 116; aufgrund der insgesamt unzureichend dargestellten Ausgangslage und wegen der aktuellen fehlenden medizinischen sowie wissenschaftlichen Erkenntnisse ist dieser Ansicht nicht zu folgen.

690 Vgl. *v.Kenne*, FamRZ 1990, 1205 (1206); zur Verfassungswidrigkeit in anderem Zusammenhang BVerfG FamRZ 1986, 769 (772).

691 Vgl. Staudinger/*Coester* (2020) BGB § 1666 Rn. 123.

692 Vgl. MüKoBGB/*Lugani* (2020) BGB § 1666 Rn. 112; Staudinger/*Coester* (2020) BGB § 1666 Rn. 128.

693 Vgl. *Bock*, NJW 2012, 122 (126); Staudinger/*Coester* (2020) BGB § 1666 Rn. 128.

In ökonomischer Perspektive fällt hierunter aber ebenso die Reduktion des Kindes auf seine Arbeitskraft[694] und deren Ausbeutung, wenn in derartigen Konstellationen – jenseits der durch § 1619 BGB eröffneten Möglichkeit der Mitarbeit[695] – die Arbeitsleistung im primären oder ausschließlichen elterlichen Fokus steht und das Kind als Haushaltssklave oder Arbeitssklave betrachtet wird.

Aber auch in höchstpersönliche Bereiche, wie dem Sexuellen[696] oder dem Religiösen[697] kann durch die Eltern in intolerabler Weise eingegriffen werden. Gerade die grundgesetzlich geschützte Glaubens- und Religionsfreiheit kann hierbei nicht als Deckmantel derartigen Verhaltens herangezogen werden. Vielmehr verbietet sich im Gegenteil der intolerable Durchgriff der Eltern auf das Kind. Die prinzipiell gebotene staatliche Toleranz[698] aus Art. 4 GG gelangt an ihre Grenzen, sobald religiöse Überzeugungen in nicht oder nicht mehr vertretbarer Weise negativ auf das Kindeswohl durchschlagen.[699] Die Gesundheitsgefährdung kann dabei in den vermittelten und praktizierten Wertvorstellungen selbst liegen oder aus selbigen als direkter Ausfluss folgen.

b) Instabilität und Diskontinuität der Lebensverhältnisse

Auch eine fehlende personelle Stabilität der Betreuungs- und Bezugspersonen oder die hieraus folgende mangelnde Kontinuität in Bezug auf Lebensverhältnisse und Lebensbedingungen kann sich, vor allem auch

694 Vgl. BayObLG FamRZ 1984, 1259 (1260); MüKoBGB/*Lugani* (2020) BGB § 1666 Rn. 112; Staudinger/*Coester* (2020) BGB § 1666 Rn. 101.

695 Vgl. Staudinger/*Lugani* (2020) BGB § 1619 Rn. 16, 44; BayObLG FamRZ 1984, 1259 (1260).

696 Vgl. OLG Frankfurt ZKJ 2018, 315 (315 f.); Staudinger/*Coester* (2020) BGB § 1666 Rn. 124 f.

697 Vgl. MüKoBGB/*Lugani* (2020) BGB § 1666 Rn. 109 f.; Staudinger/*Coester* (2020) BGB § 1666 Rn. 126.

698 Vgl. *Coester*, Das Kindeswohl als Rechtsbegriff, S. 230 ff.; *Schwab*, FamRZ 2014, 1 (7 ff.); BayObLG FamRZ 1963, 195 (196); FamRZ 1976, 43 (45); LG Lübeck SchlHA 1964, 170 (170 f.); AG Hofgeismar FamRZ 1955, 216 (216); v.Münch/Kunig/*Mager* (2021) GG Art. 4 Rn. 4, 53; v.Mangoldt/Klein/Starck/*Starck* (2018) GG Art. 4 Rn. 5; Staudinger/*Coester* (2020) BGB § 1666 Rn. 126; a.A. *Oelkers/Kraeft*, FuR 1997, 161 (165).

699 Vgl. *Coester*, Das Kindeswohl als Rechtsbegriff, S. 234; *Schwab*, FamRZ 2014, 1 (7 ff.); *Scherer*, ZfJ 1999, 86 (92); Staudinger/*Coester* (2020) BGB § 1666 Rn. 126.

bei unwirksamer sozialhilferechtlicher Unterstützung[700], als Kindesgefährdung darstellen[701]. Erfasst sind hierunter alle Fälle, in welchen entweder die Streitigkeiten der Eltern untereinander – über personelle, lokale, erzieherische oder auch religiöse[702] Anknüpfungspunkte des Kindes – oder auch ein Herausgabeverlangen der Eltern – untereinander oder gegenüber Dritten wie Großeltern oder Pflegeltern – auf das betroffene Kind durchschlagen[703]. Die Gefährdung des Kindes ist dabei in der daraus resultierenden Diskontinuität im Hinblick auf die Erziehung und vor allem auf die bisherige Bindung zu sehen.[704] Zudem besteht für das betroffene Kind die Gefahr von Loyalitätskonflikten, sprich die Problematik sich gegebenenfalls für die eine Position oder Bezugsperson und damit gegen die Andere stellen zu müssen.

Die Gefahr ergibt sich mithin gerade nicht daraus, in suboptimalen, nicht bestmöglichen Lebensbedingungen aufzuwachsen[705], sondern sie ist darin zu sehen, als Kind unvorbereitet und schlimmstenfalls wiederholt neuen Lebensverhältnissen und womöglich völlig konträren Lebensbedingungen und Bezugspersonen ausgesetzt zu sein[706].

---

700 Vgl. BVerfG FamRZ 2007, 1626 (1626 f.); BayObLG FamRZ 1981, 999 (1000); BayObLG FamRZ 1991, 1080 (1082 f.); OLG Hamburg FamRZ 1983, 1271 (1273); AG Frankfurt am Main FamRZ 1982, 1120 (1122); MüKoBGB/*Huber* (2020) BGB § 1632 Rn. 37 f.; MüKoBGB/*Hennemann* (2020) BGB § 1682 Rn. 1; Staudinger/*Coester* (2020) BGB § 1666 Rn. 129.

701 Vgl. BVerfG FamRZ 2015, 208 (209); OLG Köln FamRZ 2011, 1307 (1307); *Balloff*, FPR 2013, 208 (209 f.); *Bauer*, Kindeswohlgefährdung, S. 62; MüKoBGB/*Lugani* (2020) BGB § 1666 Rn. 45, 92 f.; Staudinger/*Coester* (2020) BGB § 1666 Rn. 129.

702 Vgl. ergänzend zur religiösen Bekenntnisfreiheit für heranwachsende Kinder die Regelung des § 5 RKEG; MüKoBGB/*Huber* (2020) RelKErzG § 5 Rn. 2; Staudinger/*Salgo* (2020) RKEG § 5 Rn 4 ff.; *Gernhuber/Coester-Waltjen*, Familienrecht (2020) § 59 Personensorge Rn. 10, S. 660; Staudinger/*Coester* (2020) BGB § 1666 Rn. 136.

703 Vgl. MüKoBGB/*Lugani* (2020) BGB § 1666 Rn. 86 ff.; Staudinger/*Coester* (2020) BGB § 1666 Rn. 130.

704 Vgl. *Bauer*, Kindeswohlgefährdung, S. 63.

705 Vgl. BVerfG FamRZ 2008, 2185 (2186); Dreier/*Brosius-Gersdorf* (2013) GG Art. 6 Rn. 183; *Coester*, Das Kindeswohl als Rechtsbegriff, S. 209 ff.; *Zenz*, Kindesmißhandlung und Kindesrechte, S. 69; MüKoBGB/*Lugani* (2020) BGB § 1666 Rn. 46, 52; Staudinger/*Coester* (2020) BGB § 1666 Rn. 12, 69, 181.

706 Vgl. BayObLG FamRZ 1981, 999 (1000); AG Kamenz FamRZ 2005, 124 (125); AG Frankfurt am Main FamRZ 1982, 1120 (1123); *Balloff*, FPR 2013, 208 (209); MüKoBGB/*Lugani* (2020) BGB § 1666 Rn. 93; Staudinger/*Coester* (2020) BGB § 1666 Rn. 130.

c) Fehlende Entwicklungsförderung

Aus dem Spektrum der möglichen Entwicklungsbeschränkungen sei neben der elterlichen Fähigkeit[707] zur kindergerechten Förderung und der diesbezüglichen elterlichen Möglichkeit[708] vor allem die fehlende elterliche Willigkeit[709] zur Förderung und damit schließlich zur unangemessenen Sozialisation herausgegriffen, die sich besonders in Schulverweigerungsfällen zeigt. Denn zweifelsohne wirkt sich die fehlende schulische Ausbildung auf den weiteren Lebensweg und letztlich auch auf die späteren beruflichen Möglichkeiten gravierend aus; in diesem Sinne ist auch die Berücksichtigung von Eignung und Neigung des Kindes gemäß § 1631a BGB zu verstehen.[710]

Zu differenzieren ist dabei von wem die Schulverweigerung ausgeht. Hier kommt zunächst die proaktive Hinderung am Schulbesuch durch die Eltern in Betracht; sei es nun aus eigener Überzeugung der Eltern[711], elterlicher Erkrankung[712], Überbehütung[713] oder eigener Bildungsferne der Eltern[714].

---

707 Vgl. zur Problemlage im Hinblick auf psychisch erkrankte Eltern oder geistig behinderte Eltern: Staudinger/*Coester* (2020) BGB § 1666 Rn. 140.

708 Vgl. Staudinger/*Coester* (2020) BGB § 1666 Rn. 139.

709 Vgl. MüKoBGB/*Lugani* (2020) BGB § 1666 Rn. 107; Staudinger/*Coester* (2020) BGB § 1666 Rn. 137.

710 Vgl. Staudinger/*Salgo* (2020) BGB § 1631a Rn. 13 ff.; MüKoBGB/*Lugani* (2020) BGB § 1666 Rn. 19; Staudinger/*Coester* (2020) BGB § 1666 Rn. 153.

711 Vgl. BGH FamRZ 2008, 45 (46); BayObLGZ 1983, 231 (231 ff.); BayObLG FamRZ 1985, 635 (635); OLG Hamm NJW 2006, 237 (239); OLG Brandenburg FamRZ 2006, 358 (358); OLG Hamm FamRZ 2006, 358 (358); *Raack*, FPR 2007, 478 (480); MüKoBGB/*Lugani* (2020) BGB § 1666 Rn. 107; Staudinger/*Coester* (2020) BGB § 1666 Rn. 137; *Rohe*, BayVBl. 2010, 257 (259).

712 Vgl. AG Saarbrücken FamRZ 2003, 1859 (1859); Staudinger/*Coester* (2020) BGB § 1666 Rn. 137.

713 Überbehütung wird auch als *Overprotection* oder *überzogenes beschützendes Verhalten* bezeichnet; vgl. BayObLG FamRZ 1987, 1080 (1081); 1997, 387 (388); AG Moers ZfJ 1986, 113 (115); AG Saarbrücken FamRZ 2003, 1859 (1860); *Hirsch*, Entzug und Beschränkung des elterlichen Sorgerechts, S. 21 f.; Palandt/*Götz* (2021) BGB § 1666 Rn. 13; Schulz/Hauß/*Schmid*, Familienrecht Handkommentar (2018) BGB § 1666 Rn. 12; Staudinger/*Coester* (2020) BGB § 1666 Rn. 137.

714 Vgl. OLG Köln FamRZ 1992, 1093 (1094); OLG Koblenz FamRZ 2006, 57 (57); Staudinger/*Coester* (2020) BGB § 1666 Rn. 137.

Abzugrenzen hiervon sind durch Minderjährige eigenveranlasste Fälle der Schulverweigerung oder gar minderjährige Schulphobiker[715]. Hier kann allenfalls auf ein ausgebliebenes oder ausbleibendes, reaktives Elternhandeln als Kindeswohlgefährdung abgestellt werden.

d) Verhinderung der Kinderautonomie

Nachdem jedes Kind mit zunehmendem Alter nach mehr Selbstbestimmung und eigenverantwortlichem Handeln strebt, stellen daraus folgende „Autonomiekonflikte"[716] eine Sonderform der Beschränkung von Entwicklungs- und Entfaltungsmöglichkeiten des Minderjährigen dar. Zur Kindesgefährdung werden diese Konflikte, wenn im Sinne eines Negierens[717] der diesbezüglichen Autonomie, die elterlichen Beschränkungen zu altersinadäquaten, vollständigen Abhängigkeiten oder gar zur vollkommenen Unselbständigkeit des Kindes führen.[718]

Mit fortschreitendem Heranrücken an die Volljährigkeit sind dem Kind daher in allen Bereichen mehr Freiräume zu eröffnen, die jedoch im Hinblick auf die Geschäftsfähigkeit, die Betreuung, die Erziehung und den Aufenthalt weiterhin Grenzen kennen[719]. Insbesondere bedeutende Entscheidungen, die bis zum Erreichen der Volljährigkeit oder noch darüber hinaus fortwirken, sind unter Beachtung der Kinderautonomie möglichst einvernehmlich[720] zu treffen.[721]

---

715 Vgl. BayObLG ZfJ 1996, 106 (106); OLG Hamm ZKJ 2014, 254 (256); *Raack*, FPR 2007, 478 (478 f.); *Raack*, FPR 2012, 467 (468); *Lorenz*, FPR 2007, 33 (33 f.); MüKoBGB/*Lugani* (2020) BGB § 1666 Rn. 108; Staudinger/*Coester* (2020) BGB § 1666 Rn. 137.

716 *Zenz*, Kindesmißhandlung und Kindesrechte, S. 86 ff.; vgl. zum inhaltsgleichen Begriff der Adoleszenzkonflikte: Staudinger/*Coester* (2020) BGB § 1666 Rn. 151; ähnlich MüKoBGB/*Lugani* (2020) BGB § 1666 Rn. 117.

717 Vgl. OLG Köln FamRZ 1996, 1027 (1028); FamRZ 2001, 1087 (1088); vgl. auch OLG Karlsruhe FamRZ 1989, 1322 (1322); Staudinger/*Coester* (2020) BGB § 1666 Rn. 152.

718 Vgl. Staudinger/*Coester* (2020) BGB § 1666 Rn. 152.

719 Vgl. OLG Frankfurt FamRZ 2003, 1314 (1315); *Scherer*, ZfJ 1999, 86 (89 ff.); Staudinger/*Coester* (2020) BGB § 1666 Rn. 158.

720 Vgl. § 1626 Abs. 2 S. 2 BGB; BeckOGK/*Amend-Traut* (2021) BGB § 1626 Rn. 173; MüKoBGB/*Huber* (2020) BGB § 1626 Rn. 62, 67; Staudinger/*Coester* (2020) BGB § 1666 Rn. 152.

721 Vgl. BVerfG FamRZ 1986, 769 (772 f.); LG Hamburg FamRZ 1981, 309 (310); Staudinger/*Coester* (2020) BGB § 1666 Rn. 152.

e) Kontaktbeschränkungen

Unter Kontaktbeschränkungen sind – mit Ausnahme der Umgangsvereitelung zu gesetzlich Umgangsberechtigten[722] – alle Einschränkungen der Sozialisation bis hin zur Verhinderung sozialen Kontakts mit Personen außerhalb der Eltern-Kind-Beziehung zu verstehen. Singuläre Umgangs- und Aufenthaltsvorgaben der Eltern gegenüber dem Kind im Hinblick auf einzelne Dritte genügen hierfür nicht[723], wohl aber umfassende Kontaktverbote. Hierunter fallen durch die Eltern ausgesprochene generelle Umgangsverbote zu Dritten, insbesondere zu anderen Gleichaltrigen oder zum anderen Geschlecht.[724] Gerade bei Heranwachsenden ist in diesem Sinne nicht nur die Kontaktmöglichkeit, sondern vor allem auch die selbstbestimmte Kontaktauswahl von Bedeutung.[725] Anders als bei den temporären Kontaktbeschränkungen aufgrund der Corona-Pandemie oder bei dem durch die Minderjährigen selbstgewählten Cocooning[726], steht dabei nicht der Schutz oder die Achtsamkeit im Vordergrund, sondern die Eltern bezwecken einzig und alleine eine Abschottung des Kindes vor Sozialkontakten.

f) Einseitige Verbringung eines Kindes ins Ausland

Eine weitere Fallgruppe kann in der (dauerhaften) Verbringung[727] des Kindes ins Ausland durch einen Elternteil gesehen werden. Gemeint sind damit Fälle, in welchen Kinder jedweden Alters gegebenenfalls unter Vorspiegelung einer temporären Auslandsreise von einem Elternteil verbracht

---

722 Vgl. § 1684 Abs. 1 BGB [anderer Elternteil], § 1685 Abs. 1, 2 BGB [Großeltern, Geschwister, enge Bezugspersonen], § 1686a Abs. 1 Nr. 1 BGB [leiblicher, nicht rechtlicher Vater]; MüKoBGB/*Lugani* (2020) BGB § 1666 Rn. 86 f.; Staudinger/*Coester* (2020) BGB § 1666 Rn. 142, 145 f.

723 Vgl. *Scherer*, ZfJ 1999, 86 (88 f.); BeckOGK/*Amend-Traut* (2021) BGB § 1626 Rn. 140; Staudinger/*Coester* (2020) BGB § 1666 Rn. 143.

724 Vgl. OLG Köln FamRZ 1996, 1027 (1028); Staudinger/*Coester* (2020) BGB § 1666 Rn. 144, 156; MüKoBGB/*Lugani* (2020) BGB § 1666 Rn. 90.

725 Vgl. Staudinger/*Coester* (2020) BGB § 1666 Rn. 156.

726 Vgl. BBAW, Digitales Wörterbuch der deutschen Sprache, Art. „Cocooning".

727 Vgl. zur Begrifflichkeit des Verbringens § 235 Abs. 2 StGB; *Fischer*, Strafgesetzbuch (2021) § 235 Rn. 6; BeckOK-StGB/*Valerius* (2021) StGB § 235 Rn. 2, 10; sowie zum insoweit wohl zu kurz greifenden und fehlbelegten Begriff der „Auslandsreise": Staudinger/*Coester* (2020) BGB § 1666 Rn. 168a; ferner: MüKoBGB/*Lugani* (2020) BGB § 1666 Rn. 100.

werden, um das Kind dem anderen Elternteil zu entfremden und zu entziehen. Letztlich handelt es sich also um verdeckte Kindesentführungsfälle[728].

In Abgrenzung hierzu unterfällt der schlichte Umzug eines Elternteils ins Ausland verbunden mit der geplanten gemeinsamen Auswanderung des Kindes gerade nicht dieser Fallgruppe.[729]

g) Bikulturelle und kulturell abweichende Prägungen

Sofern ein Kind bikulturelle[730] oder kulturell abweichende Prägungen durch das Elternhaus erfährt, ergibt sich hieraus per se noch keine Kindeswohlgefährdung. Vielmehr handelt es sich im Falle der Kindesgefährdung im Wesentlichen lediglich um Sonderformen, die beim Hinwegdenken des abweichenden Kultur- und Rechtskreises eine identische Einordnung in die obigen Fallgruppen erlauben.[731]

Daneben nehmen aber gerade innerhalb der Bevölkerung mit Migrationshintergrund im weiteren Sinne[732] kulturell-abweichende oder bikulturelle Prägungen der Eltern starken Einfluss auf das Verständnis der elterlichen Sorge und auf das – gegebenenfalls wiederum kulturell-abweichend oder bikulturell geprägte – Aufwachsen der eigenen Kinder[733]. Obgleich

728 Vgl. BeckOGK/*Burghart* (2021) BGB § 1666 Rn. 83; Staudinger/*Coester* (2020) BGB § 1666 Rn. 168a.

729 Vgl. Staudinger/*Coester* (2020) BGB § 1666 Rn. 149, § 1671 Rn. 210 f.

730 Vgl. *Mankowski*, IPRax 2004, 282 (285 f.); MüKoBGB/Lugani (2020) BGB § 1666 Rn. 55; *Eisenrieder*, Zwangsheirat bei MigrantInnen, S. 43; zum prinzipiellen Vorliegen einer „bikulturellen Prägung" und zur Lösung über das Kindesalter und die Aufenthaltsdauer in jeweiligen Kulturkreis: Staudinger/*Coester* (2020) BGB § 1666 Rn. 166; BayObLG FamRZ 1984, 1259 (1263), FamRZ 1985, 737 (738); KG NJW 1985, 68 (70 f.); OLG Düsseldorf FamRZ 1984, 1258 (1258); abgelehnt in LG Berlin FamRZ 1983, 943 (947).

731 Vgl. LG Berlin FamRZ 1983, 943 (945); Staudinger/*Coester* (2020) BGB § 1666 Rn. 165.; zur diesbezüglichen Unbeachtlichkeit einer kulturellen Prägung: OLG Köln FamRZ 2001, 1087 (1088); MüKoBGB/*Lugani* (2020) BGB § 1666 Rn. 55 ff., 58; Staudinger/*Coester* (2020) BGB § 1666 Rn. 97; zu religiösen Einwänden ferner: EGMR FamRZ 2019, 975 (975); EGMR FamRZ 2019, 594 (597).

732 Vgl. *Ehringfeld*, Eltern-Kind-Konflikte in Ausländerfamilien, S. 38 ff.; MüKoBGB/*Lugani* (2020) BGB § 1666 Rn. 55; Staudinger/*Coester* (2020) BGB § 1666 Rn. 160.

733 Vgl. *Abramowski*, Sorgerechtsprobleme in ausländischen Familien, S. 130 ff.; *Ehringfeld*, Eltern-Kind-Konflikte in Ausländerfamilien, S. 166 f.; *Coester*, FPR 2009, 549 (551); Staudinger/*Coester* (2020) BGB § 1666 Rn. 160.

Klassifizierungen wie „Normalfamilie“[734] in diesem Zusammenhang aufhorchen lassen und sehr kritisch zu hinterfragen sind, treten bestimmte, spezifische Kindeswohlgefährdungen gerade bei abweichenden und stark kulturell geprägten Vorstellungen hinsichtlich der elterlichen Sorge und der Kindeserziehung auf.

Hierzu zählen zum Beispiel eindeutig gewalttätige Erziehungsmittel bei vermeintlich kleinsten Verfehlungen[735] bis hin zu Morddrohungen im Hinblick auf die Familienehre[736] oder anachronistische Erziehungsbilder hinsichtlich des Rollenverständnisses von Frauen und Mädchen[737] samt Beschneidungen und Schulbildungsunterbindungen[738].

Im Rahmen der Prüfung der Kindeswohlgefährdung dürfen hinsichtlich der elterlichen Intentionen abweichende kulturelle, religiöse und rechtliche Erwägungen und bikulturelle Prägungen zwar angemessen berücksichtigt werden[739], selbige müssen sich aber – wie bei Inlandsfällen ohne Migrationshintergrund im weiteren Sinne – im Hinblick auf die konkret individuelle Gefährdungsbeurteilung letztlich an der deutschen Rechtsordnung messen lassen[740].

---

734 So Staudinger/*Coester* (2020) BGB § 1666 Rn. 160.

735 Vgl. LG Berlin FamRZ 1983, 943 (945 f.); BayObLG FamRZ 1991, 1218 (1219); OLG Düsseldorf FamRZ 1984, 1258 (1259); BayObLG FamRZ 1990, 780 (780); BayObLG FamRZ 1993, 229 (229 f.); LG Bochum ZfJ 1993, 212 (212); AG Ingolstadt IPRax 1992, 326 (327); LG Hamburg FamRZ 1981, 309 (309); MüKo-BGB/*Lugani* (2020) BGB § 1666 Rn. 55; Staudinger/*Coester* (2020) BGB § 1666 Rn. 164.

736 Vgl. KG NJW 1985, 68 (70 f.); BayObLG FamRZ 1991, 1218 (1219); *Scherer*, ZfJ 1999, 86 (92); Staudinger/Coester (2020) BGB § 1666 Rn. 164.

737 Vgl. KG NJW 1985, 68 (70); BayObLG FamRZ 1993, 229 (230); *Bock*, NJW 2012, 122 (126); MüKoBGB/*Lugani* (2020) BGB § 1666 Rn. 55; Staudinger/*Coester* (2020) BGB § 1666 Rn. 161.

738 Vgl. LG Berlin FamRZ 1983, 943 (943); OLG Köln FamRZ 2001, 1087 (1087); *Bock*, NJW 2012, 122 (126); MüKoBGB/*Lugani* (2020) BGB § 1666 Rn. 56 f.; Staudinger/*Coester* (2020) BGB § 1666 Rn. 164.

739 Vgl. *Coester*, FPR 2009, 549 (551); MüKoBGB/*Lugani* (2020) BGB § 1666 Rn. 58; Staudinger/*Coester* (2020) BGB § 1666 Rn. 162; *Abramowski*, Sorgerechtsprobleme in ausländischen Familien, S. 46 ff.; kritisch OLG Dresden FamRZ 2003, 1862 (1863); zum Recht als kulturprägender Faktor: *Mankowski*, IPRax 2004, 282 (283).

740 Vgl. BayObLG FamRZ 1985, 737 (738); OLG Köln FamRZ 2001, 1087 (1088); *Abramowski*, Sorgerechtsprobleme in ausländischen Familien, S. 46 ff.; LG Berlin ZKJ 2006, 103 (103 f.); *Coester*, FPR 2009, 549 (551); MüKoBGB/*Lugani* (2020) BGB § 1666 Rn. 58; Staudinger/*Coester* (2020) BGB § 1666 Rn. 97, 162 f.; *Lorenz*, IPRax 1992, 305 (307 f.); vgl. ferner als Quervergleich: Art. 15 Abs. 1 KSÜ; MüKoBGB/*Staudinger* (2020) KSÜ Art. 15 Rn. 3.

Es soll dabei nicht bestritten werden, dass es spezifische Ausprägungen gibt, die bei einer abweichenden kulturellen Prägung besonders hervortreten mögen, jedoch können diese meist vollumfänglich unter die zuvor dargestellten Fallgruppen subsumiert werden.

5. Gefahrabwendungsprimat der Eltern

Zuletzt ist im Rahmen der Voraussetzungsprüfung hinsichtlich des Einsatzes familiengerichtlicher Maßnahmen bei Gefährdung des Kindeswohls auf die Achtung und Einhaltung des Gefahrabwendungsprimats der Eltern einzugehen.

Das in § 1666 Abs. 1 BGB hervorgehobene[741], sogenannte „Abwendungsprimat der Eltern“[742] besagt, dass im Falle jedweder Kindesgefährdung – betrifft sie nun die Personensorge oder aber die Vermögenssorge[743] – zu allererst die Eltern zum Gefahr abwendenden Kinderschutz berufen sind, erst nachrangig staatliche Schutzmaßnahme einzugreifen haben und diese günstigstenfalls wiederum zusammen mit den Eltern vollzogen werden sollten.[744] Hierin spiegeln sich gleichsam die verfassungsrechtlich gebotenen Elternrechte wieder.[745] Ferner verwirklicht das Abwendungsprimat zudem den gebotenen Vorrang von staatlichen Hilfeleistungen zum Wohle des Kindes vor staatlichen Interventionsmaßnahmen[746] und hat Einfluss auf die Frage der Verhältnismäßigkeit familiengerichtlicher Maßnahmen[747]. Prozessual sind daher schon im Rahmen der Klärung der

---

741 Vgl. zur redaktionellen Betonung innerhalb des § 1666 Abs. 1 BGB: Staudinger/*Coester* (2020) BGB § 1666 Rn. 6, 169; RGRK/*Adelmann* BGB § 1666 Rn. 54.

742 Staudinger/Coester (2020) BGB § 1666 Rn. 13, 62; vgl. Palandt/*Götz* (2021) BGB § 1666 Rn. 28; v.Mangoldt/Klein/Starck/*Robbers* (2018) GG Art. 6, Rn. 210 ff.; Grandel/Stockmann/*Seebach*, Familienrecht, 87. Elterliches Sorgerecht, Rn. 4; Prütting/Wegen/Weinreich/*Ziegler* (2020) BGB § 1666, Rn. 1; zum inhaltsgleichen Begriff der lediglich sprachlich konträren „subsidiären Gefahrenabwehrzuständigkeit des Staates“: MüKoBGB/*Lugani* (2020) BGB § 1666 Rn. 121.

743 Vgl. MüKoBGB/*Lugani* (2020) BGB § 1666 Rn 151, 121 ff.; Staudinger/*Coester* (2020) BGB § 1666 Rn. 185.

744 Vgl. Staudinger/*Coester* (2020) BGB § 1666 Rn. 12, 13, 169.

745 Vgl. Staudinger/*Coester* (2020) BGB § 1666 Rn. 3, 62, 169, 185, 204.

746 Vgl. Staudinger/*Coester* (2020) BGB § 1666 Rn. 62.

747 Vgl. Staudinger/*Coester* (2020) BGB § 1666 Rn. 171.

tatbestandlichen Eröffnung des § 1666 BGB die elterlichen Gefahrabwendungsmöglichkeiten zu erörtern.[748]

Erst dann, wenn die Eltern – unabhängig von der Ursache[749], unabhängig von der Abwendungswilligkeit oder Abwendungsfähigkeit[750] und unabhängig vom jeweiligen Verschulden[751] – an der Aufgabe scheitern zu der sie originär berufenen sind und es mithin zu einer Kindesgefährdung kommt, der die Eltern nicht entgegentreten, eröffnen sich die Möglichkeiten kindesschutzrechtlicher Maßnahmen[752]. Somit ergibt sich ein abgestufter Aufbau. Dieser sieht primär die Ausschöpfung der elterlichen Selbsthilfen vor, bevor sekundär öffentliche Hilfen zu ergreifen sind und schließlich tertiär die Möglichkeit für familiengerichtliche Maßnahmen gemäß § 1666 BGB eröffnet wird[753].

Diese Abstufung führt jedoch dazu, dass es nur dann keiner vertieften gerichtlichen Prüfung der elterlichen Gefahrabwendung mehr bedarf, wenn sich bereits im Rahmen der öffentlichen Hilfen gemäß § 8a Abs. 1 S. 3 SGB VIII gezeigt hat, dass eine elterliche Gefahrabwendung definitiv nicht erfolgen wird oder gar aktiv abgelehnt wird[754]; in allen anderen Fällen ist – losgelöst vom retroperspektivischen Gefahrabwendungsversagen[755] – die künftige elterliche Fähigkeit und Willigkeit zur Gefahrabwen-

748 Vgl. § 157 Abs. 1 FamFG; MüKoFamFG/*Schumann* (2018) FamFG § 157 Rn. 4 f.; Staudinger/*Coester* (2020) BGB § 1666 Rn. 170.

749 Vgl. Staudinger/*Coester* (2020) BGB § 1666 Rn. 3.

750 Vgl. *Kindler*, FPR 2012, 422 (426); Staudinger/*Coester* (2020) BGB § 1666 Rn. 3, 12 f.; MüKoBGB/*Lugani* (2020) BGB § 1666 Rn. 121.

751 Vgl. BVerfGE 60, 79 (88); NJW 1986, 3129 (3130); v.Mangoldt/Klein/Starck/*Robbers* (2018) GG Art. 6, Rn. 245, 274; Staudinger/*Coester* (2020) BGB § 1666 Rn. 3, 59 ff.; MüKoBGB/*Lugani* (2020) BGB § 1666 Rn. 37 ff.

752 Vgl. Staudinger/*Coester* (2020) BGB § 1666 Rn. 169.

753 Vgl. *Gernhuber/Coester-Waltjen*, Familienrecht (2020) § 62 Schutz des Kindes: Die Generalklausel, S. 695; MüKoBGB/*Lugani* (2020) BGB § 1666 Rn. 121 ff.; Staudinger/*Coester* (2020) BGB § 1666 Rn. 4, 62, 171.

754 Vgl. OLG Bremen FamRZ 2018, 689 (690 f.); BayObLG FamRZ 1981, 86 (86); OLG Brandenburg FamRZ 2004, 720 (720); AG Westerstede FamRZ 2009, 1755 (1755); Staudinger/*Coester* (2020) BGB § 1666 Rn. 99, 172, 174; Wiesner/*Wiesner* (2015) SGB VIII § 8a Rn. 18.

755 Vgl. *Keuter*, FamRZ 2014, 1354 (1354 f.); Staudinger/*Coester* (2020) BGB § 1666 Rn. 4, 173 f.; kritisch BVerfG FamRZ 2014, 1266 (1268); BVerfG NJW 2014, 2936 (2939).

dung zu prüfen[756]. Dies gilt erst recht, falls die Kindeswohlgefährdung nicht durch die Eltern, sondern durch einen Dritten droht[757].

In Zeiten sich wandelnder Familienstrukturen hin zu einem immer offeneren Familienverständnis[758] stellt sich die Frage, ob sich nicht auch weitere Familienmitglieder wie erwachsene Geschwister oder anderer enge Bezugspersonen[759] im Sinne eines erweiterten Gefahrabwendungsprimats zur Gefahrenabwehr berufen fühlen mit der Folge, dass deren Gefahrabwendungsbemühungen ebenfalls gerichtlichen Maßnahmen vorgehen würden. Derartigen Überlegungen ist jedoch eine Absage zu erteilen, zumal sich die rechtliche Sorge und Verantwortung[760] der Eltern für das Kind schon verfassungsrechtlich obligat von der letztlich fakultativen tatsächlichen Sorge anderer engen Bezugspersonen unterscheidet. Hiervon unbeschadet besteht auf der Rechtsfolgenseite des § 1666 BGB ohne Weiteres die Möglichkeit im Sinne privater Hilfe auf enge Bezugspersonen zurückzugreifen.

6. Eltern, Elternteile und Dritte als Kindeswohlgefährder

Mit der Anerkennung des Gefahrabwendungsprimats der Eltern gehen aber weitere Fragestellungen einher, da – was Coester richtigerweise ausführt[761] – sich die Verbindungen innerhalb der Familie bedingen. Diese gegenseitige Abhängigkeit wirkt auch jenseits der Kernfamilie fort und generiert Einflüsse. Eng mit der Fragestellung des Gefahrabwendungsprimats verbunden ist daher, auch wenn es keiner tatbestandlichen Kausalität zwischen Kindeswohlgefährdung und dem Verhalten der Eltern mehr bedarf[762], die Frage von wem die Gefährdung des Kindeswohls ausgeht. Als Gefährder des Kindeswohls kommen nach § 1666 Abs. 1 BGB zunächst die Eltern oder ein einzelner Elternteil in Betracht; aber auch Dritte kommen hierfür in Frage, so dass gemäß § 1666 Abs. 4 BGB in Angelegenheiten der

---

756 Vgl. *Wiesner*, FPR 2008, 608 (612 f.); *Kindler*, FPR 2012, 422 (426); Staudinger/Coester (2020) BGB § 1666 Rn. 174.

757 Vgl. Staudinger/*Coester* (2020) BGB § 1666 Rn. 176, 205.

758 Vgl. Staudinger/*Dürbeck* (2019) BGB § 1685 Rn. 8.

759 Vgl. § 1685 Abs. 1 und 2 BGB; BVerfG NJW 2003, 2151 (2153, 2156); *Balloff*, FPR 2013, 208 (209); Staudinger/*Dürbeck* (2019) BGB § 1685 Rn. 16.

760 Vgl. Staudinger/*Coester* (2020) BGB § 1666 Rn. 10.

761 Vgl. Staudinger/*Coester* (2020) BGB § 1666 Rn. 4.

762 Vgl. Staudinger/*Coester* (2020) BGB § 1666 Rn. 59 f.

Personensorge auch entsprechende familiengerichtliche[763] Maßnahmen mit Wirkung gegen diese erfolgen können. Beim Kinderrechtsschutz ist damit das Eltern-Kind-Verhältnis vom Verhältnis zu Dritten zu differenzieren[764].

Innerhalb des Eltern-Kind-Verhältnisses besteht dabei aber gerade kein allgemein-zivilrechtlicher[765] oder gar schuldrechtlicher[766] Anspruch, sondern ein familienrechtlicher, umfassender Anspruch des Kindes, dass die elterliche Sorge pflichtgemäß ausgeübt wird[767].

Erst wenn eine Verletzung der elterlichen Sorgepflicht hinsichtlich der Kindesgefährdung die Erheblichkeitsschwelle erreicht, wird der zuvor sanktionslose Bereich verlassen und der staatliche Rechtsschutz des § 1666 BGB gegenüber den Eltern ausgelöst. Unterhalb dieser Eingriffsgrenze und gleichsamen Gefährdungsgrenze verbietet demgegenüber die gebotene Verhältnismäßigkeit ein Einschreiten nach § 1666 BGB.[768]

Doch selbst bei Überschreiten der Gefährdungsgrenze durch die Eltern ist in einem ersten Schritt zu klären, ob die Gefahr gegebenenfalls nur von einem der beiden Elternteile ausgeht[769], und der verbleibende Elternteil den Gefahr abwendenden Kinderschutz gewährleisten kann[770]. In einem zweiten Schritt ist sodann – ganz im Sinne des Gefahrabwendungsprimats der Eltern – staatlicher Schutz in Kooperation mit den Eltern anzudenken, bevor in einem letzten Schritt direkter staatlicher Schutz vor der Gefahr und damit letztlich vor den Eltern indiziert ist[771].

---

763 Vgl. BT-Drs. 8/2788, S. 39, 59; zur alternativen Möglichkeit des zivilrechtlichen Vorgehens gegen Dritte Staudinger/*Coester* (2020) BGB § 1666 Rn. 14.

764 Vgl. MüKoBGB/*Lugani* (2020) BGB § 1666 Rn. 214 f.; Staudinger/*Coester* (2020) BGB § 1666 Rn. 10.

765 Vgl. *Coester*, Die Rechte des Kindes, S. 13 ff.; *Gernhuber/Coester-Waltjen*, Familienrecht, 2020, § 62 Schutz des Kindes: Die Generalklausel Rn. 2, S. 690; *Hinz*, Kindesschutz als Rechtsschutz und elterliches Sorgerecht, S. 22 ff.; OLG Düsseldorf FamRZ 1981, 85 (86); Staudinger/*Coester* (2020) BGB § 1666 Rn. 11.; in anderem Zusammenhang: *Coester-Waltjen*, NJW 1985, 2175 (2176 f.).

766 Vgl. *Schwab*, FamRZ 2002, 1297 (1297); *Heiderhoff*, FamRZ 2004, 324 (327); *Coester*, Die Rechte des Kindes, S. 14; Staudinger/*Coester* (2020) BGB § 1666 Rn. 11.

767 Siehe oben unter A.IV.1.; vgl. *Hinz*, Kindesschutz als Rechtsschutz und elterliches Sorgerecht, S. 23 f.; BVerfG FamRZ 2008, 845 (848); BVerfG FamRZ 2017, 524 (527); Staudinger/*Coester* (2020) BGB § 1666 Rn. 11.

768 Vgl. Staudinger/*Coester* (2020) BGB § 1666 Rn. 12.

769 Vgl. Palandt/*Götz* (2021) BGB § 1666 Rn. 4; Staudinger/*Coester* (2020) BGB § 1666 Rn. 13.

770 Vgl. Staudinger/*Coester* (2020) BGB § 1666 Rn. 13, 15.

771 Vgl. ebd., Rn. 13.

Obwohl die Kindesgefährdung weit überwiegend von den Eltern oder einem Elternteil ausgeht[772], sind als Gefährder des Kindeswohls gemäß § 1666 Abs. 4 BGB alle denkbaren Personen als Dritte im Sinne der Vorschrift erfasst[773]; dies betrifft insbesondere Lebensgefährten der Eltern und Stiefeltern[774], Verwandte und Geschwister[775], Mitbewohner und Nachbarn[776].

Letztlich ist es damit im Rahmen des § 1666 BGB irrelevant von wem die Kindeswohlgefährdung ausgeht, da über § 1666 Abs. 4 BGB gegen jeden Gefährder des Kindeswohls, seien dies nun die Eltern, ein Elternteil oder ein außenstehender Dritter, vorgegangen werden kann.[777]

7. Verhältnismäßigkeitsprüfung

Bestimmt § 1666 Abs. 1, 3 BGB lediglich über die Maßnahmenmöglichkeiten, so ist die Verhältnismäßigkeit, die über die geeignete, erforderliche und angemessene familiengerichtliche Maßnahmenauswahl entscheidet[778], zusätzlich in § 1666a BGB zu finden. Zwischen der Geeignetheit[779], sprich der vorhandenen Effektivität der Maßnahme im Hinblick auf die Gefahrabwendung, und der Erforderlichkeit und Verhältnismäßigkeit im enge-

---

772 Vgl. ebd., Rn. 64.

773 Vgl. MüKoBGB/*Lugani* (2020) BGB § 1666 Rn. 214; Staudinger/*Coester* (2020) BGB § 1666 Rn. 14 f., 236.

774 Vgl. BayObLG FamRZ 1994, 1413 (1413 II); OLG Düsseldorf NJW 1995, 1970 (1970); BGH FamRZ 2017, 212 (214); OLG Köln FamRZ 2001, 37 (38); Staudinger/*Coester* (2020) BGB § 1666 Rn. 237.

775 Vgl. BayObLG FamRZ 1995, 948 (950); Staudinger/*Coester* (2020) BGB § 1666 Rn. 237.

776 Vgl. AG Rosenheim FamRZ 2013, 707 (707); Staudinger/*Coester* (2020) BGB § 1666 Rn. 237.

777 Vgl. MüKoBGB/*Lugani* (2020) BGB § 1666 Rn. 214; Staudinger/*Coester* (2020) BGB § 1666 Rn. 58.

778 Vgl. BVerfG FamRZ 2016, 439 (440 f.); BGH FamRZ 2017, 212 (214 f.); FamRZ 2019, 598 (602); Palandt/Götz (2021) BGB § 1666 Rn. 31, § 1666a Rn. 1, 9; MüKoBGB/*Lugani* (2020) BGB § 1666 Rn. 157 ff., § 1666a Rn. 13 ff.; Staudinger/*Coester* (2020) BGB § 1666 Rn. 206.

779 Vgl. *Ernst*, FPR 2008, 602 (603); *Wiesner*, FPR 2008, 608 (612 f.); *Wiesner*, FamRZ 2007, 6 (8); MüKoBGB/*Lugani* (2020) BGB § 1666 Rn. 160; Staudinger/*Coester* (2020) BGB § 1666 Rn. 212.

ren Sinne[780] als Maßnahme der geringsten Eingriffseinwirkung[781] sind denkbare familiengerichtliche Maßnahmen abzuwägen [782]. Schlussendlich ist hieraus der geringstmögliche, erfolgsversprechende Eingriff zu wählen.[783] Wird das Auswahlermessen durch den Familienrichter nicht ausreichend oder gar nicht wahrgenommen, ist die nach § 1666 BGB getroffene Maßnahme rechtswidrig[784].

Obgleich ohnehin jede hoheitliche, hier familiengerichtliche Maßnahme, eine Begrenzung durch den Grundsatz der Verhältnismäßigkeit erfährt[785], ist dieser Grundsatz der Erforderlichkeit und Verhältnismäßigkeit im Hinblick auf einzelne schwerwiegende[786] Maßnahmen – hier vor allem die Trennung von Eltern und Kind beziehungsweise der Entzug der Personensorge – innerhalb des Maßnahmenkatalog des § 1666 BGB zivilrechtlich explizit in § 1666a BGB aufgeführt[787]. Aus § 1666a Abs. 1 S. 1 BGB ergibt sich die Unzulässigkeit von Eltern-Kind-Trennungen, sofern der

---

780 Vgl. *Britz*, NZFam 2016, 1113 (1116); Palandt/*Götz* (2021) BGB § 1666 Rn. 31; MüKoBGB/*Lugani* (2020) BGB § 1666 Rn. 161, 164; Staudinger/*Coester* (2020) BGB § 1666 Rn. 211 ff.; *Clausius*, jM 2019, 266 (267).

781 Vgl. BVerfG FamRZ 2020, 422 (424); OLG Karlsruhe FamRZ 1989, 1322 (1323); OLG Köln FamRZ 1996, 1027 (1028); OLG Rostock FamRZ 2017, 215 (217); OLG Brandenburg NJW 2019, 1232 (1234); Staudinger/*Coester* (2020) BGB § 1666 Rn. 213.

782 Vgl. OLG Koblenz FamRZ 2012, 1953 (1954); MüKoBGB/*Lugani* (2020) BGB § 1666a Rn. 2, 14; Staudinger/*Coester* (2020) BGB § 1666 Rn. 206, § 1666a Rn 9 ff.

783 Vgl. BVerfG FamRZ 2020, 422 (424); BayObLG FamRZ 1985, 737 (739); OLG Karlsruhe FamRZ 1989, 1322 (1323); OLG Köln FamRZ 1996, 1027 (1028); OLG Frankfurt FamRZ 2001, 1086 (1087); OLG Thüringen FamRZ 2003, 1319 (1320); OLG Rostock FamRZ 2017, 215 (217); OLG Brandenburg NJW 2019, 1232 (1234); AG Rosenheim FamRZ 2013, 707 (707); KG FamRZ 1994, 119 (120f.); MüKoBGB/*Lugani* (2020) BGB § 1666 Rn. 161; Staudinger/*Coester* (2020) BGB § 1666 Rn. 100, 213.

784 Vgl. BGH FamRZ 2005, 344 (347); Staudinger/*Coester* (2020) BGB § 1666 Rn. 206.

785 Vgl. v.Mangoldt/Klein/Starck/*Robbers* (2018) GG Art. 6, Rn. 247 ff.; v.Münch/Kunig/*Heiderhoff* (2021) GG Art. 6 Rn. 168; Jarass/Pieroth/*Jarass* (2020) GG Art. 6 Rn. 60; MüKoBGB/Lugani (2020) *BGB* § 1666a Rn. 1, § 1666 Rn. 36; Palandt/*Götz* (2021) BGB § 1666 Rn. 31; Staudinger/*Coester* (2020) BGB § 1666 Rn. 211.

786 Vgl. Staudinger/*Coester* (2020) BGB § 1666 Rn. 6, 85a.

787 Vgl. MüKoBGB/*Lugani* (2020) BGB § 1666 Rn. 2, § 1666a Rn. 1 ff.; Staudinger/*Coester* (2020) BGB § 1666 Rn. 206; BVerfG FamRZ 2018, 1084 (1086); Staudinger/*Coester* (2020) BGB § 1666 Rn. 225; v.Mangoldt/Klein/Starck/*Robbers* (2018) GG Art. 6 Rn. 263.

Kindeswohlgefährdung durch andere vorrangige Maßnahmen und Mittel, speziell öffentliche Hilfen[788], entgegengetreten werden kann. Insoweit hebt § 1666a Abs. 1 S. 1 BGB den prinzipiellen Grundsatz des Vorrangs sozialhilferechtlicher vor familiengerichtlicher Maßnahmen noch einmal ausdrücklich hervor.[789]

Zudem findet sich in § 1666a Abs. 2 BGB für den Fall des Entzugs der gesamten Personensorge und damit auch für den Fall des Entzugs des gesamten Sorgerechts eine zusätzliche Regelung, wonach eine derartige Maßnahme nur ergriffen werden darf, wenn entweder (alle) anderen Möglichkeiten – sprich die weniger weitgehenden Maßnahmen des § 1666 BGB bereits versucht wurden, aber – erfolglos geblieben sind oder wenn davon auszugehen ist, dass alle anderen Möglichkeiten nicht genügen, um die Gefahr abzuwenden[790]. Insofern geht § 1666a Abs. 2 BGB einerseits von einer retroperspektivischen Betrachtung im Hinblick auf nicht erfolgreiche minder eingreifende Maßnahmen und andererseits von einer perspektivisch, antizipierenden Abwägung, dass minder eingreifende Maßnahmen zu keinem Erfolg führen werden, aus. Damit eröffnet diese Regelung zwei zunächst konträr klingende Verhältnismäßigkeitsprüfungsmaßstäbe, die bei genauer Betrachtung der selben Abwägungsrichtung folgen; nämlich der Fragestellung, ob einer weniger einschneidenden Maßnahme – unabhängig vom Betrachtungswinkel des minimal möglichen oder maximal nötigen – ein erfolgversprechender Vorrang im Sinne der Ergebnisgleichheit einzuräumen ist.

Letztlich erfolgt durch die Verhältnismäßigkeitsprüfung im Hinblick auf die Gefährdungslage eine Abwägung zwischen dem aktuellen Status des Kindes ohne Eingriff sowie den hierin bestehenden Risiken einerseits, der potenziellen negativen Auswirkungen einer familiengerichtlichen Maßnahme auf das Kind anderseits.[791] So sind speziell bei der Eltern-Kind-Trennung negative Auswirkungen auf das Kind in die Abwägung mit

---

788 Vgl. BVerfG FamRZ 2014, 1270 (1273); Staudinger/*Coester* (2020) BGB § 1666 Rn. 214, § 1666a Rn. 9.

789 Vgl. Salgo/Lack/*Diouani-Streek*/*Zenz*, Verfahrensbeistandschaft (2020) Rn. 1075 ff.; Staudinger/*Coester* (2020) BGB § 1666 Rn. 99, § 1666a Rn. 10 ff.

790 Vgl. Staudinger/*Coester* (2020) BGB § 1666a Rn. 9.

791 Vgl. BVerfG FamRZ 2002, 1021 (1023); BVerfG FamRZ 2014, 1270 (1273 f.); ähnlich EGMR FamRZ 2002, 1393 (1395 f.); BGH FamRZ 2012, 99 (102); Staudinger/*Coester* (2020) BGB § 1666 Rn. 217.

einzustellen[792]; notfalls sind im Sinne des Kindeswohls sogar Maßnahmen zu unterlassen oder abzuwandeln[793].

8. Familiengerichtliche Maßnahmen

Für den Fall, dass die soeben dargestellte vorrangige, private Gefahrenabwendung durch die Eltern fehlgeht, bedarf es einer subsidiären[794], staatlichen Gefahrabwendung durch familiengerichtliche Maßnahmen.

Hierzu soll nach einer Betrachtung des Maßnahmenkatalogs auf ausgewählte Einzelmaßnahmen eingegangen werden. Wie bereits oben angeführt ist primär hinsichtlich der Schutzrichtung zu differenzieren, sprich ob der Fokus auf dem Schutz des persönlichen Kindeswohls liegt oder auf dem Schutz des Kindesvermögens.

a) Überblick über die Maßnahmen

Spricht § 1666 Abs. 1 BGB nur von erforderlichen familiengerichtlichen Maßnahmen zur Abwendung der Gefahr für das körperliche, geistige oder seelische Wohl des Kindes oder sein Vermögen, werden diese Maßnahmen – mit Ausnahme der Maßnahmen betreffend die Vermögenssorge, welche in § 1667 BGB zu finden sind – in § 1666 Abs. 3 BGB konkretisiert. Seit der letzten Neufassung durch das Gesetz zur Erleichterung familiengerichtlicher Maßnahmen bei Gefährdung des Kindeswohls[795] findet sich in § 1666 Abs. 3 BGB ein nicht abschließender[796] Maßnahmenkatalog möglicher gerichtlicher Maßnahmen.

---

792 Vgl. BGH FamRZ 2017, 212 (214); FamRZ 2019, 598 (602); MüKoBGB/*Lugani* (2020) BGB § 1666 Rn. 164; Staudinger/*Coester* (2020) BGB § 1666 Rn. 217.

793 Vgl. KG FamRZ 2011, 122 (123); OLG Frankfurt FamRZ 2014, 396 (397); *Salgo*, FS Schwab, S. 907; BGH FamRZ 2012, 99 (103); Staudinger/*Coester* (2020) BGB § 1666 Rn. 148, 212.

794 Vgl. Staudinger/*Coester* (2020) BGB § 1666 Rn. 1.

795 Neufassung des § 1666 Abs. 1 und 3 BGB mit Wirkung vom 12.07.2008 durch das Gesetz zur Erleichterung familiengerichtlicher Maßnahmen bei Gefährdung des Kindeswohls vom 4.7.2008 (BGBl. Jahrgang 2008 Teil I Nr. 28, S. 1188).

796 Vgl. BT-Drs. 16/6815, 11; BGH FamRZ 2017, 212 (213); *Meysen*, NJW 2008, 2673 (2673 f.); Staudinger/*Coester* (2020) BGB § 1666 Rn. 218 ff.; MüKoBGB/*Lugani* (2020) BGB § 1666 Rn. 153.

Zunächst sind in § 1666 Abs. 3 Nr. 1 BGB die Gebote zur Inanspruchnahme öffentlicher Hilfen durch die Eltern aufgeführt; diese Hilfen werden mit Verweis auf die Leistungen der Kinder- und Jugendhilfe sowie der Gesundheitsfürsorge im Gesetzestext sogar exemplarisch benannt. Mit dem Verweis auf die Jugendhilfe wird das zielkongruente Zusammenspiel zwischen selbiger und dem familiengerichtlichen Handeln als „Verantwortungsgemeinschaft"[797] herausgestellt.[798] In § 1666 Abs. 3 Nr. 2 BGB folgt die Möglichkeit zur familiengerichtlichen[799] Anordnung von Geboten betreffend die Umsetzung der Schulpflicht. Sodann regelt § 1666 Abs. 3 Nr. 3 BGB die lokalen Kontaktverbote, sprich die Verbote sich bestimmten regelmäßigen Aufenthaltsorten des Kindes, wie der Familienwohnung, dem Wohnungsumkreis oder auch anderen Orten, zu nähern. Diese werden in § 1666 Abs. 3 Nr. 4 BGB als personelle Kontaktverbote im Hinblick auf die Verbindungsaufnahme mit dem Kind und im Hinblick auf ein Zusammentreffen mit dem Kind ergänzt. Hierauf folgt in § 1666 Abs. 3 Nr. 5 BGB die gerichtliche Möglichkeit zur Ersetzung von Erklärungen der jeweiligen Sorgerechtsinhaber. In § 1666 Abs. 3 Nr. 6 BGB schließlich ist die Möglichkeit der teilweisen oder vollständigen Entziehung der elterlichen Sorge geregelt.

Da es sich bei § 1666 Abs. 3 BGB um eine nicht abschließende, exemplarische Aufzählung handelt und stets ein möglichst konkret individueller Schutzansatz verfolgt wird[800], treten neben die explizit genannten Maßnahmen noch solche, die mit den aufgeführten Maßnahmen vergleichbar sind[801]. Sowohl den explizit benannten, als auch den unbenannten Maß-

797 BT-Drs. 16/6815, S. 2, 8, 15; vgl. *Sommer*, Das Verhältnis von Familiengericht und Jugendamt, S. 135 ff.; *Jestead*, Staatlicher Kindesschutz unter dem Grundgesetz, S. 6; MüKoBGB/*Lugani* (2020) BGB § 1666 Rn. 25; Staudinger/*Coester* (2020) BGB § 1666 Rn. 208, 218, 221; kritisch: *Kindler*, FPR 2012, 422 (427).

798 Vgl. *Dahm*, ZKJ 2015, 222 (227); Staudinger/*Coester* (2020) BGB § 1666 Rn. 206; MüKoBGB/*Lugani* (2020) BGB § 1666 Rn. 154.

799 Vgl. zu den daneben bestehenden öffentlich-rechtlichen oder gar strafrechtlichen Einwirkungsmöglichkeiten: BVerfG FamRZ 2006, 1094 (1096); BVerfG NJW 2015, 44 (44 ff.); BayObLGZ 1983, 231 (238); Staudinger/*Coester* (2020) BGB § 1666 Rn. 137; MüKoBGB/*Lugani* (2020) BGB § 1666 Rn. 185.

800 Vgl. MüKoBGB/*Lugani* (2020) BGB § 1666 Rn. 170; Staudinger/*Coester* (2020) BGB § 1666 Rn. 3.

801 Vgl. BVerfG FamRZ 2011, 179 (180); BGH FamRZ 2017, 212 (213); Palandt/*Götz* (2021) BGB § 1666 Rn. 33; MüKoBGB/*Lugani* (2020) BGB § 1666 Rn. 170, 206; Staudinger/*Coester* (2020) BGB § 1666 Rn. 218.

nahmen gemein ist, dass in jedem Falle eine positive Feststellung der konkreten Kindeswohlgefährdung durch das Gericht zu erfolgen hat.[802]

b) Ausgewählte appellative und einschränkende Maßnahmen

Mit dem Maßnahmenkatalog und dessen Nummerierung ist gerade keine Priorisierung zugunsten einer dieser Maßnahmen getroffen[803] und auch keine abweichende Eingriffsschwelle eröffnet[804], vielmehr stehen diese im Hinblick auf den jeweiligen Kindesschutzbedarf gleichberechtigt nebeneinander. Gleichwohl kann mit Blick auf die Verhältnismäßigkeit jedoch beispielsweise die vorrangige Ausnutzung von Geboten[805] nach § 1666 Abs. 3 Nr. 1 und Nr. 2 BGB oder lediglich die befristete Beschränkung des Aufenthaltsbestimmungsrechts[806] im Sinne einer Sorgerechtseinschränkung[807] vor einem diesbezüglichen Sorgerechtsentzug geboten sein.

In einer Vielzahl von Kindesgefährdungen kommen zunächst Gebote und Auflagen nach § 1666 Abs. 3 Nr. 1 und Nr. 2 BGB in Betracht, die nötigenfalls auch mit zusätzlichen Zwangsmittelandrohungen[808] nach § 90 FamFG kombiniert werden können. Besonders die appellativen Maßnah-

---

802 Vgl. BT-Drs. 16/6815, S. 14; OLG Bremen FamRZ 2010, 821 (822 f.); *Veit*, FPR 2008, 598 (600); Staudinger/*Coester* (2020) BGB § 1666 Rn. 87, 218, 221.

803 Vgl. BT-Drs. 16/6815, S. 11; OLG Bremen FamRZ 2018, 689 (691); Heilmann/*Heilmann*: Praxiskommentar Kindschaftsrecht (2020) BGB § 1666 Rn. 60 ff.; *Arbeitsgruppe Familiengerichtliche Maßnahmen bei Gefährdung des Kindeswohls*, Abschlussbericht, S. 33; *Ernst*, FPR 2008, 602 (604 f.); Staudinger/*Coester* (2020) BGB § 1666 Rn. 207; Palandt/*Götz* (2021) BGB § 1666 Rn. 30; vergleiche im Hinblick auf die wegen der Verhältnismäßigkeit nötigen Differenzierung auch: Staudinger/*Coester* (2020) BGB § 1666a Rn 20 ff.

804 Vgl. Staudinger/*Coester* (2020) BGB § 1666 Rn. 87; *Coester*, Inhalt und Funktionen des Begriffs der Kindeswohlgefährdung, S. 32.

805 Vgl. Staudinger/*Coester* (2020) BGB § 1666 Rn. 214; kritisch MüKoBGB/*Lugani* (2020) BGB § 1666 Rn. 170.

806 Vgl. BayObLG FamRZ 1990, 1132 (1134); ZfJ 1990, 605 (606 f.); FamRZ 1996, 1352 (1353); OLG Celle FamRZ 2007, 1265 (1265); OLG Hamm FamRZ 1997, 1550 (1551); Staudinger/*Coester* (2020) BGB § 1666 Rn. 214.

807 Vgl. Staudinger/*Coester* (2020) BGB § 1666 Rn. 224, 226.

808 Vgl. KG FamRZ 2010, 1749 (1749 f.); OLG Thüringen FamRZ 2006, 280 (281); Staudinger/*Coester* (2020) BGB § 1666 Rn. 146, 214; vgl. zur Unverhältnismäßigkeit der Sicherung der Gebotseinhaltung durch einen Vorratsbeschluss betreffend den Sorgerechtsentzug OLG Köln FamRZ 2006, 877 (877); MüKoBGB/*Lugani* (2020) BGB § 1666 Rn. 175; Staudinger/*Coester* (2020) BGB § 1666 Rn. 214.

men setzen jedoch voraus, dass bei den Eltern die nötige Kommunikations- und Kooperationsfähigkeit und -willigkeit vorhanden ist, so dass die Maßnahmen ihre Wirksamkeit auch entfalten können.[809] Fehlt es an entsprechender Kooperation oder drohen gar schwerwiegende Gefahren scheiden entsprechende Maßnahmen aus.[810]

Die Kontaktverbote im Hinblick auf das Kind[811] nach § 1666 Abs. 3 Nr. 3, 4 BGB können für die Eltern oder über § 1666 Abs. 4 BGB für Dritte ebenfalls als einschränkende Maßnahme in Betracht kommen.[812] Im Hinblick auf die Eltern des Betroffenen sind diese im Rahmen häuslicher Gewalt aufgrund der Verweisung des § 3 Abs. 1 GewaltSchG sogar die einzige, diesbezüglich eröffnete Möglichkeit.[813]

Auch die Ersetzung elterlicher Erklärungen nach § 1666 Abs. 3 Nr. 5 BGB, beispielsweise in Form der Einwilligung in eine ärztliche Untersuchung, kann selbst bei zusätzlicher befristeter Aufenthaltsbestimmungseinschränkung für den Zeitraum der Untersuchung genügen.[814] Eine Sorgerechtseinschränkung reicht jedoch dann nicht mehr aus, wenn eine umfassende und unbefristete Entscheidung zur Aufenthaltsbestimmung getroffen werden muss.[815]

---

809 Vgl. Staudinger/*Coester* (2020) BGB § 1666 Rn. 219 f.; *Kindler*, FPR 2012, 422 (426); Grandel/Stockmann/*Seebach*, Familienrecht, 92. Entzug des Sorgerechts, Rn. 13; kritisch: BeckOK-BGB/Veit (2019) BGB § 1666 Rn. 95; *Röchling*, FamRZ 2007, 431 (433).

810 Vgl. OLG Köln FamRZ 2001, 1087 (1087 f.); *Simitis*, Kindeswohl, S. 175 f.; *Röchling*, FamRZ 2007, 431 (433); *Röchling*, FamRZ 2007, 1775 (1778); MüKo-BGB/*Lugani* (2020) BGB § 1666 Rn. 176; Staudinger/*Coester* (2020) BGB § 1666 Rn. 219.

811 Vgl. zur fehlenden Möglichkeit eines Kontaktverbots mit dem Kind als Adressat: BT-Drs. 16/6815, S. 11; *Arbeitsgruppe Familiengerichtliche Maßnahmen bei Gefährdung des Kindeswohls*, Abschlussbericht, S. 33; Staudinger/*Coester* (2020) BGB § 1666 Rn. 223.

812 Vgl. MüKoBGB/*Lugani* (2020) BGB § 1666 Rn. 194; Staudinger/*Coester* (2020) BGB § 1666 Rn. 223, 231 ff.

813 Vgl. MüKoBGB/*Lugani* (2020) BGB § 1666 Rn. 186; Staudinger/*Coester* (2020) BGB § 1666 Rn. 223, 231.

814 Vgl. OLG Rostock FamRZ 2011, 1873 (1874); MüKoBGB/*Lugani* (2020) BGB § 1666 Rn. 195; Staudinger/*Coester* (2020) BGB § 1666 Rn. 224.

815 Vgl. BayObLG FamRZ 1965, 280 (281); Staudinger/*Coester* (2020) BGB § 1666 Rn. 226 f.

c) Entzug der elterlichen Sorge, § 1666 Abs. 3 Nr. 6 BGB

Als schärfstes Mittel eröffnet § 1666 Abs. 3 Nr. 6 BGB – entweder unabhängig von vorgelagerten Ge- und Verboten oder bei deren Versagen[816] – schließlich den Entzug der elterlichen Sorge. Dieser kann sich jedoch abgestuft in drei Arten darstellen:

Zunächst kommt als erste Stufe gemäß § 1666 Abs. 3 Nr. 6 Alt. 1 BGB der Entzug einer singulären Befugnis im Hinblick auf die elterliche Sorgeausübung in Betracht. Eine derartige Einzelbefugnis ist beispielsweise die Gesundheitsfürsorge oder das sich aus § 1631 Abs. 1 BGB ergebende Aufenthaltsbestimmungsrecht[817] als Teil des Sorgerechtsteilbereichs Personensorge. Demnach würde lediglich ein Teilaspekt – unter Belassung der sonstigen Sorgebefugnisse beim Sorgerechtsinhaber – entzogen.

Als zweite Stufe besteht die Möglichkeit zum Entzug eines ganzen Sorgerechtsteilbereichs wie der Personensorge[818] nach § 1626 Abs. 1 Satz 2 Alt. 1 BGB oder der Vermögenssorge nach § 1626 Abs. 1 Satz 2 Alt. 2 BGB. Auch der Entzug eines ganzen Sorgerechtsteilbereichs unterfällt § 1666 Abs. 3 Nr. 6 Alt. 1 BGB.

Bevor schließlich als dritte Stufe der vollständige Sorgerechtsentzug[819] gemäß § 1666 Abs. 3 Nr. 6 Alt. 2 BGB im Sinne der Entziehung der gesamten elterlichen Sorge nach § 1626 Abs. 1 S. 1 BGB – mithin der Personen- und der Vermögenssorge – in Betracht kommt.

Der besonders praxisrelevante Entzug des Aufenthaltsbestimmungsrechts und die Fremdunterbringung[820] des Kindes sind als Maßnahme unterhalb des Teil- oder Gesamtsorgerechtsentzugs dabei bereits in der ersten Stufe möglich[821]. Insofern ist der schwerste Eingriff in die elterliche Sorge, die Eltern-Kind-Trennung[822], in allen drei Stufen denkbar und

---

816 Vgl. *Stößer*, FamRB 2008, 243 (244); MüKoBGB/*Lugani* (2020) BGB § 1666 Rn. 174.

817 Vgl. Palandt/*Götz* (2021) BGB § 1666 Rn. 38; Staudinger/*Coester* (2020) BGB § 1666 Rn. 226; MüKoBGB/*Lugani* (2020) BGB § 1666 Rn. 196, 200 f.

818 Vgl. MüKoBGB/*Lugani* (2020) BGB § 1666 Rn. 198 f.

819 Vgl. MüKoBGB/*Lugani* (2020) BGB § 1666 Rn. 196.

820 Vgl. zur bestehenden Notwendigkeit des Entzugs des Aufenthaltsbestimmungsrechts bei einvernehmlicher Fremdunterbringung des Kindes OLG Hamm FamRZ 2012, 1954 (1955); OLG Hamm ZKJ 2011, 303 (305); Staudinger/*Coester* (2020) BGB § 1666 Rn. 214.

821 Vgl. Staudinger/*Coester* (2020) BGB § 1666 Rn. 214.

822 Vgl. MüKoBGB/*Lugani* (2020) BGB § 1666 Rn. 198; Staudinger/*Coester* (2020) BGB § 1666 Rn. 217, 226; Palandt/*Götz* (2021) BGB § 1666 Rn. 29, § 1666a Rn. 2;

damit unabhängig vom sonstigen Umfang stets der selben strikten Verhältnismäßigkeitsprüfung nach § 1666a BGB unterworfen[823].

Prinzipiell ist häufig zunächst der Entzug der Personensorge unter Belassung der Vermögenssorge vor dem vollständigen Entzug der gesamten Sorge anzudenken[824], denn für einen vollständigen Sorgeentzug müssen gerade eine persönliche Kindeswohlgefährdung und eine Kindesvermögensgefährdung zusammentreffen[825]. Führt dieser Teilentzug jedoch zur Blockade oder zur faktischen völligen Aufgabe der elterlichen Sorge, so ist gegebenenfalls in einem separaten, nachgelagerten Schritt ein vollständiger Sorgerechtsentzug vorzunehmen.[826]

d) Auswahl, Beginn und Dauer der Maßnahme

Kommt dem zeitlichen Element bereits wesentliche Bedeutung im Hinblick auf die Einstufung als Gefährdung – sprich ab wann eine Gefährdungslage besteht, die letztlich die Grenze zur Notwendigkeit des staatlichen Handelns durch das Ergreifen von Maßnahmen zum Kindesschutz überschreitet – zu[827], so ist es neben der Verhältnismäßigkeitsprüfung wiederum insbesondere das zeitliche Momentum, das faktischen Einfluss auf Maßnahmenauswahl, Maßnahmenbeginn und Maßnahmendauer hat. Wenn aber bereits „mögliche Gefährdungen"[828] genügen[829], stellt sich zwangsläufig die Frage nach dem richtigen Maßnahmenbeginn. Diese Frage nach dem konkreten Maßnahmenbeginn ist jedoch nur in Bezug auf den Einzelfall zu klären. Die Grenzen liegen jedoch bei Maßnahmen, die

Grandel/Stockmann/*Seebach*, Familienrecht, 92. Entzug des Sorgerechts, Rn. 1, 9; NK-BGB/*Rakete-Dombek/Berning* (2021) BGB § 1666a BGB Rn. 7.

823 Siehe oben unter D.II.7.; vgl. BVerfG FamRZ 2018, 1084 (1086); Staudinger/*Coester* (2020) BGB § 1666 Rn. 225.

824 Vgl. BayObLG NJW 1999, 293 (294); Staudinger/*Coester* (2020) BGB § 1666 Rn. 215.

825 Vgl. OLG Köln FamRZ 2001, 1087 (1088); MüKoBGB/*Lugani* (2020) BGB § 1666 Rn. 196; Staudinger/*Coester* (2020) BGB § 1666 Rn. 207.

826 Vgl. OLG Köln NJW-RR 2000, 373 (373); Staudinger/*Coester* (2020) BGB § 1666 Rn. 215.

827 Siehe oben unter D.II.3.a.aa.

828 Vgl. BT-Drucks 16/6815, 11; Staudinger/*Coester* (2020) BGB § 1666 Rn. 4a.

829 Vgl. Staudinger/*Coester* (2020) BGB § 1666 Rn. 8.

eine echte Rückwirkung auf die Vergangenheit entfalten[830] oder solchen, die eine rein perspektivische Umsetzung in der Zukunft bezwecken[831].

Im Hinblick auf den zeitlichen Ansatzpunkt für staatliche Maßnahmen ist unter partiellem Rückgriff auf die polizeirechtliche Terminologie wie folgt zu unterscheiden.[832]

aa) Verdachtsunabhängiges Einschreiten und Gefahrenverdacht

Die Fallkonstellation des sogenannten verdachtsunabhängigen, präventiven Einschreitens liegt vor, wenn eine gerichtliche Maßnahme im Sinne des § 1666 BGB ohne jedweden Anlass oder ohne Anhaltspunkte ergriffen oder wenn eine gerichtliche Maßnahme im Sinne des § 1666 BGB aufgrund eines Gefahrenverdachts ausgelöst wird.

Ein derartiges familiengerichtliches Einschreiten ist rechtswidrig[833] und entsprechende Maßnahmen sind unverzüglich aufzuheben. Abgesehen von singulärem, systemwidrigen Individualversagen[834] seitens der zum Kindesschutz berufenen staatlichen Stellen, kommen derartige Fallkonstellationen heute[835] aber quasi nicht vor[836].

Vielmehr wäre richtigerweise im Fall eines Gefahrenverdachts durch das Gericht oder auf Veranlassung des Gerichts durch das Jugendamt eine entsprechende Gefahrerforschung[837] zu betreiben.

---

830 Vgl. OLG Zweibrücken ZKJ 2011, 136 (137); *Heilmann*, ZKJ 2011, 139 (139); Staudinger/*Coester* (2020) BGB § 1666 Rn. 212.

831 Vgl. BVerfG FamRZ 2014, 1177 (1179); Staudinger/*Coester* (2020) BGB § 1666 Rn. 212.

832 Vgl. *Holzner*, DÖV 2018, 946 (947 f.); *Jestead*, Staatlicher Kindesschutz unter dem Grundgesetz, S. 17 f.; Staudinger/*Coester* (2020) BGB § 1666 Rn. 88.

833 Vgl. BeckOGK/*Burghart* (2021) BGB § 1666 Rn. 98; Staudinger/*Coester* (2020) BGB § 1666 Rn. 88; Palandt/*Götz* (2021) BGB § 1666 Rn. 29; *Jestead*, Staatlicher Kindesschutz unter dem Grundgesetz, S. 17 f.; *Coester*, Inhalt und Funktionen des Begriffs der Kindeswohlgefährdung, S. 33 f.

834 Vgl. *Hirsch*, Entzug und Beschränkung des elterlichen Sorgerechts, S. 72 f.; diese Thematik eher nur andeutend Staudinger/*Coester* (2020) BGB § 1666 Rn. 67 f.

835 Vgl. zum historischen Kontext: *Hirsch*, Entzug und Beschränkung des elterlichen Sorgerechts, S. 46 ff.

836 Vgl. Staudinger/*Coester* (2020) BGB § 1666 Rn. 67.

837 Vgl. Staudinger/*Coester* (2020) BGB § 1666 Rn. 88, 104; *Jestead*, Staatlicher Kindesschutz unter dem Grundgesetz, S. 17 f.; *Holzner*, DÖV 2018, 946 (948).

bb) Maßnahmen bei künftiger Gefährdung (Abstrakte Gefährdung)

Selbiges Vorgehen – eine weitergehende Gefahrerforschung – eröffnet sich ebenso für die abstrakte Gefährdung[838], die sich in zeitlicher Hinsicht, wie erwähnt, als rein künftige oder gar hypothetische Gefährdungslage darstellt.[839]

Ein Ansetzen für Hilfen[840] oder auch zum Entgegenwirken[841] im dem Zeitpunkt, zu welchem sich eine mögliche Gefährdung erst andeutet, ohne dass sich Selbige bereits manifestiert hat[842], ist in diesem frühest denkbaren Zeitpunkt nicht geboten. Dies käme in zeitlicher Hinsicht einer (perspektivischen) Vorfeldmaßnahme[843] gleich. Stattdessen wird regelmäßig eine weiterführende Gefahrerforschung[844] notwendig sein.

In der Praxis zeigt sich das Problem, dass der Übergang zur drohenden Gefährdung bisweilen schwer konkretisierbar ist. Es stellt sich die Frage, ob sich eine Gefährdung nur andeutet oder ob die Gefährdung in absehbarer Zeit bestehen wird. Eine rein künftige Gefährdung ohne weitere Anhaltspunkte genügt demnach gerade nicht, so dass hier auch keine zeitlich vorgelagerten Vorratsbeschlüsse seitens des Gerichts möglich sind.[845]

cc) Maßnahmen bei absehbarer Gefährdung (Drohende Gefährdung)

Egal, ob man die drohende Gefahr als synonyme Verwendung der sich anbahnenden konkreten Gefahr versteht oder als eigene Kategorie auffasst, inhaltlich soll damit gerade eine Gefährdung „in absehbarer Zeit"[846] zum

---

838 Vgl. BGH FamRZ 2017, 212 (213); BGH FamRZ 2019, 598 (600).

839 Vgl. *Lisken/Denninger/Bäcker*, Handbuch des Polizeirechts, Art. Gefahrenabwehr Rn. 39 ff., 42.

840 Vgl. BVerfGE 60, 79 (90, 95); Staudinger/*Coester* (2020) BGB § 1666 Rn. 4, 4a, § 1666 Rn. 10 ff.

841 Vgl. *Jestead*, Staatlicher Kindesschutz unter dem Grundgesetz, S. 6 ff.; Staudinger/*Coester* (2020) BGB § 1666 Rn. 4a.

842 Vgl. Staudinger/*Coester* (2020) BGB § 1666 Rn. 4a, 86 ff.

843 Vgl. ebd., Rn. 4a, 8.

844 Vgl. ebd., Rn. 88; *Jestead*, Staatlicher Kindesschutz unter dem Grundgesetz, S. 17 f.

845 Vgl. OLG Schleswig ZKJ 2014, 330 (332); Staudinger/*Coester* (2020) BGB § 1666 Rn. 213.

846 So beispielsweise Art. 11 Abs. 3 BayPAG; als Gegensatz zur erst mittel- oder langfristig eintretenden Gefährdung, vgl. BeckOGK/*Amend-Traut* (2021) BGB § 1626 Rn. 51.1.

Ausdruck gebracht werden.[847] Dieser Rückgriff auf die polizeirechtliche Terminologie bietet sich daher vorstehend für die Gefährdungslagen im Rahmen des § 1666 BGB geradezu an, weil die drohende Gefährdung für das Kindeswohl als Möglichkeit einer Gefährdung, die noch nicht feststeht, aber sich bereits abzeichnet[848], einen vergleichbaren Ansatzpunkt aufweist. Genau wie im Polizeirecht durch die Vorfeldmaßnahmen eröffnen sich damit im Kindesschutz zumindest Maßnahmen zur Abwehr der Verfestigung oder des Fortschreitens der Kindesgefährdung im Sinne familiengerichtlicher Vorfeldmaßnahmen. Hierdurch kann bereits auf eine in „nahe[r] Zukunft bestehend[e]“[849] Gefahr reagiert werden[850]; dies entspricht auch dem gesetzgeberischen Ziel einer möglichst frühen Beteiligung des Familiengerichts[851].

Der Übergang von der drohenden zur aktuellen Gefährdung ist dabei fließend[852] und lediglich durch das zeitliche Momentum zur differenzieren.

dd) Maßnahmen bei aktueller Gefährdung (Konkrete Gefährdung)

Entsprechende Maßnahmen nach § 1666 BGB sind schließlich im Falle einer aktuellen, konkreten[853] Gefährdung durch das Familiengericht zu ergreifen. Die konkrete Gefährdungslage ist insofern deckungsgleich mit der vom Bayerischen Obersten Landesgericht als „gegenwärtige Gefahr“[854] umschriebene Gefährdungslage. Diesen akuten Fällen der Kindeswohlgefährdung hat das Gericht durch familiengerichtliche Maßnahmen und nötigenfalls durch einstweilige Anordnungen entgegenzutreten. Im Bedarfs-

---

847 Vgl. zur bisher synonymen Verwendung von drohender Gefahr und konkreter Gefahr: *Wissenschaftliche Dienste*, Sachstand - Der Begriff der „drohenden Gefahr“ im Polizeirecht, S. 3 ff.; ferner BVerfG NJW 2016, 1781 (1795 f.); *Leisner-Egensperger*, DÖV 2018, 677 (679 ff.); *Holzner*, DÖV 2018, 946 (946 f.).

848 Vgl. OLG Nürnberg FamRZ 1981, 707 (707); Palandt/*Götz* (2021) BGB § 1666 Rn. 8; Staudinger/*Coester* (2020) BGB § 1666 Rn. 4a.

849 BayObLG FamRZ 1991, 1218 (1219); vgl. Palandt/*Götz* (2021) BGB § 1666 Rn. 8.

850 Vgl. BayObLG FamRZ 1991, 1218 (1219); BayObLG FamRZ 1996, 1031 (1032).

851 Vgl. Staudinger/*Coester* (2020) BGB § 1666 Rn. 87; Palandt/*Götz* (2021) BGB § 1666 Rn. 3.

852 Vgl. Staudinger/*Coester* (2020) BGB § 1666 Rn. 89.

853 Vgl. *Holzner*, DÖV 2018, 946 (947 f.); *Lisken/Denninger/Bäcker*, Handbuch des Polizeirechts, Art. Gefahrenabwehr Rn. 39 ff., 42.

854 Vgl. BayObLG FamRZ 1996, 1031 (1032).

fall wird den familiengerichtlichen Maßnahmen bereits eine vorläufige Inobhutnahmen gemäß § 42 SGB VIII durch das zuständige Jugendamt vorausgehen.[855]

ee) Maßnahmendauer

Mag der Maßnahmenbeginn durch die aktuelle oder zumindest drohende Gefährdung feststehen, so lässt sich hieraus noch kein Rückschluss auf die notwendige Maßnahmendauer ziehen. Nachdem das Ende der Kindeswohlgefährdung zumeist nicht explizit benannt und an ein kalendermäßiges Datum geknüpft werden kann, scheiden für familiengerichtliche Maßnahmen entsprechende Befristungen und aufschiebende oder auflösende Bedingungen aus.[856] Vielmehr wäre umgekehrt eine befristete Sorgerechtsmaßnahme ohne absehbares Gefährdungsende unzulässig.[857]

Sofern daher entsprechende unbefristete Maßnahmen nicht im Zuge der Überprüfung nach § 166 Abs. 2 FamFG, beispielsweise wegen nunmehr fehlender Erforderlichkeit[858] oder Geeignetheit[859], gemäß § 1696 Abs. 2 BGB aufgehoben werden, bestehen diese regelmäßig bis zum Eintritt der Volljährigkeit des betroffenen Kindes fort.[860] Eine anderweitige Möglichkeit, wie zum Beispiel der vorzeitige Entfall des elterlichen Sorgerechts und eine Erstarkung zur vollständigen Alleinentscheidung durch

855 Vgl. *Clausius*, jM 2019, 266 (269); *Rotax*, FPR 2001, 251 (255 f.); *Wiesner*, FamRZ 2007, 6 (11); MüKoBGB/*Lugani* (2020) BGB § 1666 Rn. 25; *Sommer*, Das Verhältnis von Familiengericht und Jugendamt, S. 107.

856 Vgl. BayObLG NJW 1952, 306 (306); OLG Stuttgart FamRZ 1974, 538 (540); OLG Frankfurt FamRZ 2008, 1554 (1555); MüKoBGB/*Lugani* (2020) BGB § 1666 Rn. 165; Staudinger/*Coester* (2020) BGB § 1666 Rn. 238; zur ausnahmsweise bestehenden Möglichkeit im Zusammenhang mit einer einstweiligen Anordnung OLG Karlsruhe FamRZ 2005, 1272 (1273); Palandt/*Götz* (2021) BGB § 1666 Rn. 30.

857 Siehe zur gebotenen familiengerichtlichen Überprüfungspflicht unter D.II.9.b.dd.; vgl. BeckOK-BGB/Veit (2019) BGB § 1666 Rn. 149 ff.; MüKoBGB/*Lugani* (2020) BGB § 1666 Rn. 165; Staudinger/*Coester* (2020) BGB § 1666 Rn. 225.

858 Vgl. BayObLG FamRZ 1990, 1132 (1134 f.); MüKoBGB/*Lugani* (2020) BGB § 1666 Rn. 165; Staudinger/*Coester* (2020) BGB § 1666 Rn. 238.

859 Vgl. OLG Brandenburg FamRZ 2016, 1282 (1286); Staudinger/*Coester* (2020) BGB § 1666 Rn. 238.

860 Vgl. Johannsen/Henrich/Althammer/*Jokisch*, Familienrecht (2020) BGB § 1666 Rn. 101; Staudinger/Coester (2020) BGB § 1666 Rn. 238.

den Minderjährigen, ist dem Bürgerlichen Gesetzbuch nämlich gerade fremd.[861]

e) Maßnahmenfolgen

Direkte Maßnahmenfolgen ergeben sich aus Sorgerechtseinschränkungen und insbesondere beim Entzug der elterlichen Sorge. Hierbei kommt es im Wesentlichen auf die Situation vor dem Sorgerechtsentzug und die konkrete Ausgestaltung durch die familiengerichtliche Maßnahme an.

Bestand zuvor gemeinsame Sorge beider Elternteile und soll nun das Sorgerecht nur eines Elternteils teilweise oder vollständig entzogen werden, so wird – sofern von dem anderen Elternteil nicht auch eine Kindeswohlgefährdung ausgeht[862] – dem anderen Elternteil die diesbezügliche Sorgebefugnis nach § 1680 Abs. 3 BGB in Verbindung mit § 1680 Abs. 1 BGB übertragen, so dass dieser selbige künftig alleine ausübt.[863] Bestand zuvor Alleinsorge des Elternteiles, dem das Sorgerecht teilweise oder vollständig entzogen werden soll, so wird – sofern dies dem Kindeswohl nicht widerspricht – dem anderen Elternteil die diesbezügliche Sorgebefugnis nach § 1680 Abs. 3 BGB in Verbindung mit § 1680 Abs. 2 BGB übertragen, so dass dieser die Sorgebefugnis anschließend alleine ausübt.[864]

Bestand zuvor gemeinsame Sorge beider Elternteile und soll das Sorgerecht beider Elternteile entzogen werden oder bestand zuvor Alleinsorge des Elternteiles und die Übertragung des Sorgerechts auf den anderen Elternteil scheidet aus, so ist hinsichtlich des Sorgerechts zwischen teilweisem und vollständigem Sorgerechtsentzug zu differenzieren: Im Falle des teilweisen Sorgerechtsentzugs ist eine Ergänzungspflegschaft gemäß § 1909 Abs. 1 S. 1 BGB anzuordnen und ein Pfleger zu bestellen[865]; im Falle des

861 Vgl. MüKoBGB/*Lugani* (2020) BGB § 1666 Rn. 72, 76.

862 Vgl. OLG Hamm FamRZ 2006, 1476 (1476); OLG Koblenz FamRZ 2007, 1680 (1681); OLG Dresden FamRZ 2008, 712 (712); Staudinger/*Coester* (2020) BGB § 1666 Rn. 250.

863 Vgl. KG FamRZ 1971, 267 (269); Staudinger/*Coester* (2020) BGB § 1680 Rn. 17; Staudinger/*Coester* (2020) BGB § 1666 Rn. 250.

864 Vgl. BayObLG NJW 1999, 293 (294); MüKoBGB/*Lugani* (2020) BGB § 1666 Rn. 167; Staudinger/*Coester* (2020) BGB § 1666 Rn. 251.

865 Vgl. BayObLG FamRZ 1997, 1553 (1554); FamRZ 1999, 316 (318); NJW 1999, 293 (294); OLG Zweibrücken FamRZ 2014, 670 (671); MüKoBGB/*Lugani* (2020) BGB § 1666 Rn. 166; Staudinger/*Coester* (2020) BGB § 1666 Rn. 252; Grandel/Stockmann/*Seebach*, Familienrecht, 92. Entzug des Sorgerechts, Rn. 5.

vollständigen Sorgerechtsentzugs ist eine Vormundschaft gemäß §§ 1773 ff. BGB anzuordnen und ein Vormund zu bestellen[866].

Bei der Auswahl des Vormundes nach § 1779 Abs. 2 BGB ist das Kindeswohlprinzip gemäß § 1697a BGB entscheidend[867], so dass insbesondere Verwandte und enge Bezugspersonen bei der Auswahlentscheidung zu berücksichtigen sein können[868].

Auf das Umgangsrecht[869] nach § 1684 BGB hingegen hat eine familiengerichtliche Maßnahme nach § 1666 BGB keine direkte Auswirkung[870], so dass eine spätere Wiederherstellung der Eltern-Kind-Beziehung möglich bleibt[871]. Ein entsprechender Ausschluss oder eine Beschränkung bedarf – wiederum orientiert am Kindeswohl – einer separaten familiengerichtlichen Entscheidung gemäß § 1684 Abs. 4 S. 1 BGB.[872] Im Falle der Kindeswohlgefährdung ist nach § 1684 Abs. 4 S. 2 BGB jedoch langfristig oder dauerhaft eine Umgangseinschränkung oder ein Umgangsausschluss möglich.

Weitere Folgen im Hinblick auf den Entzug der Vermögenssorge ergeben sich zudem aus § 1698 BGB in Bezug auf die Herausgabe des Kindesvermögens und den Entfall der Verwendungsbefugnis nach § 1649 Abs. 2 BGB.[873]

---

866 Vgl. BayObLG FamRZ 1990, 1012 (1014); *Gernhuber/Coester-Waltjen*, Familienrecht (2020) § 72 Das Institut der Vormundschaft Rn. 3; MüKoBGB/*Lugani* (2020) BGB § 1666 Rn. 166; Staudinger/*Coester* (2020) BGB § 1666 Rn. 252; Grandel/Stockmann/*Seebach*, Familienrecht, 92. Entzug des Sorgerechts, Rn. 4.

867 Vgl. BVerfG FamRZ 2015, 208 (210); *Hammer*, JAmt 2015, 291 (294); Grandel/Stockmann/*Seebach*, Familienrecht, 87. Elterliches Sorgerecht, Rn. 8; NK-BGB/*Harms/Bisping* (2021) BGB § 1697a Rn. 1.

868 Vgl. Grandel/Stockmann/*Seebach*, Familienrecht, 92. Entzug des Sorgerechts, Rn. 21.

869 Vgl. Staudinger/*Dürbeck* (2019) BGB § 1684 Rn. 58; *Zimmer*, Das Sorge- und Umgangsrecht, S. 229 ff.

870 Vgl. EGMR FamRZ 2002, 1393 (1394 f.); OLG Hamm FamRZ 2004, 1310 (1310); Staudinger/*Dürbeck* (2019) BGB § 1684 Rn. 65; Staudinger/*Coester* (2020) BGB § 1666 Rn. 255.

871 Vgl. OLG Frankfurt FamRZ 1993, 228 (229); OLG Nürnberg FamRZ 2015, 1211 (1212 f.); Staudinger/*Coester* (2020) BGB § 1666 Rn. 216.

872 Vgl. OLG Frankfurt FamRZ 2019, 1865 (1866 f.); Staudinger/*Coester* (2020) BGB § 1666 Rn. 255.

873 Vgl. Staudinger/*Heilmann* (2020) BGB § 1649 Rn. 23, 36; Staudinger/*Coester* (2020) BGB § 1666 Rn. 255.

9. Familiengerichtliches Verfahren

Ein Blick auf das familiengerichtliche Verfahren soll die Betrachtung der gerichtlichen Maßnahmen bei Gefährdung des Kindeswohls abschließen und ergänzen. Hierbei wird insbesondere auch auf die Möglichkeit der einstweiligen Anordnung eingegangen.

a) Familiengericht, Familiensachen und Kindschaftssachen

Der gerichtliche Kinderschutz ist verfahrensrechtlich – durch das am 1.9.2009 in Kraft getretene *Gesetz über das Verfahren in Familiensachen und in den Angelegenheiten der freiwilligen Gerichtsbarkeit*[874] – den Familiengerichten[875] überlassen. Familiengerichte sind gemäß § 23b Abs. 1 GVG die bei den Amtsgerichten gebildeten Abteilungen für Familiensachen.

Die Verfahren in Familiensachen sind in den §§ 111-270 FamFG geregelt und führen in § 111 FamFG abschließend auf, welche Verfahren zu den Familiensachen gehören[876]. Hierunter fallen die sogenannten Verfahren in Kindschaftssachen[877] gemäß § 151 FamFG, zu welchen nach § 151 Nr. 1 FamFG Verfahren betreffend die elterliche Sorge – und somit auch die gerichtlichen Maßnahmen bei Gefährdung des Kindeswohls nach § 1666 BGB – gehören.

aa) Zuständigkeit und Besetzung

Sämtliche Familiensachen sind gemäß § 13 GVG den ordentlichen Gerichten und gemäß § 23a Abs. 1 S. 1 Nr. 1 GVG hierunter den Amtsgerichten

---

874 Artikel 1 des Gesetzes zur Reform des Verfahrens in Familiensachen und in den Angelegenheiten der freiwilligen Gerichtsbarkeit (FGG-Reformgesetz – FGG-RG) vom 17.12.2008 (BGBl. Jahrgang 2008 Teil I Nr. 61, S. 2586).

875 Der Begriff des „Familiengerichts“ wurde bereits durch das Erstes Gesetz zur Reform des Ehe- und Familienrechts (1. EheRG) vom 14.06.1976 (BGBl. Jahrgang 1976 Teil I Nr. 67, S. 1421 (1443)) eingeführt und fokussierte zunächst lediglich Ehesachen; vgl. MüKoBGB/*Koch* (2019) Einleitung zum Familienrecht, Rn. 133 ff.; Staudinger/*Coester* (2020) BGB § 1666 Rn. 7, 9; ferner *Heilmann*, NJW 2012, 16 (22).

876 Vgl. zum Familienverfahrensrecht: *Sommer*, Das Verhältnis von Familiengericht und Jugendamt, S. 55 ff.; Staudinger/*Coester* (2020) BGB § 1666 Rn. 9.

877 Vgl. Salgo/Lack/*Heilmann*, Verfahrensbeistandschaft (2020) Rn. 1405 ff.

zugewiesen; hierbei handelt es sich nach § 23a Abs. 1 S. 2 GVG um eine ausschließliche Zuständigkeit. Bei den Amtsgerichten[878] werden – wie oben erwähnt – nach § 23b Abs. 1 GVG Abteilungen für Familiensachen als Familiengerichte gebildet und nach § 23b Abs. 3 GVG mit Familienrichtern als Einzelrichter besetzt. Jedwede Maßnahme bei Gefährdung des Kindeswohls gemäß § 1666 BGB unterfällt dem Richtervorbehalt gemäß § 14 Abs. 1 Nr. 2 RPflG. Für den Fall mehrerer Abteilungen für Familiensachen bei einem einzelnen Amtsgericht gilt ergänzend die Zuweisungsregelung des § 23b Abs. 2 GVG, so dass für dasselbe Kind möglichst die gleiche Abteilung zuständig bleibt.

Die örtliche Zuständigkeit des Familiengerichts ergibt sich – außer im Sonderfall der ausschließlichen Zuständigkeit aufgrund Anhängigkeit einer Ehesache der Eltern nach § 152 Abs. 1 FamFG, der Abgabe an das Gericht einer Ehesache nach § 153 S. 1 FamFG und der Verweisungsmöglichkeit bei einseitiger Änderung des Aufenthalts des Kindes nach § 154 S. 1 FamFG[879] – gemäß § 152 Abs. 2 FamFG in Anlehnung daran, wo das Kind seinen gewöhnlichen Aufenthalt beziehungsweise falls dieser nicht zu ermitteln ist gemäß § 152 Abs. 3 FamFG danach, wo das Bedürfnis der Fürsorge bekannt geworden ist.[880] Der gewöhnliche Aufenthalt bestimmt sich dabei nach dem tatsächlichen Lebensmittelpunkt[881] des Minderjährigen.

Für Verfahren betreffend gerichtliche Maßnahmen bei Gefährdung des Kindeswohls gemäß § 1666 BGB ergibt sich die örtliche Zuständigkeit regelmäßig aus § 152 Abs. 2 FamFG.

Bei Fällen mit entsprechendem Auslandsbezug gelten im Hinblick auf die internationale Zuständigkeit[882] über die Vorrangregelung des § 97

878 Sofern es der sachlichen Förderung der Verfahren dient oder zur Sicherung einer einheitlichen Rechtsprechung geboten ist, besteht nach § 23d S. 1 Var. 1 GVG die Möglichkeit der Zuweisung der Familiensachen der Bezirke mehrerer Amtsgerichte an ein Amtsgericht.

879 Vgl. MüKoFamFG/*Heilmann* (2018) FamFG § 154 Rn. 1 ff.; *Heumann*, ZKJ 2008, 280 (284); Staudinger/*Coester* (2020) BGB § 1666 Rn. 256.

880 Vgl. MüKoFamFG/*Heilmann* (2018) FamFG § 152 Rn. 1 ff.; MüKoBGB/*Lugani* (2020) BGB § 1666 Rn. 217.

881 Vgl. BayObLGZ 1973, 345 (347); BayObLG FamRZ 1984, 1259 (1261); OLG Nürnberg FamRZ 2021, 600 (604 f.); Motzer/Kugler/Grabow/*Motzer*: Kinder aus Migrationsfamilien in der Rechtspraxis, Rn. 45; BeckOGK/*Amend-Traut* (2021) BGB § 1626 Rn. 254.

882 Vgl. zur diesbezüglichen Prüfpflicht des Familiengerichts bei tatsächlichem Auslandsbezug BGHZ 60, 68 (70 f.); BayObLG IPRax 1984, 96 (96 f.); *Andrae*, Internationales Familienrecht, S. 555 ff.; Salgo/Lack/*Schweppe*, Verfahrensbei-

FamFG zunächst die jeweiligen völkerrechtlichen Vereinbarungen.[883] Dies sind derzeit[884] vor allem die *Verordnung (EG) Nr. 2201/2003 des Rates über die Zuständigkeit und die Anerkennung und Vollstreckung von Entscheidungen in Ehesachen und in Verfahren betreffend die elterliche Verantwortung und zur Aufhebung der Verordnung (EG) Nr. 1347/2000*[885] vom 27.11.2003 als Modifikation[886] des *Haager Übereinkommens über die zivilrechtlichen Aspekte internationaler Kindesentführung*[887] vom 25.10.1980 und des *Europäischen Übereinkommens über die Anerkennung und Vollstreckung von Entscheidungen über das Sorgerecht für Kinder und die Wiederherstellung des Sorgeverhältnisses*[888] vom 20.05.1980 und das *Übereinkommen über die Zuständigkeit, das anzuwendende Recht, die Anerkennung, Vollstreckung und Zusammenarbeit auf dem Gebiet der elterlichen Verantwortung und der Maßnahmen zum Schutz von Kindern*[889] vom 19.10.1996 sowie die diesbezüglichen Ausführungsvor-

---

standschaft (2020) Rn. 1722 ff.; Staudinger/*Coester* (2020) BGB § 1666 Rn. 313; MüKoBGB/*Lugani* (2020) BGB § 1666 Rn. 29.

883 Vgl. *Hau*, FamRZ 2009, 821 (821 f.); Staudinger/Coester (2020) BGB § 1666 Rn. 313; MüKoBGB/*Lugani* (2020) BGB § 1666 Rn. 29 ff.; vgl. zum Verhältnis der einschlägigen Verträge *Sühle*, Der Einwand des Kindeswohls bei der Durchsetzung ausländischer Entscheidungen in grenzüberschreitenden Sorgerechtskonflikten, S. 46 f.

884 Vgl. zur Rechtslage ab 01.08.2022 die Verordnung (EU) 2019/1111 des Rates über die Zuständigkeit, die Anerkennung und Vollstreckung von Entscheidungen in Ehesachen und in Verfahren betreffend die elterliche Verantwortung und über internationale Kindesentführungen (Brüssel IIb-Verordnung) vom 25.06. 2019 (ABl. L178 vom 02.07.2019, S. 1), welche die Brüssel IIa-Verordnung ersetzen wird.

885 Verordnung (EG) Nr. 2201/2003 des Rates über die Zuständigkeit und die Anerkennung und Vollstreckung von Entscheidungen in Ehesachen und in Verfahren betreffend die elterliche Verantwortung und zur Aufhebung der Verordnung (EG) Nr. 1347/2000 (EuEheVO; Brüssel IIa-Verordnung) vom 27.11.2003 (ABl. L338 vom 23.12.2003, S. 1).

886 Vgl. Art. 60 Brüssel-IIa-Verordnung; Staudinger/*Coester* (2020) BGB § 1666 Rn. 313.

887 Haager Übereinkommen über die zivilrechtlichen Aspekte internationaler Kindesentführung (Haager Kindesentführungsübereinkommen - HKÜ) vom 25.10.1980 (BGBl. Jahrgang 1990 Teil II Nr. 11, S. 206, 207); vgl. Staudinger/*Pirrung* (2018) HKÜ Rn. E15 ff.

888 Europäisches Übereinkommen über die Anerkennung und Vollstreckung von Entscheidungen über das Sorgerecht für Kinder und die Wiederherstellung des Sorgeverhältnisses (Europäisches Sorgerechtsübereinkommen - ESÜ) vom 20.05.1980 (SEV Nr. 105; BGBl. Jahrgang 1990 Teil II Nr. 11, S. 206, 220); vgl. Staudinger/*Pirrung* (2018) HKÜ Rn. F1 ff.

889 Übereinkommen über die Zuständigkeit, das anzuwendende Recht, die Anerkennung, Vollstreckung und Zusammenarbeit auf dem Gebiet der elterlichen

schriften im *Gesetz zur Aus- und Durchführung bestimmter Rechtsinstrumente auf dem Gebiet des internationalen Familienrechts*[890] vom 26.01.2005. Sowohl Art. 8 ff. Brüssel IIa-Verordnung als auch Art. 5 ff. KSÜ stellen demnach für die Zuständigkeit primär auf den Staat ab, in welchem das betroffene Kind seinen gewöhnlichen Aufenthalt hat oder hatte.[891] Hinzu tritt über Art. 13 Brüssel IIa-Verordnung und Art. 6, 11 KSÜ eine Auffangzuständigkeit in dem Staat, in welchem sich das Kind befindet (Art. 13 Abs. 1 Brüssel IIa-Verordnung).

Subsidiär[892] greift die internationale Zuständigkeitsregelung in Kindschaftssachen des § 99 FamFG, wonach sich die Zuständigkeit ergibt, wenn das Kind nach § 99 Abs. 1 S. 1 Nr. 1 FamFG die deutsche Staatsangehörigkeit hat, nach § 99 Abs. 1 S. 1 Nr. 2 FamFG seinen gewöhnlichen Aufenthalt im Inland hat oder nach § 99 Abs. 1 S. 2 FamFG das Kind der Fürsorge durch ein deutsches Gericht bedarf.

bb) Beteiligte im Familienverfahren

Die Beteiligten im Familienverfahren sind nach § 7 FamFG die Eltern, in Verfahren nach § 1666 BGB gegebenenfalls auch ein nicht sorgeberechtigter Elternteil[893], und das Kind[894]. Letzterem kommt jedoch im Sorgerechtsverfahren keine Verfahrensfähigkeit zu – auch nicht ab dem vier-

---

Verantwortung und der Maßnahmen zum Schutz von Kindern (Haager Übereinkommen über den Schutz von Kindern - KSÜ) vom 19.10.1996 (BGBl. Jahrgang 2009 Teil II Nr. 21, S. 602, 603).

890 Gesetz zur Aus- und Durchführung bestimmter Rechtsinstrumente auf dem Gebiet des internationalen Familienrechts (Internationales Familienrechtsverfahrensgesetz - IntFamRVG) vom 26.01.2005 (BGBl. Jahrgang 2005 Teil I, S. 162).

891 Vgl. BGH FamRZ 2008, 45 (46); OLG Nürnberg FamRZ 2021, 600 (604); EuGH FamRZ 2009, 843 (844); EuGH FamRZ 2017,734 (737); *Andrae*, Internationales Familienrecht, S. 556 ff.; Salgo/Lack/*Schweppe*, Verfahrensbeistandschaft (2020) Rn. 1723; BeckOGK/*Amend-Traut* (2021) BGB § 1626 Rn. 269 ff.; Staudinger/Coester (2020) BGB § 1666 Rn. 313; Motzer/Kugler/Grabow/*Grabow*: Kinder aus Migrationsfamilien in der Rechtspraxis, Rn. 194.

892 Vgl. Salgo/Lack/*Schweppe*, Verfahrensbeistandschaft (2020) Rn. 1734.

893 Dies ergibt sich für den Fall des Entzugs der elterlichen Sorge aus § 1680 Abs. 3 iVm Abs. 2 BGB; vgl. BVerfG FamRZ 2010, 1403 (1405 f.); OLG Schleswig FamRZ 2012, 725 (725); OLG Hamm FamRZ 2013, 1989 (1190 f.); OLG Frankfurt FamRZ 2013, 46 (46); MüKoBGB/*Lugani* (2020) BGB § 1666 Rn. 218; Staudinger/*Coester* (2020) BGB § 1666 Rn. 257.

894 Vgl. *Schürmann*, Rollenverteilung und Rechtsstellung von Kindern in familiengerichtlichen Verfahren, S. 232 ff.; *Schael*, FamRZ 2009, 265 (266 ff.); MüKo-

zehnten Lebensjahr aus § 9 Abs. 1 Nr. 3 FamFG –, so dass ein Kind in Verfahren betreffend Maßnahmen nach § 1666 BGB in Ermangelung eines diesbezüglichen, nach bürgerlichem Recht zustehenden Rechts keinerlei wirksame Verfahrenshandlungen vornehmen kann.[895]

In Verfahren betreffend gerichtliche Maßnahmen nach § 1666 BGB ist zudem das Jugendamt nach § 162 Abs. 2 S. 1 FamFG zu beteiligen.[896]

Daneben kommen insbesondere der Verfahrensbeistand gemäß § 158 Abs. 3 S. 2 FamFG, die Pflegeltern gemäß § 161 Abs. 1 FamFG oder gemäß § 7 Abs. 3 FamFG sowie andere Verwandte, sofern diese nach einem Entzug des Sorgerechts als Vormund des Kindes in Frage kommen, als Verfahrensbeteiligte in Betracht.[897] Hinsichtlich des Verfahrensbeistands als Interessenswahrer[898] des Kindes besteht nach § 158 Abs. 1, 2 FamFG sogar eine bedingte[899] Bestellungspflicht und folglich eine Beteiligungspflicht, die allenfalls aufgrund einer rechtsanwaltlichen oder anderweitig geeigneten Vertretung des Kindes gemäß § 158 Abs. 5 FamFG unterbleiben kann[900]; entsprechend des Regelbeispiels nach § 158 Abs. 2 Nr. 2 BGB besteht die Erforderlichkeit zur Bestellung eines Verfahrensbeistands in Verfahren nach § 1666 BGB und § 1666a BGB, sofern die teilweise oder vollständige Entziehung der Personensorge in Betracht kommt.

BGB/*Lugani* (2020) BGB § 1666 Rn. 219; Staudinger/*Coester* (2020) BGB § 1666 Rn. 257.

895 Vgl. BVerfG FamRZ 2008, 845 (848); *Heiter*, FamRZ 2009, 85 (87); BeckOK-FamFG/*Burschel* (2021) FamFG § 9 Rn 7, 7a; MüKoBGB/*Lugani* (2020) BGB § 1666 Rn. 219; MüKoFamFG/*Pabst* (2018) FamFG § 9 Rn. 6; Staudinger/*Coester* (2020) BGB § 1666 Rn. 257; *Schael*, FamRZ 2009, 265 (267 f.); a.A. OLG Brandenburg FamRZ 2014, 1649 (1650).

896 Vgl. MüKoBGB/*Lugani* (2020) BGB § 1666 Rn. 221; zu diesbezüglichen Aufgabenkonflikten: *Rotax*, FPR 2001, 251 (257).

897 Vgl. BVerfG NJW 2014, 2853 (2854 f.); *Klinkhammer*, ZfPW 2015, 5 (27); Staudinger/*Coester* (2020) BGB § 1666 Rn. 257; Salgo/Lack/*Bauer*, Verfahrensbeistandschaft (2020) Rn. 269; *Bergmann*, ZKJ 2016, 288 (288 f.); *Schürmann*, Rollenverteilung und Rechtsstellung von Kindern in familiengerichtlichen Verfahren, S. 236.

898 Vgl. Salgo/Lack/*Bauer*, Verfahrensbeistandschaft (2020) Rn. 237; Staudinger/*Coester* (2020) BGB § 1666 Rn. 269; MüKoBGB/*Lugani* (2020) BGB § 1666 Rn. 222.

899 Vgl. die Regelbeispiele in § 158 Abs. 2 Nr. 1-5 FamFG; Staudinger/*Coester* (2020) BGB § 1666 Rn. 270; Keidel/*Engelhardt* (2020) FamFG § 158 Rn. 11 ff., 13.

900 Vgl. Staudinger/*Coester* (2020) BGB § 1666 Rn. 270.; kritisch MüKoFamFG/*Schumann* (2018) FamFG § 158 Rn. 15; OLG Frankfurt FamRZ 2014, 1857 (1859); *Coester*, Verfahren in Kindschaftssachen, S. 58; *Salgo*, FPR 2006, 12 (16).

b) Verfahrensgang

Der gesamte gerichtliche Verfahrensgang bei potenzieller Kindeswohlgefährdung orientiert sich am Kindeswohl als verfahrensleitendes Prinzip[901] und hat auf alle Erfordernisse des konkret individuellen Einzelfalls[902] einzugehen.

aa) Verfahrensgrundsätze

Betrifft das gerichtliche Verfahren Maßnahmen bei Gefährdung des Kindeswohls treten neben die allgemeinen Verfahrensgrundsätze und das Beschleunigungsgebot in Kindschaftssachen noch weitere besondere Verfahrensbestimmungen im Hinblick auf § 1666 BGB und § 1666a BGB.

aaa) Allgemeine Verfahrensgrundsätze

Für Kindesschutzverfahren gelten zunächst die allgemeinen Verfahrensgrundsätze, wie sich diese stets für Familiensachen oder Kindschaftssachen darstellen.

Nach § 170 Abs. 1 S. 1 GVG erfolgen beispielsweise Verhandlungen, Erörterungen und Anhörungen in Familiensachen grundsätzlich nicht öffentlich. Sofern das Kindesschutzverfahren als selbständiges Familienverfahren geführt wird[903], besteht hierfür – mit Ausnahme der Rechtsbeschwerde zum Bundesgerichtshof[904] – kein Anwaltszwang. Dennoch kann die Möglichkeit der Beiordnung eines Rechtsanwalts geboten sein.[905] Regelmäßig besteht jedoch die Notwendigkeit der Bestellung eines Verfahrensbeistands für das minderjährige Kind gemäß § 158 FamFG.[906]

---

901 Vgl. BVerfG FamRZ 2007, 1078 (1079); *Coester*, Das Kindeswohl als Rechtsbegriff II, S. 38 f.; Staudinger/*Coester* (2020) BGB § 1666 Rn. 65, 258.

902 Vgl. BVerfG FamRZ 2006, 1593 (1594); BVerfG FamRZ 2010, 865 (866); Staudinger/*Coester* (2020) BGB § 1666 Rn. 258.

903 Vgl. Staudinger/*Coester* (2020) BGB § 1666 Rn. 257.

904 Vgl. § 114 Abs. 2 FamFG.

905 Vgl. MüKoFamFG/*Viefhus* (2018) FamFG § 78 Rn. 13; OLG Schleswig NJW 2012, 1014 (1014); OLG Celle FamRZ 2011, 1240 (1240); OLG Bamberg FamRZ 2014, 1041 (1041 f.); Staudinger/*Coester* (2020) BGB § 1666 Rn. 261.

906 Siehe bereits unter D.II.9.a.aa.; vgl. MüKoFamFG/*Schumann* (2018) FamFG § 158 Rn. 6.

Ferner gilt der Verfahrensgrundsatz der Hinwirkung auf eine gütliche Einigung, wie ihn bereits § 36 Abs. 1 S. 2 FamFG statuiert und welcher für Aufenthalts-, Umgangs-, Herausgabeverfahren sowie trennungsbedingte und scheidungsbedingte Sorgerechtsverfahren nach § 156 Abs. 1 S. 1 FamFG im gerichtlichen Hinwirken auf eine einvernehmliche, dem Kindeswohl nicht widersprechende Lösung sogar noch konkretisiert wird. Mithin hat das Erzielen von Einvernehmen der Beteiligten – und somit speziell auch das Einvernehmen des Kindes[907] – ebenfalls im Kindesschutzverfahren nach § 1666 BGB seinen Niederschlag zu finden.[908]

Schließlich gehören zu den allgemeinen Verfahrensgrundsätzen auch die Anhörungspflichten insbesondere hinsichtlich Eltern und Kind, die sich letztlich auf den verfassungsrechtlichen Anspruch auf rechtliches Gehör nach Art. 103 Abs. 1 GG zurückführen lassen.[909]
Die Anhörung der Eltern in Kindschaftssachen folgt aus § 160 FamFG und dient neben dem Anspruch auf rechtliches Gehör vor allem auch der Erlangung eines persönlichen Bildes und Eindrucks der Eltern[910]; insofern darf gemäß § 160 Abs. 3 FamFG von einer Elternanhörung nur aus schwerwiegenden Gründen abgesehen werden.[911]

---

907 Vgl. *Salzgeber*, FamRZ 2008, 656 (659); *Coester*, Verfahren in Kindschaftssachen, S. 55 f.; MüKoFamFG/*Schumann* (2018) FamFG § 156 Rn. 8; BeckOGK/*Amend-Traut* (2021) BGB § 1626 Rn. 228; Staudinger/*Coester* (2020) BGB § 1666 Rn. 260.

908 Vgl. MüKoFamFG/*Schumann* (2018) FamFG § 156 Rn. 6; BeckOGK/*Amend-Traut* (2021) BGB § 1626 Rn. 179 ff.; Staudinger/*Coester* (2020) BGB § 1666 Rn. 260; die Zielrichtung des Einvernehmens verfolgen auch die Gefährdungserörterung nach § 157 Abs. 1 FamFG, die erweiterte Aufgabe des Verfahrensbeistands nach § 158 Abs. 4 S. 3 FamFG oder die erweiterte Aufgabe des Sachverständigen nach § 163 Abs. 2 FamFG; eher skeptisch hingegen: *Willutzki*, ZKJ 2008, 139 (142); *Dettenborn*, FPR 2003, 293 (298).

909 Vgl. v.Mangoldt/Klein/Starck/*Nolte/Aust* (2018) GG Art. 103, Rn. 36; v.Münch/Kunig/*Kunig/Saliger* (2021) GG Art. 103 Rn. 16; BVerfG FamRZ 2002, 1021 (1022); VerfGH Berlin FamRZ 2001, 848 (849 f.); MüKoBGB/*Lugani* (2020) BGB § 1666 Rn. 232, 233 ff.; Staudinger/*Coester* (2020) BGB § 1666 Rn. 273.

910 Vgl. BayObLG FamRZ 1982, 634 (637); FamRZ 1980, 1150 (1151); OLG Hamm FamRZ 1999, 36 (36 f.); OLG Zweibrücken FamRZ 1984, 931 (932); BeckOGK/*Amend-Traut* (2021) BGB § 1626 Rn. 241; Staudinger/*Coester* (2020) BGB § 1666 Rn. 274.

911 Vgl. BayObLG FamRZ 1981, 814 (815); AG Saarbrücken FamRZ 2003, 1859 (1861); VerfGH Berlin FamRZ 2001, 848 (849 f.); OLG Hamm FamRZ 2001, 850 (851); BeckOGK/*Amend-Traut* (2021) BGB § 1626 Rn. 232; MüKoBGB/*Lugani* (2020) BGB § 1666 Rn. 237; Staudinger/*Coester* (2020) BGB § 1666 Rn. 274.

Bei der Anhörung des Kindes nach § 159 FamFG tritt neben den grundgesetzlichen[912] Anhörungsanspruch und die Erlangung des persönlichen Eindrucks und Bildes zusätzlich noch die Möglichkeit zur Erforschung des Kindeswillens.[913] Dies ist letztlich auch der Grund für die altersspezifische Differenzierung – vor und nach Vollendung des vierzehnten Lebensjahrs – zwischen gerichtlicher Anhörungsmöglichkeit nach § 159 Abs. 2 FamFG und gerichtlicher Anhörungspflicht nach § 159 Abs. 1 FamFG.[914] Auch die Anhörung des Kindes darf demnach nur ausnahmsweise gemäß § 159 Abs. 3 FamFG unterbleiben.[915]

bbb) Verfahrensvorrang und -beschleunigung

Neben die allgemeinen Verfahrensgrundsätze tritt eine angemessene Verfahrensdauer. Deren Bedeutung stellt sich insbesondere heraus, sofern alleine durch die gerichtliche Verfahrensdauer für die betroffenen Kinder vollendete Fakten geschaffen werden.[916] Nicht zuletzt um dem Kindeswohl in zeitlicher Hinsicht gerecht zu werden[917], normiert § 155 Abs. 1

---

912 Vgl. BVerfGE 55, 171 (182); BVerfG FamRZ 1999, 85 (88); v.Mangoldt/Klein/Starck/*Robbers* (2018) GG Art. 6, Rn. 253; OLG Schleswig ZKJ 2015, 466 (468); BeckOGK/*Amend-Traut* (2021) BGB § 1626 Rn. 232; Staudinger/*Coester* (2020) BGB § 1666 Rn. 275.

913 Vgl. KG FamRZ 2013, 709 (709); OLG Schleswig ZKJ 2015, 466 (468); *Carl*, Rechtliche Grundlagen und praktische Fragen der Kindesanhörung, S. 27; MüKoBGB/*Lugani* (2020) BGB § 1666 Rn. 234; Staudinger/*Coester* (2020) BGB § 1666 Rn. 275.

914 Vgl. Staudinger/*Coester* (2020) BGB § 1666 Rn. 275.

915 Vgl. MüKoBGB/*Lugani* (2020) BGB § 1666 Rn. 236; Staudinger/*Coester* (2020) BGB § 1666 Rn. 277 ff.

916 Vgl. BVerfG FamRZ 1997, 871 (872 f.); FamRZ 2000, 413 (413); FamRZ 2001, 753 (754); BVerfG FamRZ 2008, 2185 (2188); BVerfG FamRZ 2014, 907 (908); BVerfG NJW 2014, 2936 (2938); EGMR FamRZ 2005, 585 (588); *Heilmann*, Kindliches Zeitempfinden und Verfahrensrecht, S. 15 ff., 111 ff.; *Clauß/Karle*, Psychologische Grundlagen, S. 114; Palandt/*Götz* (2021) BGB § 1666a Rn. 2; Staudinger/*Coester* (2020) BGB § 1666 Rn. 259; MüKoBGB/*Lugani* (2020) BGB § 1666 Rn. 240.

917 Vgl. *Simitis*, Kindeswohl, S. 153 ff.; *Simitis*, FS Müller-Freienfels, S. 615 f.; Grandel/Stockmann/*Seebach*, Familienrecht, 87. Elterliches Sorgerecht, Rn. 26; BeckOGK/*Amend-Traut* (2021) BGB § 1626 Rn. 224; Staudinger/*Coester* (2020) BGB § 1666 Rn. 259; MüKoBGB/*Lugani* (2020) BGB § 1666 Rn. 240; ferner Wiesner/*Schmid-Obkirchner* (2015) SGB VIII § 37 Rn. 17.

FamFG daher unter anderem für Verfahren betreffend die Kindeswohlgefährdung ein umfassendes Vorrang- und Beschleunigungsgebot.

Dabei führt das Vorranggebot zu einer Bevorzugung der in § 155 Abs. 1 FamFG aufgeführten Kindschaftssachen vor sonstigen Verfahren[918], ohne jedoch eine Priorisierung innerhalb dieser Verfahren zu treffen[919]. Damit verbleibt es innerhalb der Aufenthalts-, Umgangs-, Herausgabe- und Kindeswohlgefährdungsverfahren prinzipiell bei der zeitlichen Reihung entsprechend dem Datum der Verfahrenseinleitung.

Das Beschleunigungsgebot bezieht sich hingegen auf das jeweilige Gerichtsverfahren selbst und auf seine Durchführung. Hierzu dient der frühe erste Termine nach § 155 Abs. 2, 3 FamFG binnen Monatsfrist nach Verfahrensbeginn, die Einschränkung möglicher Terminverlegungen[920] nach § 155 Abs. 2 S. 4 FamFG und das Wiederaufnahmegebot nach Verfahrensaussetzung zur Durchführung einer Mediation oder eines anderen Verfahrens der außergerichtlichen Konfliktbeilegung[921] nach § 155 Abs. 4 FamFG. Ergänzend tragen zur Beschleunigung auch die Unanfechtbarkeit[922] von Anordnungen nach § 156 Abs. 1 S. 5 FamFG und § 158 Abs. 3 S. 4 FamFG sowie die Prüfung einstweiliger Anordnungen[923] nach § 156 Abs. 3 S. 1 FamFG und § 157 Abs. 3 FamFG bei. Eine weitergehende Ausgestaltung der Beschleunigung ist Sache des Gerichts, so dass sogar ein „Zuwarten"[924] auf eine kooperative Gefahrabwendung dann möglich ist, wenn entsprechend Lösungsansätze im individuellen Verfahren alsbald greifbar erscheinen[925]. Das Beschleunigungsgebot rechtfertigt somit weder

918 Vgl. MüKoFamFG/*Heilmann* (2018) FamFG § 155 Rn. 12, 38 ff., § 166 Rn. 5 f.; Staudinger/*Coester* (2020) BGB § 1666 Rn. 259.

919 Vgl. MüKoFamFG/*Heilmann* (2018) FamFG § 155 Rn. 25; Staudinger/*Coester* (2020) BGB § 1666 Rn. 259.

920 Vgl. *Rosenboom/Rotax*, ZRP 2008, 1 (3); Staudinger/*Coester* (2020) BGB § 1666 Rn. 259.; insgesamt kritisch zur Verfahrensbeschleunigung hingegen: *Willutzki*, ZKJ 2008, 139 (142).

921 Vgl. zur daraus gefolgerten Einschränkung der allgemeinen Möglichkeit zur Verfahrensaussetzung nach § 21 Abs. 1 S. 1 FamFG: BT-Drs. 16/6308, S. 184; Staudinger/*Coester* (2020) BGB § 1666 Rn. 259.

922 Vgl. zum Verfahrensbeistand: *Menne*, ZKJ 2009, 68 (70); Staudinger/*Coester* (2020) BGB § 1666 Rn. 270.

923 Siehe zur einstweiligen Anordnung unter D.II.9.c.; vgl. *Meysen*, NJW 2008, 2673 (2676); Staudinger/*Coester* (2020) BGB § 1666 Rn. 259.

924 *Hennemann*, FPR 2009, 20 (23); vgl. MüKoFamFG/*Heilmann* (2018) FamFG § 155 Rn. 32; *Fellenberg*, FPR 2008, 125 (127 f.); MüKoBGB/*Lugani* (2020) BGB § 1666 Rn. 240; Staudinger/*Coester* (2020) BGB § 1666 Rn. 259.

925 Vgl. MüKoFamFG/*Heilmann* (2018) FamFG § 155 Rn. 32; *Fellenberg*, FPR 2008, 125 (127 f.); zur andernfalls bestehenden Möglichkeit der Beschleunigungsrüge

eine kontraproduktive Überbeschleunigung unter Verhinderung bisweilen zeitintensiver, einvernehmlicher Lösungsbemühungen noch fehlende Sachverhaltsaufklärung[926].

Sofern Coester anführt, dass das Beschleunigungsgebot durch ein fehlendes, gleichlaufendes Gebot für die Jugendämter durchkreuzt würde[927], wird verkannt, dass letztlich einzig das Gericht – beispielsweise durch entsprechende Fristsetzungen[928] – über die zeitliche Verfahrensdurchführung entscheidet.

Mit Einführung[929] der Beschleunigungsrüge nach § 155b FamFG und der Beschleunigungsbeschwerde nach § 155c FamFG wurden für die Verfahrensbeteiligten zudem effektive Rechtsbehelfe im Hinblick auf das Vorrang- und Beschleunigungsgebot aufgenommen.[930]

ccc) Sonderbestimmungen für Verfahren nach §§ 1666, 1666a BGB

Das *Gesetz über das Verfahren in Familiensachen und in den Angelegenheiten der freiwilligen Gerichtsbarkeit* sieht in etlichen Paragrafen besondere Regelungen zum Verfahrensgang vor, sollte sich das Verfahren nach den §§ 1666 und 1666a des Bürgerlichen Gesetzbuchs richten:

---

nach § 155b FamFG, der Beschleunigungsbeschwerde nach § 155c FamFG und der – im FamFG zwar nicht ausdrücklich gesetzlich geregelten – Untätigkeitsklage: BVerfG FamRZ 2001, 753 (753 f.); OLG Bamberg FamRZ 2003, 1310 (1310); MüKoFamFG/*Heilmann* (2018) FamFG § 155 Rn. 76 ff.; Staudinger/*Coester* (2020) BGB § 1666 Rn. 259.

926 Vgl. BVerfG FamRZ 2017, 1577 (1580); Staudinger/*Coester* (2020) BGB § 1666 Rn. 259.

927 Vgl. Staudinger/*Coester* (2020) BGB § 1666 Rn. 8, 259; ähnlich: *Rosenboom/Rotax*, ZRP 2008, 1 (3); *Coester*, Verfahren in Kindschaftssachen, S. 48.

928 Vgl. zur Fristsetzung gegenüber dem Sachverständigengutachter in Umsetzung des Beschleunigungsgebots: Staudinger/*Coester* (2020) BGB § 1666 Rn. 282.

929 Vgl. Gesetz zur Änderung des Sachverständigenrechts und zur weiteren Änderung des Gesetzes über das Verfahren in Familiensachen und in den Angelegenheiten der freiwilligen Gerichtsbarkeit sowie zur Änderung des Sozialgerichtsgesetzes, der Verwaltungsgerichtsordnung, der Finanzgerichtsordnung und des Gerichtskostengesetzes vom 11.10.2016 (BGBl. Jahrgang 2016 Teil I Nr. 48, S. 2222).

930 Vgl. EGMR FamRZ 2015, 469 (472 f.); *Keuter*, FamRZ 2016, 1817 (1818 f.); zur überlangen Verfahrensdauer ferner: BVerfG FamRZ 2008, 2185 (2188); EGMR FamRZ 2012, 429 (430); EGMR FamRZ 2012, 1123 (1123 f.); MüKoFamFG/*Heilmann* (2018) FamFG § 155 Rn. 5.

Als erstes ist die in § 157 Abs. 1 FamFG statuierte Erörterungspflicht hinsichtlich der Kindeswohlgefährdung als grundlegendes Verfahrenselement zu nennen.[931] Demnach ist mit den Eltern und je nach Geeignetheit des Falls zusätzlich mit dem betroffenen Kind, einerseits zu eruieren, wie mit der möglichen Kindeswohlgefährdung umzugehen ist und welche diesbezüglichen (öffentlichen) Hilfsangebote zum Tragen kommen könnten, andererseits aber auch deutlich zu machen, welche Auswirkungen es hat, sollten diese Hilfsangebote nicht wahrgenommen werden. Insofern ist die Gefährdungserörterung jedoch nur dort sinnvoll und denkbar, wo eine Erörterung unter Mitwirkung der Eltern möglich ist[932] und darüber hinaus ein Sorgerechtseingriff nicht schon unausweichlich geboten ist[933]. Hervorzuheben ist in diesem Zusammenhang die nach § 157 Abs. 2 S. 2 FamFG eröffnete Möglichkeit, diese Erörterung in Abwesenheit eines Elternteils zu führen, falls dies beispielsweise zum Schutz eines Beteiligten erforderlich sein sollte.
Die Gefährdungserörterung setzt damit bereits zeitlich vorgelagert zu den eigentlichen familiengerichtlichen Maßnahmen nach § 1666 BGB an und weist den Familiengerichten eine präventive Schutzfunktion zu. Folglich sieht Coester die Erörterung der Kindeswohlgefährdung nach § 157 Abs. 1 FamFG zutreffend als „funktionale[s] Äquivalent zu § 8a SGB VIII auf jugendhilferechtlicher Ebene“[934].

Daneben besteht die gerichtliche Prüfpflicht nach § 157 Abs. 3 FamFG, wonach das Gericht bei Verfahren nach § 1666 BGB und § 1666a BGB von Amts wegen unverzüglich den Erlass einer einstweiligen Anordnung zu prüfen hat.[935]

Zudem sieht § 166 FamFG in einem angemessenen Zeitabstand eine Überprüfung und gegebenenfalls Abänderung von getroffenen länger andauernden, kindesschutzrechtlichen Maßnahmen gemäß § 166 Abs. 2

---

931 Vgl. MüKoFamFG/*Heilmann* (2018) FamFG § 155 Rn. 12, § 166 Rn. 26; Keidel/*Engelhardt* (2020) FamFG § 157 Rn. 5; *Heilmann*, NJW 2012, 16 (19); Salgo/Lack/*Berneiser*, Verfahrensbeistandschaft (2020) Rn. 1624 ff.; MüKoBGB/*Lugani* (2020) BGB § 1666 Rn. 239; Staudinger/*Coester* (2020) BGB § 1666 Rn. 8, 264.

932 Vgl. Staudinger/*Coester* (2020) BGB § 1666 Rn. 266.

933 Vgl. MüKoBGB/*Lugani* (2020) BGB § 1666 Rn. 239; Staudinger/*Coester* (2020) BGB § 1666 Rn. 266; zur inhaltsgleichen Vorgängerregelung in § 50f FGG a.F.: BT-Drs. 16/8914, S. 13.

934 Staudinger/*Coester* (2020) BGB § 1666 Rn. 265.; vgl. *Coester*, Inhalt und Funktionen des Begriffs der Kindeswohlgefährdung, S. 35 f.; *Coester*, Verfahren in Kindschaftssachen, S. 49 ff.; *Clausius*, jM 2019, 266 (268 f.).

935 Siehe zur einstweiligen Anordnung unter D.II.9.c.; vgl. MüKoBGB/*Lugani* (2020) BGB § 1666 Rn. 240.

FamFG vor. Diese Pflicht zur Überprüfung in einem angemessenen Zeitabstand tritt gemäß § 166 Abs. 3 FamFG ebenfalls ein, falls das Gericht von einer Maßnahme nach den §§ 1666 bis 1667 des Bürgerlichen Gesetzbuchs im Kindesschutzverfahren abgesehen hat; für diesen Fall wird der Zeitabstand sogar um eine Regelüberprüfungsfrist von drei Monaten konkretisiert.[936]

Die Anhörung der Eltern verschärft sich von einer Sollvorschrift in § 160 Abs. 1 S. 1 FamFG in Verfahren nach § 1666 und § 1666a BGB zu einer zwingenden persönlichen Anhörungspflicht der Eltern gemäß § 160 Abs. 1 S. 2 FamFG.[937] Ähnliches gilt für die Beteiligung des Jugendamts, die sich von der antragsabhängigen Beteiligung bei Kindschaftssachen nach § 162 Abs. 2 S. 1 FamFG zur verpflichtenden Beteiligung gemäß § 162 Abs. 2 S. 1 FamFG verschärft.[938] Daneben wird, sofern die teilweise oder vollständige Entziehung der Personensorge in Betracht kommt, die Bestellung eines Verfahrensbeistands nach § 158 Abs. 1, Abs. 2 Nr. 2 FamFG im Regelfall erforderlich.[939]

bb) Verfahrenseinleitung

Sofern das Gericht – vornehmlich über Hinweise oder Anregungen – von einer möglichen Gefährdung Kenntnis erlangt und darin ausreichende Gesichtspunkte für eine Kindesgefährdung erkennt[940], ist ein Verfahren wegen Kindeswohlgefährdung nach § 1666 BGB von Amts wegen nach § 24 Abs. 1 FamFG einzuleiten[941].

Als Hinweisgeber oder Verfahrensanregende nach § 24 Abs. 1 FamFG kommen einerseits sowohl Dritte[942] wie Verwandte oder Nachbarn, ander-

936 Siehe zur Verfahrensüberprüfung unter D.II.9.b.dd.

937 Vgl. Keidel/*Engelhardt* (2020) FamFG § 160 Rn. 4; MüKoBGB/*Lugani* (2020) BGB § 1666 Rn. 237; Staudinger/*Coester* (2020) BGB § 1666 Rn. 274.

938 Vgl. MüKoBGB/*Lugani* (2020) BGB § 1666 Rn. 238; Staudinger/*Coester* (2020) BGB § 1666 Rn. 280.

939 Vgl. Staudinger/*Coester* (2020) BGB § 1666 Rn. 270.

940 Vgl. Heilmann/*Heilmann*, Praxiskommentar Kindschaftsrecht (2020) FamFG § 7 Rn. 9; MüKoBGB/*Lugani* (2020) BGB § 1666 Rn. 223; Staudinger/Coester (2020) BGB § 1666 Rn. 261.

941 Vgl. OLG Brandenburg FamRZ 2018, 1159 (1160); Staudinger/*Coester* (2020) BGB § 1666 Rn. 261.

942 Vgl. BayObLG FamRZ 1993, 1350 (1351); BayObLG FamRZ 1996, 1352 (1352); AG Luckenwalde FamRZ 2008, 1553 (1553); MüKoBGB/*Lugani* (2020) BGB

seits aber auch die Eltern, nur ein Elternteil[943] oder das betroffene Kind selbst[944] in Betracht.

Sofern Dritten im Rahmen ihrer beruflichen Tätigkeit als Berufsgeheimnisträger – wie beispielsweise Ärzte, Psychologen oder Lehrer – eine Kindeswohlgefährdung bekannt wird, besteht über das *Gesetz zur Kooperation und Information im Kinderschutz*[945] vom 22.12.2011 nach § 4 Abs. 3 KKG die Möglichkeit der Gefährdungsmeldung an das Jugendamt.[946]

Für das Jugendamt besteht im Rahmen des Schutzauftrags bei Kindeswohlgefährdung[947], sofern es ein gerichtliches Tätigwerden für erforderlich erachtet, nach § 8a Abs. 2 S. 1 SGB VIII generell eine Anzeigepflicht gegenüber dem Familiengericht. Ebenso besteht diese Anrufungspflicht des Jugendamts, wenn die Personensorgeberechtigten einer einstweiligen Inobhutnahme durch das Jugendamt nach § 42 Abs. 3 S. 2 Nr. 2 SGB VIII widersprechen.[948]

cc) Verfahrensdurchführung

Nach Verfahrenseinleitung ist bereits binnen Monatsfrist gemäß § 155 Abs. 2 FamFG ein früher erster Termin anzusetzen, zu welchem nach § 155 Abs. 3 FamFG das persönliche Erscheinen der verfahrensfähigen Beteiligten anzuordnen ist. Mangels Verfahrensfähigkeit des minderjährigen Kindes[949] kann über § 155 Abs. 3 FamFG kein persönliches Erscheinen des Kindes angeordnet werden[950]; dies hat in der Praxis jedoch kaum Aus-

---

§ 1666 Rn. 223; Staudinger/*Coester* (2020) BGB § 1666 Rn. 261; *Lasner-Tietze*, Kindesschutz und Kinderrechte, S. 112.

943 Vor allem sofern die Gefährdung von Dritten oder dem anderen Elternteil ausgeht; vgl. Staudinger/*Coester* (2020) BGB § 1666 Rn. 261.

944 Vgl. *Kemper*, FamRB 2008, 345 (348); MüKoBGB/*Lugani* (2020) BGB § 1666 Rn. 223; Staudinger/*Coester* (2020) BGB § 1666 Rn. 261.

945 Gesetz zur Kooperation und Information im Kinderschutz (KKG) vom 22.12.2011 (BGBl. Jahrgang 2011 Teil I Nr. 70, S. 2975).

946 Vgl. Wiesner/*Wapler* (2015) KKG § 4 Rn. 32 ff.; Staudinger/*Coester* (2020) BGB § 1666 Rn. 261.

947 Vgl. *Wiesner*, FamRZ 2007, 6 (8); MüKoBGB/*Lugani* (2020) BGB § 1666 Rn. 25.

948 Vgl. MüKoBGB/*Lugani* (2020) BGB § 1666 Rn. 223; Staudinger/*Coester* (2020) BGB § 1666 Rn. 261.

949 Siehe oben unter D.II.9.a.bb.

950 Vgl. zur angeblich kindeswohlwidrigen Teilnahme des Kindes am frühen ersten Termin: BT-Drs. 16/6308, S. 236; *Coester*, Verfahren in Kindschaftssachen, S. 55 f.; Staudinger/*Coester* (2020) BGB § 1666 Rn. 263.

wirkungen, zumal die Familiengerichte häufig den frühen ersten Termin mit dem Termin zur Gefährdungserörterung nach § 157 Abs. 1 FamFG zusammenlegen[951], so dass in geeigneten Fällen über § 157 Abs. 1 FamFG ohnehin eine Erörterung mit dem Kind erfolgt. Die Intention der frühen Terminierung ist das frühzeitige Herbeiführen einer einvernehmlichen Lösung gemäß § 156 FamFG.[952]

Den weiteren Verfahrensgang prägt der Untersuchungs- und Amtsermittlungsgrundsatz nach § 26 FamFG, der je nach konkret individuellem Verfahren antragsunabhängig[953] umfassende Ermittlungen zur Beurteilung der Gefährdungslage, zu möglichen Hilfsansätzen, zu Lösungen und deren Folgen eröffnet.[954]

Im Rahmen dieser gerichtlichen Ermittlungen besteht die grundsätzliche Pflicht zur persönlichen Anhörung der Eltern gemäß § 160 Abs. 1 S. 1 FamFG. Ferner besteht die grundsätzliche Pflicht zur persönlichen Anhörung des Kindes, sofern das Kind das vierzehnte Lebensjahr vollendet hat gemäß § 159 Abs. 1 S. 1 FamFG und die fakultative, persönliche Anhörungsmöglichkeit für jüngere Kinder gemäß § 159 Abs. 2 FamFG.
Daneben tritt die Anhörung des Jugendamtes nach § 162 Abs. 1 FamFG, sowie gegebenenfalls bestehender Pflegepersonen nach § 161 Abs. 2 FamFG oder auch weiterer Personen.[955]

Darüber hinaus sind im Lichte des § 1666a BGB – und speziell im Falle der Eltern-Kind-Trennung oder des Sorgerechtseingriffs – weiterge-

---

951 Vgl. Staudinger/*Coester* (2020) BGB § 1666 Rn. 264 f.; zur Möglichkeit der Zusammenlegung mit der Gefährdungserörterung nach § 157 Abs. 1 FamFG bereits: BT-Drs. 16/6308, S. 237; zur drüber hinaus bestehenden Möglichkeit der Zusammenlegung mit der Elternanhörung nach § 160 Abs. 1 FamFG: BR-Drs. 550/07, S. 21 (zum inhaltsgleichen § 50f FGG a.F.); Staudinger/*Coester* (2020) BGB § 1666 Rn. 266, 274; zur ferner bestehenden Möglichkeit der Zusammenlegung mit der Kindesanhörung nach § 159 Abs. 1, 2 FamFG: *Wagner*, FPR 2008, 605 (607 f.); MüKoFamFG/*Heilmann* (2018) FamFG § 155 Rn. 50 f.; eher kritisch: Staudinger/*Coester* (2020) BGB § 1666 Rn. 266.

952 Vgl. BT-Drs. 16/6308, S. 236; *Trenczek*, ZKJ 2009, 97 (101); *Rüting*, ZKJ 2006, 203 (204); *Reichert*, ZKJ 2006, 230 (231); *Büchner*, ZKJ 2006, 412 (413); Palandt/*Götz* (2021) BGB § 1666 Rn. 3; Staudinger/*Coester* (2020) BGB § 1666 Rn. 263.

953 Vgl. § 29 Abs. 1 S. 2 FamFG; BVerfG FamRZ 2016, 22 (25); OLG Brandenburg FamRZ 2018, 1159 (1160); OLG Saarbrücken NJOZ 2007, 2431 (2431); MüKoBGB/*Lugani* (2020) BGB § 1666 Rn. 226; ferner EGMR FamRZ 2013, 845 (846); Staudinger/*Coester* (2020) BGB § 1666 Rn. 267.

954 Vgl. MüKoBGB/*Lugani* (2020) BGB § 1666 Rn. 224 ff.; Staudinger/*Coester* (2020) BGB § 1666 Rn. 267.

955 Vgl. MüKoBGB/*Lugani* (2020) BGB § 1666 Rn. 233 ff.; Staudinger/*Coester* (2020) BGB § 1666 Rn. 273.

hende Ermittlungen durchzuführen, die eine objektive Beurteilung der Bedrohungs- und letztlich Lebenssituation des minderjährigen Betroffenen ermöglichen.[956] Hierfür können im Einzelfall auch Erkenntnisse aus polizeilichen Ermittlungsakten und gerichtlichen Strafverfahren herangezogen werden.[957] Regelmäßig sind in das Verfahren die Jugendamtsberichte[958] nach § 162 Abs. 1 FamFG oder § 50 Abs. 2 SGB VIII und im Bedarfsfall[959] Sachverständigengutachten in die gerichtlichen Ermittlungen einzubeziehen. Sowohl der grundsätzliche Umfang der Einbeziehung[960] als auch die abschließende Beurteilung und Würdigung[961] obliegt dann alleine dem Gericht.

dd) Verfahrensabschluss und Verfahrensüberprüfung

Die Endentscheidung im Sorgerechtsverfahren erfolgt gemäß § 38 Abs. 1, Abs. 3 S. 1 FamFG durch begründeten Beschluss. In der Beschlussbegründung sind die wesentlichen Entscheidungsgründe anzugeben, so dass hieraus die konkret individuellen Verfahrenseigenheiten[962] und die Umsetzung des berücksichtigten Kindesinteresses[963] erkennbar werden. Der Beschluss wird gemäß § 40 Abs. 1 FamFG durch Bekanntgabe an die Beteiligten wirksam und ist dem betroffenen Kind ab Vollendung des vierzehnten Lebensjahrs nach § 164 S. 1 FamFG selbst bekannt zu machen. Nach Ab-

956 Vgl. BVerfG FamRZ 2015, 2120 (2120 f.); EGMR FamRZ 2013, 845 (846); Staudinger/*Coester* (2020) BGB § 1666 Rn. 267.

957 Vgl. MüKoBGB/*Lugani* (2020) BGB § 1666 Rn. 64; Staudinger/*Coester* (2020) BGB § 1666 Rn. 268.

958 Vgl. Staudinger/*Coester* (2020) BGB § 1666 Rn. 268, 280.

959 Vgl. BVerfG FamRZ 2004, 1166 (1168); BVerfG FamRZ 2008, 492 (493); BVerfG FamRZ 2008, 2185 (2187); BVerfG FamRZ 2009, 1897 (1898 f.); BayObLG FamRZ 1981, 814 (817); FamRZ 1998, 1040 (1041); OLG Frankfurt FamRZ 1998, 1042 (1043); OLG Oldenburg FamRZ 1981, 811 (813); OLG Zweibrücken FamRZ 1984, 931 (931); Staudinger/*Coester* (2020) BGB § 1666 Rn. 281 ff.

960 Vgl. BVerfG FamRZ 2008, 492 (493); BVerfG FamRZ 2008, 2185 (2187); Staudinger/*Coester* (2020) BGB § 1666 Rn. 281, 285.

961 Vgl. zur vertieften Auseinandersetzung mit Gutachten insbesondere bei differenten Beurteilungen: BVerfG FamRZ 2014, 907 (907 f.); BVerfG FamRZ 2017, 524 (528); Staudinger/*Coester* (2020) BGB § 1666 Rn. 268, 287.

962 Vgl. BayObLG FamRZ 1985, 1179 (1180); OLG Hamm FamRZ 2004, 483 (483); Staudinger/*Coester* (2020) BGB § 1666 Rn. 289.

963 Vgl. BVerfG FamRZ 2015, 112 (116); Staudinger/*Coester* (2020) BGB § 1666 Rn. 289.

lauf der einmonatigen Beschwerdefrist gemäß § 63 Abs. 1 FamFG oder der einmonatigen Rechtsbeschwerdefrist gemäß § 71 Abs. 1 S. 1 FamFG oder der Endentscheidung des Rechtsbeschwerdegerichts gemäß § 74 Abs. 6 S. 1 FamFG tritt formelle Rechtskraft ein.[964]

Spätestens mit Verfahrensabschluss[965] beginnt eine Begleit- und Nachbetreuungsphase[966], die gleichsam einer Maßnahmenevaluation schließlich bestenfalls die Wiederherstellung des gesamten Kindeswohls in seiner Familie zum Ergebnis hat[967]. Dies entspricht auch der Intention[968] des § 1696 Abs. 2 BGB, der bei Entfall der Gefahr oder nicht mehr bestehenden Erforderlichkeit der Maßnahme zur Aufhebung der selbigen Maßnahme führt, und des § 166 FamFG, der eine angemessene Überprüfung vorsieht[969].

Im Falle einer Endentscheidung folgt aus § 166 Abs. 2, 3 FamFG für das Familiengericht[970] eine gesetzliche Überprüfungspflicht in angemessenen Zeitabständen hinsichtlich der getroffenen Entscheidung, falls eine länger

---

964 Vgl. Staudinger/*Coester* (2020) BGB § 1666 Rn. 289; MüKoBGB/*Lugani* (2020) BGB § 1666 Rn. 248.

965 Vgl. *Coester*, FamRZ 1991, 253 (259); Staudinger/*Coester* (2020) BGB § 1666 Rn. 297.

966 Vgl. Staudinger/*Coester* (2020) BGB § 1666 Rn. 4a, 8.

967 Vgl. BVerfG FamRZ 2006, 1593 (1594); BVerfG FamRZ 2008, 492 (492); OLG Celle FamRZ 2003, 549 (550 f.); OLG Oldenburg FamRZ 1981, 811 (813); OLG Hamm FamRZ 2006, 1476 (1477); BayObLG ZBlJugR 1983, 308 (311); *Zenz*, Kindesmißhandlung und Kindesrechte, S. 256 f., 261 f.; ebenso zu Art. 8 EMRK: EGMR FamRZ 2004, 1456 (1459); EGMR FamRZ 2005, 585 (588); OLG Karlsruhe FamRZ 2007, 576 (577); OLG Karlsruhe FamRZ 2008, 1554 (1554); Staudinger/*Coester* (2020) BGB § 1666a Rn 12, § 1666 Rn. 4a, 216; vgl. ferner § 37 Abs. 1 SGB VIII; Wiesner/*Schmid-Obkirchner* (2015) SGB VIII § 37 Rn. 1 f.; BeckOGK/*Bohnert* (2021) SGB VIII § 37 Rn. 7.

968 Vgl. MüKoBGB/*Lugani* (2020) BGB § 1696 Rn. 1 f.; Staudinger/*Coester* (2019) BGB § 1696 Rn. 1, 3.

969 Vgl. BT-Drucks 16/6815, S. 21; BT-Drs. 16/8914, S. 12; MüKoFamFG/*Heilmann* (2018) FamFG § 166 Rn. 21 ff.; Staudinger/*Coester* (2020) BGB § 1666 Rn. 4a, 8, 174.

970 Vgl. BGH FamRZ 1992, 170 (170); MüKoFamFG/*Heilmann* (2018) FamFG § 166 Rn. 21; Prütting/Helms/*Hammer* (2020) FamFG § 166 Rn. 17; Staudinger/*Coester* (2020) BGB § 1666 Rn. 294.

dauernde[971] kindesschutzrechtliche Maßnahme angeordnet wurde[972] oder aber falls von einer Maßnahme zunächst[973] abgesehen wurde[974]. Sofern sich im Rahmen des Überprüfungsverfahrens ergibt, dass eine Gefahr für das Kindeswohl nicht mehr besteht oder die Erforderlichkeit der Maßnahme entfallen ist, ist ein Änderungsverfahren einzuleiten und die kindesschutzrechtliche Maßnahme gemäß § 1696 Abs. 2 BGB aufzuheben.[975]

Neben der familiengerichtlichen Überprüfungspflicht nach § 166 FamFG ergibt sich für das Jugendamt im Falle der Eltern-Kind-Trennung eine Beratungs- und Unterstützungspflicht nach § 37 Abs. 1 S. 3 SGB VIII.[976] Hierbei besteht die Besonderheit, dass der Blickwinkel zunächst auf eine Wiederherstellung der Familienverhältnisse gerichtet ist. Bevor dann – im Hinblick auf ein Scheitern dieser Bemühung – regelmäßig erst nach Jahresfrist[977] der Eltern-Kind-Trennung gemäß § 37 Abs. 1 S. 4 SGB VIII je nach Lebensalter und Umstände[978] der Fokus auf eine langfristige Perspektive und auf einen dauerhaften Verbleib des Kindes außerhalb der Familie – mithin bis zur Dauerpflege gemäß § 33 S. 1 Alt. 2

---

971 Vgl. zum einzigen Anwendungskriterium der Maßnahmendauer und folglich nicht zu berücksichtigenden Maßnahmenart oder Maßnahmenintensität: MüKoFamFG/*Heilmann* (2018) FamFG § 166 Rn. 18; Staudinger/*Coester* (2020) BGB § 1666 Rn. 294.

972 Vgl. *Sommer*, Das Verhältnis von Familiengericht und Jugendamt, S. 120 f.; Staudinger/*Coester* (2020) BGB § 1666 Rn. 294; MüKoBGB/*Lugani* (2020) BGB § 1666 Rn. 248.

973 Vgl. zur Notwendigkeit der verfassungskonformen Reduktion des § 166 Abs. 3 FamFG, falls ursprünglich keine Kindesgefährdung vorlag: *Coester*, Verfahren in Kindschaftssachen, S. 51 f.; MüKoFamFG/*Heilmann* (2018) FamFG § 166 Rn. 24; Prütting/Helms/*Hammer* (2020) FamFG § 166 Rn. 21; *Röchling*, FamRZ 2007, 431 (433); *Rosenboom/Rotax*, ZRP 2008, 1 (2); *Veit*, FPR 2008, 598 (600 f.); Staudinger/*Coester* (2020) BGB § 1666 Rn. 299.

974 Vgl. MüKoFamFG/*Heilmann* (2018) FamFG § 166 Rn. 24; MüKoBGB/*Lugani* (2020) BGB § 1666 Rn. 248; *Willutzki*, FPR 2008, 488 (490); *Meysen*, NJW 2008, 2673 (2677); *Sommer*, Das Verhältnis von Familiengericht und Jugendamt, S. 120 f.; Staudinger/*Coester* (2020) BGB § 1666 Rn. 174, 299.

975 Vgl. *Thalmann*, DRiZ 1980, 180 (180 f.); BeckOK-BGB/*Veit* (2019) BGB § 1666 Rn. 149; MüKoBGB/*Lugani* (2020) BGB § 1666 Rn. 248; Staudinger/*Coester* (2020) BGB § 1666 Rn. 225.

976 Vgl. MüKoBGB/*Lugani* (2020) BGB § 1666 Rn. 179.

977 Vgl. BVerfG FamRZ 2001, 753 (753 f.); *Zenz*, Kindesmißhandlung und Kindesrechte, S. 264, 299; *Heilmann*, Kindliches Zeitempfinden und Verfahrensrecht, S. 125; Staudinger/*Coester* (2020) BGB § 1666 Rn. 227, 297; Wiesner/*Schmid-Obkirchner* (2015) SGB VIII § 37 Rn. 16 f.

978 Vgl. *Heilmann*, Kindliches Zeitempfinden und Verfahrensrecht, S. 15 ff., 121 ff.; BT-Drs. 11/5948, S. 74 f.; Staudinger/*Coester* (2020) BGB § 1666 Rn. 297.

SGB VIII[979] oder Adoption des Kindes gemäß § 36 Abs. 1 S. 2 SGB VIII[980] – gerichtet wird.[981]

Dieser jugendhilferechtliche Paradigmenwechsel konkretisiert insofern regelmäßig nach einem Jahr einen ersten angemessenen Zeitabstand für die familiengerichtliche Überprüfung[982]; im Übrigen richten sich Überprüfungsintervall[983] und -intensität[984] nach den konkret individuellen Gegebenheiten.

ee) Rechtsmittel

Die familiengerichtlichen Endentscheidungen sind mit der Beschwerde nach § 58 Abs. 1 FamFG, § 119 Abs. 1 Nr. 1 lit. a GVG zum Oberlandesgericht angreifbar.[985] Beschwerdeberechtigt sind dabei gemäß § 59 FamFG zunächst prinzipiell die Eltern, das Jugendamt und der Verfahrensbeistand sowie ab Vollendung des vierzehnten Lebensjahrs zusätzlich das minderjährige Kind gemäß § 60 FamFG.[986] Durch die Beschwerde entfällt gemäß § 68 Abs. 1 S. 2 FamFG die Abhilfebefugnis des Familiengerichts und das

979 Vgl. Wiesner/*Schmid-Obkirchner* (2015) SGB VIII § 33 Rn. 21 f.; Staudinger/*Coester* (2020) BGB § 1666 Rn. 210.

980 Vgl. Wiesner/*Schmid-Obkirchner* (2015) SGB VIII § 36 Rn. 38 f., 40 f, § 37 Rn. 28 f.; BeckOGK/*Bohnert* (2021) SGB VIII § 37 Rn. 15, § 36 Rn. 26; BayObLG ZfJ 1990, 605 (606 f.); LG Bochum ZKJ 2012, 150 (152 f.); Staudinger/*Coester* (2020) BGB § 1666 Rn. 210; zur diesbezüglichen grundgesetzlichen Gebotenheit: v.Mangoldt/Klein/Starck/*Robbers* (2018) GG Art. 6, Rn. 252.

981 Vgl. Wiesner/*Schmid-Obkirchner* (2015) SGB VIII § 36 Rn. 38 f., 40 f.; *Kinderrechtekommission des Deutschen Familiengerichtstags*, FamRZ 2014, 891 (896); *Hoffmann*, FamRZ 2002, 1276 (1277); Staudinger/*Coester* (2020) BGB § 1666 Rn. 216, 227, 297, § 1666a Rn. 5.

982 Vgl. Staudinger/*Coester* (2020) BGB § 1666 Rn. 297.

983 Vgl. BayObLG FamRZ 1990, 1132 (1134); Prütting/Helms/*Hammer* (2020) FamFG § 166 Rn. 16; *Thalmann*, DRiZ 1980, 180 (182); *Willutzki*, FPR 2008, 488 (491); Staudinger/*Coester* (2020) BGB § 1666 Rn. 296.

984 Vgl. MüKoFamFG/*Heilmann* (2018) FamFG § 166 Rn. 22; Staudinger/*Coester* (2020) BGB § 1666 Rn. 295.

985 Vgl. *Maurer*, FamRZ 2009, 465 (466 ff.); Staudinger/*Coester* (2020) BGB § 1666 Rn. 300 ff.

986 Vgl. MüKoBGB/*Lugani* (2020) BGB § 1666 Rn. 256; Staudinger/*Coester* (2020) BGB § 1666 Rn. 301.

Beschwerdegericht entscheidet nach § 69 Abs. 1 S. 1 FamFG als zweite Tatsacheninstanz in der Sache selbst.[987]

Die Entscheidung des Beschwerdegerichts ist nach § 70 Abs. 1, Abs. 2 FamFG bei entsprechender Zulassung durch das Oberlandesgericht mit der Rechtsbeschwerde gemäß § 133 GVG zum Bundesgerichtshof als Rechtsbeschwerdegericht anfechtbar[988]. Dieses ist gemäß § 72 FamFG nur eine Rechtsinstanz, aber keine Tatsacheninstanz.[989]

Auch wenn der zivilrechtliche Instanzenzug mit der Endentscheidung des Rechtsbeschwerdegerichts abgeschlossen ist, so hat sich außerhalb des regulären, familiengerichtlichen Rechtswegs das Bundesverfassungsgericht als faktische „Superrevisionsinstanz"[990] hinsichtlich kindesschutzrechtlicher Entscheidungen etabliert.[991] Der Entscheidungsschwerpunkt dieser Verfassungsbeschwerden liegt dabei primär auf dem tatsächliche Vorliegen einer Kindeswohlgefährdung und auf der Maßnahmennotwendigkeit der Eltern-Kind-Trennung in Bezug zur verfassungsrechtlich garantierten Schutzfunktion des Staates.[992]

c) Einstweilige Anordnungen

Insbesondere in der Rechtspraxis kommt dem Eilrechtsschutz im Rahmen von Sorgerechtsentscheidungen erhebliche Bedeutung zu. Eine Gefahr für das Kindeswohl liegt unter Umständen nämlich bereits im Zuwarten[993] bis zum Abschluss des Hauptverfahrens nach § 1666 BGB, denn bis zur getroffenen Endentscheidung bestehen aktive und passive Verzögerungsmöglichkeiten durch den (potenziellen) Kindeswohlgefährder. In derarti-

---

987 Vgl. BVerfG FamRZ 2009, 189 (190 f.); BVerfG FamRZ 2014, 1772 (1775); MüKoFamFG/*Heilmann* (2018) FamFG § 155 Rn. 44; MüKoBGB/*Lugani* (2020) BGB § 1666 Rn. 249, 260; Staudinger/*Coester* (2020) BGB § 1666 Rn. 302.

988 Vgl. MüKoBGB/*Lugani* (2020) BGB § 1666 Rn. 264; Staudinger/*Coester* (2020) BGB § 1666 Rn. 304.

989 Vgl. BayObLG FamRZ 1997, 1553 (1554); Prütting/Helms/*Abramenko* (2020) FamFG § 72 Rn 2. ff.; MüKoBGB/*Lugani* (2020) BGB § 1666 Rn. 265; Staudinger/*Coester* (2020) BGB § 1666 Rn. 304.

990 Staudinger/*Coester* (2020) BGB § 1666 Rn. 304a.

991 Vgl. *Hammer*, FamRZ 2014, 1005 (1005); Staudinger/*Coester* (2020) BGB § 1666 Rn. 304a.

992 Vgl. BVerfG FamRZ 2018, 1084 (1086); BGH FamRZ 2019, 598 (601 f.); *Hammer*, FamRZ 2019, 604 (604 f.); Staudinger/*Coester* (2020) BGB § 1666 Rn. 304a.

993 Vgl. Staudinger/*Coester* (2020) BGB § 1666 Rn. 305.

gen Fällen ist ein sofortiges Handeln des Familiengerichts gemäß §§ 49 ff. FamFG geboten.[994]

In Verfahren nach §§ 1666 und 1666a BGB wird in § 157 Abs. 3 FamFG für das Familiengericht eine unverzügliche Prüfpflicht hinsichtlich des Erlasses einer einstweiligen Anordnung zudem explizit festgelegt.[995] Dabei hat die Kernabwägung zwischen Gefährdungsaktualität und -schwere einerseits und den vorläufigen Eingriffsfolgen andererseits zu erfolgen.[996]

Im einstweiligen Anordnungsverfahren muss der Anordnungsanspruch, beruhend auf der drohenden Kindeswohlgefährdung als Rechtsverletzung des Kindes, und der Anordnungsgrund – das dringende[997], unverzügliche[998] Einschreiten – gemäß § 51 Abs. 1 S. 2 FamFG glaubhaft gemacht werden. Ziel des Eilverfahrens kann entsprechend § 49 Abs. 2 FamFG sowohl eine proaktive Regelung als auch die derzeitige Statussicherung sein[999], welche insbesondere unter dem Gesichtspunkt der möglichen Vorwegnahme der Hauptsache[1000] in speziellem Maße dem Verhältnismäßigkeitsgrundsatz unterworfen ist[1001].

---

994 Vgl. BVerfG FamRZ 2018, 1084 (1087); OLG Saarbrücken FamRZ 2011, 131 (131); *Löhnig/Heiss*, FamRZ 2009, 1101 (1101); MüKoBGB/*Lugani* (2020) BGB § 1666 Rn. 242; Staudinger/*Coester* (2020) BGB § 1666 Rn. 305.

995 Vgl. zu darüber hinaus bestehenden expliziten Verweisen auf die Möglichkeit der einstweiligen Anordnung § 156 Abs. 3 S. 1 FamFG und § 156 Abs. 3 S. 2 FamFG.

996 Vgl. BayObLG FamRZ 1997, 387 (387); OLG Düsseldorf NJW 1995, 1970 (1970); OLG Naumburg FamRZ 2001, 770 (771); Staudinger/*Coester* (2020) BGB § 1666 Rn. 305, 307.

997 Vgl. BayObLG NJW 1992, 1971 (1972); BVerfG FamRZ 2017, 206 (207 f.); *Britz*, NZFam 2016, 1113 (1118); MüKoBGB/*Lugani* (2020) BGB § 1666 Rn. 242; Staudinger/*Coester* (2020) BGB § 1666 Rn. 307.

998 Vgl. BVerfG ZKJ 2011, 133 (135); BVerfG FamRZ 2014, 907 (908); BVerfG FamRZ 2017, 206 (207 f.); BVerfG FamRZ 2018, 1084 (1086); OLG Schleswig ZKJ 2014, 330 (332); AG Delmenhorst ZKJ 2014, 79 (80); OLG Karlsruhe FamRZ 2009, 1599 (1599 f.); Prütting/Helms/*Dürbeck* (2020) FamFG § 49 Rn. 5; MüKoBGB/*Lugani* (2020) BGB § 1666 Rn. 242; Staudinger/*Coester* (2020) BGB § 1666 Rn. 307.

999 Vgl. Staudinger/*Coester* (2020) BGB § 1666 Rn. 306.

1000 Vgl. BVerfG FamRZ 2002, 1021 (1023 f.); BVerfG FamRZ 2007, 1626 (1626 f.); BVerfG FamRZ 2009, 189 (190 f.); OLG Saarbrücken FamRZ 2008, 711 (712); *Britz*, FamRZ 2015, 793 (798); MüKoBGB/*Lugani* (2020) BGB § 1666 Rn. 242; Staudinger/*Coester* (2020) BGB § 1666 Rn. 309 f.

1001 Vgl. BVerfG FamRZ 2002, 1021 (1023); MüKoBGB/*Lugani* (2020) BGB § 1666 Rn. 242; Staudinger/*Coester* (2020) BGB § 1666 Rn. 309, § 1666a Rn. 9; *Britz*, JAmt 2017, 286 (289).

Die Reduktion der Eingriffsschwelle[1002], wonach statt der gerichtlichen Überzeugung die dementsprechende Glaubhaftmachung genügt, schlägt sich dabei auch verfahrensrechtlich nieder, so dass die gebotene Sachverhaltsaufklärung keinesfalls die Eilbedürftigkeit blockieren darf.[1003] Folglich können, trotz der prinzipiellen Anhörungspflicht auch im Eilverfahren[1004], bei Gefahr im Verzug die Anhörung des Kindes nach § 159 Abs. 3 S. 2 FamFG, der Eltern nach § 160 Abs. 4 FamFG und des Jugendamts nach § 162 Abs. 1 S. 2 FamFG zunächst unterbleiben und nachgeholt werden.[1005] Auch die Einholung von Sachverständigengutachten entfällt regelmäßig[1006], so dass sich der Erkenntnisgewinn für das Gericht allenfalls aus dem Jugendamtsbericht ergeben kann[1007]. Aus dem Wesen der einstweiligen Anordnung folgt dabei auch, dass die oben beschriebene Verantwortungsgemeinschaft[1008] aus Jugendamt und Familiengericht im Sinne einer zügigen Gerichtsentscheidung – ohne Beteiligung des Jugendamts – bisweilen durchbrochen werden muss[1009]. Einzig die Bestellung eines Verfahrensbeistands ist auch im Eilverfahren regelmäßig geboten.[1010]

Nachdem das einstweilige Rechtsschutzverfahren nach § 51 Abs. 3 S. 1 FamFG ein selbständiges Verfahren ist, das vorgelagert oder parallel zum Hauptsacheverfahren betrieben werden kann[1011], ist eine Aufhebung oder

---

1002 Vgl. MüKoBGB/*Lugani* (2020) BGB § 1666 Rn. 64, 226.

1003 Vgl. MüKoBGB/*Lugani* (2020) BGB § 1666 Rn. 226; Staudinger/*Coester* (2020) BGB § 1666 Rn. 267, 305, 307.

1004 Vgl. OLG Schleswig ZKJ 2014, 330 (331); MüKoFamFG/*Schumann* (2018) FamFG § 159 Rn. 3; Prütting/Helms/*Hammer* (2020) FamFG § 159 Rn. 4; Staudinger/*Coester* (2020) BGB § 1666 Rn. 275.

1005 Vgl. MüKoBGB/*Lugani* (2020) BGB § 1666 Rn. 245; Staudinger/*Coester* (2020) BGB § 1666 Rn. 280, 308.

1006 Vgl. BVerfG FamRZ 2018, 1084 (1087); *Britz*, FamRZ 2015, 793 (797); Staudinger/*Coester* (2020) BGB § 1666 Rn. 283, 308.

1007 Vgl. Staudinger/*Coester* (2020) BGB § 1666 Rn. 307.

1008 Siehe oben unter D.II.8.a.; vgl. *Sommer*, Das Verhältnis von Familiengericht und Jugendamt, S. 135 ff.

1009 Vgl. BayObLG FamRZ 1989, 421 (422 f.); Staudinger/*Coester* (2020) BGB § 1666 Rn. 208; ferner: *Sommer*, Das Verhältnis von Familiengericht und Jugendamt, S. 137.

1010 Vgl. VerfG Brandenburg FamRZ 2011, 305 (307); Staudinger/*Coester* (2020) BGB § 1666 Rn. 270.

1011 Vgl. § 50 Abs. 1 S. 1 FamFG und § 50 Abs. 1 S. 2 FamFG; Staudinger/*Coester* (2020) BGB § 1666 Rn. 305.

Änderung[1012] gemäß § 54 Abs. 1 S. 1 FamFG oder eine Befristung[1013] gemäß § 56 Abs. 1 S. 1 FamFG möglich. Auch wenn es keine zeitliche Begrenzung der einstweiligen Anordnung gibt[1014], ist eine Bestätigung der getroffenen Maßnahmen im Hauptsacheverfahren geboten[1015], so dass es neben einer Vorwegnahme auch nicht zur Ersetzung der Endentscheidung in der Hauptsache kommt[1016].

Die einstweilige Anordnung ist klar von der vorläufigen Inobhutnahme nach § 42 SGB VIII durch das Jugendamt zu differenzieren. Stellt die erste eine klassische Komponente des gerichtlichen Eilrechtsschutzes dar, die entsprechend von den Familiengerichten innerhalb der ordentlichen Gerichtsbarkeit wahrgenommen wird, handelt es sich bei zweitem um eine Sofortmaßnahme bei entsprechender Kindeswohlgefährdung als Ausprägung sozialrechtlichen Verwaltungshandelns[1017], dass einer gerichtlichen Kontrolle erst über die Fachgerichtsbarkeit der Verwaltungsgerichte gemäß § 40 VwGO zugänglich wird[1018]. Dieser öffentlich-rechtliche Sofortrechtsschutz nach § 42 SGB VIII überbrückt im Bedarfsfall die Zeit bis zum Eingreifen des familiengerichtlichen (Eil-)Rechtsschutzes nach §§ 1666, 1666a BGB.[1019]

1012 Vgl. BVerfG FamRZ 2014, 1270 (1273 f.); OLG Brandenburg FamRZ 2011, 1873 (1873); Staudinger/*Coester* (2020) BGB § 1666 Rn. 305, 310.

1013 Vgl. OLG Köln FamRZ 1996, 1027 (1028); OLG Naumburg FamRZ 2001, 770 (771); BVerfG FamRZ 2002, 1021 (1024); MüKoFamFG/*Heilmann* (2018) FamFG § 155 Rn. 37; Staudinger/*Coester* (2020) BGB § 1666 Rn. 310.

1014 Vgl. § 56 Abs. 1 FamFG; Staudinger/*Coester* (2020) BGB § 1666 Rn. 310.

1015 Vgl. *Gottschalk*, ZKJ 2014, 80 (80); AG Delmenhorst ZKJ 2014, 79 (80); Staudinger/*Coester* (2020) BGB § 1666 Rn. 310.

1016 Vgl. BVerfG FamRZ 2002, 1021 (1022); BVerfG NJW 2009, 1133 (1134 f.); OLG Naumburg FamRZ 2001, 770 (771); LG Freiburg FamRZ 1985, 95 (95 f.); zur verfassungsrechtlichen Bedenklichkeit ferner OLG Brandenburg NJW 2019, 1232 (1234); Staudinger/*Coester* (2020) BGB § 1666 Rn. 310.

1017 Vgl. OLG Köln FamRZ 2001, 1087 (1088).

1018 Vgl. BeckOGK/*Schmidt* (2021) SGB VIII § 42 Rn. 181 ff.; Wiesner/*Wiesner* (2015) SGB VIII § 42 Rn. 70.

1019 Vgl. OLG Bamberg FamRZ 1999, 663 (664); *Ollmann*, FamRZ 2000, 261 (262 f.); BeckOGK/*Schmidt* (2021) SGB VIII § 42 Rn. 34; Wiesner/*Wiesner* (2015) SGB VIII § 42 Rn. 31; OLG Köln FamRZ 2001, 1087 (1088); *Clausius*, jM 2019, 266 (269); MüKoBGB/*Lugani* (2020) BGB § 1666 Rn. 25; a.A. *Rotax*, FPR 2001, 251 (255).

d) Internationale Bezüge

Familiengerichtliche Verfahren weisen heute oftmals Berührungspunkte in Regionen außerhalb des Hoheitsgebiets der Bundesrepublik Deutschland auf[1020], so dass sich neben Zuständigkeitsfragen vor allem bei Kindesentführungsverfahren und Sorgerechtsverfahren auch vermehrt Fragen zum anwendbaren Recht ergeben.[1021] Für internationale Kindesentführungsfälle gelten beispielsweise demnach das *Haager Übereinkommen über die zivilrechtlichen Aspekte internationaler Kindesentführung*[1022] vom 25.10.1980 und das *Europäische Übereinkommen über die Anerkennung und Vollstreckung von Entscheidungen über das Sorgerecht für Kinder und die Wiederherstellung des Sorgeverhältnisses*[1023] vom 20.05.1980, jeweils modifiziert durch die *Verordnung (EG) Nr. 2201/2003 des Rates über die Zuständigkeit und die Anerkennung und Vollstreckung von Entscheidungen in Ehesachen und in Verfahren betreffend die elterliche Verantwortung und zur Aufhebung der Verordnung (EG) Nr. 1347/2000*[1024] vom 27.11.2003.[1025] Sofern der diesbezügliche Anwendungsbereich nicht eröffnet ist, ist das *Übereinkommen über die Zuständigkeit, das anzuwendende Recht, die Anerkennung, Vollstreckung und Zusammenarbeit auf dem Gebiet der elterlichen Verantwortung und der*

1020 Vgl. Salgo/Lack/*Schweppe*, Verfahrensbeistandschaft (2020) Rn. 1688; *Andrae*, Internationales Familienrecht, S. 549.

1021 Vgl. *Schulz*, FamRZ 2018, 797 (802 ff.); Salgo/Lack/*Schweppe*, Verfahrensbeistandschaft (2020) Rn. 1690; *Dederer*, Kinderrechte auf internationaler oder supranationaler Ebene, S. 309 ff.; Staudinger/*Coester* (2020) BGB § 1666 Rn. 313; MüKoBGB/*Lugani* (2020) BGB § 1666 Rn. 29.

1022 Haager Übereinkommen über die zivilrechtlichen Aspekte internationaler Kindesentführung (Haager Kindesentführungsübereinkommen – HKÜ) vom 25.10.1980 (BGBl. Jahrgang 1990 Teil II Nr. 11, S. 206, 207); vgl. Staudinger/*Pirrung* (2018) HKÜ Rn. E15 ff.

1023 Europäisches Übereinkommen über die Anerkennung und Vollstreckung von Entscheidungen über das Sorgerecht für Kinder und die Wiederherstellung des Sorgeverhältnisses (Europäisches Sorgerechtsübereinkommen – ESÜ) vom 20.05.1980 (SEV Nr. 105; BGBl. Jahrgang 1990 Teil II Nr. 11, S. 206, 220); vgl. Staudinger/*Pirrung* (2018) ESÜ Rn. F1 ff.

1024 Verordnung (EG) Nr. 2201/2003 des Rates über die Zuständigkeit und die Anerkennung und Vollstreckung von Entscheidungen in Ehesachen und in Verfahren betreffend die elterliche Verantwortung und zur Aufhebung der Verordnung (EG) Nr. 1347/2000 (EuEheVO; Brüssel IIa-Verordnung) vom 27.11.2003 (ABl. L338 vom 23.12.2003, S. 1).

1025 Vgl. MüKoBGB/*Heiderhoff* (2020) Internationales Privatrecht, Brüssel IIa-VO Vor Art. 1 Rn. 3; Staudinger/*Pirrung* (2018) HKÜ Rn. E15 ff., ESÜ Rn. F1 ff.; Staudinger/*Coester* (2020) BGB § 1666 Rn. 314.

Maßnahmen zum Schutz von Kindern[1026] vom 19.10.1996 zu berücksichtigen[1027], bevor auf das nationale Recht zurückgegriffen wird.

Obgleich familiengerichtliche Kindeswohlschutzverfahren nach § 1666 BGB – ebenso wie gegebenenfalls gleichlaufende jugendamtliche Maßnahmen[1028] – der Brüssel IIa-Verordnung unterfallen[1029], ergibt sich für derartige Fälle mangels Regelung in der Brüssel IIa-Verordnung im Ergebnis keine Abweichung hinsichtlich des anwendbaren Rechts.[1030] Für Verfahren nach dem *Haager Übereinkommen über den Schutz von Kindern* regelt Selbiges Art. 15 Abs. 1 KSÜ, so dass aus dem gewöhnlichen Aufenthalt des Kindes in der Bundesrepublik Deutschland die Anwendung deutschen Rechts folgt.[1031] Für darüber hinaus verbleibende[1032] Verfahren greift Art. 21 EGBGB die inhaltsgleiche Regelung auf, nämlich dass bei einer Kindeswohlgefährdung das jeweilige, nationale Recht des gewöhnlichen Aufenthalts des Kindes zum Tragen kommt.

In umgekehrter Blickrichtung – sprich bei ausländischen (familiengerichtlichen) Entscheidungen und deren inländischer Anerkennung beziehungsweise Vollstreckung – ist, sofern kein Verstoß gegen den ordre public vorliegt[1033], eine entsprechende Anerkennung nach dem *Haager Kindesentführungsübereinkommen* und dem *Europäischen Sorgerechtsüberein-*

1026 Übereinkommen über die Zuständigkeit, das anzuwendende Recht, die Anerkennung, Vollstreckung und Zusammenarbeit auf dem Gebiet der elterlichen Verantwortung und der Maßnahmen zum Schutz von Kindern (Haager Übereinkommen über den Schutz von Kindern - KSÜ) vom 19.10.1996 (BGBl. Jahrgang 2009 Teil II Nr. 21, S. 602, 603).

1027 Vgl. *Andrae*, Internationales Familienrecht, S. 590; Staudinger/*Coester* (2020) BGB § 1666 Rn. 314.

1028 Vgl. *Dutta*, FamRZ 2008, 835 (840 f.); *Coester*, Verfahren in Kindschaftssachen, S. 41 ff.; Staudinger/*Coester* (2020) BGB § 1666 Rn. 313.

1029 Vgl. BGH FamRZ 2008, 45 (46); Salgo/Lack/*Schweppe*, Verfahrensbeistandschaft (2020) Rn. 1716; Staudinger/*Coester* (2020) BGB § 1666 Rn. 313.

1030 Vgl. MüKoBGB/*Lugani* (2020) BGB § 1666 Rn. 33; Staudinger/*Coester* (2020) BGB § 1666 Rn. 315.

1031 Vgl. MüKoBGB/*Staudinger* (2020) KSÜ Art. 15 Rn. 3; MüKoBGB/*Lugani* (2020) BGB § 1666 Rn. 33; Staudinger/*Coester* (2020) BGB § 1666 Rn. 315; BeckOK-BGB/*Veit* (2019) BGB § 1666 Rn. 64.

1032 Vgl. zur verschwindenden praktischen Bedeutung des Art. 21 EGBGB aufgrund der vorrangigen internationalen Regelungen BeckOGK/*Amend-Traut* (2021) BGB § 1626 Rn. 269; Staudinger/*Henrich* (2019) EGBGB Art. 21 Rn. 9 f.; MüKoBGB/*Lugani* (2020) BGB § 1666 Rn. 34; Staudinger/*Coester* (2020) BGB § 1666 Rn. 316; ferner Salgo/Lack/*Schweppe*, Verfahrensbeistandschaft (2020) Rn. 1736; *Andrae*, Internationales Familienrecht, S. 606.

1033 Vgl. Art. 23 lit. a Brüssel IIa-Verordnung; Art. 6 EGBGB; vgl. ferner EuGH NJW 2016, 307 (308); *Sühle*, Der Einwand des Kindeswohls bei der Durchset-

kommen gemäß Art. 21 ff. Brüssel IIa-Verordnung oder nach dem *Haager Übereinkommen über den Schutz von Kindern* gemäß Art. 23 ff. KSÜ oder subsidiär nach deutschem Recht gemäß § 108 ff. FamFG geboten.[1034]

III. Zwischenfazit

Zusammenfassend lässt sich damit festhalten, dass im deutschen Familienrecht mit den gerichtlichen Maßnahmen bei Gefährdung des Kindeswohls gemäß § 1666 Abs. 1 BGB für die bisher anerkannten Gefährdungslagen ein gut etabliertes, gerichtliches Schutzverfahren für Fälle von Kindeswohlgefährdungen besteht. Sowohl bei reinen Inlandsfällen als auch bei fällen mit internationalen Bezügen eröffnet das deutsches Rechtsschutzsystem damit eine umfassende Schutzmöglichkeit für die betroffenen Minderjährigen.

zung ausländischer Entscheidungen in grenzüberschreitenden Sorgerechtskonflikten, S. 39f., 45; Staudinger/*Coester* (2020) BGB § 1666 Rn. 317.

1034 Vgl. Staudinger/*Coester* (2020) BGB § 1666 Rn. 317 f.

E. Gerichtliche Maßnahmen bei drohender Zwangsheirat

Die drohende Zwangsheirat stellt je nach Ausprägung ab der Eheanbahnung oder ab dem Zeitraum der vorehelichen Dependenz oder unmittelbar durch die Eheschließungspraxis eine Kindeswohlgefährdung dar. Hierbei ist aufgrund der unterschiedlichen Ausgangslagen eine Differenzierung der Gefährdungslage und der gebotenen Maßnahmen hinsichtlich eines nicht bestehenden und eines bestehenden Auslandsbezugs vorzunehmen.

I. Drohende Zwangsheirat als Gefährdung im Sinne von § 1666 BGB

Vor der Darstellung der Gefährdungslagen und der gerichtlichen Reaktionsmöglichkeiten soll zunächst spezifischer auf die drohende Zwangsheirat als prinzipielle Gefährdung im Sinne von § 1666 Abs. 1 BGB eingegangen werden.

1. Zeitliches Momentum – Drohende Zwangsheirat

Ist das Vorliegen einer bereits erfolgten Zwangsheirat in der ex post Betrachtung größtenteils unproblematisch und eindeutig, so stellt sich dies im Hinblick auf die drohende Zwangsheirat in der ex ante Betrachtung grundlegend anders dar. Häufig bestehen Probleme den Zeitpunkt der Verheiratungspraxis, sprich den Tag oder auch nur den Zeitkorridor der beabsichtigten Eheschließung, konkret zu erfassen; die ebenso relevanten Phasen möglicher vorgelagerter Eheversprechen, die Eheanbahnung, die Heiratsvermittlung und der Zeitraum der vorehelichen Dependenz zwischen der ersten bindenden Handlung und der Eheschließung sind hierbei noch gar nicht berücksichtigt[1035].

Es stellt sich die Frage, wann der Zeitpunkt oder Zeitraum der drohenden Zwangsheirat erreicht ist. Im Sinne eines umfassenden Kindeswohlschutzes muss auf den frühest möglichen, konkreten Zeitpunkt der unangemessenen Druckausübung abgestellt werden. Hierzu bedarf es

---

1035 Vgl. *Deutscher Juristinnenbund*, Stellungnahme Gesetzesentwurf zur Bekämpfung der Zwangsheirat, S. 2.

einer individuellen Einzelfallbetrachtung. So kann in einem Fall bereits in frühester Kindheit ein entsprechendes Eheversprechen stattgefunden haben, das Kind aber bis zur Pubertät beziehungsweise unterstellten Geschlechtsreife[1036] ein unbeschwertes Leben führen dürfen. Erst hiernach stellt sich durch beispielsweise voreheliche Erwartungen die Gefährdung der drohenden Zwangsverheiratung für das Kind unmittelbar vor der Eheschließungszeremonie als solche dar. Eine ähnlich kurze Zeitspanne der Druckausübung besteht häufig bei Ferienverheiratungen, sofern die Kinder erst im Zielland von ihrer eigenen bevorstehenden Eheschließung erfahren. Der Zeitraum der Druckausübung liegt hier nur zwischen der Kenntniserlangung und dem Vollzug der Eheschließung. In anderen Fällen kann ein Kind aufgrund einer erzwungenen Eheanbahnung über Jahre hinweg und somit bereits Jahre vor der beabsichtigten Eheschließung[1037] einem ständigen Druck- und Bedrohungsregime ausgesetzt sein. Eine allgemeingültige, klare zeitliche Abgrenzung ist damit gerade nicht möglich.

a) Anhaltslose Verdachtsfälle und rein präventives Einschreiten

In Bezug auf eine vermutlich drohende Zwangsheirat ergeben sich ohne nähere Anhaltspunkte keinerlei Abweichungen zu den allgemeinen Ausführungen[1038] betreffend gerichtlicher Maßnahmen nach § 1666 BGB. Ein verdachtsunabhängiges, präventives Einschreiten ist bei einem bloßen Gefahrenverdacht hinsichtlich einer drohenden Zwangsheirat in keinem Falle ausreichend.

Auch wenn sicherlich keine diesbezügliche, systemimmanente Gefahr besteht[1039], so kann es im Hinblick auf die Zwangsheirat gerade in Einzelfällen durch Fehlvorstellungen, durch die mangelnde Kenntnis abweichender kultureller Prägungen oder schlicht durch vermutete Umstände durchaus zu Fallkonstellationen kommen, die objektiv keine Anhaltspunkte für Maßnahmen nach § 1666 BGB eröffnen. Derartige Verfahrensaus-

---

1036 Vgl. Staudinger/*Mankowski* (2010) EGBGB Art. 13 Rn. 199; *Schlenker*, Das Verbot der Zwangsheirat, S. 136; *Lehnhoff*, Sklavinnen der Tradition, S. 14; zur diesbezüglichen Ehemündigkeitsgrenze in einigen islamisch geprägten Staaten: *Sütçü*, Zwangsheirat und Zwangsehe, S. 206.

1037 Vgl. *Kalthegener*, Stellungnahme zur öffentlichen Anhörung des Bundestagsausschusses - Bekämpfung von Zwangsverheiratungen, S. 5.

1038 Siehe oben unter D.II.8.d.aa.

1039 Vgl. zur Absage eines politisch intendierten Missbrauchs von Sorgeentscheidungen in der Bundesrepublik: Staudinger/*Coester* (2020) BGB § 1666 Rn. 67.

reißer werden dabei weniger auf gerichtsbekannte Vorkommnisse noch Anzeigen Dritter, sondern vielmehr auf vorverfahrenseinleitende, fehlerhafte Prognosen der Jugendämter – beispielsweise im Sinne einer fehlverstandenen Kindesrettung[1040] vor den abweichenden kulturellen Einflüssen – zurückzuführen sein. Ohne jedwede Anhaltspunkte ist alleine aufgrund (möglicher) abweichender kultureller Prägungen und Vorstellungen einem gerichtlichen Einschreiten eine Absage zu erteilen. Unter gewissenhafter Reflektion eröffnet sich bei reinen Verdachtsfällen allenfalls eine entsprechende Gefahrerforschung als Vorfeldmaßnahme.

b) Abstrakte Gefährdung

Auch eine abstrakte Gefährdung beispielsweise durch das typischerweise Bestehen von Zwangsverheiratungen im erweiterten Bekanntenkreis der Betroffenen oder innerhalb der jeweiligen Gesamtcommunity genügt für ein familiengerichtliches Einschreiten gerade nicht. Ebenso wenig genügt das Erreichen eines gewissen allgemeinen Lebensalters des hypothetisch betroffenen Minderjährigen, da aufgrund der sehr differierenden Zwangsverheiratungspraxis alleine aufgrund des Lebensalters gerade kein konkreter Rückschluss[1041] auf die bevorstehende Gefährdung gezogen werden können. In sich spezifischer abzeichnenden Verdachtsfällen, beispielsweise aufgrund entsprechender Hinweise, wären jedoch Gefahrerforschungshandlungen eröffnet und geboten.

c) Drohende Gefährdung

Höchst komplex ist bisweilen die Beurteilung, wann eine drohende Zwangsverheiratung damit eine drohende Gefährdung darstellt. Häufig steht der konkrete Verheiratungstermin noch gar nicht fest oder ist zumindest den Betroffenen nicht bekannt; gleichwohl beginnen in vielen Fällen die mit der drohenden Zwangsverheiratung einhergehenden Eltern-Kind-Konflikte bereits weit früher. Drohende Zwangsheiratsfälle erlauben gerade keine punktuelle Betrachtung, da aufgrund möglicher vor- und nachgelagerter Einzelgefährdungen eine sehr komplexe Gesamtgefährdungssitua-

---

1040 Vgl. OLG Düsseldorf FamRZ 1984, 1258 (1258); Staudinger/*Coester* (2020) BGB § 1666 Rn. 168.

1041 Vgl. MüKoBGB/*Lugani* (2020) BGB § 1666 Rn. 50.

tion besteht, so dass im Rahmen einer drohenden Zwangsverheiratung zurecht von einem „prozesshaften Geschehen“[1042] gesprochen wird. Dieser Prozess vollzieht sich jedoch gerade in mehreren Schritten. Daher muss sich der familiengerichtliche Kindesschutz vielfach an entsprechenden konkret individuellen Indizien im Einzelfall orientieren.[1043] Denkbare wäre hierfür das Erreichen eines persönlichen Heiratsalters innerhalb der jeweiligen Familie, der spezifischen Religionsgemeinschaft oder der regionalen Community; hier ist gegebenenfalls auch ein Blick auf Geschwister oder nahe Verwandte hilfreich.[1044] Ebenso sind auch Brautversprechen mit bereits geleisteten Brautgaben oder ein schon bestehendes Minderjährigenverlöbnis[1045] mit alsbaldiger Terminierung als Anhaltspunkte für die drohende Gefährdung[1046] vorstellbar. Letztlich werden somit im Einzelfall die jeweiligen Einlassungen der betroffenen Minderjährigen und die konkret geschilderten und bestehenden Situationen zu berücksichtigen sein.[1047]

d) Konkrete Gefährdung

Ungleich einfacher stellt sich – vorausgesetzt, dass diese der Betroffenen bekannt ist – die konkrete Gefährdung in akuten Zwangsheiratsfällen dar. Eine konkrete, gegenwärtige Gefährdung in Form der Zwangsverheiratung ist beispielsweise gegeben, wenn schon ein konkreter Eheschließungstermin vorliegt, eine Auslandsreise mit bereits angekündigter Verheiratung unmittelbar bevorsteht oder aber, wenn es zuvor einen gescheiterten Verheiratungsversuch gab. Die konkrete, gegenwärtige Gefährdung ist häufig bereits in entsprechend tatsächlichen Vorbereitungshandlungen[1048] zu sehen, so beispielsweise wenn Einladungen gedruckt werden oder entsprechende Kleidung für die Eheschließung erworben wird.

1042 *Deutscher Juristinnenbund*, Stellungnahme Gesetzesentwurf zur Bekämpfung der Zwangsheirat, S. 2; *Kalthegener*, Stellungnahme zur öffentlichen Anhörung des Bundestagsausschusses - Bekämpfung von Zwangsverheiratungen, S. 5; *Bauer*, Kindeswohlgefährdung, S. 240.

1043 Vgl. *Bauer*, Kindeswohlgefährdung, S. 242 ff.; MüKoBGB/*Lugani* (2020) BGB § 1666 Rn. 50.

1044 Vgl. *Bauer*, Kindeswohlgefährdung, S. 242.

1045 Siehe unten unter E.II.1.b.aa.; vgl. *Schwab*, FamRZ 2017, 1369 (1373).

1046 Vgl. Palandt/*Götz* (2021) BGB § 1666 Rn. 8.

1047 Vgl. *Bauer*, Kindeswohlgefährdung, S. 242.

1048 Vgl. ebd., S. 242; in anderem Zusammenhang: *Wüstenberg, FPR 2012, 452* (454 f.).

Problematisch ist in derartigen Fällen in der Praxis das Aufdecken des jeweiligen Ansatzpunktes[1049] für das Familiengericht zur entsprechenden Verfahrenseinleitung, insbesondere wenn die betroffenen Minderjährigen größtenteils isoliert in ihren Familien und Communities aufwachsen.

2. Inhaltliches Momentum – Fortbestehende Möglichkeit der Zwangsheirat

Aufgrund des Erfordernisses der Ehemündigkeit nach § 1303 BGB kommen für reine Inlandsfälle praktisch keine zivilrechtlichen Eheschließungen mehr in Betracht; gleichwohl sind nichtstaatliche, traditionelle und rein religiös geprägte Hochzeiten für die Betroffenen ebenso problematisch. Diese entfalten für die betroffenen Minderjährigen häufig die gleichen, wenn nicht sogar durch die soziokulturelle und religiöse Komponente noch größere Bindungswirkung und höheren Druck.

Nachdem der Gesetzgeber das Problemfeld der traditionellen und religiösen Zwangseheschließungen erkannt und über § 11 PStG ja gerade eine diesbezügliche Verhinderungs- und Sanktionierungsmöglichkeit geschaffen hat, muss die traditionelle oder religiöse Zwangseheschließung auch im Hinblick auf ein mögliches familiengerichtliches Einschreiten mitgedacht werden. Folglich sind gerichtliche Maßnahmen bei traditionellen oder religiösen Zwangseheschließungen ebenso geboten und erforderlich wie bei zivilen Zwangseheschließungen, andernfalls ergäbe sich ein entsprechender Wertungswiderspruch.

Auch wenn über § 1303 BGB staatliche Eheschließungen und über § 11 PStG traditionelle und religiöse Eheschließungen und Eheschließende Verträge für Minderjährige verboten sind, so gilt dies zunächst primär und ausschließlich für die Verheiratungspraxis, sprich den Akt der Eheschließung. Der Gefährdungszeitraum ist jedoch häufig viel weiter vorgelagert, beispielsweise auf den Zeitpunkt des Eheversprechens oder zumindest die Eheanbahnungsphase im Allgemeinen.

Ergänzend kommt hinzu, dass der weit überwiegende Blickwinkel betreffend die Zwangsheirat und die bisherigen gesetzlichen Regelungen

1049 Vgl. zutreffend zum strafrechtlichen unmittelbaren Ansetzen: *Sering*, NJW 2011, 2161 (2163); *Kalthegener*, Stellungnahme zur öffentlichen Anhörung des Bundestagsausschusses - Bekämpfung von Zwangsverheiratungen, S. 5; hierin dagegen weniger ein Problemfeld erblickend: *Bauer*, Kindeswohlgefährdung, S. 240.

von der familienrechtlichen Fragestellung der Kindesgefährdung differiert. Geht es um die personenstandsrechtliche Anerkennung oder respektive die Verhinderung der Eheschließung und die strafrechtliche Sanktionierung der erzwungenen Eheschließung einerseits, stellt sich andererseits die Frage des familiengerichtlichen Einschreitens im Gefährdungsfall. Insofern hat die Zwangsverheiratung gerade noch keinen expliziten, spezialgesetzlichen Niederschlag in der familienrechtlichen, kindesschützenden Gesetzgebung gefunden. Daher ist auf den § 1666 BGB als Zentralnorm der kindesschutzrechtlichen Maßnahmen nach § 1696 Abs. 2 BGB zurückzugreifen. Bei drohenden und akuten Zwangsheiratsfällen ist die Notwendigkeit familiengerichtlichen Einschreitens eröffnet.

Sofern die Gefährdung nicht alleine primär von den Eltern ausgeht, sondern von dritten Personen, wie einem Clanoberhaupt, den zukünftigen Schwiegereltern oder dem künftigen Ehegatten, ist nicht nur gegen diese Dritten gemäß § 1666 Abs. 4 BGB vorzugehen, sondern gegebenenfalls auch gegen die passiven, nicht kindesschutzbereiten und kindesschutzwilligen Eltern. Denn auch im Unterlassen des Kindesschutzes durch die Eltern kann eine Kindeswohlgefährdung liegen.[1050]

Für die Betrachtung, ob die Möglichkeit drohender Zwangsheirat als kindeswohlgefährdende Handlung fortbesteht, kommt es schlussendlich auch nicht auf den juristischen Rahmen oder die strafbewährte Qualifikation der Zwangsheirat an, sondern darauf, ob Eltern und Familienverbände bestehen, die Zwangsheiraten praktizieren. Egal ob nur latent gefördert oder ganz offen gefordert, stellt die Zwangsverheiratung innerhalb der Familie stets ein kindeswohlgefährdendes „familienpathologische[s] Syndrom“[1051] dar. Insofern ist jede Form der drohenden Zwangsheirat – selbst wenn die Eheschließung als Heiratsakt noch nicht vollzogen ist – als mögliche Kindeswohlgefährdung zu klassifizieren.

II. Gerichtliche Maßnahmen bei drohenden Zwangsheiratsfällen im Inland

Im Folgenden werden die gerichtlichen Maßnahmen bei drohenden Zwangsheiratsfällen im Inland genauer dargestellt. Hierzu wird zunächst umfassend auf die Gefährdungslage eingegangen, bevor die Gefährdungsbegegnung und die Verfahrensbesonderheiten dargestellt werden.

1050 Vgl. Staudinger/*Coester* (2020) BGB § 1666 Rn. 96.

1051 Vgl. *Zenz*, Kindesmißhandlung und Kindesrechte, S. 96, 245, 255, 304 ff.; Staudinger/*Coester* (2020) BGB § 1666 Rn. 4.

1. Gefährdungslage in Zwangsheiratsfällen

Zunächst ist ein Blick auf die jeweilige Gefährdungslage in den entsprechenden drohenden und bestehenden Zwangsheiratsfällen erforderlich. Hierzu soll vor der Gesamtbetrachtung der Zwangsheirat ein Vergleich zu sonstigen Kindeswohlgefährdungslagen erfolgen.

a) Quervergleich zu anerkannten Fallgruppen

Im Rahmen der Betrachtung der gerichtlichen Maßnahmen bei drohender Zwangsheirat im Inland – ohne jedweden Auslandsbezug – bietet sich zur entsprechenden Einordnung der Zwangsheirat zunächst ein Quervergleich zu den anerkannten Gefährdungslagen an.

aa) Gesundheitsgefährdung im Kontext der Zwangsheirat

Bereits hinsichtlich der Erscheinungsformen[1052] der unangemessenen Druckausübung im Hinblick auf drohende oder akute Zwangsverheiratungen wurde auf die typischen, strafrechtlich sanktionierten Gefährdungen eingegangen. Exemplarisch seien hier noch einmal die Körperverletzungen[1053], Freiheitsberaubungen , Vergewaltigungen und Morddrohungen als Auszug der typischen Tatformen erwähnt – wie sie sich auch im folgenden Sachverhalt zeigen.

Im Fall der vierzehnjährigen Hüsniye, mit der sich das Landgericht Berlin bereits vor deren späterer Zwangsverheiratung zu befassen hatte, gab es bereits zahlreiche zeitlich vorgelagerte Gewalterfahrungen wie Schläge mit einem Besenstiel auf Hände und Füße bis sogar entsprechende Frakturen eintraten, Schläge ins Gesicht und andere vermeintliche Züchtigungsformen.[1054] Dieses Gewaltregime setzte sich nach der religiösen Zwangsverheiratung im Alter von fünfzehn Jahren durch den Ehegatten, ihren Cousin, fort.[1055] Die Minderjährige wurde wiederholt misshandelt und eingesperrt. Darüber hinaus wurde sie psychisch mit einer potentiell

---

1052 Siehe oben unter C.I.1.c.

1053 Vgl. zur Abstufung: *Schröttle*, Zwangsverheiratung, Gewalt und Paarbeziehungen, S. 152 f.

1054 Vgl. LG Berlin FamRZ 1983, 943 (943 f.); *John*, FamRZ 1983, 1274 (1274).

1055 Vgl. *John*, FamRZ 1983, 1274 (1274).

lebensgefährlichen Behandlung, nämlich dem kurzzeitigen Öffnen des Gashahnes in einem geschlossenen Raum, bedroht.[1056] Zudem kam es zu Vergewaltigungen, aus welchen eine Schwangerschaft mit Fehlgeburt im dritten Schwangerschaftsmonat hervorging.[1057]

Die Vielzahl der auch strafrechtlich relevanten Gefährdungslagen in drohenden Zwangsheiratsfällen erschüttert. Besonders hervorzuheben sind jedoch die auftretenden Vergewaltigungen[1058], die – neben der Befriedigung des Sexualverlangens des Ehegatten und der Degradierung des minderjährigen Opfers zum reinen Sexualobjekt – teils zum Brechen des Willens dienen oder auch dazu, die vermeintliche Unwertigkeit der Frau zu dokumentieren. Mit Blick auf die Folgen sind – losgelöst von den erheblichen psychischen Konsequenzen – besonders die physischen Auswirkungen erschreckend. Die jungen Körper der minderjähriger Kinder sind nicht reif genug für den Geschlechtsverkehr und die den Vergewaltigungen potenziell folgenden Schwangerschaften, so dass regelmäßig Gesundheitsgefährdungen durch Blutungen und Fehlgeburten sowie Folgeschäden drohen.[1059]

Aber auch viele Begehungsformen, die unterhalb der Strafbarkeitsschwelle liegen, wie herabsetzende, abwertende Äußerungen[1060], ständige Unterdrückungen[1061] und Bestrafungen[1062], verursachen unmittelbar oder zumindest mittelbar Gesundheitsgefährdungen. Vielfach sind Kombinationen der dargestellten Druckausübungen Haupt- und Begleiterscheinungen drohender Zwangsverheiratungen. Hinzu kommt die ständige Angst vor

---

1056 Vgl. zur lediglich religiösen Eheschließung aufgrund bereits bestehender Ehe des Cousins: *John*, FamRZ 1983, 1274 (1274).

1057 Vgl. *John*, FamRZ 1983, 1274 (1274).

1058 Vgl. *Bock*, NJW 2012, 122 (124); *Ter-Nedden*, Zwangsverheiratung, S. 345; *Sütçü*, Zwangsheirat und Zwangsehe, S. 162 f.; *Bauer*, Kindeswohlgefährdung, S. 226, 237.

1059 Vgl. *Europäisches Parlament*, Bericht über die künftige externe Strategie der EU gegen Früh- und Zwangsverheiratung, S. 7.

1060 Vgl. zu Ausdrücken wie „Nutte“ gegenüber der Tochter: LG Berlin FamRZ 1983, 943 (943).

1061 Vgl. *Letzgus*, FPR 2011, 451 (451).

1062 Vgl. OLG Düsseldorf FamRZ 1984, 1258 (1259); LG Berlin ZKJ 2006, 103 (104); AG Korbach FamRZ 2003, 1496 (1497); *Uslucan*, FPR 2011, 456 (457 f.); *Menne*, FamRZ 2016, 1223 (1227).

Aggressionen[1063] sowie die Drohung mit Ehrenmord[1064] oder die Drohung mit Repressalien gegenüber der Restfamilie[1065].

Hier zu erwähnen sind auch alle durch die Restfamilien unter diversen Druckformen verlaufenden Versuche der Rückführung der Minderjährigen in die Familie, sofern diese sich bereits in Obhut des Jugendamtes befinden[1066]. Häufig sehen die Betroffenen jedoch durch weitere Formen des unangemessenen Drucks, wie dem angedrohten Ausschluss aus der Familie[1067] oder dem ständigen Erwähnen der faktischen Abhängigkeit und Ausweglosigkeit, schon gar keine Möglichkeit für sich Hilfe nachzusuchen; gleichsam führt gerade diese Situation zu psychischen und seelischen Gesundheitsgefährdungen.[1068]

Zu den mittelbaren Gesundheitsgefährdungen der drohenden Zwangsheirat gehören darüber hinaus auch begleitende Eingriffe, wie die Überprüfung der Geschlechtsorgane[1069] zur Kontrolle der entsprechenden Keuschheit beziehungsweise Jungfräulichkeit[1070]. Insofern stellt die drohende Zwangsheirat vielfach auch eine Gesundheitsgefährdung aufgrund diverser intolerabler Wertesystemabweichungen dar, besonders dann wenn selbigen der Stellenwert eines religiösen Gebotes zugeschrieben wird.[1071]

1063 Vgl. *Letzgus*, FPR 2011, 451 (451).

1064 Vgl. KG NJW 1985, 68 (70); BR-Drs. 767/04, S. 4; BT-Drs. 17/4401, S. 8; *Sering*, NJW 2011, 2161 (2161); *Letzgus*, FPR 2011, 451 (451); *Deutscher Juristinnenbund*, Stellungnahme Gesetzesentwurf zur Bekämpfung der Zwangsheirat, S. 2.

1065 Vgl. *ada Schutzhaus*, Stellungnahme Evaluierung des Gesetzes zur Bekämpfung von Kinderehen, S. 3; *Schlenker*, Das Verbot der Zwangsheirat, S. 142 ff.; allgemein Motzer/Kugler/Grabow/*Motzer*: Kinder aus Migrationsfamilien in der Rechtspraxis, Rn. 64.

1066 Vgl. OLG Köln FamRZ 2001, 1087 (1087).

1067 Vgl. *Sering*, NJW 2011, 2161 (2161); *Letzgus*, FPR 2011, 451 (451).

1068 Vgl. im Gegensatz dazu das reine Negieren der Rechtslage: BT-Drs. 18/12086, S. 17.

1069 Vgl. BayObLG DAVorm 1983, 78 (80 ff.); Staudinger/*Coester* (2020) BGB § 1666 Rn. 164; MüKoBGB/*Lugani* (2020) BGB § 1666 Rn. 62.

1070 Vgl. *Fachkommission Zwangsverheiratung Baden-Württemberg*, Bericht, S. 19; *Ter-Nedden*, Zwangsverheiratung, S. 347; *Çileli*, Lieber sterben als heiraten, S. 32; *Sütçü*, Zwangsheirat und Zwangsehe, S. 110 f., 137.

1071 Vgl. *Putzke*, FS Herzberg, S. 698 ff., 702; *Herzberg*, JZ 2009, 332 (336 ff.); Staudinger/*Coester* (2020) BGB § 1666 Rn. 126; a.A. *Schwarz*, JZ 2008, 1125 (1129).

In der weit überwiegenden Zahl von Zwangsheiratsfällen gehen diese mit sowohl physischen als auch – mindestens ebenso schwerwiegenden[1072] – psychischen und seelischen Gesundheitsgefährdungen einher.[1073] Jede Form von Gewalt, sei sie nun physischer, psychischer oder seelischer Natur, widerspricht generell und unabhängig von kultureller Prägung[1074] oder religiöser Einwendung[1075] dem Recht auf gewaltfreie Erziehung aus § 1631 Abs. 2 BGB und damit der elterlichen Sorge nach § 1626 BGB i.V.m. § 1631 Abs. 1 BGB.[1076]

Selbsttötungsdrohungen[1077] und Selbsttötungsversuche[1078] sind in Konfliktlagen – wie beispielsweise bei einer drohenden Zwangsheirat[1079] – häufig nicht nur der letzte Ausweg Minderjähriger, sondern stellen zudem eine der denkbar größten seelischen Gesundheitsgefährdungen dar.

So hatte das Bayerische Oberste Landesgericht über den Fall einer fünfzehnjährigen, türkischen Staatsbürgerin mit vormals längerer Pflegeelternunterbringung in Deutschland zu befinden, die sich nach erfolgter Rücksiedlung in die Türkei mit deren Eltern im Rahmen eines Urlaubs in Deutschland weigerte wieder in die Türkei zurückzukehren.[1080] Nachdem das Beschwerdegericht sich zunächst für eine Rückführung zu den Eltern aussprach, trug die Minderjährige sinngemäß vor, befürchten zu müssen,

---

1072 Vgl. Staudinger/*Coester* (2020) BGB § 1666 Rn. 96.

1073 Vgl. *Europäisches Parlament*, Bericht über die künftige externe Strategie der EU gegen Früh- und Zwangsverheiratung, S. 5.

1074 Vgl. OLG Köln FamRZ 2001, 1087 (1088); Motzer/Kugler/Grabow/*Motzer*: Kinder aus Migrationsfamilien in der Rechtspraxis, Rn. 61; MüKoBGB/*Lugani* (2020) BGB § 1666 Rn. 55, 58, 61; Staudinger/*Coester* (2020) BGB § 1666 Rn. 97; a.A. LG Berlin FamRZ 1983, 943 (944).

1075 Vgl. EGMR FamRZ 2019, 975 (975); EGMR FamRZ 2019, 594 (597 f.); Staudinger/*Coester* (2020) BGB § 1666 Rn. 97.

1076 Vgl. Motzer/Kugler/Grabow/*Motzer*: Kinder aus Migrationsfamilien in der Rechtspraxis, Rn. 61; Staudinger/*Coester* (2020) BGB § 1666 Rn. 97.

1077 Vgl. KG NJW 1985, 68 (70); BayObLG FamRZ 1985, 737 (739); *Lempp*, FamRZ 1986, 1061 (1063); BayObLG FamRZ 1993, 229 (230); *John*, FamRZ 1983, 1274 (1274); *Çileli*, Lieber sterben als heiraten, S. 30; Staudinger/*Coester* (2020) BGB § 1666 Rn. 165.

1078 Vgl. KG NJW 1985, 68 (70); BayObLG FamRZ 1993, 229 (230); *John*, FamRZ 1983, 1274 (1274); Staudinger/*Coester* (2020) BGB § 1666 Rn. 165; insgesamt durchaus kritisch: *Sütçü*, Zwangsheirat und Zwangsehe, S. 144 ff.

1079 Vgl. BayObLG FamRZ 1984, 1259 (1260 f.); *John*, FamRZ 1983, 1274 (1274); *Spuler-Stegemann*, Die 101 wichtigsten Fragen - Islam, S. 67.

1080 Vgl. BayObLG FamRZ 1984, 1259 (1259) [Beschluss vom 19.07.1984 – BReg 1 Z 51/84, vorausgehend LG Würzburg, Beschluss vom 18.05.1984 – 3 T 829/84]; FamRZ 1985, 737 (737).

in der Türkei zwangsverheiratet zu werden und drohte zudem einen Selbsttötungsversuch an[1081]. Ohne die Zwangsverheiratungsgefahr näher zu thematisieren[1082], stellte das Bayerische Oberste Landgericht fest, dass die Eltern auf den seelischen Zustand des Kindes Rücksicht zu nehmen haben, um dem Kindeswohl zu entsprechen.[1083]

Werden insofern bestehende Konfliktlagen in der Person des Minderjährigen nicht durch die Eltern akzeptiert, nicht entschärft oder selbigen nicht entgegengewirkt, liegt bereits hierin eine Kindeswohlgefährdung.[1084] Nachdem Zwangsverheiratungen durch die auf die Minderjährigen einwirkende unangemessene Druckausübung stets mit einer gravierenden Konfliktlage für selbige einhergehen, ist alleine schon aus Gründen der seelischen Gesundheit eine Kindeswohlgefährdung zu bejahen.

bb) Instabilität und Diskontinuität aufgrund drohender Zwangsheirat

Die mit der drohenden Zwangsheirat einhergehenden Auswirkungen verhindern generell ein förderliches, stabiles und kontinuierliches Familienverhältnis.

Hier ist einerseits die Erschütterung des kindlichen Grundvertrauens in die eigenen Familienstrukturen zu nennen.[1085] Die von Zwangsheirat bedrohten Kinder müssen erfahren, dass sich die Eltern oder sogar der komplette Familienverband nicht schützend und unterstützend am jeweiligen Kind sowie den kindlichen Interessen orientieren und gerade nicht als stabiles Lebensumfeld bis zur Volljährigkeit zur Verfügung stehen. Vielmehr sehen die Betroffenen sich entweder einer kurzfristigen, abrupten oder einer allmählichen, schleichenden und bisweilen über Jahren andauernden Abkopplung vom bisher gewohnten Lebensumfeld und von den genossenen Freiheiten als Kind innerhalb der eigenen Familie ausge-

---

1081 Vgl. BayObLG FamRZ 1984, 1259 (1261); FamRZ 1985, 737 (738).

1082 Vgl. BayObLG FamRZ 1984, 1259 (1262); FamRZ 1985, 737 (739).

1083 Vgl. BayObLG FamRZ 1984, 1259 (1262); FamRZ 1985, 737 (739); kritisch: *Knöpfel*, FamRZ 1985, 1211 (1211 ff.); *Schütz*, FamRZ 1986, 528 (529 f); *Lempp*, FamRZ 1986, 1061 (1063); *Schütz*, FamRZ 1987, 438 (438 f.); zusammenfassend: *Wieser*, FamRZ 1990, 693 (696 ff.).

1084 Vgl. *Wieser*, FamRZ 1990, 693 (697); Staudinger/*Coester* (2020) BGB § 1666 Rn. 165.

1085 Vgl. *Balloff*, FPR 2013, 208 (209 ff.).

setzt.[1086] Die Instabilität und Vertrauenserschütterung aufgrund der drohenden Zwangsheirat geht dabei teilweise soweit, dass Ausschlüsse aus dem Familienverband angedroht und sogar entsprechende Morddrohungen[1087] gegen das Kind ausgesprochen werden.

Diese Drohungen wiederum sorgen für einen weiteren Eingriff in die familiäre Stabilität. Hat der Bundesgerichtshof noch im Jahr 1951 die Drohung, ein volljähriges Kind aus dem gesamten Familienverband aufgrund einer entsprechenden Verletzung der Familienehre zu verstoßen, für sozialadäquat erklärt[1088], unterbindet heute vor allem die familienrechtliche Beistands- und Rücksichtnahmepflicht aus § 1618a BGB derartige Ansinnen[1089]. Insofern ist von der Restfamilie die Eheschließungsfreiheit zu respektieren und gleichzeitig der persönliche Kontakt aufrechtzuhalten[1090]. Ein Familienausschluss eines minderjährigen Kindes verstößt demnach nicht nur gegen § 1618a BGB, sondern auch gegen die elterliche Sorge- und Umgangspflicht. Die diesbezügliche Drohung zerstört das Familienverhältnis damit im Sinne einer zweiten Destabilisierung. Selbiges muss beispielsweise auch für eine gegen ein minderjähriges Kind ausgesprochene Morddrohung gelten.

Zudem fällt hierunter auch die im Kindesalter zu durchlebende Diskontinuität, sofern das stabile Aufwachsen in der Familie zu Lasten einer gegebenenfalls frühzeitigen Eingliederung in die Familie des Ehegatten unter Verlust der bisherigen Bezugspersonen durchbrochen wird[1091].

1086 Vgl. *Kalthegener*, Stellungnahme zur öffentlichen Anhörung des Bundestagsausschusses - Bekämpfung von Zwangsverheiratungen, S. 5.

1087 Vgl. KG NJW 1985, 68 (70); BayObLG FamRZ 1991, 1218 (1218 f.); *Scherer*, ZfJ 1999, 86 (92); Staudinger/*Coester* (2020) BGB § 1666 Rn. 164.

1088 Vgl. BGHZ 2, 287 (298); *Kubik/Zimmermann*, JR 2013, 192 (200).

1089 Vgl. MüKoBGB/*v. Sachsen-Gessaphe* (2020) § 1618a Rn. 1; *Schramm*, Ehe und Familie im Strafrecht, S. 263 f.

1090 Vgl. Staudinger/*Lugani* (2020) BGB § 1618a Rn. 44; MüKoBGB/*v. Sachsen Gessaphe* (2020) § 1618a Rn. 12, 14; Palandt/*Götz* (2021) BGB § 1618a Rn. 3; *Kubik/Zimmermann*, JR 2013, 192 (200).

1091 Vgl. *Sering*, NJW 2011, 2161 (2161); *Letzgus*, FPR 2011, 451 (451); MüKoBGB/*Lugani* (2020) BGB § 1666 Rn. 57; *Bauer*, Kindeswohlgefährdung, S. 238; *Sütçü*, Zwangsheirat und Zwangsehe, S. 162.

cc) Fehlende Entwicklungsförderung wegen geplanter Zwangsheirat

Wird generell für Minderjährigenehen bereits aus sich heraus eine Beeinträchtigung der kindlichen Entwicklungschancen gesehen[1092], geht mit einer geplanten Zwangsheirat häufig bereits im Vorfeld der Eheschließung eine entsprechende Einschränkung oder Unterbindung der prinzipiell gebotenen Entwicklungsförderung voraus. Alleine die von den Eltern gewünschte Lebensweise schränkt in vielen Fällen schon die prinzipiellen Entwicklungsmöglichkeiten ein.[1093] Die fehlende Entwicklungsförderung schlägt sich in vielen drohenden Zwangsheiratsfällen vor allem in der Verweigerung oder zumindest der Beschränkung einer jeweils kindsbezogenen, angemessenen Ausbildung nieder[1094]. Häufig wird hierzu angeführt eine Ausbildung sei aufgrund der einzig auf die Eheschließung ausgerichteten Erziehung und im Sinne der auch künftigen Stellung[1095] der Minderjährigen ohnehin nicht nötig. Mithin fehlt es an der diesbezüglichen Erziehungsbereitschaft der Eltern.[1096] Dies hat zur Folge, dass den betroffenen Minderjährigen, wenn überhaupt, nur ein Schulbesuch im staatlicherseits durch die Schulpflicht absolut vorgeschriebenen Mindestumfang zuteilwird und weder eine Lehre noch ein Studium offensteht.[1097]

Eine derartig eingeschränkte und insgesamt größtenteils fehlende Entwicklungsförderung verstößt gegen das Kindeswohl und stellt eine Kindeswohlgefährdung da.

1092 Vgl. BT-Drs. 18/12086, S. 1, 14.

1093 Vgl. *Lorenz*, IPRax 1992, 305 (306); *Münder*, ZAR 1985, 93 (95); MüKoBGB/*Lugani* (2020) BGB § 1666 Rn. 56.

1094 Vgl. KG NJW 1985, 68 (70); LG Berlin FamRZ 1983, 943 (943); OLG Köln FamRZ 2001, 1087 (1087); OLG Stuttgart DAVorm 2000, 1144 (1144 f.); BT-Drs. 18/12086, S. 15; *Raack*, FPR 2007, 478 (480); *Raack*, FPR 2012, 467 (468 f); *Wapler*, Kinderechte und Kindeswohl, S. 555 ff.; *Menne*, FamRZ 2016, 1223 (1227); *Bock*, NJW 2012, 122 (126); MüKoBGB/*Lugani* (2020) BGB § 1666 Rn. 56; Staudinger/*Coester* (2020) BGB § 1666 Rn. 164 f.; *Bauer*, Kindeswohlgefährdung, S. 237 f.; sowie allgemein: *Coester*, FPR 2009, 549 (552).

1095 Vgl. beispielhaft zum Rollenbild der Frau in islamischen Familien: *Khoury*, Einführung in die Grundlagen des Islams, S. 208 f.; KG NJW 1985, 68 (69 f.).; *Coester*, DAVorm 1990, 847 (850 f.); MüKoBGB/*Lugani* (2020) BGB § 1666 Rn. 55.

1096 Vgl. OLG Karlsruhe FamRZ 1989, 1322 (1322); *Bock*, NJW 2012, 122 (126).

1097 Vgl. KG NJW 1985, 68 (70); OLG Köln FamRZ 2001, 1087 (1087); Motzer/Kugler/Grabow/*Motzer*: Kinder aus Migrationsfamilien in der Rechtspraxis, Rn. 62; MüKoBGB/*Lugani* (2020) BGB § 1666 Rn. 56.

dd) Verhinderung der Kinderautonomie im Rahmen der Zwangsheirat

Mit Zwangsheiraten geht zudem eine Verhinderung oder Reduzierung der Kinderautonomie einher. Diese Verhinderung stellt ebenfalls eine Kindeswohlgefährdung dar. Sei es, dass die Erziehung zu einer eigenverantwortlichen, gemeinschaftsfähigen und selbstbestimmten Persönlichkeit[1098] von klein auf unter dem Gesichtspunkt der späteren Zwangsverheiratung seitens der Eltern verhindert oder ab dem Zeitpunkt der konkret geplanten Eheschließung faktisch auf ein Leben als Ehegatte reduziert wird, oder sei es, dass den betroffenen Kindern keine eigene Entscheidung über eine künftige freiheitliche oder eben eine eingeengte Lebensführung zugestanden wird.

Obgleich einzelne Aspekte wie restriktive Bekleidungsvorgaben[1099] – insbesondere gegenüber weiblichen Minderjährigen – oder singuläre Verbote sich zu schminken, sich zu stylen oder zu rauchen im Einzelfall noch hinzunehmen sein mögen[1100], sind derartige Einschränkungen in Summe dann nicht mehr tolerabel[1101], wenn sie dem Kind keinerlei Freiraum zur Entfaltung belassen und damit jede Form von Autonomie unterbinden[1102]. So beispielsweise, wenn die betroffenen Kinder selbst in fortgeschrittenem Alter nicht alleine das elterliche Haus verlassen dürfen.[1103]

Losgelöst von diesen Einzelaspekten stellt aufgrund der dramatischen Konfliktsituation[1104] jede Form von Zwangsheirat aus sich heraus eine Verhinderung von Kinderautonomie dar[1105]. Die aufoktroyierte Heirat ge-

---

1098 Vgl. Staudinger/*Coester* (2020) BGB § 1666 Rn. 122, 168.

1099 Vgl. KG NJW 1985, 68 (70).

1100 Vgl. LG Berlin FamRZ 1983, 943 (945); KG NJW 1985, 68 (70); *v.Kenne*, FamRZ 1990, 1205 (1206); Staudinger/*Coester* (2020) BGB § 1666 Rn. 163; *Bauer*, Kindeswohlgefährdung, S. 240; *Toprak*, Das schwache Geschlecht – die türkischen Männer, S. 107; kritisch: MüKoBGB/*Lugani* (2020) BGB § 1666 Rn. 55.

1101 Vgl OLG Köln FamRZ 2001, 1087 (1088); AG Korbach FPR 2003, 334 (335); BR-Drs. 436/05, S. 5; *Bock, NJW 2012, 122* (122 f.).

1102 Vgl. *Ter-Nedden*, Zwangsverheiratung, S. 358; Palandt/*Götz* (2021) BGB § 1666 Rn. 21; allgemein: *Coester*, FPR 2009, 549 (552).

1103 Vgl. KG NJW 1985, 68 (71); BayObLG FamRZ 1984, 1259 (1260); Palandt/*Götz* (2021) BGB § 1666 Rn. 21; MüKoBGB/*Lugani* (2020) BGB § 1666 Rn. 55.

1104 Vgl. *Bock*, NJW 2012, 122 (126); *Münder*, ZAR 1985, 93 (95 f.); *Schlenker*, Das Verbot der Zwangsheirat, S. 77

1105 Vgl. OLG Köln FamRZ 2001, 1087 (1088); *Sering*, NJW 2011, 2161 (2161); *Letzgus*, FPR 2011, 451 (451); *Arbeitsgemeinschaft Zwangsverheiratung und Kinder- und Jugendhilferecht*, Zwangsverheiratung bekämpfen, S. 19; *Bauer*, Kindeswohlgefährdung, S. 237.

gen den Willen des minderjährigen Kindes entspricht letztlich stets einem vollständigen Negieren der Kinderautonomie und des Selbstbestimmungsrechts. Ein vermeintlich unfehlbarer elterlicher Autoritätsanspruch[1106] und kindliche Autonomie schließen sich aus. Sofern sich die Eltern weigern, von ihren Standpunkten wie beispielsweise einem traditionellen, islamischen Frauen-, Ehe- und Familienbild[1107] oder der beabsichtigten Zwangsverheiratung abzuweichen, liegt gerade in dieser Weigerung die fehlende Orientierung am Kindeswohl.[1108] Insofern steht für die drohende Zwangsheirat – gerade auch aufgrund ihrer Dauerwirkung und ihrer erheblichen Folgen für die kindliche Entwicklung – eine diesbezügliche Kindeswohlgefährdung außer Frage.

ee) Kontaktbeschränkungen im Vorfeld drohender Zwangsheirat

Bereits im Vorfeld drohender Zwangsheiraten gehen diese regelmäßig mit umfassenden Kontaktbeschränkungen einher.[1109] Diese stellen sich häufig als vollumfängliche Kontaktunterbindungen dar, so dass die Betroffenen sich zu keinem Zeitpunkt alleine außerhalb des Elternhauses aufhalten oder dieses gar nicht verlassen dürfen[1110], um beispielsweise die Jungfräulichkeit zu erhalten, unsittliche Kontakten zu vermeiden oder allgemein die Familienehre zu schützen[1111].

1106 Vgl. KG NJW 1985, 68 (70 f.); BayObLG FamRZ 1985, 737 (739); BayObLG FamRZ 1993, 229 (230); OLG Köln FamRZ 2001, 1087 (1088); AG Ingolstadt IPRax 1992, 326 (327); *Münder*, ZAR 1985, 93 (95); Staudinger/*Coester* (2020) BGB § 1666 Rn. 165.

1107 Vgl. *Bock*, NJW 2012, 122 (122 f.).

1108 Vgl. BayObLG FamRZ 1985, 737 (739); KG NJW 1985, 68 (70 f.); BayObLG FamRZ 1993, 229 (230 f.); OLG Köln FamRZ 2001, 1087 (1088); AG Ingolstadt IPRax 1992, 326 (327); Staudinger/*Coester* (2020) BGB § 1666 Rn. 161, 165; MüKoBGB/*Lugani* (2020) BGB § 1666 Rn. 57, 117.

1109 Vgl. BayObLG FamRZ 1993, 229 (229 f.); KG NJW 1985, 68 (70 f.); AG Ingolstadt IPRax 1992, 326 (327); *Freudenberg*, Verfangen im Netz des Aufenthaltsrechts, S. 242; *Menne*, FamRZ 2016, 1223 (1227); MüKoBGB/*Lugani* (2020) BGB § 1666 Rn. 55; Staudinger/*Coester* (2020) BGB § 1666 Rn. 137, 142, 144, 165.

1110 Vgl. BayObLG FamRZ 1984, 1259 (1260).

1111 Vgl. KG NJW 1985, 68 (70); *Scherer*, ZfJ 1999, 86 (86); *Kaiser*, FamRZ 2013, 77 (86); *Fachkommission Zwangsverheiratung Baden-Württemberg*, Bericht, S. 19; *Deutscher Juristinnenbund*, Stellungnahme Bekämpfung der Zwangsverheiratungen, S. 3 f.; *Ter-Nedden*, Zwangsverheiratung, S. 359 f.

In dem vom Kammergericht Berlin behandelten Fall der fünfzehnjährigen Feride, die sich selbst einer drohenden Zwangsverheiratung ausgesetzt sah[1112], wurden gerade derartige vorgelagerte Kontaktbeschränkungen – die nach den islamisch geprägten, elterlichen Moralvorstellungen zur Erhaltung der Ehefähigkeit als erforderlich angesehen wurden – deutlich ersichtlich.[1113] Die Eltern unterbanden den Umgang mit anderen Jugendlichen.[1114]

Unabhängig davon, ob diese vermeintlich lediglich in Kontaktverboten zum anderen Geschlecht[1115] oder zu anderen Gleichaltrigen[1116] bestehen oder einer vollständigen Kontaktuntersagung außerhalb der Kernfamilie stattfindet, liegt in der entsprechenden Unterbindung von altersentsprechender Sozialisation und in der fortwährenden Isolation jedenfalls eine erhebliche Kindeswohlgefährdung.

b) Drohende Zwangsheirat in der Gesamtbetrachtung

Die Gesamtbetrachtung der drohenden Zwangsheirat als Kindeswohlgefährdung soll nunmehr in zwei Schritten erfolgen. Auf eine primäre summarische Betrachtung der Gefährdungslage folgt hierzu sekundär ein Abriss typischer Rechtfertigungsversuche im Hinblick auf die Zwangsverheiratung.

aa) Summarische Betrachtung

Summarisch betrachtet liegt in allen Fällen drohender Zwangsheirat auch eine Gefährdung des persönlichen Kindeswohls entsprechend mindestens einer der oben genannten und anerkannten Gefährdungslagen vor. Drohende Zwangsheiratsfälle gehen jedoch weit darüber hinaus, da ein simples Addieren der singulären Gefährdungslagen dem Kindeswohl gerade nicht gerecht wird. Vielmehr potenzieren sich gerade die Einzelgefährdun-

---

1112 Vgl. KG NJW 1985, 68 (69 ff.) [Beschluss vom 14.09.1984 - 1 W 427/84].

1113 Vgl. KG NJW 1985, 68 (69 ff.); *Scherer*, ZfJ 1999, 86 (86).

1114 Vgl. KG NJW 1985, 68 (70).

1115 Vgl. LG Berlin FamRZ 1983, 943 (945); *Abramowski*, Sorgerechtsprobleme in ausländischen Familien, S. 130; *Ter-Nedden*, Zwangsverheiratung, S. 360; MüKoBGB/*Lugani* (2020) BGB § 1666 Rn. 55.

1116 Vgl. OLG Köln FamRZ 1996, 1027 (1028); MüKoBGB/*Lugani* (2020) BGB § 1666 Rn. 55; Staudinger/*Coester* (2020) BGB § 1666 Rn. 144, 156.

gen zu einer mannigfaltigen, pluralen und aus Kindersicht omnipräsenten[1117] Konflikt- und Gesamtgefährdungssituation für das minderjährige Kind.

Exemplarisch sei hierzu auf einen Zwangsheiratsfall vor dem Oberlandesgericht Köln verwiesen.[1118] Die zu Beginn der familiengerichtlichen Verfahrens sechzehnjährige J. war jugoslawische Staatsangehörige und in Deutschland als Asylberechtigte anerkannt. Noch vor ihrem sechzehnten Geburtstag verlobte sich die Minderjährige – nach eigenen Angaben unter familiärem Druck – mit einem Mann albanischer Herkunft[1119]. Daraufhin wandte sie sich an das zuständige Jugendamt und bat um Inobhutnahme, weil ihre Eltern sie zwangsverheiraten wollten und ihr keine weitergehende Bildung zu teil kommen lassen wollten.[1120] Aus der zwischenzeitlich erfolgten Heimunterbringung versuchten die Eltern die J. gewaltsam in die Familie zurückzubringen.[1121] Nachdem das Amtsgericht zunächst nur durch Gebote und Verbote – unter anderem eine Ausreisebeschränkung für Gebiete außerhalb des Schengenraums – auf die Eltern einwirkte und hiergegen seitens der J. und des Jugendamts Beschwerde eingelegt wurde, sah das Oberlandesgericht die Maßnahmen aufgrund der erheblichen Konfliktsituation als unzureichend an. Es verfügte den Entzug des Personensorgerechts samt Übertragung der Personensorge als Teilbereich der elterlichen Sorge auf das Jugendamt.[1122]

Im dargestellten Zwangsheiratsfall zeigt sich klassisch beziehungsweise stereotypisch wie eine Gemengelage an Gefährdungen – vorliegend Gesundheitsgefährdungen durch Gewaltandrohungen und Gewaltanwendungen[1123], Instabilität und Diskontinuität durch die beabsichtigte Verbringung ins Ausland[1124], fehlende Entwicklungsförderung durch Verhinderung der Ausbildung[1125] und die grundlegende Verhinderung von Kinderautonomie durch alternativlose, elterliche Autorität[1126] – zu einer Gesamtkonfliktsituation führt.

1117 Vgl. KG NJW 1985, 68 (70); *Sering*, NJW 2011, 2161 (2161).

1118 Vgl. OLG Köln FamRZ 2001, 1087 (1087 f.) [Beschluss vom 25.09.2000 – 14 UF 66/00].

1119 Vgl. ebd., S. 1087.

1120 Vgl. ebd., S. 1087.

1121 Vgl. ebd., S. 1087.

1122 Vgl. ebd., S. 1087 f.

1123 Vgl. ebd., S. 1088.

1124 Vgl. ebd., S. 1088.

1125 Vgl. ebd., S. 1087.

1126 Vgl. ebd., S. 1087 f.

Selbst wenn in anderen Fällen die strafrechtliche Relevanz einzelner Druckausübungen für sich genommen noch nicht reichen mag[1127] oder auch nur singuläre, aber gravierende Gefährdungslagen zu bejahen sind, so muss eine Beurteilung unter Berücksichtigung weiterer Druckelemente oder des Gesamtkontextes Zwangsheirat stets anders ausfallen. Insbesondere ist die Gefährdungskomponente der seelischen Gefährdung – neben der nachweislichen physischen oder psychischen Beeinträchtigung – im Hinblick auf das Kindeswohl mit zu berücksichtigen.[1128] Dies besonders zumal sich die einzelnen Bereiche des physischen, psychischen und seelischen Wohls rein rechtspraktisch häufig nicht trennen lassen.[1129]
So liegt in allen Fällen der Drohung und Druckausübung hinsichtlich der Verheiratung regelmäßig auch eine Gesamtgefährdung im Hinblick auf alle Dimensionen des Kindeswohls vor.

Das Familienrecht gewährt, anders als beispielsweise die strafrechtliche Regelung des § 237 StGB, im Rahmen des § 1666 BGB gerade auch den vertieften Blick auf den vor- und nachgelagerten Kontext. In der Praxis eröffnet sich insofern ein Rückgriff auf die konkret individuellen Begleitumstände. Eine Gefährdung kann sich somit weitaus früher, beispielsweise durch eine Zwangsverlobung, ergeben. Zwar ist das Minderjährigenverlöbnis weiterhin zulässig[1130] und allein daraus ist – ohne konkreten Eheschließungstermin oder bei einem Eheschließungstermin nach Eintritt der Volljährigkeit – nicht unmittelbar ein Rechtsverstoß ableitbar[1131]. Gleichwohl ist in der Zeit der vorehelichen Dependenz im Rahmen der drohenden Zwangsheirat Minderjähriger bereits die unangemessene Druckausübung und die Gefährdungslage hinreichend konkret eingetreten. Vor allem auch, weil eine Entlobung in den betreffenden Kulturkreisen und Communities zumeist gerade nicht denkbar ist[1132].

1127 Vgl. *Schlenker*, Das Verbot der Zwangsheirat, S. 142.

1128 Vgl. *Zenz*, Kindesmißhandlung und Kindesrechte, S. 61, 96; Staudinger/*Coester* (2020) BGB § 1666 Rn. 70; Motzer/Kugler/Grabow/*Motzer*: Kinder aus Migrationsfamilien in der Rechtspraxis, Rn. 64.

1129 Vgl. *Zenz*, Kindesmißhandlung und Kindesrechte, S. 96, 227 f., 249, 342; Staudinger/*Coester* (2020) BGB § 1666 Rn. 70.

1130 Vgl. Staudinger/*Voppel* (2018) BGB Vorbemerkung zu §§ 1297 Rn. 100; *Schwab*, FamRZ 2017, 1369 (1373); zum Verlöbnis nach islamischen Recht: *Rohe*, Das islamische Recht, S. 81.

1131 Vgl. Staudinger/*Voppel* (2018) BGB Vorbemerkung zu §§ 1297 Rn. 101; *Schwab*, FamRZ 2017, 1369 (1373); *ada Schutzhaus*, Stellungnahme Evaluierung des Gesetzes zur Bekämpfung von Kinderehen, S. 1.

1132 Vgl. *ada Schutzhaus*, Stellungnahme Evaluierung des Gesetzes zur Bekämpfung von Kinderehen, S. 1.

Die unangemessene Druckausübung im Rahmen der drohenden Zwangsheirat wurzelt dabei inhaltlich stets in einem tiefgreifenden Interessengegensatz. Auf der einen Seite stehen die elterlichen Interessen bestehend aus Erwartungshaltungen und Forderungen[1133], die wiederum häufig in hierarchisch autoritären Familienbildern und kulturellen Rollenbildern wurzeln. Auf der anderen Seite und in diametralem Gegensatz dazu stehen die freiheitliche Lebensweise und die selbstbestimmte Lebensführung der Kinder[1134], so wie der konträre Kindeswille.

Genau auf diesen Kindeswillen ist letztlich jedoch genauso mitabzustellen[1135] wie auf die grundlegende familiengerichtliche Verpflichtung „positiv die Lebensbedingungen für ein gesundes Aufwachsen des Kindes zu schaffen“[1136]. Sofern dieses positive Einwirken und die Notwendigkeit familiengerichtlichen Einschreitens gemäß § 1666 BGB bereits im Hinblick auf einzelne, schwerwiegende Teilaspekte – wie sie regelmäßig auch in Zwangsheiratsfällen vorkommen – und die Auswirkungen bejaht wird[1137], muss selbiges erst recht im Hinblick auf drohende Zwangsheiraten in ihrer Gesamtheit mit ihren umfassenden Auswirkungen gelten. Fälle von drohender Zwangsverheiratung stellen damit „massive Eltern-Kind-Konflikte“[1138] dar.

1133 Vgl. LG Berlin FamRZ 1982, 841 (843); OLG Köln FamRZ 2001, 1087 (1088).; Staudinger/*Coester* (2020) BGB § 1666 Rn. 165.

1134 Vgl. Staudinger/*Coester* (2020) BGB § 1666 Rn. 165; *Arbeitsgemeinschaft Zwangsverheiratung und Kinder- und Jugendhilferecht*, Zwangsverheiratung bekämpfen, S. 14; *Bauer*, Kindeswohlgefährdung, S. 221.

1135 Vgl. OLG Köln FamRZ 2001, 1087 (1088); *DFGT Arbeitskreis 14*, Sorgerecht und hergebrachte heimatliche Erziehungsvorstellungen ausländischer Eltern, S. 35, 37 f., 39; KG NJW 1985, 68 (70 f.); BayObLG FamRZ 1985, 737 (738 f.); AG Korbach FamRZ 2003, 1496 (1497); *Abramowski*, Sorgerechtsprobleme in ausländischen Familien, S. 152, 205; *Schütz*, FamRZ 1987, 438 (440); *Scherer*, ZfJ 1999, 86 (92); *Bauer*, Kindeswohlgefährdung, S. 65; HK-BGB/Kemper (2019) BGB § 1666 Rn. 4; MüKoBGB/*Lugani* (2020) BGB § 1666 Rn. 47 ff., 117; Staudinger/Coester (2020) BGB § 1666 Rn. 165; *Britz*, FamRZ 2015, 793 (795); *Osthold*, Die rechtliche Behandlung von Elternkonflikten, S. 244.

1136 BVerfGE 24, 119 (145); vgl. Staudinger/*Coester* (2020) BGB § 1666 Rn. 227; MüKoBGB/*Lugani* (2020) BGB § 1666 Rn. 202.

1137 Vgl. beispielhaft die Schulverweigerung: Staudinger/*Coester* (2020) BGB § 1666 Rn. 137.

1138 *Lorenz*, IPRax 1992, 305 (306); vgl. Motzer/Kugler/Grabow/*Motzer*: Kinder aus Migrationsfamilien in der Rechtspraxis, Rn. 64.

Die Zwangsheirat gefährdet damit in erheblicher Weise das Kindeswohl[1139]; hier kann auch ein Vergleich mit der körperlichen Folter[1140] oder auch mit anderen andauernden psychischen Drucksituationen[1141] gezogen werden, da diese in der Wirkung gleichzusetzen sind. Eine drohende Zwangsverheiratung stellt sich damit zweifelsohne als massive Gefährdung im Sinne von § 1666 BGB dar.

bb) Nicht durchgreifende Rechtfertigungsversuche

Der objektiven Gefährdungslage in Zwangsheiratsfällen werden regelmäßig subjektive – im Ergebnis jedoch nicht durchgreifende – Rechtfertigungsversuche entgegengehalten. Dies ist neben der kulturellen oder religiösen Prägung oder gar Gebotenheit der Eheschließung im Kindesalter vor allem auch die Verheiratung um des Kindeswohl Willens.

aaa) Kulturelle Prägung als Rechtfertigungsansatz

Insbesondere kann gerade eine entsprechende bikulturelle oder kulturell abweichende Prägung der betroffenen Minderjährigen beziehungsweise der Gesamtfamilie keine geplante Zwangsheirat rechtfertigen. Mögen auch kulturelle oder gar fremdstaatliche, rechtliche Prägungen[1142] im Rahmen

---

1139 Vgl. *Coester-Waltjen*, IPRax 2017, 429 (435); *Coester*, FamRZ 2017, 77 (77 ff.); Motzer/Kugler/Grabow/*Motzer*: Kinder aus Migrationsfamilien in der Rechtspraxis, Rn. 64; *Deutscher Juristinnenbund*, Stellungnahme Gesetzesentwurf zur Bekämpfung der Zwangsheirat, S. 2; Staudinger/*Coester* (2020) BGB § 1666 Rn. 165; *Abramowski*, Sorgerechtsprobleme in ausländischen Familien, S. 161 ff.; MüKoBGB/*Lugani* (2020) BGB § 1666 Rn. 57; *Arbeitsgemeinschaft Zwangsverheiratung und Kinder- und Jugendhilferecht*, Zwangsverheiratung bekämpfen, S. 14; *Bundesfachkonferenz Zwangsverheiratung*, Positionspapier, S. 5 f.; *Schlenker*, Das Verbot der Zwangsheirat, S. 137; zur Indizwirkung der Minderjährigenehe: *TERRE DES FEMMES*, Stellungnahme Gesetzesentwurf zur Bekämpfung von Kinderehen, S. 4; *Reuß*, FamRZ 2019, 1 (10).

1140 Vgl. *Mlinar*, Frauenrechte als Menschenrechte, S. 237 ff.; *Lembke*, Ausgestaltung eines geschlechtergerechten und effektiven Sexualstrafrechts in post-conflict-Situationen, S. 125.

1141 Vgl. KG NJW 1985, 68 (70).

1142 Vgl. ebd., S. 70 f.; BayObLG FamRZ 1993, 229 (230); OLG Düsseldorf FamRZ 1984, 1258 (1259); Palandt/*Thorn* (2021) EGBGB Art. 13 Rn. 6 ff.; *Büchler*, FS Brudermüller, S. 62 ff.; *Kaminski*, FPR 2013, 492 (495); *Menne*, FamRZ 2016, 1223 (1227); Staudinger/*Coester* (2020) BGB § 1666 Rn. 162.

der konkret individuellen Begleitumstände Berücksichtigung finden können, so haben selbige weder im Hinblick auf die familiengerichtlichen Maßnahmen[1143] noch im Hinblick auf Rechtfertigungsversuche[1144] Relevanz. Dies gilt noch verstärkter im Falle ohnehin starker inländischer Prägung der betroffenen Kinder[1145] oder falls die behaupteten abweichenden kulturellen und rechtlichen Prägungen auch in den jeweiligen Fremdstaaten nicht den dortigen Standards entsprechen[1146] – für informelle Eheschließungen besteht beispielsweise de iure auch keine Anerkennung in der Türkei[1147]. Auf subjektive (Fehl-)Vorstellungen der Täter unter vermeintlicher Berufung auf beispielsweise den Koran oder die Scharia kann und darf der Rechtsstaat gerade nicht eingehen.[1148]

bbb) Religiöse Gebotenheit als Rechtfertigungsansatz

Sofern die Verheiratung des Kindes als religiöses Gebot oder gar Verpflichtung angeführt wird[1149] und als religiöse Legitimation[1150] der Zwangsheirat dienen soll, ist derartiges Vorbringen unabhängig von der vorgelagerten Fragestellung, ob die religiösen Überzeugungen der Eltern oder der Kinder beeinträchtigt würden, abzulehnen. Es ist erneut festzuhalten, dass

---

1143 Vgl. Staudinger/*Coester* (2020) BGB § 1666 Rn. 162; ferner zur Ablehnung des Rückgriffs auf die ordre-public-Klausel des Art. 6 EGBGB: Staudinger/*Coester* (2020) BGB § 1666 Rn. 163; MüKoBGB/*Lugani* (2020) BGB § 1666 Rn. 58; LG Berlin FamRZ 1983, 943 (946); KG NJW 1985, 68 (69 f.); OLG Dresden FamRZ 2003, 1862 (1863); *Bauer*, Kindeswohlgefährdung, S. 238.

1144 Vgl. *Schlenker*, Das Verbot der Zwangsheirat, S. 177; zum generellen ordre-public-Verstoß im Falle von Zwangsverheiratungen: BT-Drs. 18/12086, S. 14.

1145 Vgl. Staudinger/*Coester* (2020) BGB § 1666 Rn. 164.

1146 Vgl. *Abramowski*, Sorgerechtsprobleme in ausländischen Familien, S. 217 ff.; Staudinger/Coester (2020) BGB § 1666 Rn. 164.

1147 Vgl. *Toprak*, Geschlechterrollen und Geschlechtererziehung in traditionellen türkischen Familien, S. 170 mit Verweis auf Art. 110 Türkisches ZGB; MüKoStGB/*Wieck-Noodt* (2021) StGB § 237 Rn. 12; *Schlenker*, Das Verbot der Zwangsheirat, S. 47; Rieck/*Kaplan*, Ausländisches Familienrecht (2021) Türkei, Rn. 6.

1148 Vgl. *Letzgus*, FPR 2011, 451 (452).

1149 Vgl. BR-Drs. 767/04, S. 7; *Bauer*, Kindeswohlgefährdung, S. 238; in anderem Zusammenhang: *Putzke*, FS Herzberg, S. 698 ff., 702; *Herzberg*, JZ 2009, 332 (336 ff.); *Schwarz*, JZ 2008, 1125 (1127); Staudinger/*Coester* (2020) BGB § 1666 Rn. 126.

1150 Vgl. *Sering*, NJW 2011, 2161 (2161 f.); *Letzgus*, FPR 2011, 451 (452).

die grundsätzlich gebotene staatliche Toleranz[1151] aus Art. 4 Abs. 1, 2 GG hier jedenfalls an ihre Grenzen gelangt, da diesbezügliche religiöse Überzeugungen direkt negativ auf das Kindeswohl durchschlagen.[1152] Sofern weiter angeführt wird, der Staat würde über (familien-)gerichtliche Maßnahmen in die Religionsfreiheit gemäß Art. 4 Abs. 2 GG durch den Durchgriff auf die religiöse Eheschließungsfreiheit einwirken, kann dem entgegengehalten werden, dass auch die Religionsfreiheit ihre grundrechtlichen Grenzen jedenfalls dort findet, wo andere Grund- und Menschenrechte[1153] und hochwertige Güter wie das Kindeswohl gefährdet werden[1154].

ccc) Kindeswohl als Rechtfertigungsansatz

Wird hingegen behauptet, die Verheiratung des Kindes diene gerade dem Kindeswohl und dessen Unterstützung und Sicherheit[1155] aufgrund andernfalls bestehender Risiken wie Verarmung oder fehlender Sozialperspektive bis hin zur Existenzgefährdung, ist dem entgegenzuhalten, dass im Sinne des Kindesschutzes nicht das eine Lebensrisiko durch ein anderes, geschaffenes Risiko – in diesem Fall die Zwangsheirat und ihre Folgen – gerechtfertigt werden kann. Vielmehr wären hier sozialhilfe- und jungenhilferechtliche Angebote durch die Eltern nachzufragen und derartige öffentliche Hilfen anzunehmen.

Hieran ändert sich auch nichts, wenn das Kind später – überwiegend wohl durch entsprechende elterliche Beeinflussung und Indoktrinierung – vermeintlich vorgibt die Verheiratung in Kauf zu nehmen.[1156] Unabhän-

---

1151 Vgl. *Coester*, Das Kindeswohl als Rechtsbegriff, S. 230 ff.; *Schwab*, FamRZ 2014, 1 (7 ff.); BayObLG FamRZ 1963, 195 (196); FamRZ 1976, 43 (45); LG Lübeck SchlHA 1964, 170 (170 f.); AG Hofgeismar FamRZ 1955, 216 (216); v.Münch/Kunig/*Mager* (2021) GG Art. 4 Rn. 4, 53; Maunz/Dürig/*DiFabio* (2020) GG Art. 4 Rn. 82 ff.; Staudinger/*Coester* (2020) BGB § 1666 Rn. 126.

1152 Vgl. *Coester*, Das Kindeswohl als Rechtsbegriff, S. 234; *Schwab*, FamRZ 2014, 1 (7 ff.); *Bauer*, Kindeswohlgefährdung, S. 95 ff., 137; *Scherer*, ZfJ 1999, 86 (92); Staudinger/*Coester* (2020) BGB § 1666 Rn. 126.

1153 Vgl. v.Mangoldt/Klein/Starck/*Starck* (2018) GG Art. 4, Rn. 84 ff., insb. 90; Staudinger/*Coester* (2020) BGB § 1666 Rn. 122.

1154 Vgl. BR-Drs. 767/04, S. 7; *Letzgus*, FS Puppe, S. 1233; *Sering*, NJW 2011, 2161 (2162); *Letzgus*, FPR 2011, 451 (452).

1155 Vgl. *Deutsches Institut für Jugendhilfe und Familienrecht*, Stellungnahme Gesetzesentwurf zur Bekämpfung von Kinderehen, S. 3.

1156 Vgl. *Deutsche Kinderhilfe*, Stellungnahme Gesetzesentwurf zur Bekämpfung von Kinderehen, S. 2; zum möglichen Entfall der objektiven Kindesgefährgig davon, dass Minderjährige die Tragweite derartiger Aussagen und die rechtlichen sowie vermögensrechtlichen Folgen einer Eheschließung häufig gar nicht umreißen können[1157], ist festzuhalten, dass Zwangsverheiratungen per se – auch ohne diesbezügliche temporäre subjektive Wahrnehmung – kindeswohlgefährdend sind. Der staatliche Kinderschutzauftrag stößt dabei erst dann an seine Grenzen, wenn das familiengerichtliche Einschreiten das Kind tatsächlich „stärker belaste[n] würde als bei Fortbestand des status quo“[1158]. Im Hinblick auf die mit einer drohenden Zwangsverheiratung einhergehenden Auswirkungen ist dies einerseits aus Sicht der Betroffenen kaum vorstellbar andererseits aus Sicht der Täter keinesfalls als Rechtfertigungsgrund anführbar.

ddd) Zwischenergebnis: Fehlgehen der Rechtfertigungsansätze

Alle diese Einwände greifen damit gerade nicht durch; ein wie auch immer gearteter Versuch der Rechtfertigung der Verheiratung Minderjähriger – sei er nun insbesondere auf traditionelle, kulturelle, religiöse Gründe gestützt[1159] – geht in jedem Fall fehl. Mithin besteht in Zwangsheiratsfällen eine nicht rechtfertigbare Gefährdungslage.

2. Gefährdungsbegegnung im Falle drohender Zwangsheirat

Im Rahmen der Gefährdungsbegegnung drohender Zwangsheiratsfälle ergeben sich aufgrund der dargestellten Kindeswohlgefährdungen die familiengerichtlichen[1160] Reaktionsmöglichkeiten aus § 1666 BGB. Diese werden mit Blick auf die Maßnahmenauswahl und die Maßnahmenfolgen nunmehr näher betrachtet.

---

dung durch Inkaufnahme der Gefährdung, jedoch in anderem Zusammenhang: Staudinger/*Coester* (2020) BGB § 1666 Rn. 115.

1157 Vgl. BT-Drs. 18/12086, S. 15; ähnlich: *Europäisches Parlament*, Bericht über die künftige externe Strategie der EU gegen Früh- und Zwangsverheiratung, S. 18.

1158 Staudinger/*Coester* (2020) BGB § 1666 Rn. 148; vgl. KG FamRZ 2011, 122 (124); OLG Frankfurt FamRZ 2014, 396 (397); *Salgo*, FS Schwab, S. 907 f.; Staudinger/*Coester* (2020) BGB § 1666 Rn. 148, 212.

1159 Vgl. BR-Drs. 767/04, S. 7; MüKoStGB/*Wieck-Noodt* (2021) StGB § 237 Rn. 5.

1160 Vgl. zu den sonstigen Möglichkeiten außerhalb des Familienrechts: *Kaiser*, FamRZ 2013, 77 (78, 81 f., 84 ff.).

a) Konkrete Maßnahmen bei drohender Zwangsheirat

Als konkrete Maßnahmen im Zusammenhang mit Fällen drohender Zwangsverheiratung wird gemäß § 1666 Abs. 3 BGB primär der partielle oder gesamte Sorgerechtsentzug zu ergreifen sein, sofern nicht niederschwellige Maßnahmen genügen.

aa) Sorgerechtsentzug

In Anlehnung an die Gefährdungslage in Zwangsheiratsfällen ist hinsichtlich der konkreten gerichtlichen Maßnahmen zu differenzieren. Bei einer drohenden Zwangsheirat kommt aufgrund der massiven Gefährdungslage regelmäßig nur ein vollständiger Sorgerechtsentzug gemäß § 1666 Abs. 3 Nr. 6 Alt. 2 BGB oder ein teilweiser Sorgerechtsentzug gemäß § 1666 Abs. 3 Nr. 6 Alt. 1 BGB als Entziehung der Personensorge oder noch spezifischer des Aufenthaltsbestimmungsrechts – häufig wohl bereits im Wege der einstweiligen Anordnung – in Betracht.[1161] Je nach Einzelfall und auch je nach Art der individuellen Zwangslage ist zwischen diesen drei Varianten die geeignete Variante zu wählen.

Im bereits ausgeführten Fall der Zwangsverheiratung der minderjährigen J. hat das Oberlandesgericht Köln eindrücklich dargestellt, dass ein Entzug des gesamten Sorgerechts – sprich der Personen- und der Vermögenssorge – gerade nicht erforderlich gewesen sei[1162], die beschränkte Entziehung lediglich des Aufenthaltsbestimmungsrecht wegen der fehlenden Kooperationsfähigkeit der Eltern aber andererseits nicht genüge[1163]. Dieser exemplarischen Einschätzung sollte im Sinne einer Standardannahme uneingeschränkt gefolgt werden.

Goldstandard der familiengerichtlichen Gefährdungsbegegnung im Falle einer drohenden Zwangsheirat sollte der Entzug mindestens des Personensorgerechts gemäß § 1666 Abs. 3 Nr. 6 Alt. 1 BGB sein, um den Kindesinteressen vollumfänglich gerecht zu werden.[1164] Ein alleiniger Entzug des

---

1161 Vgl. OLG Köln FamRZ 2001, 1087 (1088); KG NJW 1985, 68 (70 f.); AG Ingolstadt IPRax 1992, 326 (327); Palandt/*Götz* (2021) BGB § 1666 Rn. 38; Motzer/Kugler/Grabow/*Motzer*: Kinder aus Migrationsfamilien in der Rechtspraxis, Rn. 64; *John*, FamRZ 1983, 1274 (1274); *Menne*, FamRZ 2016, 1223 (1224); *Bauer*, Kindeswohlgefährdung, S. 243 f.

1162 Vgl. OLG Köln FamRZ 2001, 1087 (1087 f.).

1163 Vgl. ebd., S. 1088.

1164 Vgl. *Bauer*, Kindeswohlgefährdung, S. 243 f.

reinen Aufenthaltsbestimmungsrechts verhindert die nötige Loslösung des Kindes aus der Konfliktsituation Zwangsheirat nicht, da andernfalls jedwede sonstige Entscheidung wiederum von und mit den Eltern aufgrund der insofern bei diesen verbleibenden Sorgerechtsbereichen getroffen werden muss.

Durch das Beharren auf die Zwangsverheiratung und die vorgelagerte unangemessene Druckausübung haben sich die Eltern als ungeeignet für die gesamte Personensorge erwiesen. Im Falle eines Dritten als Täters ergibt sich die Ungeeignetheit der Eltern aus der fehlenden Unterbindung der drohenden Zwangsverheiratung[1165].

Sofern entweder weitere Aspekte der drohenden Zwangsverheiratung, wie beabsichtigte oder erfolgte Vermögensverlagerungen, direkt auch das Vermögen des Minderjährigen einwirken oder falls gerade die gerichtlich angeordnete Eltern-Kind-Trennung zu einem schleichenden Entfremden oder reflexartigen Verstoßen des minderjährigen Kindes aus dem Familienverband führt, ist spätestens in einem weiteren Schritt der Entzug des gesamten Sorgerechts gemäß § 1666 Abs. 3 Nr. 6 Alt. 2 BGB zu erwägen.[1166] Selbiges gilt für derart massive Zerrüttungen innerhalb der Familie, die eine Refunktionalisierung der Familie unmöglich machen[1167] und selbst im Bereich einer gegebenenfalls zunächst verbleibenden Vermögenssorge keine sachgerechten Entscheidungen mehr treffen lassen.

Derart gravierend stellt sich der Fall der Zwangsverheiratung der sechzehnjährigen A. vor dem Amtsgericht Ingolstadt dar.[1168] Diese sah sich – selbst tunesische Staatsangehörige mit gewöhnlichem Aufenthalt in Ingolstadt – neben einer Zwangsverheiratung während eines kurzen Aufenthalts in Tunesien auch mit fortwährenden, teils tätlichen Auseinandersetzungen mit ihren Eltern und einer durch die Eltern versuchten Zwangseinweisung in eine geschlossene psychiatrische Einrichtung konfrontiert.[1169] Das nach alter Rechtslage zuständige Vormundschaftsgericht Ingolstadt stellt daher zutreffend fest, dass aufgrund dieser „massiven und sogar tätlichen Auseinandersetzungen [...] eine sachgerechte Wahr-

1165 Vgl. allgemein zur Kindeswohlgefährdung durch Passivität: Staudinger/*Coester* (2020) BGB § 1666 Rn. 96.

1166 Siehe oben unter D.II.8.c.

1167 Vgl. zu den potenziellen Folgegefährdungen allgemein: *Bauer*, Kindeswohlgefährdung, S. 243.

1168 Vgl. AG Ingolstadt IPRax 1992, 326 (327) [Beschluss vom 12.02.1992 – X 236/91]; *Lorenz*, IPRax 1992, 305 (306).

1169 Vgl. AG Ingolstadt IPRax 1992, 326 (327).

nehmung des elterlichen Sorgerechts durch die Eltern“[1170] nicht mehr angenommen werden kann, eine Rückkehr der Betroffenen zu den Eltern ausgeschlossen war und daher die Personen- und Vermögenssorge gemäß § 1666 Abs. 1 BGB zu entziehen war. Dies stützt das Amtsgericht auf die Zerstörung des notwendigen Vertrauensverhältnisses zwischen den Eltern und dem betroffenen Kind.[1171]

Zurecht ist dem Amtsgericht Ingolstadt mit der Feststellung zu folgen, dass aufgrund eines komplett zerstörten Vertrauensverhältnisses des Kindes zu seinen Eltern und der fehlenden Aussicht auf Besserung nur mit dem Entzug des gesamten Sorgerechts gemäß § 1666 Abs. 1, Abs. 3 Nr. 6 Alt. 2 BGB adäquat reagiert werden kann. Alle Zwangsheiratsfälle gründen wegen der, wie auch immer gearteten, unangemessenen Drucksituation in Bezug auf die beabsichtigte Zwangsverheiratung letztlich aus Sicht der betroffenen Kinder gerade in diesem durch die Eltern zerstörten Vertrauensverhältnis. Ist eine Eltern-Kind-Trennung in Zwangsheiratsfällen bereits vollzogen oder auch nur ein familiengerichtliches Verfahren eröffnet, ist aufgrund der beschriebenen Eigenart der Fälle von drohender Zwangsheirat eine Rückkehr in den Familienverband nahezu immer ausgeschlossen.[1172] Mithin ist für drohende Zwangsheiratsfälle regelmäßig die Notwendigkeit des Entzugs der gesamten Sorge, in jedem Falle jedoch der Entzug der Personensorge geboten.

bb) Alternativen zum Sorgerechtsentzug

Mit Blick auf den Grundsatz der Verhältnismäßigkeit und den Vorrang öffentlicher Hilfen nach § 1666a BGB stellt sich die Frage, ob es in Fällen drohender Zwangsverheiratung nicht doch auch Alternativen zum Sorgerechtsentzug gibt.

1170 AG Ingolstadt IPRax 1992, 326 (327).
1171 Vgl. AG Ingolstadt IPRax 1992, 326 (327).
1172 Vgl. *Bauer*, Kindeswohlgefährdung, S. 243 f.

aaa) Vorrangige Hilfsangebote statt Sorgerechtsentzug

Zunächst ist – nicht zuletzt wegen des § 1666a BGB – an Hilfsangebote vor oder unterhalb familiengerichtlicher Maßnahmen zu denken.[1173] Diese spiegeln sich unter anderem mit Blick auf die gewaltfreie Erziehung nach § 1631 Abs. 2 BGB auch in § 16 Abs. 1 S. 3 SGB VIII wider[1174], sind jedoch auch allgemein in § 16 Abs. 1 S. 1 SGB VIII sozialrechtlich äquivalent zum familiengerichtlichen Bestreben angelegt. Nötig ist hier jedoch zumindest ein Grundmaß an elterlicher Kooperationswilligkeit und -fähigkeit[1175], die in Zwangsheiratsfällen jedoch regelmäßig fehlt. Dies ergibt sich zumeist bereits aus der Eigenart der drohenden Zwangsverheiratungen. Diese stellen gerade keine punktuell situativen, pathologischen Verhaltensmuster der Eltern dar, sondern zeigen sich als etablierte, erhebliche Dauerkonflikte. Obgleich Hilfsangebote damit grundsätzlich dennoch zu erwägen sind[1176], scheiden solche Hilfsangebote in der Praxis häufig aus, nachdem meist schon vorgelagert mit dem Jugendamt keine Kooperation von Seiten der Eltern besteht.[1177]

bbb) Niederschwellige Maßnahmen anstelle des Sorgerechtsentzugs

In der gerichtlichen Praxis werden allgemein innerhalb der Maßnahmen bei einer Gefährdung des Kindeswohls die Maßnahmen unterhalb des Sorgerechtsentzugs kaum genutzt.[1178] Es darf daher zurecht bezweifelt werden, ob eine primär präventive Maßnahme bei den soeben dargestellten

---

1173 Vgl. Salgo/Lack/*Diouani-Streek/Zenz*, Verfahrensbeistandschaft (2020) Rn. 1075 ff.; Staudinger/*Coester* (2020) BGB § 1666 Rn. 99, § 1666a Rn. 10 ff.

1174 Vgl. BT-Drs. 14/1247, S. 5 f.; BT-Drs. 13/11368, S. 167; *Salgo*, RdJB 2001, 283 (289 ff.); Staudinger/*Salgo* (2020) BGB § 1631 Rn. 80 f.; Staudinger/*Coester* (2020) BGB § 1666 Rn. 99.

1175 Vgl. *Kindler*, FPR 2012, 422 (426); Motzer/Kugler/Grabow/*Motzer*: Kinder aus Migrationsfamilien in der Rechtspraxis, Rn. 157.

1176 Vgl. *Dettenborn*, FPR 2003, 293 (294 f.).

1177 Vgl. OLG Köln FamRZ 2001, 1087 (1088); *Arbeitsgemeinschaft Zwangsverheiratung und Kinder- und Jugendhilferecht*, Zwangsverheiratung bekämpfen, S. 22; die fehlende Kooperation als Argument pro gerichtlicher Kindesschutzmaßnahme berücksichtigend: AG Westerstede FamRZ 2009, 1755 (1755).

1178 Vgl. BT-Drs. 16/6815, S. 9, 11, 15; MüKoBGB/*Lugani* (2020) BGB § 1666 Rn. 153, 197; *Arbeitsgruppe Familiengerichtliche Maßnahmen bei Gefährdung des Kindeswohls*, Abschlussbericht, S. 24; *Ernst*, FPR 2008, 602 (603); Staudinger/*Coester* (2020) BGB § 1666 Rn. 218.

Gefährdungslagen überhaupt sinnvoll eingesetzt werden kann. Die Suche nach einer möglichst kindgerechten[1179] und schonenden[1180] Maßnahme darf letztlich nie dessen Effektivität beeinträchtigen. Gleichwohl ist auch bei Zwangsheiratsfällen im Sinne der Verhältnismäßigkeit zu prüfen, ob nicht auch Möglichkeiten im Sinne weniger einschneidender Alternativen zum Sorgerechtsentzug bestehen.

Zeigen bereits Erfahrungswerte aus klassischen Kinderautonomiekonflikten, dass Maßnahmen unterhalb des Sorgerechtsentzug den betroffenen Kindern keinen effektiven Rechtsschutz gewährleisten[1181], so muss dies erst recht für Zwangsheiratsfälle gelten[1182]. Denn hier stehen die elterlichen Erwartungshaltungen und Forderungen nicht nur in diametralem Gegensatz zur freiheitlichen Lebensweise und zu einer selbstbestimmten Lebensführung[1183], sondern treffen zudem auf den, den elterlichen Interessen entgegengesetzten, Kindeswillen[1184].

Selbiges gilt entsprechend für den Entzug lediglich des Aufenthaltsbestimmungsrechts als Sorgerechtsteilbereich der Personensorge[1185]; dieser wird bei schweren Kindeswohlgefährdungen wie der Zwangsheirat – nachdem die restliche Sorgeverantwortung bei den Eltern verbliebe – nicht den Interessen des minderjährigen Kindes gerecht[1186].

Häufig gibt es daher kein milderes Mittel als zumindest den Entzug des Personensorgerecht, da andernfalls aufgrund familiärer und emotionaler

---

1179 Vgl. BGH FamRZ 2019, 598 (602); *Hammer*, FamRZ 2019, 604 (605); AG Freiburg FamRZ 2018, 510 (510); OLG Karlsruhe FamRZ 2018, 511 (511); Staudinger/*Coester* (2020) BGB § 1666 Rn. 100.

1180 Vgl. OLG Frankfurt FamRZ 2001, 1086 (1087); OLG Thüringen FamRZ 2003, 1319 (1320); AG Rosenheim FamRZ 2013, 707 (707); Staudinger/*Coester* (2020) BGB § 1666 Rn. 100, 213; BeckOK-BGB/*Veit* (2019) BGB § 1666 Rn. 90; zur Rücknahme der Maßnahme KG FamRZ 1994, 119 (120f.).

1181 Vgl. OLG Köln FamRZ 2001, 1087 (1088); LG Hamburg FamRZ 1981, 309 (310); *John*, FamRZ 1983, 1274 (1274); Staudinger/*Coester* (2020) BGB § 1666 Rn. 165; BeckOK-BGB/*Veit* (2019) BGB § 1666 Rn. 90, 82.

1182 Vgl. OLG Köln FamRZ 2001, 1087 (1087 f.); *Arbeitsgemeinschaft Zwangsverheiratung und Kinder- und Jugendhilferecht*, Zwangsverheiratung bekämpfen, S. 22.

1183 Vgl. Staudinger/*Coester* (2020) BGB § 1666 Rn. 122.

1184 Vgl. Motzer/Kugler/Grabow/*Motzer*: Kinder aus Migrationsfamilien in der Rechtspraxis, Rn. 163; Staudinger/*Coester* (2020) BGB § 1666 Rn. 165.

1185 Vgl. OLG Köln FamRZ 2001, 1087 (1088); Staudinger/*Coester* (2020) BGB § 1666 Rn. 227; BayObLG FamRZ 1997, 954 (955 f.).

1186 Vgl. OLG Köln FamRZ 2001, 1087 (1088); zur lediglich im einstweiligen Rechtsschutzverfahren akzeptierten Möglichkeit: OLG Saarbrücken FamRZ 2008, 711 (712); OLG Brandenburg NJW 2019, 1232 (1232).

Abhängigkeit von der eigenen Familie[1187], nicht das gebotene Schutzziel des „gesunde[n] Aufwachsen[s]“[1188] des Kindes erreicht wird; nur das Loslösen des Kindes aus den gefährdenden Strukturen hilft wirklich.[1189] Eine anderweitige Möglichkeit zur angstfreien[1190] und druckfreien Entwicklung des Minderjährigen besteht gerade nicht.

Auch ein Verweis auf die Etablierungsmöglichkeit der nötigen Kommunikations- und Kooperationsfähigkeit und -willigkeit der Eltern im Falle rein beschränkender Maßnahmen[1191] führt zu keinem anderen Ergebnis. Sofern diese – gegebenenfalls zu einem späteren Zeitpunkt – überhaupt vorhanden ist[1192], wäre ohnehin jedwede Maßnahme, sei es die Sorgerechtsbeschränkung oder der Sorgerechtsentzug, wieder aufzuheben.[1193] Zumeist besteht aber gerade keine Etablierungsmöglichkeit, sondern spätestens nach Anrufen der zuständigen Stellen – sei es Jugendamt oder Familiengericht – vollzieht sich der Bruch mit dem Familienverband und es droht ohnehin die diesbezügliche soziale Ausgrenzung der betroffenen Minderjährigen.[1194]

1187 Vgl. KG NJW 1985, 68 (71); OLG Köln FamRZ 2001, 1087 (1088).

1188 BVerfGE 24, 119 (145); vgl. BayObLG FamRZ 1997, 956 (957); Staudinger/*Coester* (2020) BGB § 1666 Rn. 210.

1189 Vgl. OLG Köln FamRZ 2001, 1087 (1087 f.); LG Hamburg FamRZ 1981, 309 (310); *Gerhard*, Sozialrechtliche Hindernisse bei der Interventionsarbeit, S. 258; *Menne*, FamRZ 2016, 1223 (1224); *Evangelische Gesellschaft Stuttgart*, Erfahrungen Gesetz zur Bekämpfung von Kinderehen, S. 2; *Arbeitsgemeinschaft Zwangsverheiratung und Kinder- und Jugendhilferecht*, Zwangsverheiratung bekämpfen, S. 14; *Bauer*, Kindeswohlgefährdung, S. 243 f.

1190 Vgl. OLG Köln FamRZ 2011, 1307 (1307 f.); Palandt/*Götz* (2021) BGB § 1666a Rn. 9.

1191 Vgl. OLG Köln FamRZ 2001, 1087 (1088); OLG Nürnberg FamRZ 2015, 1211 (1212 f.); Staudinger/*Coester* (2020) BGB § 1666 Rn. 213.

1192 Vgl. KG NJW 1985, 68 (70); zur unzureichenden Problemeinsicht: OLG Brandenburg FamRZ 2021, 281 (282); *Hildebrand*, Bekämpfung der Zwangsheirat, S. 74.

1193 Vgl. OLG Frankfurt FamRZ 2018, 1675 (1676 f.); Staudinger/*Coester* (2020) BGB § 1666 Rn. 85.

1194 Vgl. *Göbel-Zimmermann*, Stellungnahme zur öffentlichen Anhörung des Bundestagsausschusses - Bekämpfung von Zwangsverheiratungen, S. 14; *Bauer*, Kindeswohlgefährdung, S. 243 f.

ccc) Gefahrabwendung durch den anderen Elternteil

Mit Blick auf das Gefahrabwendungsprimat, wonach der andere Elternteil zur Gefahrenabwehr berufen wäre, wenn und solange nur der eine Elternteil versagt, ist festzuhalten, dass diese Möglichkeit der Verhinderung[1195] gerichtlicher Maßnahmen nach § 1666 BGB bei Zwangsheiratsfällen überwiegend entfällt. Betrachtet man die typische Familienstruktur in Zwangsheiratsfällen wird klar, dass – insbesondere bei dominanten Familienpatriarchen – der jeweilige Rückgriff auf den anderen Elternteil – stereotypisch häufig die Mutter – ins Leere läuft, sei es aus fehlendem Einfluss, soziokulturellem Familienstand oder faktischer eigener Gefahrabwendungsfähigkeit[1196].

ddd) Sorgerechtsentzug bei Kindeswohlgefährdung durch Dritte

Nachdem über § 1666 Abs. 4 BGB der Schutz vor Dritten explizit eröffnet ist, können sich familiengerichtliche Maßnahmen ergänzend sowohl gegen ein, die Zwangsverheiratung forcierendes, Familien- oder Klanoberhaupt[1197] als auch gegen den künftigen Ehegatten richten. Für ein entsprechendes Familienoberhaupt als Verwandter des Minderjährigen ist der Schutzbereich ohne weiteres anerkannt. Auch für den künftigen Ehegatten kann sich – unabhängig vom jeweiligen Alter – nichts Anderes ergeben, wenn bereits eine Liebesbeziehung zwischen einem älteren Mann und einer Jugendlichen zu einer Kindesgefährdung führen kann.[1198] Folglich sind gegen den künftigen Ehegatten – selbst wenn dieser ebenfalls Opfer der Zwangsverheiratung sein sollte[1199] – familiengerichtliche Maßnahmen nach § 1666 Abs. 3, 4 BGB wie Kontaktverbote denkbar.[1200]

1195 Vgl. MüKoBGB/*Lugani* (2020) BGB § 1666 Rn. 167; Staudinger/*Coester* (2020) BGB § 1666 Rn. 39 ff., 214.

1196 Vgl. OLG Düsseldorf FamRZ 1984, 1258 (1259); MüKoBGB/*Lugani* (2020) BGB § 1666 Rn. 167.

1197 Vgl. *Sering*, NJW 2011, 2161 (2163).

1198 Vgl. OLG Brandenburg FamRZ 2016, 1282 (1284 f.); Staudinger/*Coester* (2020) BGB § 1666 Rn. 237.

1199 Vgl. *Sering*, NJW 2011, 2161 (2163).

1200 Vgl. BT-Drs. 18/12086, S. 17 f.; *TERRE DES FEMMES*, Stellungnahme Gesetzesentwurf zur Bekämpfung von Kinderehen, S. 4; MüKoBGB/*Lugani* (2020) BGB § 1666 Rn. 216; zum gegebenenfalls jedoch bestehenden Umgangsrecht eines Ehegatten nach aufgehobener Ehe: Staudinger/*Dürbeck* (2019) BGB § 1685 Rn. 26.

Diese zusätzlichen Maßnahmen gegen Dritte haben jedoch keinen Einfluss auf die gegen die Eltern gerichteten familiengerichtlichen Maßnahmen. Diese stehen vielmehr kumulativ nebeneinander[1201] und können im Hinblick auf die elterliche Kindeswohlgefährdung, den Sorgerechtsentzug und die Eltern-Kind-Trennung zu keinem anderen Ergebnis führen.

Einzig im wohl eher theoretischen Falle einer reinen Dritttäterschaft, also einer drohenden Zwangsverheiratung der Minderjährigen durch Dritte gegen den ausdrücklichen Willen der Eltern, würde sich dies anders darstellen; hier wäre ein Sorgerechtsentzug gegenüber den Eltern dann jedoch ohnehin nicht erforderlich.

b) Maßnahmenfolgen in Zwangsheiratsfällen

Ein ganz besonderes Augenmerk ist auf die Maßnahmenfolgen bei Zwangsheiratsfällen zu legen, nachdem die prinzipielle staatliche Intention der Wiederherstellung einer intakten Eltern-Kind-Beziehung wohl vielfach gerade in Zwangsheiratsfällen ins Leere läuft.

aa) Sorgerechtübertragungsmöglichkeit auf den anderen Elternteil

Ähnliche Überlegungen wie zum Gefahrabwendungsprimat wirken sich auch auf die Maßnahmenfolgen bei familiengerichtlichen Eingriffen in Zwangsheiratsfällen aus. So wird regelmäßig keine Sorgerechtsübertragung auf den andern Elternteil nach § 1680 Abs. 1, 3 BGB in Frage kommen, weil entweder die gleiche Kindeswohlgefährdung – das Betreiben der Zwangsverheiratung – durch den zweiten Elternteil zu erwarten ist oder beim zweiten Elternteil eine andere Kindeswohlgefährdung – durch fehlende Sorgefähigkeit aufgrund finanzieller oder sozialer Abhängigkeit vom primär gefährdenden Elternteil – zu befürchten ist.[1202]

Nicht zuletzt seien hier auch diejenigen Fälle erwähnt, in welchen die gesamten Familien und damit auch die betroffenen Elternteile in Paral-

1201 Vgl. zur sogar vorrangigen Heranziehung: MüKoBGB/*Lugani* (2020) BGB § 1666 Rn. 215.

1202 Vgl. OLG Düsseldorf FamRZ 1984, 1258 (1259).

lelgesellschaften[1203] mit einer bisweilen bestehenden Paralleljustiz ohne Anerkennung des deutschen Rechtssystems leben. Gerade hier scheidet eine Sorgerechtsübertragung auf den anderen Elternteil aus.

bb) Auswahlreduktion hinsichtlich des Vormundes

Hinsichtlich der ohnehin hochumstrittenen[1204] Fragestellung, ob in Fällen gerichtlicher Maßnahmen bei Gefährdung des Kindeswohls eine Übertragung des Sorgerechts auf Angehörige als Vormund in Frage kommt, erlangt diese bei durchaus gesamtfamiliär geprägten Zwangsheiratsfällen zusätzliche Bedeutung. Nahe Verwandte des Kindes scheiden regelmäßig als Vormund aus, da diese dem gleichen Familienverband angehören. Ähnliches gilt in Abschwächung für Bekannte, die den gleichen kulturellen oder religiösen Kreisen – mithin der sozialen Community der Eltern – angehören. Insofern sind derartige Bezugspersonen, die eigentlich als Vormund sogar vorrangig in Frage kämen[1205], im Falle der drohenden Zwangsheirat letztlich wegen der Besorgnis der Involviert- beziehungsweise Befangenheit und daher aufgrund des Kindeswohls gemäß § 1779 Abs. 2 BGB in Verbindung mit § 1697a BGB häufig als Vormund ungeeignet.[1206]

cc) Kontraproduktivität des Umgangsrechts

Auch das Umgangsrecht gemäß § 1684 Abs. 1 Hs. 2 BGB muss in Zwangsheiratsfällen kritisch gesehen werden, nachdem dieses zunächst selbst nach dem Sorgerechtsentzug fortbesteht.[1207] Neben der Umgangspflegschaft nach § 1684 Abs. 3 S. 3 BGB wird in Zwangsheiratsfällen in einem par-

1203 Vgl. *Renzikowski*, NJW 2014, 2539 (2539); *Schlenker*, Das Verbot der Zwangsheirat, S. 16; im Ansatz auch: *Eisenrieder*, Zwangsheirat bei MigrantInnen, S. 41.

1204 Vgl. BVerfG FamRZ 2015, 208 (210); OLG Düsseldorf FamRZ 2019, 988 (989 f.); *Jesgarzewski*, NZFam 2019, 83 (83); *Bock*, NJW 2012, 122 (125 f.).

1205 Vgl. BVerfG NJW 2009, 1133 (1134 f.); BVerfG FamRZ 2014, 907 (910); KG FamRZ 1971, 267 (269); OLG Düsseldorf FamRZ 2019, 988 (989 f.); *Jesgarzewski*, NZFam 2019, 83 (83); Staudinger/*Coester* (2020) BGB § 1666 Rn. 253.

1206 Vgl. BayObLG FamRZ 1994, 781 (781); BVerfG FamRZ 2014, 907 (910); BVerfG NJW 2014, 2853 (2854 f.); BVerfG FamRZ 2014, 1841 (1842 f.); *Hammer*, FamRZ 2014, 1005 (1007); Staudinger/*Coester* (2020) BGB § 1666 Rn. 253.

1207 Vgl. EGMR FamRZ 2002, 1393 (1394 f.); OLG Hamm FamRZ 2004, 1310 (1310); Staudinger/*Coester* (2020) BGB § 1666 Rn. 255.

allelen oder nachgelagerten Umgangsverfahren nach § 1684 Abs. 4 eine Einschränkung oder ein Ausschluss des Umgangs zu veranlassen sein. Dies zumal sich bei jedwedem Kontakt des minderjährigen Kindes mit den Eltern, entweder wegen der vorangegangenen Weigerung der Eheschließung oder spätestens aufgrund der Eröffnung des sorgerechtlichen Verfahrens, im Einzelfall Gefahren im Hinblick auf mögliche Einflussnahmen[1208] oder gar Anknüpfungspunkte für die Heiratsverschleppung ergeben können. Darüber hinaus verfängt das Argument der durch die Umgangsregelung bezweckten Vermeidung der Eltern-Kind-Entfremdung nicht[1209], da die Entfremdung in derartigen Fällen bereits durch die seitens der Eltern drohende Zwangsverheiratung gegen den Willen des Kindes besteht.[1210]

dd) Maßnahmenaufhebung wegen Änderung des Sorgeverständnisses

Es soll gar nicht unterstellt werden, dass eine familiengerichtliche Maßnahme nicht zum diesbezüglichen Umdenken der Eltern oder zumindest zu einem entsprechenden Entgegenkommen[1211] gereichen mag. Jedoch wird dies in den beschriebenen, festgefahrenen Konfliktsituationen die Ausnahme bleiben. Vielfach besteht die Gefahr, dass die Erziehungsberechtigten ihre diesbezügliche Einlenkungsmöglichkeit im jugendhilferechtlichen oder familienrechtlichen Verfahren bewusst nicht nutzen. Vor allem wenn in der Zwangsheirat eine kulturelle oder religiöse Verpflichtung oder aber eine gesellschaftliche Relevanz sowie eine Abhängigkeit der Restfamilie besteht[1212] wird es allenfalls bei Beteuerungen bleiben.[1213] Wird von den Eltern und Kindeswohlgefährdern zumeist schon die Appell- und Warnfunktion des § 237 StGB und die strafrechtlichen Sanktio-

---

1208 Vgl. *Arbeitsgemeinschaft Zwangsverheiratung und Kinder- und Jugendhilferecht*, Zwangsverheiratung bekämpfen, S. 14.

1209 Vgl. Staudinger/*Coester* (2020) BGB § 1666 Rn. 216, 255.

1210 Vgl. *Wieser*, FamRZ 1990, 693 (697).

1211 Vgl. KG NJW 1985, 68 (70); OLG Köln FamRZ 2001, 1087 (1088).

1212 Vgl. KG NJW 1985, 68 (70); *Arbeitsgemeinschaft Zwangsverheiratung und Kinder- und Jugendhilferecht*, Zwangsverheiratung bekämpfen, S. 14.

1213 Vgl. BayObLG FamRZ 1993, 229 (230); OLG Köln FamRZ 2001, 1087 (1088); *Ter-Nedden*, Zwangsverheiratung, S. 348; *Arbeitsgemeinschaft Zwangsverheiratung und Kinder- und Jugendhilferecht*, Zwangsverheiratung bekämpfen, S. 14; allgemein zur unzureichenden Problemeinsicht: OLG Brandenburg FamRZ 2021, 281 (282).

nen bewusst ignoriert[1214], wird sich dies im Hinblick auf familiengerichtliche Maßnahmen nicht anderweitig darstellen.

3. Verfahrensbesonderheiten in Zwangsheiratsfällen

Wird für Fälle des sexuellen Missbrauchs bereits konstatiert, dass das grundlegende Problem nicht die materielle Gesetzeslage, sondern letztlich die tatsächliche „Ermittlungs- und Beweisfrage“[1215] sei, so gilt diese Aussage sinngemäß entsprechend für Zwangsheiratsfälle. Die Verfahrensbesonderheiten in Zwangsheiratsfällen weisen daher wenig abweichende Spezifika zu den obigen allgemeinen Verfahrensausführungen auf. Gleichwohl sollen einige Punkte hier noch einmal explizit erwähnt werden.

a) Zuständigkeit

In der Regel gibt es keine Besonderheiten in Zwangsheiratsfällen ohne Auslandsbezug. Die Zuständigkeit des Familiengerichts ergibt sich regelmäßig aus dem gewöhnlichen Aufenthaltsort gemäß § 152 Abs. 2 FamFG. Dies ist meist entweder der Lebensmittelpunkt des Kindes in der elterlichen Wohnung oder, falls die minderjährigen Betroffenen bereits die Familie vor Eröffnung des Verfahren selbständig verlassen haben, der insofern bestehende tatsächliche Aufenthaltsort gemäß § 152 Abs. 2 FamFG oder subsidiär gemäß § 152 Abs. 3 FamFG.

b) Verfahrensgang

Bereits die Verfahrenseinleitung kann sich in drohenden Zwangsheiratsfällen problematisch erweisen, da häufig weder das Jugendamt noch das Familiengericht einen umfassenden Einblick in die zugrundeliegenden Fa-

1214 Vgl. *Valerius*, JR 2011, 430 (431); *Kaiser*, FamRZ 2013, 77 (82); zur diesbezüglichen Unkenntnis: *Ensenbach*, Jura 2012, 507 (513); ähnlich bereits in Bezug auf Minderjährigenehen: BT-Drs. 18/12086, S. 17.

1215 Staudinger/*Coester* (2020) BGB § 1666 Rn. 100; vgl. OLG Bremen FamRZ 2003, 54 (54 f.); OLG Naumburg FamRZ 2001, 770 (771); *Maywald*, FPR 2003, 299 (302 f.); Salgo/Lack/*Fegert/Zwönitzer/Köhler-Dauner*, Verfahrensbeistandschaft (2020) Rn. 1029 ff.; BGH FamRZ 2019, 598 (602); AG Freiburg FamRZ 2018, 510 (510); OLG Karlsruhe FamRZ 2018, 511 (511).

milienstrukturen und -interessen erhalten. Insbesondere wenn es sich um abgeschlossene, kulturelle Kreise und in sich geschlossene Communities handelt, wird sich häufig im laufenden Verfahren eine schwierige Nachweisproblematik hinsichtlich der drohenden Zwangsheirat ergeben.[1216] Positiv herauszustellen ist dabei jedoch, dass es aufgrund des Amtsermittlungsgrundsatzes gerade keines entsprechenden aktiven Tätigwerdens der betroffenen Minderjährigen braucht[1217], sondern die Verfahrenseinleitung quasi von jedermann angeregt werden kann.

Auch die Verfahrensdurchführung gestaltet sich in der Praxis schwierig. In Zwangsheiratsfällen ist das Kind gemäß § 157 Abs. 1 FamFG in die Erörterung miteinzubeziehen[1218], da nur das Kind die unmittelbare Drucksituation und den eigenen Kindeswillen schildern kann. Der Gefahr, dass insofern unberechtigte Vorwürfe erhoben werden[1219] oder der Kindeswille sogar dem Kindeswohl widerspricht[1220], kann durch weitere Sachverhaltsaufklärung begegnet werden; im Zweifel wird dem Kind zu folgen sein.[1221] Neben der Ermittlung zur Zwangsheirat ist auch die gestörte Eltern-Kind-Bindung in Bezug auf das Kindeswohl ergänzend zu berücksichtigen. Im Zusammenhang mit dem Zwangsverheiratungsvorwurf sei explizit auf die Möglichkeit nach § 157 Abs. 2 S. 2 FamFG verwiesen, wonach zum Kindesschutz die Erörterung auch in Abwesenheit eines Elternteils oder beider Elternteile erfolgen kann. Dies sollte im Hinblick auf die vielfach zu befürchtenden Einschüchterungsversuche durch die Eltern präventiv entgegenwirken.[1222]

Im Sinne der Unbefangenheit ist die Anhörung von Kindern in Zwangsheiratsfällen möglichst generell in Abwesenheit der Eltern durchzuführen.

1216 Vgl. *Kaiser*, FamRZ 2013, 77 (89).

1217 Vgl. zu den sonstigen, zwangsheiratsspezifischen Gerichtsverfahren: Antrag auf Aufhebung der Ehe nach § 1316 Abs. 1 Nr. 2 BGB, Strafanzeige bei § 237 StGB; *Kaiser*, FamRZ 2013, 77 (89).

1218 Vgl. Staudinger/*Coester* (2020) BGB § 1666 Rn. 266, 97; *Kalthegener*, Stellungnahme zur öffentlichen Anhörung des Bundestagsausschusses - Bekämpfung von Zwangsverheiratungen, S. 6; in anderem Zusammenhang EGMR FamRZ 2013, 845 (846); EGMR FamRZ 2019, 975 (975).

1219 Vgl. BayObLG FamRZ 1991, 1218 (1219); Staudinger/*Coester* (2020) BGB § 1666 Rn. 166.

1220 Vgl. *Osthold*, Die rechtliche Behandlung von Elternkonflikten, S. 241 f.

1221 Vgl. zu „in dubio pro Kindesschutz“: Staudinger/*Coester* (2020) BGB § 1666 Rn. 97; ferner: *Scherer*, ZfJ 1999, 86 (90); *Britz*, NZFam 2016, 1113 (1114); *Doukkani-Bördner*, FamRZ 2016, 12 (14); BVerfG FamRZ 2017, 524 (528); ähnlich: *Osthold*, Die rechtliche Behandlung von Elternkonflikten, S. 244.

1222 Vgl. *Fachkommission Zwangsverheiratung Baden-Württemberg*, Bericht, S. 45.

Aufgrund des § 159 Abs. 4 S. 1 FamFG kann dies das Gericht anordnen; ein entsprechendes Anwesenheitsrecht der Eltern besteht gerade nicht.[1223]

c) Einstweilige Anordnungen

Wird eine drohende Zwangsheirat erkannt, erfolgt zumeist bereits vorläufig die Inobhutnahme durch das Jugendamt gemäß § 42 SGB VIII.[1224] Im Falle der bereits bestehenden Inobhutnahme und wenn das Kind bereits getrennt ist, hat die gemäß § 157 Abs. 3 FamFG unverzüglich zu prüfende einstweilige Anordnung regelmäßig im Sinne einer diesbezüglichen Verbleibensanordnung[1225] zu erfolgen. Andernfalls hat zum Schutz des Kindes bereits im einstweiligen Anordnungsverfahren die Eltern-Kind-Trennung durch den Entzug des Personensorgerechts gemäß § 1666 Abs. 1, Abs. 3 Nr. 6 Alt. 1 BGB oder den Entzug des gesamten Sorgerechts gemäß § 1666 Abs. 1, Abs. 3 Nr. 6 Alt. 2 BGB zu erfolgen. In der Praxis wird das Sorgerecht dabei regelmäßig auf das Jugendamt übertragen.

d) Zusammenwirken mit anderen Behörden

Neben dem regelmäßigen Zusammenwirken des Familiengerichts mit dem Jugendamt, vor allem durch die Inobhutnahme gemäß § 42 SGB VIII[1226] und die im Bedarfsfall regelmäßige Sorgerechtsübertragung auf selbiges, kommen insbesondere auch und gerade aufgrund der, die drohenden Zwangsheiratsfälle bereits im Vorfeld begleitenden Straftaten, Hinweise und Erkenntnisse der Strafverfolgungsbehörden und Strafgerich-

1223 Vgl. BVerfG FamRZ 2019, 1437 (1439); MüKoFamFG/*Schumann* (2018) FamFG § 159 Rn. 14; Staudinger/*Coester* (2020) BGB § 1666 Rn. 253.

1224 Vgl. BeckOK-SozR/*Winkler* (2021) SGB VIII § 42 Rn. 5; BeckOGK/*Schmidt* (2021) SGB VIII § 42 Rn. 18 ff.; Wiesner/*Wiesner* (2015) SGB VIII § 42 Rn. 1, 22; *Gerhard*, Sozialrechtliche Hindernisse bei der Interventionsarbeit, S. 258; *Joo-Schauen/Najafi*: Für das Recht auf Selbstbestimmung – gegen Zwangsverheiratung, S. 288; *Arbeitsgemeinschaft Zwangsverheiratung und Kinder- und Jugendhilferecht*, Zwangsverheiratung bekämpfen, S. 20.

1225 Vgl. zum Verhältnis des § 1666 Abs. 1 BGB zur Verbleibensanordnung nach § 1632 Abs. 4 BGB: MüKoBGB/*Lugani* (2020) BGB § 1666 Rn. 22.

1226 Vgl. *Gerhard*, Sozialrechtliche Hindernisse bei der Interventionsarbeit, S. 258; *Joo-Schauen/Najafi*: Für das Recht auf Selbstbestimmung – gegen Zwangsverheiratung, S. 288.

te in Betracht[1227]. Klarstellend sei darauf hingewiesen, dass eventuelle Ermittlungsergebnisse aus parallel stattfindenden strafrechtlichen Verfahren jedoch nicht vollumfänglich auf das familiengerichtliche Verfahren durchschlagen. Dies schon deswegen, weil der wesentliche Ermittlungsansatz differiert.[1228] Auf der einen Seite steht der schuldhafte Strafrechtsverstoß der Täter, auf der anderen Seite steht allein die Fragestellung nach dem Kindeswohl des betroffenen Minderjährigen.

4. Zwischenergebnis zu Zwangsheiraten ohne Auslandsbezug

Helfen die – durch die in den letzten zehn Jahren vom Gesetzgeber geschaffenen und weiterentwickelten – aktuellen Instrumente wie der sanktionierende § 237 StGB oder die nachgelagerte Aufhebung der Ehe aufgrund ihres reaktiven Charakters gerade nicht drohende Zwangsheiraten zu verhindern[1229], bietet sich mit dem klassischen, familienrechtlichen Sorgerechtsentzug und dessen proaktiver Ausrichtung auf Gefährdungslagen ein wesentlich tauglicheres Instrument.

Demnach ist bei rein inländischen drohenden und akuten Zwangsheiratsfällen aufgrund der darin verkörperten Kindeswohlgefährdung das Ergreifen gerichtlicher Maßnahmen nach § 1666 BGB notwendig. Im Sinne der Erforderlichkeit und Gebotenheit kommt in allen Zwangsheiratsfällen zunächst grundsätzlich nur ein Sorgerechtsentzug nach § 1666 Abs. 1, 3 Nr. 6 BGB in Betracht.

III. Gerichtliche Maßnahmen bei Zwangsheiratsfällen mit Auslandsbezug

Aufbauend auf die bisher dargestellten, gerichtlichen Maßnahmen bei der drohenden Zwangsverheiratung in reinen Inlandsfällen ergeben sich bei den gerichtlichen Maßnahmen betreffend die drohende Zwangsheirat unter besonderer Berücksichtigung eines tatsächlich bestehenden oder zumindest zu erwartenden Auslandsbezugs in mehreren Aspekten Abweichungen. Dabei sind nicht nur die länderspezifischen Besonderheiten und

---

1227 Vgl. MüKoBGB/*Lugani* (2020) BGB § 1666 Rn. 27.

1228 Vgl. allgemein: Staudinger/*Coester* (2020) BGB § 1666 Rn. 96; MüKoBGB/*Lugani* (2020) BGB § 1666 Rn. 64.

1229 Vgl. *Kaiser*, FamRZ 2013, 77 (89).

die sich jeweils ergebenden Bezüge zum Internationalen Privatrecht[1230] zu fokussieren, sondern die allgemein abweichenden und hinzutretenden Problemfelder im Hinblick auf die Gefährdungslage und die gegebenenfalls korrespondierenden fremdstaatlichen Maßnahmen.

1. Bestehen eines Auslandsbezugs

Zunächst ist daher zu klären, wann überhaupt ein Auslandsbezug in diesem Sinne vorliegt. Dieser ist nicht gegeben, wenn lediglich die Eltern oder die Kinder einen bestehenden Migrationshintergrund im weiteren Sinne haben[1231]. Für einen Auslandsbezug muss zwingend eine Teilhandlung wie das Brautversprechen oder die Verlobung, der Handlungserfolg im Sinne der Eheregistereintragung oder die Vornahme der Zwangsverheiratung selbst im Ausland erfolgen. Regelmäßig wird eine Verbringung in einen Fremdstaat oder der direkte Bezug zu einem Fremdstaat vorliegen.

Unter die Zwangsheiratsfälle mit Auslandsbezug fallen nach diesem Verständnis damit gerade weder rein inländische Eheschließungen unter Beteiligung binationaler oder ausländischer Staatsbürger unabhängig von einem eventuellen Migrationshintergrund im weiteren Sinne[1232] noch umgekehrt Fälle rein fremdstaatlicher Eheschließungen ohne ausreichenden[1233] Bezug zu Deutschland.

1230 Beispielhaft sei in diesem Zusammenhang hier nur die notwendige Einhaltung der jeweiligen Ehemündigkeit genannt; vgl. *v.Bar/Mankowski*, Internationales Privatrecht II (2019), § 4 Internationales Familienrecht Rn. 82; Palandt/*Thorn* (2021) EGBGB Art. 13 Rn. 6; Staudinger/*Mankowski* (2010) EGBGB Art. 13 Rn. 202 ff.; *Hüßtege*, FamRZ 2017, 1374 (1375 ff.).

1231 Vgl. *Fachkommission Zwangsverheiratung Baden-Württemberg*, Bericht, S. 18.

1232 Vgl. zur diesbezüglichen Irrelevanz der Nationalität des zu schützenden Kindes: Staudinger/*Coester* (2020) BGB § 1666 Rn. 162, 315.

1233 Vgl. BayObLG FamRZ 1984, 1259 (1261 f.); Staudinger/*Coester* (2020) BGB § 1666 Rn. 166.; *Mirbach/Schaak/Triebl*, Zwangsverheiratung in Deutschland, S. 39; *Kaiser*, FamRZ 2013, 77 (80).

2. Gefährdungslage in Zwangsheiratsfällen mit Auslandsbezug

Da bereits die äußeren Rahmenbedingungen[1234] bei einer im Ausland geschlossenen Zwangsheirat von einer erzwungenen Eheschließung im Inland abweichen können, sollen nachfolgend einige Fallkonstellationen mit Auslandsbezug mit der nötigen Differenzierung und Fokussierung betrachtet werden.

a) Allgemeine Gefährdungslagen

Auch bei entsprechendem Auslandsbezug bestehen unverändert neben der Gesundheitsgefährdung der Betroffenen die Gefährdungslagen des Kindeswohls durch Instabilität und Diskontinuität der Lebensverhältnisse, durch fehlende Entwicklungsförderung, durch Verhinderung der Kinderautonomie und durch Kontaktbeschränkungen fort. Hier ergibt sich ein prinzipieller Gleichlauf mit den Inlandsfällen. Die tatsächliche Ausprägung der Gefährdungsintensität kann gleichwohl differieren; so kann exemplarisch die Diskontinuität ungleich stärker hervortreten, wenn neben den Bezugspersonen auch noch die Lebensumwelt beispielsweise von einer freiheitlich pluralistischen zu einer strikt islamischen wechselt.[1235]

Hierbei ergibt sich aber nicht per se aus einem Auslandsbezug – sei es ein vorübergehender oder dauerhafter Auslandsaufenthalt des Kindes – eine hierin begründete, generell erhöhte Kindeswohlgefährdung.[1236]

1234 Vgl. nur Motzer/Kugler/Grabow/*Motzer*: Kinder aus Migrationsfamilien in der Rechtspraxis, Rn. 157; *Schröttle*, Zwangsverheiratung, Gewalt und Paarbeziehungen, S. 162 f.

1235 Vgl. BayObLG FamRZ 1985, 737 (739); FamRZ 1997, 954 (955); *Sütçü*, Zwangsheirat und Zwangsehe, S. 162; Staudinger/Coester (2020) BGB § 1666 Rn. 165.; zutreffend zum Entreißen der heimatlichen Wurzeln: *Wieser*, FamRZ 1990, 693 (697); OLG Stuttgart DAVorm 2000, 1144 (1144 f.); AG Korbach FamRZ 2003, 1496 (1496); Motzer/Kugler/Grabow/*Motzer*: Kinder aus Migrationsfamilien in der Rechtspraxis, Rn. 65, 67; *Menne*, FamRZ 2016, 1223 (1227); Motzer/Kugler/Grabow/*Motzer*: Kinder aus Migrationsfamilien in der Rechtspraxis, Rn. 65.

1236 Vgl. BVerfGE 72, 122 (139); OLG Hamburg FamRZ 1983, 1271 (1273); OLG Zweibrücken FamRZ 1984, 931 (932); BayObLG FamRZ 1984, 1259 (1261); FamRZ 1985, 737 (738 f.); BayObLG FamRZ 1997, 954 (955); LG Berlin FamRZ 1982, 841 (843); BayObLG ZfJ 1985, 36 (37); Staudinger/*Coester* (2020) BGB § 1666 Rn. 85b; ferner beispielhaft zur freiheitlichen Lebensweise in türkischen Großstädten: Staudinger/*Coester* (2020) BGB § 1666 Rn. 165; kri-

Folglich bietet der Kindesschutz gemäß § 1666 BGB weder eine generelle Umzugs- noch eine Auswanderungsverhinderung im Hinblick auf die betroffenen Familien[1237]; eine insofern rein hypothetisch erhöhte künftige Gefährdung durch Zwangsheiraten im Fremdstaat genügt dabei gerade nicht.

Beim Hinzutreten weiterer Faktoren wie einhergehender Instabilität und Diskontinuität[1238], einem Umzug gegen den ausdrücklichen Kindeswillen[1239] oder bei einer konkret absehbaren Gefährdung durch Zwangsverheiratung im Fremdstaat stellt sich dies anders dar. In diesen Fällen kann gerade nicht auf den potentiell möglichen Kindesschutz durch den Fremdstaat verwiesen werden[1240], sondern die Gefährdung durch die vermeintlich drohende Zwangsheirat muss bereits vor dem tatsächlichen Auslandsbezug als drohende Gefährdungslage qualifiziert werden.

Insofern sind bei der Beurteilung der Gefährdungslage sowohl die lokalen, geokulturellen und rechtlichen Besonderheiten des Ziellandes als auch die persönlichen Einstellungen der Eltern zu berücksichtigen. Lehnen die Eltern eine Zwangsverheiratung persönlich ab, nehmen ihr Kind jedoch in eine Region mit entsprechend tradierter Zwangsheiratskultur mit, hat die Abwägung dem ersten Augenschein nach nicht anders zu erfolgen als im Falle der Reise in einen für Zwangsheiraten unbedenklich geltenden Staat. Hieraus wird deutlich, dass es nicht alleine auf den Fremdstaat und die dort gegebenenfalls bestehende Zwangsverheira-

---

tisch, sofern im Fremdstaat keinerlei angemessene Bildung ermöglicht wird: Palandt/*Götz* (2021) BGB § 1666 Rn. 17.

1237 Vgl. Staudinger/Coester (2020) BGB § 1666 Rn. 149; a.A. OLG Frankfurt FamRZ 2003, 1491 (1491); OLG München FamRZ 2003, 1493 (1494); *Heumann*, ZKJ 2008, 280 (286); ferner: Staudinger/*Dürbeck* (2019) BGB § 1684 Rn. 88 ff., 99; ergänzend zum familienbedingten Auslandsumzug („international relocation"): *Coester-Waltjen*, ZKJ 2013, 4 (5); *Rieck*, ZKJ 2009, 165 (166 f.); *Menne*, FamRZ 2016, 1223 (1226).

1238 Vgl. OLG Hamburg FamRZ 1983, 1271 (1273); BayObLG ZfJ 1985, 36 (37); OLG Karlsruhe FamRZ 1994, 1544 (1544 f.); Staudinger/*Coester* (2020) BGB § 1666 Rn. 85b.

1239 Vgl. BayObLGZ 1974, 317 (320 f.); BayObLG FamRZ 1985, 737 (737); BayObLG FamRZ 1997, 954 (955); Staudinger/*Coester* (2020) BGB § 1666 Rn. 85b; Motzer/Kugler/Grabow/*Motzer*: Kinder aus Migrationsfamilien in der Rechtspraxis, Rn. 65.

1240 Vgl. Staudinger/*Coester* (2020) BGB § 1666 Rn. 165; a.A. LG Berlin FamRZ 1982, 841 (843).

tungspraxis, sondern auf die konkret individuelle Gefahr im Einzelfall ankommt.[1241]

Neben den für das Inland bereits durchgeführten Quervergleichen hinsichtlich der anerkannten Fallgruppen treten für Fälle mit Auslandsbezug jedoch ergänzende Gefährdungslagen hinzu. Hier ist primär die Verbringung eines Kindes ins Ausland zu nennen, die jedoch anders als im klassischen Umgangsverhinderungs- oder Kindesentführungsfall weniger die einseitige Verbringung eines Kindes ins Ausland durch einen Elternteil betrifft, als vielmehr Ferienverheiratungen und Heiratsverschleppungen. Ergänzend kommen die Fallgruppen der Eheschließungen hinzu, die einen primären aufenthaltsrechtlichen Fokus beinhalten.

Sowohl der thematische Komplex der Ferienverheiratungen und der Heiratsverschleppungen einerseits als auch die einwanderungsrelevanten Fälle der Importbräute, des Heiratshandels und die Verheiratung für ein Einwanderungsticket andererseits weisen dabei wiederkehrende Spezifika auf.

b) Ferienverheiratungen und Heiratsverschleppungen

Während zur inhaltlichen Abgrenzung auf die obigen Ausführungen[1242] verwiesen wird, sind im Hinblick auf die Gefährdungslage für das Kindeswohl und die familiengerichtliche Möglichkeit zum Ergreifen von Maßnahmen zwei grundsätzliche Fallkonstellationen zu unterscheiden.

In Variante 1 der Ferienverheiratung erfolgt – vornehmlich aufgrund der strikteren Gesetzeslage in Deutschland, bisweilen jedoch auch aus Kostengründen – lediglich die Verheiratung im Ausland oder Herkunftsstaat eines der Beteiligten.[1243] Die Ehepartner beabsichtigen nach der Eheschließung die Ehe in Deutschland zu leben. Hier ist ohne Unterschied, ob es sich um deutsche Staatsangehörige oder Staatsangehörige anderer Staaten handelt, aufgrund des gewöhnlichen Aufenthalts in Deutschland ein fami-

1241 Vgl. dem Grunde nach, jedoch in anderem Gesamtzusammenhang: OLG Dresden FamRZ 2003, 1862 (1863 f.); BGH FamRZ 2005, 344 (346); AG Bremen ZKJ 2008, 338 (339 f.); AG Bonn ZKJ 2008, 256 (256); eine ähnlich konkrete Prüfung findet auch im Asylrecht statt: VG Kassel, Urteil vom 26.03.2012 - 4 K 782/10.KS.A, juris; in anderem Zusammenhang: BayVGH, Beschluss vom 26.08.2014 - 9 ZB 12. 30295, juris; Staudinger/*Coester* (2020) BGB § 1666 Rn. 106a, 165.

1242 Vgl. oben unter C.I.2.a.

1243 Vgl. *Bauer*, Kindeswohlgefährdung, S. 239.

liengerichtliches Einschreiten wegen der drohenden oder akuten Zwangsverheiratung möglich. Insbesondere ändert der kurzzeitige Aufenthalt zur Eheschließung im Ausland nichts an der Zuständigkeit. Nachdem § 1633 BGB a.F. entfallen ist[1244], ergeben sich nach der Rückkehr insbesondere auch keine sorgerechtlichen Abweichungen aufgrund der Eheschließung im Fremdstaat.

In Variante 2 der Ferienverheiratung, die gleichsam die klassische Heiratsverschleppung abbildet, ist auch nach der Eheschließung ein Verbleib im Ausland[1245], vornehmlich dem Herkunftsstaat mindestens eines der Beteiligten, beabsichtigt. Hier stößt der Kindeswohlschutz an seine Grenzen[1246], sofern die Ausreise bereits erfolgt ist. Familiengerichtliche Maßnahmen nach § 1666 BGB sind dann nämlich danach zu differenzieren, ob es sich um einen minderjährigen, deutschen Staatsangehörigen handelt. In diesem Falle sind über die völkerrechtlichen Vereinbarungen und notfalls über den subsidiären Schutz aufgrund der deutschen Staatsangehörigkeit gemäß § 99 Abs. 1 S. 1 Nr. 1 FamFG die Zuständigkeit und damit die Maßnahmen nach § 1666 BGB eröffnet. Falls es sich jedoch um einen ausländischen Staatsangehörigen handelt, der folglich faktisch in sein Heimatland zurückgekehrt ist, besteht kein weiterer personeller oder territorialer Bezug zu Deutschland und familiengerichtliche Maßnahmen sind nach der Rückreise in das Herkunftsland prinzipiell nicht länger eröffnet. Sofern jedoch noch keine Ausreise erfolgt ist, kann in beiden Ausprägungen der drohenden Zwangsverheiratung selbiger mit Maßnahmen nach § 1666 BGB aufgrund § 99 Abs. 1 S. 1 Nr. 2 FamFG begegnet werden.

1244 Vgl. BT-Drs. 18/12086, S. 17; *Schwab*, FamRZ 2017, 1369 (1372); BeckOGK/*Amend-Traut* (2021) BGB § 1626 Rn. 98; noch zur alten Rechtslage: OLG Bamberg FamRZ 2016, 1270 (1272).

1245 Vgl. *Bauer*, Kindeswohlgefährdung, S. 239.

1246 Vgl. *Frings*, Die freie Wahl des Ehegatten, S. 24; ferner auch zur zunächst bestehenden strafrechtlichen Lücke im Hinblick auf das Fehlen des § 237 StGB in § 5 f. StGB bei Auslandsstraftaten: *Letzgus*, FS Puppe, S. 1234; *Sering*, NJW 2011, 2161 (2163); *Göbel-Zimmermann*, Stellungnahme zur öffentlichen Anhörung des Bundestagsausschusses - Bekämpfung von Zwangsverheiratungen, S. 12 f.; nunmehr aufgenommen in § 5 Nr. 6 c StGB durch das Neunundvierzigste Gesetz zur Änderung des Strafgesetzbuches - Umsetzung europäischer Vorgaben zum Sexualstrafrecht (49. StrÄndG) vom 21.01.2015 (BGBl. Jahrgang 2015 Teil I Nr. 2, S. 10); *Arbeitsgemeinschaft Zwangsverheiratung und Kinder- und Jugendhilferecht*, Zwangsverheiratung bekämpfen, S. 12.

c) Importbräute und Heiratshandel

In Bezug auf den Heiratshandel ist generell zwischen vier Konstellationen zu differenzieren. Als Grundsatz kann wieder festgehalten werden, dass familiengerichtlich[1247] einzig der minderjährige künftige Ehepartner geschützt wird, sofern dieser einen Bezug zu Deutschland hat.

In Variante 1 des Heiratshandels ist Deutschland der abgebende Staat, sprich der Minderjährige wandert in den Fremdstaat aus, um dort die Ehe zu schließen und künftig dort auch dauerhaft zu leben. Es liegt somit ein umgekehrter Fall des Importehegatten, nämlich der Fall eines Exportehegatten oder einer Exportbraut vor. Der staatliche Kindesschutz entspricht in dieser Konstellation der obigen Ausganslage und den Ausführungen zur Ferienverheiratung in Variante 2.

In Variante 2 des Heiratshandels ist wiederum Deutschland der abgebende Staat, jedoch wandert ein Volljähriger aus, um im Ausland zu heiraten und zu leben. Der minderjährige Ehegatte ist und bleibt im Fremdstaat. In dieser Fallgestaltung wird keinerlei zivilrechtlicher Kindesschutz ausgelöst, da der minderjährige Ehegatte als solcher und sein Aufenthaltsort keinen Bezug zu Deutschland aufweisen. Es besteht kein personeller oder territorialer Bezug für ein familiengerichtliches Einschreiten.

In Variante 3 des Heiratshandels ist Deutschland der aufnehmende Staat, in welchem sich der minderjährige Ehegatte bereits zuvor aufgehalten hat. Es ist entweder eine informelle Eheschließung im Inland geplant oder eine Eheschließung im Ausland mit bestehender perspektivischer Rückkehr nach Deutschland, um hier zu leben. Je nach Ausprägung ergeben sich damit keine Abweichungen von reinen Inlandsfällen oder aber die Zwangsheiratslage entspricht der obigen Ausganslage und den Ausführungen zur Ferienverheiratung in Variante 1. In beiden Ausprägungen ist damit ein familiengerichtliches Einschreiten gemäß § 1666 BGB eröffnet.

In Variante 4 des Heiratshandels ist Deutschland der aufnehmende Staat, der minderjährige Betroffene hatte zuvor keinen Bezug zu Deutschland, beabsichtigt jedoch hier künftig zu leben. Dies ist die quasi klassische Variante der Importbraut beziehungsweise des Importehegatten. Sofern der Minderjährige ohne einen Sorgeberechtigten einreist, gilt er – unabhängig davon, ob die Eheschließung bereits erfolgt ist – als unbegleiteter

---

1247 Vgl. zum abweichenden Ansatz im Sozialrecht, das für die Förderung und Hilfen bei jungen Menschen die Grenze bei 27 Jahren zieht, §§ 1, 7 Abs. 1 Nr. 4 SGB VIII; BeckOGK/*Lack* (2021) SGB VIII § 7 Rn. 10; Wiesner/*Wiesner* (2015) SGB VIII § 7 Rn. 8.

Minderjähriger, der gemäß §§ 42, 42a Abs. 1 S. 2 Hs. 2 SGB VIII in staatliche Obhut zu nehmen ist. Gleichzeitig eröffnen sich, unabhängig von seinem Einreisestatus die familiengerichtlichen Maßnahmen nach § 1666 BGB, da der Minderjährige seinen gewöhnlichen Aufenthalt nunmehr in Deutschland hat und bereits zwangsverheiratet wurde oder es werden soll. Notfalls ergibt sich hier die familiengerichtliche Zuständigkeit subsidiär über das Fürsorgebedürfnis nach § 99 Abs. 1 S. 2 FamFG, falls sich diese nicht ohnehin aus einer völkerrechtlichen Vereinbarung ergibt.

Minderjährige Importbräute werden aber aufgrund der dargestellten gesetzlichen Regelungen mittlerweile auch im Ausland informell geehelicht und reisen dann bisweilen erst ab Erreichen der Volljährigkeit in das Geltungsgebiet der Bundesrepublik Deutschland ein, wo bisweilen sogar noch eine zusätzlich nachgelagerte Zivileheschließung[1248] stattfindet. In diesen Fallvarianten stößt der staatliche Kindesschutz wiederum an seine Grenzen und familiengerichtliche Maßnahmen sind gerade nicht eröffnet.

d) Verheiratung für ein Einwanderungsticket

Müssen aufenthaltspolitische Intentionen[1249] bei der Betrachtung des Kindeswohls prinzipiell gerade außen vor bleiben, so verhält es sich bei der vorliegenden Fallgruppe im Hinblick auf die Gefährdung jedoch gerade konträr, da der aufenthaltsrechtliche Status – anders als bei den Heiratsverschleppungen und Importbräuten – nicht nur eine gegebenenfalls vorteilhafte Begleiterscheinung, sondern primärer Zweck der Zwangsverheiratung ist.[1250] Die aufenthaltspolitischen Möglichkeiten des Familiennachzugs nach § 27 AufenthaltsG oder spezifischer des Ehegattennachzugs nach § 30 AufenthaltsG stehen dabei im Fokus der Zwangsverheiratung, um dem fremdstaatlichen Ehegatten eine Aufenthaltserlaubnis in der Bundesrepublik Deutschland zu ermöglichen. Auch die mittlerweile spezifisch gegen Scheinehen in § 27 Abs. 1a Nr. 1 Alt. 1 AufenthaltsG und gegen Zwangsehen in § 27 Abs. 1a Nr. 2 AufenthaltsG klarstellend aufgenommenen Regelungen gegen missbräuchlichen Familiennachzug entfalten in der Praxis kaum Wirkung.

1248 Vgl. *Kaiser*, FamRZ 2013, 77 (84).

1249 Siehe oben unter D.II.2.a.; vgl. BVerfG FamRZ 2008, 2185 (2187 f.); Staudinger/*Coester* (2020) BGB § 1666 Rn. 67.

1250 Vgl. OLG Köln FamRZ 2001, 1087 (1087); *Pfaff*, FPR 2011, 428 (429 f.); *Menne*, FamRZ 2016, 1223 (1224).

Nachdem die Verheiratung für ein Einwanderungsticket für die aufenthaltsrechtlichen Wirkungen zwingend an die Zivilehe oder eine im Fremdstaat anerkannte staatliche Eheschließungsform anknüpft, scheiden völlig informelle Eheschließungen im Fremdstaat ebenso wie Eheschließungen in Deutschland in dieser Zwangsverheiratungsart mittlerweile grundsätzlich aus.[1251] Auch hier erfährt den familiengerichtlichen Schutz grundsätzlich der minderjährige Ehegatte. Die Verheiratung für ein Einwanderungsticket in der Variante, dass der Minderjährige zur Eheschließung ins Ausland reist, dort verheiratet und im Anschluss mit dem Ehegatten zurückkehrt, folgt mithin der obigen Ausganslage und den Ausführungen zur Ferienverheiratung in Variante 1. Die Verheiratung für ein Einwanderungsticket in der Variante, dass der Minderjährige nach der Eheschließung im Ausland im Wege des Ehegattennachzugs nach § 30 AufenthaltsG einreist, folgt entsprechend der obigen Ausganslage und den Ausführungen zum Heiratshandel in Variante 4. Der Inobhutnahme nach §§ 42 Abs. 1 Nr. 3, 42a Abs. 1 S. 2 Hs. 2 SGB VIII und der prinzipiellen aufenthaltsrechtlichen Notwendigkeit der Volljährigkeit für den Ehegattennachzug nach § 30 Abs. 1 Nr. 1 AufenthaltsG kann, außer durch die ebenfalls in § 30 AufenthaltsG genannten zahlreichen Ausnahmen, auch ohne weiteres durch die zeitversetzt spätere Einreise des vormals Minderjährigen bei Erreichen des achtzehnten Lebensjahrs umgangen werden. Auch wenn sich durch die gesetzlichen Anpassungen die Ausgestaltung der Verheiratung für ein Einwanderungsticket geändert haben mag, so hat dies meist allenfalls Auswirkungen auf den Zeitpunkt der Einreise des Minderjährigen.

Ergänzend sei an dieser Stelle die wichtigste aufenthaltsrechtliche Folgeregelung – auch und gerade im Hinblick auf die Möglichkeit des Beendens einer auf eine Zwangsverheiratung folgenden Zwangsehe – kurz erwähnt. Diese findet sich in § 31 Abs. 1 S. 1 Nr. 1 bzw. Abs. 2 S. 1 AufenthaltsG, wonach sich nach der Mindestbestandszeit einer regelmäßig dreijährigen[1252] Ehe ein eigenständiges Aufenthaltsrecht des Ehegatten ergibt. Nachdem hierdurch ein selbständiges Aufenthaltsrecht entsteht, ist das aus der Ehe abgeleitete Aufenthaltsrecht nicht länger nötig.

1251 Vgl. VG Berlin FamRZ 2019, 279 (279 f.); *Coester*, FamRZ 2019, 282 (282 f.).
1252 Vgl. *Sering*, NJW 2011, 2161 (2164).

3. Gefährdungsbegegnung bei drohender Zwangsheirat mit Auslandsbezug

Losgelöst von der spezifischen Art der Gefährdungslage – beruht diese beispielweise nun auf einer Ferienverheiratung, einer internationalen Heiratsverschleppung oder auf dem Heiratshandel – sind die möglichen familiengerichtlichen Handlungsinstrumente im Hinblick auf die grundsätzlich gegebenen Maßnahmemöglichkeiten ähnlich.

a) Ausreiseverbote für das betroffene Kind

Bei einer drohenden Zwangsheirat im Ausland kommt zunächst ein Ausreiseverbot[1253] für das betroffene Kind in Betracht. So ergeben sich als denkbare Möglichkeiten ein generelles oder länderspezifisches Ausreiseverbot mit dem Erlass einer sogenannten Grenzsperre[1254] und mit gegebenenfalls begleitender temporärer Einziehung der Passdokumente[1255] im Sinne einer Begrenzung des Aufenthaltsbestimmungsrechts.

Dies fördert unter Umständen jedoch die Gefahr, dass stattdessen vor allem nichtstaatliche Eheschließungen – sogar im Bewusstsein[1256] einer diesbezüglichen Straf- oder Ordnungswidrigkeit – zur Umgehung im Falle eines länderspezifischen Ausreiseverbots in einem Drittland oder im Falle eines generellen Ausreiseverbots im Inland stattfinden. Zudem handelt es

---

1253 Vgl. OLG Frankfurt FamRZ 1997, 571 (571 f.); OLG Karlsruhe FamRZ 2002, 1272 (1273); OLG Frankfurt FamRZ 2018, 1319 (1319 f.); OLG Frankfurt FamRZ 2003, 1491 (1492); OLG Dresden FamRZ 2003, 1862 (1863); AG Saarbrücken FamRZ 2003, 1859 (1861); Staudinger/*Coester* (2020) BGB § 1666 Rn. 219; Palandt/*Götz* (2021) BGB § 1666 Rn. 21; Motzer/Kugler/Grabow/*Motzer*: Kinder aus Migrationsfamilien in der Rechtspraxis, Rn. 157, 190; zum Ausreiseverbot in anderem Zusammenhang: BGH FamRZ 2005, 344 (346); AG Bonn ZKJ 2008, 256 (256); AG Delmenhorst ZKJ 2014, 79 (80); *Wüstenberg*, FamRZ 2007, 692 (695); *Wüstenberg*, FPR 2012, 452 (453); OLG Karlsruhe FamRZ 2009, 1599 (1599 f.).

1254 Vgl. OLG Karlsruhe FamRZ 2002, 1272 (1273); AG Bremen ZKJ 2008, 338 (339 f.); AG Bonn ZKJ 2008, 256 (256); Palandt/*Götz* (2021) BGB § 1666 Rn. 21, 40; OLG Nürnberg FamRZ 2021, 600 (607).

1255 Vgl. *Menne*, FamRB 2015, 359 (360, 361 f.); Motzer/Kugler/Grabow/*Motzer*: Kinder aus Migrationsfamilien in der Rechtspraxis, Rn. 189; OLG München FamRZ 1998, 976 (977); OLG Dresden FamRZ 2003, 468 (469); OLG Brandenburg FamRZ 2003, 947 (947); OLG Karlsruhe FamRZ 1996, 424 (425); *Menne*, FamRZ 2016, 1223 (1224).

1256 Vgl. *Letzgus*, FPR 2011, 451 (452); *Kubik/Zimmermann*, JR 2013, 192 (194).

sich allenfalls um eine temporäre Lösung, da ein dauerhaftes generelles oder länderspezifisches Ausreiseverbot mit begleitender Einziehung der Passdokumente im Sinne einer Begrenzung des Aufenthaltsbestimmungsrechts auch aufgrund der für den Schengenraum geltenden Freizügigkeit[1257] nicht effektiv und damit nicht geeignet ist[1258].

Auch ein spezifiziertes Ausreiseverbot betreffend eine Ausreise außerhalb des Gebiets des Schengenabkommens[1259] bringt selbst bei Fremdstaatsangehörigen nur bedingt Abhilfe. Hier mag zwar grundsätzlich das Freizügigkeitsrecht gewahrt sein, jedoch mangelt es derartigen Maßnahmen in der Praxis an Effektivität, nachdem bereits durch einen Zwischenstopp in einem anderen Schengenstaat die rechtspraktische Verhinderung der Ausreise nicht mehr vollumfänglich gewährleistet wäre.

Jedwedes Ausreiseverbot würde zudem dann an der Verhältnismäßigkeit scheitern, wenn die Zwangsheirat vermeintlich gar nicht der Grund der Ausreise ist; eine generelle Verhinderung der Ausreise des Kindes könnte andernfalls in unzulässiger Weise der Aussiedelung oder Rücksiedlung der ganzen Familie – losgelöst von einer hypothetisch zeitlich nachgelagerten Zwangsverheiratung – entgegenstehen.

Auch wird hierdurch bereits ein rechtspraktisches Problem angerissen, nämlich dass von den staatlichen Behörden – seien es nun Familiengericht, Jugendamt oder Polizeibehörde – aufgrund der bisweilen sogar bei den Betroffenen bestehenden Unkenntnis meist schwerlich bis nicht antizipiert werden kann, ob ein Heiratsverschleppungsfall vorliegt.[1260] Seitens staatlicher Stellen besteht aufgrund der Freizügigkeit heute in der Praxis weder Kenntnis hinsichtlich des Ausreisegrundes noch überhaupt Kenntnis von begleiteten Ausreisen, sprich von der Ausreise eines Minderjährigen mit seinen Eltern.[1261]

1257 Vgl. Artikel 4 (Recht auf Ausreise) der *Richtlinie 2004/38/EG des Europäischen Parlaments und des Rates vom 29. April 2004 über das Recht der Unionsbürger und ihrer Familienangehörigen, sich im Hoheitsgebiet der Mitgliedstaaten frei zu bewegen und aufzuhalten, zur Änderung der Verordnung (EWG) Nr. 1612/68 und zur Aufhebung der Richtlinien 64/221/EWG, 68/360/EWG, 72/194/EWG, 73/148/ EWG, 75/34/EWG, 75/35/EWG, 90/364/EWG, 90/365/EWG und 93/96/EWG* (ABl. L158 vom 30.04.2004, S. 90).

1258 Vgl. BGH FamRZ 2005, 344 (347); AG Bonn ZKJ 2008, 256 (256); a.A. AG Bremen ZKJ 2008, 338 (339 f.); Staudinger/*Coester* (2020) BGB § 1666 Rn. 212; zur weitergehenden Problematik bei ungeklärtem Aufenthaltsstatus: *Rake*, FamRZ 2021, 607 (608).

1259 Vgl. OLG Köln FamRZ 2001, 1087 (1087).

1260 Vgl. *Sering*, NJW 2011, 2161 (2163).

1261 Vgl. zur Einreise: BT-Drs. 19/21079, S. 3.

b) Einreiseverbote für den künftigen Ehegatten

Theoretisch kommt zur Verhinderung einer Zwangsheirat bei einer angedachten informellen Eheschließung im Inland präventiv ein konkretes Einreiseverbot für den künftigen Ehegatten im Sinne des § 1666 Abs. 3, 4 BGB in Betracht. Alternativ kann bei einer drohenden Zwangsheirat ein solches Einreiseverbot für Angehörige von Fremdstaaten auch bereits im Sinne einer klarstellenden, vorweggenommen künftigen Einreiseverhinderung ausgesprochen werden. Hierbei könnte eine Orientierung an § 11 AufenthaltsG für fremde Staatsangehörige, die keinem Schengenstaat angehören, beziehungsweise an § 6 Freizügigkeitsgesetz/EU für Unionsbürger mit allgemeinen Freizügigkeitsrechten erfolgen.

Ergänzend sei erwähnt, dass – anders als bei der zuvor erfolgten Eheschließung mit nachfolgendem Familiennachzug nach §§ 27 ff. AufenthaltsG – eine Einreise lediglich zum Zwecke der Eheschließung im Inland prinzipiell nicht möglich ist; ein Ausländer müsste sein Aufenthaltsrecht damit ohnehin anderweitig ableiten[1262]. Sofern der einreisewillige Ehegatte jedoch Freizügigkeitsrechte genießt, garantiert ihm diese Freizügigkeit das Recht auf Einreise[1263]; ein dagegen ausgesprochenes Einreiseverbot verstieße gegen dieses Recht.

Ist der einreisende, fremdstaatszugehörige Ehegatte auch minderjährig, wäre ein Einreiseverbot für selbigen gegebenenfalls sogar aus Kindesschutzgründen kontraindiziert, da dem Schutz des Minderjährigen – legt man ein hypothetisch vermeintlich niedrigeres Schutzniveau im Fremdstaat zugrunde – innerhalb des Geltungsbereichs des deutschen Rechts sogar besser beigestanden werden kann. Rein rechtspraktisch besteht aber auch hier das Problem, dass staatliche Stellen keine Kenntnis von begleite-

---

1262 Vgl. BVerfGE 76, 1 (47, 78); BVerwG NVwZ 2011, 1201 (1204); *Kaiser*, FamRZ 2013, 77 (81); BVerwGE 138, 353 (353); ferner zur Möglichkeit der sogenannten „Dänemark-Ehe“, wonach unter erleichterten Voraussetzungen in Dänemark geheiratet wird und dann ein Familiennachzug nach Deutschland stattfindet: *Hailbronner*, VBlBW 2011, 369 (371, 374 f.); *Oberhäuser*, NVwZ 2012, 25 (25 ff.); BVerwGE 138, 353 (358 ff.).

1263 Vgl. Artikel 5 (Recht auf Einreise) der Richtlinie 2004/38/EG des Europäischen Parlaments und des Rates vom 29. April 2004 über das Recht der Unionsbürger und ihrer Familienangehörigen, sich im Hoheitsgebiet der Mitgliedstaaten frei zu bewegen und aufzuhalten, zur Änderung der Verordnung (EWG) Nr. 1612/68 und zur Aufhebung der Richtlinien 64/221/EWG, 68/360/EWG, 72/194/EWG, 73/148/EWG, 75/34/EWG, 75/35/EWG, 90/364/EWG, 90/365/EWG und 93/96/EWG (ABl. L158 vom 30.04.2004, S. 91).

ten Einreisen, sprich von Einreisen betroffener Minderjähriger mit deren Eltern, haben.[1264]

c) Sorgerechtsentzug

Nachdem einerseits Gebote und Weisungen bereits bei reinen Inlandsfällen der Zwangsheirat unzureichend sind und andererseits Aufenthaltsbeschränkungen wie Einreise- oder Ausreiseverbote keine dauerhaft effektive Maßnahme darstellen, verbleibt dem Familiengericht in Zwangsheiratsfällen grundsätzlich regelmäßig nur der Entzug des Aufenthaltsbestimmungs- oder des Sorgerechts.

Der Schutz eines Minderjährigen vor Eheschließungen in einem Fremdstaat ist nur bedingt möglich[1265], so dass der Schutz möglichst vor der Ausreise erfolgen muss, da andernfalls nur die Schutzvorschriften nach der Rückkehr aus dem Ausland zum Tragen kommen können.[1266]

Nachdem, ähnlich wie bei den Inlandsfällen, die Konfliktsituation der drohenden Zwangsheirat in den allermeisten Fällen nicht alleine durch eine örtliche Begrenzung des Aufenthalts des minderjährigen Kindes begegnet werden kann, sondern das Kind aus der Konfliktlage entnommen werden muss, ist wiederum mindestens der Entzug der Personensorge geboten.

Bei entsprechendem Auslandsbezug dient dieser Sorgerechtsentzug neben dem Schutz des Kindes vor der Zwangsheirat im Fremdstaat auch dem entsprechenden Schutz vor gegebenenfalls an die gerichtliche Verhinderung adaptierten Zwangsverheiratungsplänen und somit vor einer eventuell drohenden Zwangsheirat im Inland.

4. Verfahrensbesonderheiten in Zwangsheiratsfällen mit Auslandsbezug

Ergänzend zu den obigen allgemeinen Ausführungen und zu den Erläuterungen der Verfahrensbesonderheiten bei Zwangsheiratsfällen ohne Auslandsbezug bedarf es bei Fällen mit Auslandsbezug eines additiven Blickes

---

1264 Vgl. BT-Drs. 19/21079, S. 3.
1265 Vgl. BT-Drs. 19/9568, S. 3.
1266 Vgl. ebd., S. 3.

auf die internationale Zuständigkeit[1267] der deutschen Gerichte und die Anwendung des deutschen Rechts. Unabhängig von dessen Staatsangehörigkeit unterfällt ein Kind, sofern es im Inland seinen gewöhnlichen Aufenthalt hat, dem gerichtlichen Schutz des § 1666 BGB.[1268]

Im Hinblick auf die internationale Zuständigkeit bei Zwangsheiratsfällen ergibt sich insbesondere keine spezialgesetzliche Abweichung aus dem *Europäischen Übereinkommen über die Anerkennung und Vollstreckung von Entscheidungen über das Sorgerecht für Kinder und die Wiederherstellung des Sorgeverhältnisses*[1269] vom 20.05.1980, dem *Haager Übereinkommen über die zivilrechtlichen Aspekte internationaler Kindesentführung*[1270] vom 25.10.1980 oder dem *Übereinkommen über die Zuständigkeit, das anzuwendende Recht, die Anerkennung, Vollstreckung und Zusammenarbeit auf dem Gebiet der elterlichen Verantwortung und der Maßnahmen zum Schutz von Kindern*[1271] vom 19.10.1996. Keines der Übereinkommen beinhaltet Sonderregelungen für Zwangsheiratsfälle. Ohnehin haben die internationalen Übereinkommen ihren primären Fokus auf der Kindesrückführung und der Wiederherstel-

---

1267 Vgl. Staudinger/*Coester* (2020) BGB § 1666 Rn. 313 ff.; *Bock*, NJW 2012, 122 (125 f.); MüKoBGB/*Lugani* (2020) BGB § 1666 Rn. 29 ff.

1268 Vgl. AG Ingolstadt IPRax 1992, 326 (327); Staudinger/*Coester* (2020) BGB § 1666 Rn. 162, 316.

1269 Europäisches Übereinkommen über die Anerkennung und Vollstreckung von Entscheidungen über das Sorgerecht für Kinder und die Wiederherstellung des Sorgeverhältnisses (Europäisches Sorgerechtsübereinkommen - ESÜ) vom 20.05.1980 (SEV Nr. 105; BGBl. Jahrgang 1990 Teil II Nr. 11, S. 206, 220); vgl. Staudinger/*Pirrung* (2018) ESÜ Rn. F1 ff.

1270 Haager Übereinkommen über die zivilrechtlichen Aspekte internationaler Kindesentführung (Haager Kindesentführungsübereinkommen - HKÜ) vom 25.10.1980 (BGBl. Jahrgang 1990 Teil II Nr. 11, S. 206, 207); modifiziert durch die Verordnung (EG) Nr. 2201/2003 des Rates über die Zuständigkeit und die Anerkennung und Vollstreckung von Entscheidungen in Ehesachen und in Verfahren betreffend die elterliche Verantwortung und zur Aufhebung der Verordnung (EG) Nr. 1347/2000 (EuEheVO; Brüssel IIa-Verordnung) vom 27.11.2003 (ABl. L338 vom 23.12.2003, S. 1) bzw. ab 01.08.2022 durch die Verordnung (EU) 2019/1111 des Rates über die Zuständigkeit, die Anerkennung und Vollstreckung von Entscheidungen in Ehesachen und in Verfahren betreffend die elterliche Verantwortung und über internationale Kindesentführungen (Brüssel IIb-Verordnung) vom 25.06.2019 (ABl. L178 vom 02.07.2019, S. 1); vgl. Staudinger/*Pirrung* (2018) Brüssel-IIa-VO Rn. C7 ff.

1271 Übereinkommen über die Zuständigkeit, das anzuwendende Recht, die Anerkennung, Vollstreckung und Zusammenarbeit auf dem Gebiet der elterlichen Verantwortung und der Maßnahmen zum Schutz von Kindern (Haager Übereinkommen über den Schutz von Kindern - KSÜ) vom 19.10.1996 (BGBl. Jahrgang 2009 Teil II Nr. 21, S. 602, 603).

lung des Sorgerechts[1272]. Mithin wird das Verhältnis der Eltern untereinander oder zu Dritten fokussiert und nicht primär das Eltern-Kind-Verhältnis wie es in Zwangsheiratsfällen nach § 1666 BGB nötig ist.

Ein rechtspraktisches Verfahrensproblem besteht jedoch, sofern sich die Eltern mit dem Kind unmittelbar vor oder während des Verfahrens mit unbekanntem Aufenthaltsort ins Ausland absetzen, so dass jedwede familiengerichtliche Maßnahme ins Leere läuft[1273]. Hier kommt der staatliche Kindesschutz an seine Grenzen, umso wichtiger erscheint in derartigen Fällen ein zügiges gerichtliches Tätigwerden.

5. Zwischenergebnis zu Zwangsheiraten mit Auslandsbezug

Weder ein aufenthaltsgesetzliches Verbot der Einreise noch die Verhinderung des Ehegattennachzugs noch die Untersagung der standesamtlichen Mitwirkung oder Anerkennungsverbote für entsprechende ausländische Eheschließungen verhindern Zwangsheiratsfälle mit Auslandsbezug.[1274] Entweder wird die erzwungene Eheschließung im Ausland vollzogen oder die Eheleute leben zunächst noch nicht beziehungsweise temporär nicht mehr in Deutschland[1275] oder die Eheschließung wird bis zum staatlich gerade tolerierten Mindestalter[1276] hinausgezögert. In allen dieser Fälle ist für das betroffene Kind nichts gewonnen. Entweder potenziert sich die Gefahr, weil neben der erfolgenden Zwangsverheiratung beispielsweise auch noch der Verlust der Heimat droht, oder das Martyrium der drohenden Zwangsheirat im Rahmen der vorehelichen Dependenz verlängert sich.

Die spezifischen Einzelabweichungen bei drohenden und akuten Zwangsheiratsfällen mit Auslandsbezug lassen im Ergebnis aufgrund der insofern bestehenden Kindeswohlgefährdung keine Alternative zu gerichtlichen Maßnahmen nach § 1666 BGB zu. Gerade in Zwangsheiratsfällen mit Auslandsbezug besteht grundsätzlich regelmäßig die Notwendigkeit mindestens des Entzugs des Personensorgerechts nach § 1666 Abs. 1, 3 Nr. 6 BGB.

1272 Vgl. Staudinger/*Pirrung* (2018) HKÜ Rn. E68 ff.

1273 Vgl. OLG Hamm FamRZ 2006, 359 (359); Staudinger/*Coester* (2020) BGB § 1666 Rn. 213.

1274 Vgl. *Kaiser*, FamRZ 2013, 77 (89).

1275 Vgl. zur bestehenden Möglichkeit im Hinblick auf Art. 229 § 44 Abs. 4 EGBGB; MüKoBGB/*Wellenhofer* (2021) EGBGB Art. 229 § 44 Rn. 3 ff.; BeckOGK/*Kriewald* (2021) EGBGB Art. 229 § 44 Rn. 14 ff.

1276 Vgl. BGH FamRZ 2019, 181 (184).

IV. Stellungnahme zur drohenden Zwangsheirat als nachhaltige Gefährdung

Sowohl bei rein inländischen drohenden Zwangsheiraten als auch bei Zwangsheiraten mit Auslandsbezug ist zweifelsfrei eine Gefährdung des Kindewohls im Sinne einer nachhaltigen Gefährdung gegeben. Wie dargestellt liegt in einem Zwangsheiratsfall nicht nur eine Gefährdung im Sinne von § 1666 BGB vor, sondern darüber hinaus sind die Voraussetzungen der nachhaltigen Gefährdung des Kindeswohls – die erhöhte Schadenseintrittswahrscheinlichkeit und die erhebliche Schädigung – gegeben, welche gerichtliche Maßnahmen nach § 1666 BGB bis hin zum vollständigen Sorgerechtsentzug erlauben.

Jedwede drohende Zwangsheirat erfordert bereits ab dem Zeitpunkt des Eintritts in eine konkrete Vorbereitungshandlung – sei diese ein festes Eheversprechen, eine konkrete Eheanbahnungshandlung oder ein Verlöbnis – ein familiengerichtliches Einschreiten. Die betroffenen Kinder können aufgrund der Gesamtbetrachtung meist gerade nicht mehr in ihrer Familie belassen werden, so dass Gebote oder lediglich der Entzug des Aufenthaltsbestimmungsrechts nicht genügen. Die zu ergreifende Maßnahme wird aufgrund der gewichtigen Gefährdungslagen und aufgrund der umfassenden und vielschichtigen Gefährdung mindestens der Entzug der Personensorge nach § 1666 Abs. 3 Nr. 6 Alt. 1 BGB, häufig sogar die Entziehung des Sorgerechts nach § 1666 Abs. 3 Nr. 6 Alt. 2 BGB im Sinne der vollständigen Entziehung der elterlichen Sorge sein müssen. Durch keine andere familiengerichtliche Maßnahme ist dem Kindeswohl zu entsprechen, wenn eine geplante Zwangsheirat – über Wochen, Monate oder Jahre hinweg – quasi als Dauerbedrohung dem Kind und seinem Wohl entgegensteht.

V. Zwangs-Wiederverheiratung

Neben einer ersten Zwangsverheiratung seien an dieser Stelle auch diejenigen Konstellationen berücksichtigt, in welchen die erste Eheschließung aus rechtlichen Gründen zum Beispiel durch Aufhebung der Ehe gemäß § 1314 BGB oder aus sonstigen Gründen, wie dem Tod des Ehegatten[1277] entsprechend § 1353 Abs. 1 S. 1 BGB, keinen (dauerhaften) Bestand hatte

1277 Vgl. zum Lebenszeitprinzip: Staudinger/*Voppel* (2018) BGB § 1353 Rn. 12.

und der ehemals verheiratete Minderjährige daher erneut zwangsverheiratet werden soll.[1278]

Bis zum Inkrafttreten des Gesetzes zur Bekämpfung von Kinderehen[1279] vom 17.07.2017 sah § 1633 BGB a.F. vor, dass sich die Personensorge für verheiratete aber auch für ehemals verheiratete Minderjährige auf die Vertretung in den persönlichen Angelegenheiten beschränkt[1280]; § 1633 BGB a.F. wurde mit Wirkung vom 22.07.2017 jedoch aufgehoben, so dass sich diesbezügliche keine sorgerechtlichen Abweichungen im Vergleich zur Ausgangslage bei einer ersten Zwangsverheiratung mehr ergeben.

Für Fallkonstellationen, die eine Zwangs-Wiederverheiratung nach Erreichen der Volljährigkeit vorsehen, gilt das eingangs[1281] Ausgeführte entsprechend, so dass das Ergreifen familiengerichtlicher Maßnahmen dann nicht mehr möglich ist; für sämtliche Fallkonstellationen, welche die Vorbereitungsstadien einer erneuten Verheiratung betreffen, ist entsprechend obiger Ausführungen zu verfahren.

VI. Zwischenfazit

Wie so häufig bei kindesschutzrechtlichen Maßnahmen[1282] liegt das Hauptproblem auch in drohenden Zwangsheiratsfällen gerade nicht in materiellen Problemstellungen oder verfahrensrechtlichen Unzulänglichkeiten als vielmehr in den zugehörigen staatlichen Ermittlungsfragen und letztlich den familiengerichtlichen Beweisfragen. Der sich im jeweiligen Einzelfall durch das Familiengericht eröffnende Einschätzungs-, Bewertungs- und Gestaltungsspielraum ist primär im Hinblick auf die Fragestellung, ob eine drohende Zwangsheirat besteht, zu klären. Die weitergehen-

---

1278 Vgl. *Sütçü*, Zwangsheirat und Zwangsehe, S. 43; *Bauer*, Kindeswohlgefährdung, S. 243.

1279 Vgl. Gesetz zur Bekämpfung von Kinderehen vom 17.07.2017 (BGBl. Jahrgang 2017 Teil I Nr. 48, S. 2429).

1280 Vgl. BT-Drs. 18/12086, S. 17; *Schwab*, FamRZ 2017, 1369 (1372); Motzer/Kugler/Grabow/*Motzer*: Kinder aus Migrationsfamilien in der Rechtspraxis, Rn. 52.

1281 Siehe oben unter A.V.

1282 Vgl. Staudinger/*Coester* (2020) BGB § 1666 Rn. 100.; OLG Bremen FamRZ 2003, 54 (54 f.); OLG Naumburg FamRZ 2001, 770 (771); *Maywald*, FPR 2003, 299 (302 f.); Salgo/Lack/*Fegert/Zwönitzer/Köhler-Dauner*, Verfahrensbeistandschaft (2020) Rn. 1033 f.; mit primären Blick auf Sachverständigengutachten: BGH FamRZ 1999, 1648 (1649 ff.).

den Beurteilungen – sprich, ob darin eine Kindeswohlgefährdung liegt und wie dieser zu begegnen ist – stehen dann grundsätzlich fest.

Inhaltlich bestehen keine Zweifel, dass jede Form der drohenden oder akuten Zwangsheirat eine Kindeswohlgefährdung darstellt. Mit dem Entzug des Personensorgerechts nach § 1666 Abs. 3 Nr. 6 BGB besteht ein wirksames Mittel dieser Kindeswohlgefährdung entgegen zu treten. Es bedarf jedoch gerade der rechtspraktischen Umsetzung und Anwendung dieser kindesschützenden Möglichkeit. Es liegt damit an Berufsgeheimnisträgern, Jugendämtern, betroffenen Kindern, Verwandten und jedem Dritten in entsprechenden Fällen die Familiengerichte anzurufen, so dass die zugehörigen Verfahren angestoßen werden können.

F. Flankierende und verdeutlichende Ansätze

Auch wenn durch die gerichtlichen Maßnahmen bei Gefährdung des Kindeswohls nach § 1666 BGB für Zwangsheiratsfälle de lege lata ein probates zivilrechtliches Mittel vorhanden ist, so könnte der Kindesschutz im Hinblick auf drohende Zwangsheiraten durch klarstellende Anpassungen und Verschärfungen de lege ferenda weiter gefördert werden. Solche Ansatzmöglichkeiten könnten somit die familiengerichtliche Maßnahmenergreifung oder allgemein das zivilrechtliche Einschreiten zum Wohle des Kindes erleichtern.

I. Anpassungen im Bürgerlichen Gesetzbuch

Zunächst sind flankierende Ansätze zum Verlöbnisrecht Minderjähriger und die explizite textliche Aufnahme der Zwangsheirat unmittelbar im Bürgerlichen Gesetzbuch denkbar. Bisher findet sich lediglich in § 1314 Abs. 2 Nr. 4 BGB eine Umschreibung der Zwangsverheiratungsproblematik.

1. Klarstellende Untersagung Verlöbnisse Minderjähriger

Die nach wie vor bestehende Möglichkeit der Eingehung eines Verlöbnisses für Minderjährige[1283] sollte abgeschafft werden, indem die §§ 1297 ff. BGB textlich an die Ehemündigkeit nach § 1303 BGB adaptiert werden. Dies hat dabei weniger mit der rechtstatsächlichen Bedeutung des Verlöbnisses als vielmehr mit der soziologischen Wahrnehmung des Status eines Verlobten zu tun; erfolgt doch die Wahrnehmung als Verlobter und des damit einhergehenden, beabsichtigten Bindungswillens im Sinne einer Vorstufe der Eheschließung.

Dies stellt sich jedoch gerade mit Blick auf die oben dargestellten Zwangsheiratsfälle problematisch dar. Durch jedwede Bindung, sei dies nun die informelle Eheschließung entsprechend § 11 Abs. 2 PStG oder das Verlöbnis, besteht in Zwangsverheiratungsfällen die Gefahr der Kindes-

1283 Siehe oben, unter B.II.

wohlgefährdung. Gerade für den Zeitraum der vorehelichen Dependenz wäre es jedoch mit Blick auf Zwangsverheiratungen sinnvoll jedwede Vorbereitungshandlung und Vorstufe mit zu untersagen. Auch mit Blick auf das vom Gesetzgeber verfolgte Verbot von Minderjährigenehen wäre eine diesbezügliche Anpassung sicherlich nicht nur folgerichtig, sondern ebenso sinnvoll.

2. Klarstellende Aufnahme der drohenden Zwangsheirat

Ins Bürgerliche Gesetzbuch könnte de lege ferenda im Rahmen der elterlichen Sorge nach §§ 1626 ff. BGB klarstellend die drohende Zwangsheirat als Grund zum Ergreifen gerichtlicher Maßnahmen oder als eine Form der Kindeswohlgefährdung in einem eigenen Paragrafen aufgenommen werden. Hierdurch wird für alle Beteiligten die zivilrechtliche Klassifikation der drohenden Zwangsheirat als Verbot – beispielsweise vergleichbar der Regelung des § 1631c BGB oder der Gewaltächtung in § 1631 Abs. 2 S. 2 BGB – verdeutlicht. Zudem könnte sich der Beurteilungsaufwand für die zuständigen Familiengerichte dadurch positiv reduzieren.

Bedenkt man, dass die Zwangsheirat – trotz jahrzehntlanger politischer Bekundung und obgleich vielfach die notwendige Signalwirkung angemahnt wurde – keinen textlichen Einzug in das Bürgerliche Gesetzbuch gefunden hat, wäre eine klarstellende Aufnahme der auch zivilrechtlichen Ächtung von Zwangsverheiratungen zu begrüßen. Wie erwähnt findet sich lediglich in § 1314 Abs. 2 Nr. 4 BGB eine Umschreibung der Zwangsverheiratung.

Gerade aus dem Blickwinkel der betroffenen Kinder ist das deutliche Aufzeigen präventiver, zivilrechtlicher Schutzmöglichkeiten von großer Bedeutung. Die bisherige gesetzgeberische Intention der repressiven Bestrafung der Täter und der nahezu retroperspektiven Rückabwicklung der rechtlichen Zwangsverheiratungsfolgen stellt demgegenüber häufig primär auf den nachgelagerten Zeitraum ab.

II. Ergänzende und kooperative Ansätze in anderen Rechtsgebieten

Neben Regelungen im Bürgerlichen Gesetzbuch sind ergänzende Regelungen in anderen Rechtsbereichen zur Reduktion der Zwangsverheiratungsfälle denkbar. Hierfür kommen exemplarisch das Personenstandsrecht und das Achte Sozialgesetzbuch in Betracht.

1. Verschärfung des Personenstandsgesetzes

Als förderlicher, flankierender Ansatz zur Zurückdrängung der drohenden Zwangsheirat im Bereich der informellen Eheschließungen käme zudem eine Hochstufung der in § 70 Abs. 1 PStG normierten Ordnungswidrigkeit[1284] zur Straftat in Frage[1285]. Bisher wird die Mitwirkung an einer religiösen oder traditionellen Eheschließung nach § 11 Abs. 2 PStG oder einem dort genannten Vertragsschluss lediglich als Ordnungswidrigkeit geahndet.

Dies würde wohl einerseits generell die informellen Eheschließungen Minderjähriger – losgelöst von der Zwangsheiratsproblematik – durch die stärkere Sanktionierung zurückdrängen, andererseits wäre es zudem vor allem ein Signal an diejenigen in § 11 Abs. 2 PStG aufgeführten an Zwangsverheiratungen Mitwirkenden, die gerade nicht von § 237 StGB erfasst werden.

2. Einfachere Inobhutnahme durch Jugendämter

Das *Kinder- und Jugendhilfegesetz*[1286] bietet mit der Inobhutnahme nach § 42 SGB VIII gegebenenfalls in Verbindung mit § 8a Abs. 2 S. 2 SGB VIII ein sozialhilferechtliches Schutzinstrument im Falle einer dringenden Kindeswohlgefährdung und bei Nichterreichbarkeit einer Gerichtsentscheidung. Die Inobhutnahme ist dabei nicht als Dauermittel angedacht, sondern lediglich eine vorläufige Maßnahme, die entweder eine familiengerichtliche Entscheidung herbeiführt oder gemäß § 42 Abs. 3 S. 5 SGB VIII zur Einleitung des Verfahrens auf Gewährung einer Hilfe zur Erziehung führt.[1287] Insofern überbrückt diese öffentlich-rechtliche Maßnahme im Falle einer Kindeswohlgefährdung die Zeitspanne bis zur entsprechenden

---

1284 Vgl. Erbs/Kohlhaas/*Wache*, Strafrechtliche Nebengesetze, PStG § 11.

1285 Vgl. so schon *Deutscher Familiengerichtstag*, Stellungnahme Gesetzesentwurf zur Bekämpfung von Kinderehen, S. 1; *TERRE DES FEMMES*, Stellungnahme Gesetzesentwurf zur Bekämpfung von Kinderehen, S. 3; *TERRE DES FEMMES*, Einschätzung Gesetz zur Bekämpfung von Kinderehen, S. 6.

1286 Sozialgesetzbuch (SGB) Achtes Buch (VIII) - Kinder- und Jugendhilfegesetz vom 14.12.2006 (BGBl. Jahrgang 2006 Teil I Nr. 62, S. 3134).

1287 Vgl. Staudinger/*Coester* (2020) BGB § 1666 Rn. 58; *Clausius*, jM 2019, 266 (269 f.); *Wiesner*, FamRZ 2007, 6 (11).

familiengerichtlichen einstweiligen Anordnung oder Endscheidung nach §§ 1666, 1666a BGB.[1288]

Der Überantwortung der Eingriffsentscheidung für diesen Zeitraum an das Jugendamt als sozialhilferechtlich Handelnden mit einer erst nachgelagerten oder zumindest zeitlich versetzten, gerichtlichen Überprüfung könnte durch eine entsprechende Ergänzung des § 42 SGB VIII im Hinblick auf die Zwangsverheiratung begegnet werden. So könnte – vergleichbar der Regelung der §§ 42 Abs. 1. S. 1 Nr. 3, 42a SGB VIII für unbegleitete Minderjährige[1289] – in § 42 Abs. 1 S. 1 als Nr. 4 de lege ferenda eine explizite Aufnahme der drohenden Zwangsheirat erfolgen.

III. Sonstige, ergänzende Ansätze

Zudem sind ergänzende Ansätze in diversen sonstigen Bereichen denkbar, die für individuelle Zwangsheiratsfälle wesentliche Entlastungen mit sich bringen, aber auch insgesamt den Themenkomplex Zwangsverheiratung positiv verändern.

1. Etablierung eines Schutzprogramms für Betroffene

Wird in Bezug auf das strafrechtliche Verfahren in Zwangsheiratsfällen kritisiert, dass es eines entsprechenden Zeugenschutzprogramms für die Betroffenen bedürfe[1290], weil selbige spätestens nach erstatteter Strafanzeige massiven diesbezüglichen Drohungen ausgesetzt sind, ist eine entsprechende unmittelbare Notwendigkeit, selbst nach Verfahrensanregung durch den Betroffenen, im familienrechtlichen Verfahren betreffend Minderjährige nicht unmittelbar gegeben; denn durch die einstweilige Anord-

---

1288 Vgl. OLG Bamberg FamRZ 1999, 663 (664); *Ollmann*, FamRZ 2000, 261 (262 f.); BeckOGK/*Schmidt* (2021) SGB VIII § 42 Rn. 34; Wiesner/*Wiesner* (2015) SGB VIII § 42 Rn. 31; OLG Köln FamRZ 2001, 1087 (1088).

1289 Vgl. BT-Drs. 18/12086, S. 18.

1290 Vgl. *Kalthegener*, Strafrechtliche Ahndung der Zwangsverheiratung, S. 219; *Deutscher Juristinnenbund*, Stellungnahme Gesetzesentwurf zur Bekämpfung der Zwangsheirat, S. 6 f.; *Letzgus*, FPR 2011, 451 (456); *Göbel-Zimmermann*, Stellungnahme zur öffentlichen Anhörung des Bundestagsausschusses - Bekämpfung von Zwangsverheiratungen, S. 3, 14; *Kalthegener*, Stellungnahme zur öffentlichen Anhörung des Bundestagsausschusses - Bekämpfung von Zwangsverheiratungen, S. 6.

nung gemäß §§ 49 ff. FamFG kann das betroffene Kind unverzüglich separiert und vor Übergriffen geschützt werden. Dennoch sind in späteren Stadien unter Umständen langfristig tragfähige Schutzkonzepte – bisweilen mit Perspektiven über die Volljährigkeit hinaus – zu etablieren.[1291]

2. Reduktion aufenthaltsrechtlicher Hürden für Betroffene

Ergänzend sollte eine weitergehende Reduktion aufenthaltsrechtlicher Hürden für die Betroffenen erfolgen. So muss exemplarisch bedacht werden, dass insbesondere in Zwangsheiratsfällen mit Auslandsbezug und hierunter insbesondere bei Heiratsverschleppungen den Betroffenen regelmäßig die Passdokumente entzogen werden, so dass die Betroffenen nur erschwert behördliche oder insbesondere auch konsularische Hilfe in Anspruch nehmen können.[1292] Hier würde eine entsprechende Lockerung der Passpflicht gem. § 5 Abs. 1 i. V. m. § 3 Abs. 1 AufenthaltsG helfen[1293] und behördliche Hürden abbauen. Auch weitere aufenthaltsrechtliche Regelungen wie das Rückkehrrecht sollten stärker an der Betroffenenperspektive ausgerichtet werden.

3. Konkrete Belehrung zur Rechtslage

Hilfreich ist insofern im konkret individuellen Zwangsheiratsfall auch jede Form der Aufklärung hinsichtlich der tatsächlich bestehenden Rechtslage zur Zwangsverheiratung in Deutschland. Sei dies nun eine jungendamtlich oder gerichtlich angeordnete Gefährderansprache oder ein Gefährderanschreiben durch die Polizei gegenüber den Eltern oder eine Art „Schutzbrief gegen Zwangsheirat“ ähnlich des am 05.02.2021 vom Bundesfamilienministerium vorgestellten „Schutzbrief[s] gegen Genitalverstümmelung“[1294]. Durch derartige Maßnahmen kann, vor allem auch in Ferienverheiratungsfällen, noch einmal eindringlich auf die bestehende Rechtslage und die Rechtsfolgen sozialrechtlicher, strafrechtlicher und vor allem

---

1291 Vgl. *TERRE DES FEMMES*, Im Namen der Ehre misshandelt, zwangsverheiratet, ermordet, S. 39; *Meier*, Zwangsheirat Rechtslage in der Schweiz, S. 97.

1292 Vgl. *Göbel-Zimmermann*, Stellungnahme zur öffentlichen Anhörung des Bundestagsausschusses - Bekämpfung von Zwangsverheiratungen, S. 8.

1293 Vgl. ebd., S. 8.

1294 Vgl. *BMFSJ*, Aktuelle Meldung - Schutzbrief der Bundesregierung, [ohne Seitenangabe].

familiengerichtlicher Art verwiesen werden. Zudem erhalten insbesondere Beteiligte im Ausland eine Aufklärung oder Belehrung darüber, welche rechtlichen Folgen des deutschen Rechtssystems an Zwangsverheiratungsfälle anknüpfen.

Eine ähnliche Intention verfolgen bereits heute pauschaliert vorgefertigte Anwaltsvollmachten zur Zwangsverheiratungsbekämpfung mit integrierter eidesstaatlicher Versicherung hinsichtlich der erkannten Gefahr der Heiratsverschleppung und vergleichbare Schutzschriften.[1295]

4. Bildung, Prävention und Aufklärung

Vor allem im Sozialhilfebereich, hierbei weniger im rechtlichen Bereich als vielmehr in der konkreten Jugend- und Familienhilfe, bedarf es einer Stärkung und Sensibilisierung[1296] im Hinblick auf drohende Zwangsheiratsfälle. Letztlich ist weder das Sozialhilferecht noch das Familienrecht der ideale Ansatzpunkt zur Verhinderung drohender Zwangsverheiratungen[1297], vielmehr sollte eine gesellschaftliche Ächtung dahingehend erfolgen, dass es schon gar nicht zu entsprechenden behördlichen und gerichtlichen Verfahren kommen muss. Durch Bildungsangebote[1298] sowie durch Prävention und Aufklärung[1299] – vor allem auch in Schulen und Einrich-

---

1295 Vgl. *Bezirksamt Friedrichshain-Kreuzberg*, Muster Vollmacht Zwangsheirat, S. 1, 3; *TERRE DES FEMMES*, Im Namen der Ehre misshandelt, zwangsverheiratet, ermordet, S. 76.

1296 Vgl. *Deutsches Rotes Kreuz*, Stellungnahme Ehen von minderjährigen Geflüchteten, S. 6; *Deutscher Berufsverband für Soziale Arbeit*, Stellungnahme Gesetzesentwurf zur Bekämpfung von Kinderehen, S. 4.

1297 Vgl. ähnlich schon in Bezug auf das *Recht* im Generellen: *Kaiser*, FamRZ 2013, 77 (89); *Europäisches Parlament*, Bericht über die künftige externe Strategie der EU gegen Früh- und Zwangsverheiratung, S. 9; *TERRE DES FEMMES*, Einschätzung Gesetz zur Bekämpfung von Kinderehen, S. 8; in Bezug auf das Strafrecht: *Göbel-Zimmermann*, Stellungnahme zur öffentlichen Anhörung des Bundestagsausschusses - Bekämpfung von Zwangsverheiratungen, S. 19.

1298 Vgl. *Europäisches Parlament*, Bericht über die künftige externe Strategie der EU gegen Früh- und Zwangsverheiratung, S. 17; *Berliner Initiative gegen Gewalt an Frauen*, Zwangsverheiratung, S. 15; *Renz*, Selbstbestimmte Partnerwahl in interkulturellen Gruppen, S. 26; *Bundesfachkonferenz Zwangsverheiratung*, Positionspapier, S. 6 f.

1299 Vgl. *Fachkommission Zwangsverheiratung Baden-Württemberg*, Bericht, S. 50 ff.; *Sütçü*, Zwangsheirat und Zwangsehe, S. 340; *Hildebrand*, Bekämpfung der Zwangsheirat, S. 365 ff.; *Europäisches Parlament*, Bericht über die künftige externe Strategie der EU gegen Früh- und Zwangsverheiratung, S. 20; *TERRE* tungen mit hohem Integrationsanteil – kann drohender Zwangsverheiratung proaktiv begegnet werden. Besonders über die familiengerichtlichen Hilfsmöglichkeiten für Minderjährige und die zugehörigen Anlauf- und Schutzstellen bei drohender Zwangsverheiratung sollte offener informiert werden.

Als weiterer diesbezüglicher Ansatz, welcher der Zwangsheiratsbekämpfung zuträglich wäre, ist die Reduktion und die Auflösung von Parallelrechtsordnungen zu nennen. Nicht nur phänomenologisch im Hinblick auf die Zwangsheirat scheitern bei jedweder rechtlichen Maßnahme die zugehörigen Erfolgsaussichten, wenn die Autorität der erlassenden Institution nicht anerkannt wird. Insbesondere Familienclans und Teil-Communities mit vermeintlich eigener islamischer Paralleljustiz, aber auch andere Großfamilienverbände mit eigenen Rechtsregeln sind durch geeignete Maßnahmen und Integrationsbemühungen stärker an die deutsche Rechtsordnung heranzuführen. Wenn von Selbigen Respekt vor fremden kulturellen Prägungen und Überzeugung eingefordert wird[1300], sollte es im Umkehrschluss nicht zu viel verlangt sein, dass allgemein staatliche Rechts- und Wertvorstellungen geachtet sowie gerichtliche Entscheidungen akzeptiert werden.

Umfassende Bildungs-, Präventions- und Aufklärungsbemühungen tragen dazu bei, die Thematik der Zwangsverheiratung Minderjähriger deutlicher in den Fokus zu rücken und sind somit die rechtspolitische Antwort auf drohende Zwangsverheiratungen.

DES FEMMES, Stellungnahme Gesetzesentwurf zur Bekämpfung von Kinderehen, S. 2; *Verband binationaler Familien und Partnerschaften*, Stellungnahme Gesetzesentwurf zur Bekämpfung der Zwangsheirat, S. 6; *Göbel-Zimmermann*, Stellungnahme zur öffentlichen Anhörung des Bundestagsausschusses - Bekämpfung von Zwangsverheiratungen, S. 5, 19; BT-Wortprotokoll 17/34 vom 14.03.2011, S. 24.

1300 Vgl. Staudinger/*Coester* (2020) BGB § 1666 Rn. 163.

G. Resümee

In der gefühlten Wahrnehmung sind es – trotz des *Gesetzes zur Bekämpfung von Kinderehen*[1301] vom 17.07.2017 – weiterhin Minderjährige, die von Zwangsheirat betroffen sind. Insofern ist es durchaus verwunderlich, dass § 1666 BGB trotz seines durchaus präventiven und unmittelbaren Schutzcharakters für die Minderjährigen viel weniger als beispielweise der eigentlich lediglich sanktionierende und allenfalls durch die Strafandrohung generalpräventiv[1302] wirkende § 237 StGB im juristischen Fokus vertreten ist, wenn Zwangsverheiratungsfälle angeführt werden.[1303]

Zwei Teilbereiche haben allgemein in der Vergangenheit zudem kaum juristische Beachtung gefunden. Dies ist einerseits der Zeitraum der vorehelichen Dependenz und der drohenden Zwangsverheiratung vor dem Zwangsverheiratungstermin. Dieser Zeitraum stellt – wie aufgezeigt – meist ebenfalls eine Kindeswohlgefährdung dar und muss künftig noch stärker in den Fokus der Wahrnehmung geraten. Die vorliegende Arbeit versucht hierzu beizutragen.

Andererseits ist dies der Teilaspekt der zu befürchtenden Verlagerung der Zwangsverheiratungsproblematik hin zu jungen Erwachsenen – beispielsweise in die ebenfalls von Zwangsheirat sehr stark betroffene Altersgruppe der gerade Volljährigen im Alter zwischen achtzehn und einundzwanzig Jahren. Obgleich diese Altersgruppe keinen allgemeinen familiengerichtlichen Schutz erfährt, ist sie in praxi häufig nicht weniger vulnerabel und ebenso betroffen von elterlichem und familiärem Druck. Ob

---

1301 Gesetz zur Bekämpfung von Kinderehen vom 17.07.2017 (BGBl. Jahrgang 2017 Teil I Nr. 48, S. 2429).

1302 Vgl. Staudinger/*Coester* (2020) BGB § 1666 Rn. 2; *Göbel-Zimmermann*, Stellungnahme zur öffentlichen Anhörung des Bundestagsausschusses - Bekämpfung von Zwangsverheiratungen, S. 5; *Sütçü*, Zwangsheirat und Zwangsehe, S. 7.

1303 Vgl. zur expliziten Forderung eines Gesamtkonzeptes inklusive des Zivilrechts, jedoch mit abweichendem Fokus auf §§ 1314 ff. BGB, einzig deutlich: *Göbel-Zimmermann*, Stellungnahme zur öffentlichen Anhörung des Bundestagsausschusses - Bekämpfung von Zwangsverheiratungen, S. 4; ferner: *Ateş*, Trennung, Scheidung und (Rechts-)Folgen, S. 226; *Schlenker*, Das Verbot der Zwangsheirat, S. 271.

alleine jugendhilferechtliche Maßnahmen für junge Volljährige[1304] hier helfen, darf zu Recht bezweifelt werden; die bisherigen gesetzlichen Regelungen jedenfalls bewirken kaum Besserung, eher nur eine Verlagerung von noch Minderjährigen auf junge Volljährige, mit welchen dann die Ehe geschlossen wird oder gegebenenfalls eine Zivilehe nur offiziell nachgeholt wird[1305].

Das Problem ist insgesamt nicht, dass kein Bewusstsein für die Thematik der drohenden Zwangsverheiratung besteht. Vielmehr liegt es an den zeitinkonsistenten Präferenzen dieses Problem zu lösen. So wurden bereits seit 2003 die Notwendigkeit einer rechtlichen Adaption und die Defizite im Hinblick auf die Zwangsheiratsproblematik artikuliert.[1306] Eine entsprechende schrittweise Umsetzung in diese Richtung erfolgte dann jedoch erst – wohl auch aufgrund der Diskontinuitäten der Legislaturperioden[1307] – Jahre später. Doch auch seither liegt der rechtspolitische Fokus gerade nicht auf dem Familienrecht. Mehr als fünfzehn Jahre wird bereits ein entsprechender Opferschutz auch im Zivilrecht eingefordert.[1308]

Es sollte statt des nachrangigen Schutzes der Opfer »von« Zwangsheirat um den Schutz der Opfer »vor« Zwangsheirat gehen. Stellt die bisherige gesetzliche Fokussierung bereits sprachlich auf einen schon abgeschlossenen Vorgang ab, der in Teilen durch die Anfechtung der Eheschließung und die strafrechtliche Verfolgung zumindest rechtlich restituiert wird, wäre der präventive und folgerichtigere Ansatz die minderjährigen Betroffenen erst gar nicht in diese Lage kommen zu lassen, sie also »vor der Zwangsverheiratung zu schützen«.

Durch den Sorgerechtsentzug nach § 1666 Abs. 1, 3 Nr. 6 BGB besteht gegenüber den Eltern ein mächtiges Instrumentarium, um Zwangsheiraten entgegenzuwirken und drohende Zwangsheiraten zu verhindern. Es fehlt jedoch bisweilen an der praktischen Umsetzung und Nutzung dieses

1304 Vgl. §§ 1, 7 Abs. 1 Nr. 4 SGB VIII i.V.m. § 41 Abs. 1 SGB VIII; Wiesner/*Schmid-Obkirchner* (2015) SGB VIII § 41 Rn. 1a f.; MüKoBGB/*Koch* (2019) Einleitung zum Familienrecht, Rn. 158.

1305 Vgl. *Kaiser*, FamRZ 2013, 77 (84).

1306 Vgl. BR-Drs. 767/04, S. 8.

1307 Vgl. Art. 39 Abs. 1 S. 1, 2 GG; v.Mangoldt/Klein/Starck/*Schliesky* (2018) GG Art. 39, Rn. 13; v.Münch/Kunig/*Groh* (2021) GG Art. 39 Rn. 18; Dreier/*Morlok* (2013) GG Art. 39 Rn. 22; § 125 S. 1 Geschäftsordnung des Deutschen Bundestages (GO-BT) in der Fassung der Bekanntmachung vom 02.07.1980 (BGBl. Jahrgang 1980 Teil I Nr. 46, S. 1237).

1308 Vgl. *Deutscher Juristinnenbund*, Stellungnahme Bekämpfung der Zwangsverheiratungen, S. 4; *Ateş*, Trennung, Scheidung und (Rechts-)Folgen, S. 228.

Werkzeugs. Nicht das familiengerichtliche Verfahren oder gar das materielle, kindeswohlschützende Recht stellen die primär verbesserungsbedürftigen Ansatzpunkte dar, sondern der Wille zur Verfahrenseinleitung und Beweiserhebung. Hier erwähnt seien daher die Berufsgeheimnisträger wie Ärzte und Lehrer sowie die Jugendämter aufgrund ihrer besonderen Fürsorgestellung, aber auch Verwandte und Bekannte. Alle diese Bezugspersonen sind gehalten in drohenden Zwangsheiratsfällen ein familiengerichtliches Einschreiten anzuregen. In der Praxis gelangen jedoch viel zu wenig Fälle zur Kenntnis.

Die geringe Anzahl der dokumentierten Sorgerechtsfälle mit schwerpunktmäßiger oder tangierender Zwangsverheiratungsproblematik spiegelt dabei weniger den tatsächlichen diesbezüglichen Bedarf oder die tatsächliche Fallzahl wieder, als vielmehr die Tatsache, dass diese Rechtsschutzmöglichkeit nicht oder zu wenig genutzt wird. Die Gründe hierfür können nur erahnt werden. Sie liegen meines Erachtens in einer fehlgeleiteten Fokussierung der Gesamtproblematik auf die strafrechtliche Ahndung und die aufenthaltsrechtlichen Folgen. Zudem werden staatliche Kindesschutzmöglichkeiten und effektive familiengerichtliche Hilfsmöglichkeit von Betroffenen oder auch kenntniserlangenden Dritten gerade nicht genutzt, weil vielfach Berührungsängste mit Gerichten und negative Erfahrungen mit Behörden wie dem Jugendamt bestehen.

Falls ein Verfahren dennoch bis zum Familiengericht vordringt, zeigt sich auch innergerichtlich noch erheblicher Verbesserungsbedarf. Sofern bereits Rechtsmittelverfahren aufgrund kindesschutzrechtlicher, einstweiliger Anordnungen mehrere Monate dauern, ohne dass überhaupt ein Hauptsacheverfahren eröffnet wäre[1309], bedarf es auch insofern einer Beschleunigung dieser Verfahren um Effektivität zu gewährleisten und die Folgen für die Betroffenen zu verringern.

Dort, wo es sowohl aus zeitlicher als auch aus inhaltlicher Sicht zu einer drohenden Zwangsheirat kommen könnte, ist ein familiengerichtliches Einschreiten nicht nur möglich, sondern auch in allen Zwangsheiratsfällen geboten und erforderlich, um die Gefahrenlage für die betroffenen Kinder abzuwenden. Wird in anderen Teilbereichen, wie dem Unterhaltsrecht, die Anrufung der Familiengerichte geradezu inflationär wahrgenommen, ist in dem äußerst sensiblen und weitreichenden Bereich der Zwangsverheiratung kaum tatsächliches Handeln auszumachen oder zumindest nicht als solches dokumentiert. Dies mag auch damit zu tun ha-

---

1309 Vgl. beispielhaft BayObLG FamRZ 1984, 933 (933 f.); Staudinger/*Coester* (2020) BGB § 1666 Rn. 310.

ben, dass nach wie vor eine gewisse Tabuisierung des Themas vorherrscht. Viel zu oft unternehmen die eigentlich originär zum Handeln Berufenen zu wenig.

Wenn im Hinblick auf innerfamiliäre Konfliktlagen bisweilen vorgetragen wird, dass Strafverfolgung und Sorgerechtsentzug nicht im Vordergrund stehen sollten und es mehr staatlicher Hilfe bedürfe[1310], dann darf nicht verkannt werden, dass aus der letztlich einzig relevanten Perspektive – der Perspektive des von Zwangsheirat bedrohten Kindes – der familiengerichtliche Sorgerechtsentzug gerade diese staatliche Hilfe darstellt.

Am Ende ist für Zwangsheiratsfälle klar festzuhalten: Nicht trotz des Sorgerechtsentzugs, sondern dank des familiengerichtlichen Sorgerechtsentzugs haben gerade die von Zwangsheirat betroffenen Minderjährigen überhaupt die Chance auf ein selbstbestimmtes und ungefährdetes Leben.

1310 Vgl. BT-Drs. 14/1247, S. 5.

Thesen

(1) Eine Zwangsheirat liegt vor, sobald im Rahmen der Eheanbahnung oder in der Verheiratungspraxis zumindest auf einen der beiden künftigen Ehepartner durch physischen oder psychischen Zwang unangemessener Druck zur Eingehung der Ehe ausgeübt wird.

(2) Die Zwangsheirat muss kritisch zu gewünschten oder letztlich zumindest freiwilligen Heiratsformen abgegrenzt werden. Es gibt weder die klassische Erscheinungsform der Zwangsheirat noch ein diesbezüglich typisches Heiratsalter oder gar ein Heiratsmindestalter.

(3) Neben Zwangsheiraten bei zivilrechtlichen Eheschließung bestehen Zwangsheiratsfälle auch bei religiösen und traditionellen Eheschließungsformen.

(4) Betroffene Minderjährige werden gerade in den frühen Phasen einer drohenden Zwangsheirat – beginnend bei Heiratsvermittlungen, den vorgelagerten Eheversprechen und in der Zeit der vorehelichen Dependenz – nicht ausreichend geschützt, so dass sich entsprechende Gefährdungen für diese Minderjährigen ergeben.

(5) Trotz des Verbots der staatlichen Eheschließung Minderjährige aus § 1303 BGB und der entsprechenden Regelungen für traditionelle und religiöse Eheschließungen in § 11 PStG ergeben sich auch in der Verheiratungspraxis, sprich dem konkreten Akt der Eheschließung, allein aus der unangemessenen Drucksituation im Rahmen der Zwangsverheiratung Gefährdungen für die betroffenen Minderjährigen.
»Drohende Zwangsheiraten führen zur Gefährdung der Betroffenen.«

(6) Es existiert in Deutschland für anerkannte Gefährdungslagen (außerhalb der drohenden Zwangsverheiratung) über § 1666 BGB ein gut etabliertes, gerichtliches Schutzverfahren im Fall einer Kindeswohlgefährdung. Dabei kommt insbesondere der Beurteilung der Gefährdungslage stets eine entscheidende Bedeutung zu.
»Kindeswohlgefährdungen führen zur gerichtlichen Maßnahmen nach § 1666 BGB.«

(7) Die drohende Zwangsheirat lässt sich in ihrer Gesamtheit nicht in die hergebrachten und anerkannten Fallgruppen der Kindeswohlgefährdung eingliedern, da die Zwangsverheiratung mehr als nur ein Zusammenspiel oder die Summe der einzelnen Elemente vorhandener Fallgruppen ist.

(8) Gerichtliche Maßnahmen sind in Zwangsheiratsfällen spätestens dann geboten und erforderlich, wenn die Drucksituation die Schwelle zur strafrechtlichen Erheblichkeit überschreitet oder die Auswirkungen einer – mitunter strafrechtlich noch irrelevanten – unangemessenen Druckausübung bereits eine pathologische Abweichung hinsichtlich des physischen, psychischen oder seelischen Wohlbefindens der Betroffenen verursachen.

(9) Jede Form der drohenden Zwangsheirat stellt im Falle tatsächlicher Auswirkungen auf das Kind unabhängig von der jeweiligen Umsetzungsphase – sei es ein bindendes Eheversprechen, die Eheanbahnung, die Heiratsvermittlung, der Zeitraum der vorehelichen Dependenz oder die konkrete Eheschließung – stets eine Kindeswohlgefährdung im Sinne des § 1666 BGB dar.

(10) In Fällen drohender Zwangsheirat ist zumeist eine Eltern-Kind-Trennung zu vollziehen. Da eine Rückkehr in den Familienverband aufgrund des erheblichen Eltern-Kind-Konflikts nahezu immer ausgeschlossen ist, besteht für drohende Zwangsheiratsfälle regelmäßig die Notwendigkeit des Entzugs der gesamten Sorge, in jedem Falle jedoch die des Entzugs der Personensorge nach § 1666 Abs. 1, 3 Nr. 6 BGB.
»Drohende Zwangsheiraten führen zu gerichtlichen Maßnahmen nach § 1666 BGB.«

(11) Langfristig tragfähige Alternativen zum zumindest teilweisen Sorgerechtsentzug – wie vorrangige Hilfsangebote, niederschwellige Maßnahmen, Einreise- oder Ausreiseverbote – bestehen aufgrund der regelmäßig mit Zwangsheiratsfällen einhergehenden Dauerbedrohungen weder bei Inlandsfällen noch bei Fällen mit Auslandsbezug.

(12) Der Schutz Minderjähriger vor Eheschließungen in Fremdstaaten ist nur bedingt möglich, so dass Gefährdungen möglichst vor der Ausreise erkannt werden müssen. Vor allem bei erzwungenen Eheschließungen in Fremdstaaten mit anschließendem temporären Verbleib bis zum Erreichen eines staatlich tolerierten Mindestehealters oder bei dauerhafter Auswanderung stößt der staatliche Kindesschutz an seine Grenzen.

(13) Die bisherigen gesetzgeberischen Bemühungen in Form des sanktionierenden § 237 StGB oder der nachgelagerten Aufhebung der Ehe gemäß § 1314 BGB haben aufgrund ihres reaktiven Charakters nur äußerst beschränkt positive Auswirkungen auf die Zwangsverheiratungspraxis in Deutschland. Vielmehr bietet sich in drohenden Zwangsheiratsfällen das bewährte klassische, familienrechtliche Instrument des Sorgerechtsentzugs gemäß § 1666 BGB an.

(14) Häufig fehlt es aufgrund unterlassener verfahrenseinleitender Anregungen Dritter an der Kenntniserlangung über drohende Zwangsheiratsfälle durch die zuständigen Familiengerichte, so dass rechtlich mögliche Schutzmaßnahmen bereits an der Anrufung der Gerichte und damit an der rechtspraktischen Umsetzung scheitern.

(15) Insbesondere eine klarstellende Aufnahme der drohenden Zwangsheirat in das Bürgerliche Gesetzbuch – beispielsweise als explizit genannte Form der Kindeswohlgefährdung – könnte rechtspolitische Wirkung entfalten und den prinzipiell eröffneten familienrechtlichen Schutz gerade den Betroffenen aber auch allen Dritten deutlicher aufzeigen.

Anhang – Rechtsprechungsübersicht

Gericht/Fundstelle	Entscheidung/Datum	Aktenzeichen
BGHZ 2, 287-300	Urteil vom 14.06.1951	IV ZR 42/50
BayObLG NJW 1952, 306-306	Beschluss vom 11.01.1952	BReg 1 Z 258/51
AG Hofgeismar FamRZ 1955, 216-216	Beschluss vom 15.03.1955	4 X 4558
BGH FamRZ 1956, 350-351	Beschluss vom 14.07.1956	IV ZB 32/56
BGHZ 29, 137-148	Urteil vom 19.12.1958	IV ZR 87/58
BayObLG FamRZ 1963, 195-196	Beschluss vom 26.05.1959	BReg 1 Z 28/59
BVerfGE 10, 59-89	Urteil vom 29.07.1959	1 BvR 205/58 u.a.
LG Lübeck SchlHA 1964, 170-171	Beschluss vom 02.12.1963	7 T 669/63
OLG Stuttgart FamRZ 1966, 256-258	Beschluss vom 29.12.1964	8 W 238/64
BayObLG FamRZ 1965, 280-281	Beschluss vom 05.01.1965	BReg 1 b Z 331/64
OLG Hamm FamRZ 1968, 221-223	Urteil vom 10.10.1967	3 Ss 1150/67
BVerfGE 24, 119-155	Beschluss vom 29.07.1968	1 BvL 20/63 u.a.
KG FamRZ 1970, 491-493	Beschluss vom 03.07.1970	1 W 7105/70
BVerfGE 29, 166-178	Beschluss vom 07.10.1970	1 BvR 409/67
BVerfGE 31, 58-87	Beschluss vom 04.05.1971	1 BvR 636/68
KG FamRZ 1971, 267-269	Beschluss vom 16.12.1971	1 W 12685/70
BVerfGE 34, 165-200	Urteil vom 06.12.1972	1 BvR 230/70 u.a.
BGHZ 60, 68-84	Beschluss vom 20.12.1972	IV ZB 20/72
OLG Karlsruhe FamRZ 1974, 661-663	Beschluss vom 18.12.1973	11 W 170/73
BayObLGZ 1973, 345-352	Beschluss vom 21.12.1973	BReg 1 Z 99/73
BVerwG NJW 1974, 807-811	Urteil vom 26.02.1974	I C 31/72
OLG Stuttgart FamRZ 1974, 538-541	Beschluss vom 12.07.1974	8 W 12/74
BayObLGZ 1974, 317-322	Beschluss vom 31.07.1974	BReg 1 Z 41, 37/74
BVerwG NJW 1975, 130-132	Urteil vom 06.09.1974	I C 17/73
BayObLG FamRZ 1976, 43-46	Beschluss vom 25.09.1975	BReg 1 Z 55/75
AG Dorsten DAVorm 1978, 131-136	Beschluss vom 09.11.1977	4 X 351/77
LG Berlin FamRZ 1980, 285-287	Beschluss vom 20.11.1979	83 T 395/79
BayObLG FamRZ 1980, 1062-1064	Beschluss vom 22.04.1980	BReg 1 Z 26/80
BayObLG FamRZ 1981, 86-87	Beschluss vom 03.07.1980	BReg 1 Z 48/80
BayObLG FamRZ 1980, 1150-1152	Beschluss vom 21.07.1980	BReg 1 Z 56/80
OLG Düsseldorf FamRZ 1981, 85-86	Urteil vom 10.09.1980	5 UF 187/80
LG Hamburg FamRZ 1981, 309-310	Beschluss vom 02.11.1980	1 T 139/80
BVerfGE 55, 171-184	Beschluss vom 05.11.1980	1 BvR 349/80
OLG Oldenburg FamRZ 1981, 811-813	Beschluss vom 13.02.1981	5 Wx 3/81

Gericht/Fundstelle	Entscheidung/Datum	Aktenzeichen
BayObLG FamRZ 1981, 814-817	Beschluss vom 25.02.1981	BReg 1 Z 10/81
BVerfGE 56, 363-395	Urteil vom 24.03.1981	1 BvR 1516/78
OLG Nürnberg FamRZ 1981, 707-707	Beschluss vom 13.04.1981	11 UF 3104/80
BayObLG FamRZ 1981, 999-1002	Beschluss vom 30.06.1981	BReg 1 Z 37/81
BVerfGE 60, 79-95	Beschluss vom 17.02.1982	1 BvR 188/80
LG Berlin FamRZ 1982, 841-844	Beschluss vom 01.04.1982	83 T 97/82
AG Frankfurt/M FamRZ 1982, 1120-1124	Beschluss vom 22.04.1982	40 X A 7964
BayObLG DAVorm 1983, 78-83	Beschluss vom 20.09.1982	BReg 1 Z 84/82
BayObLG FamRZ 1982, 634-637	Beschluss vom 18.01.1983	1 Z 141/81
BayObLG ZBlJugR 1983, 308-311	Beschluss vom 10.03.1983	BReg 1 Z 68/82
LG Berlin FamRZ 1983, 943-947	Beschluss vom 18.03.1983	83 T 73/83
OLG Hamburg FamRZ 1983, 1271-1274	Beschluss vom 17.05.1983	2 W 22/83
BayObLG IPRax 1984, 96-97	Beschluss vom 26.05.1983	BReg 1 Z 133/82
BayObLGZ 1983, 231-239	Beschluss vom 15.09.1983	BReg 1 Z 36/83
BayObLG ZfJ 1985, 36-38	Beschluss vom 09.12.1983	BReg 1 Z 46-47/83
OLG Zweibrücken FamRZ 1984, 931-932	Beschluss vom 24.01.1984	3 W 8/84
LG Freiburg FamRZ 1985, 95-97	Beschluss vom 22.03.1984	4 T 64/84 –
BayObLG FamRZ 1984, 932-933	Beschluss vom 18.05.1984	BReg 1 Z 91/83
OLG Stuttgart NJW 1985, 67-68	Beschluss vom 03.07.1984	15 UF 33/83
BayObLG FamRZ 1984, 1259-1263	Beschluss vom 19.07.1984	BReg 1 Z 51/84
OLG Düsseldorf FamRZ 1984, 1258-1259	Beschluss vom 10.08.1984	3 W 237/84
KG NJW 1985, 68-71	Beschluss vom 14.09.1984	1 W 427/84
BVerfGE 68, 176-192	Beschluss vom 17.10.1984	1 BvR 284/84
BayObLG FamRZ 1985, 635-637	Beschluss vom 22.01.1985	BReg 1 Z 85/84
KG FamRZ 1985, 735-737	Beschluss vom 19.03.1985	1 W 5729/84
BayObLG FamRZ 1985, 737-739	Beschluss vom 18.04.1985	BReg 1 Z 9/85
BayObLG FamRZ 1985, 1179-1181	Beschluss vom 23.07.1985	BReg 1 Z 39/85
AG Moers ZfJ 1986, 113-116	Beschluss vom 15.10.1985	2 VIII K 4795
BVerfG FamRZ 1986, 769-773	Beschluss vom 13.05.1986	1 BvR 1542/84
BVerfGE 72, 122-141	Beschluss vom 18.06.1986	1 BvR 857/85
BVerfGE 75, 201-223	Beschluss vom 14.04.1987	1 BvR 332/86
BVerfGE 76, 1-83	Beschluss vom 12.05.1987	2 BvR 1226/83 u.a.
BayObLG FamRZ 1987, 1080-1083	Beschluss vom 13.05.1987	BReg 1 Z 57/86
BayObLG FamRZ 1988, 748-750	Beschluss vom 24.11.1987	BReg 1 Z 52/87
BayObLG FamRZ 1989, 421-423	Beschluss vom 28.07.1988	BReg 1a Z 32/88
OLG Hamm NJW 1989, 2336-2336	Beschluss vom 08.03.1989	5 UF 41/89
OLG Karlsruhe FamRZ 1989, 1322-1323	Beschluss vom 02.06.1989	5 Wx 1/89
KG FamRZ 1990,45-46	Urteil vom 07.06.1989	18 U 2625/88
BayObLG FamRZ 1990, 780-781	Beschluss vom 08.01.1990	BReg 1a Z 66/89

Gericht/Fundstelle	Entscheidung/Datum	Aktenzeichen
BayObLG FamRZ 1990, 1012-1014	Beschluss vom 21.03.1990	BReg 1a Z 1/90
BayObLG FamRZ 1990, 1132-1135	Beschluss vom 16.05.1990	BReg 1a Z 2/90
BayObLG ZfJ 1990, 605-607	Beschluss vom 28.05.1990	BReg 1 a Z 74/89
BayObLG FamRZ 1991, 1080-1083	Beschluss vom 15.01.1991	BReg 1 a Z 73/90
OLG Köln FamRZ 1992, 1093-1094	Beschluss vom 11.04.1991	16 Wx 43/91
BayObLG FamRZ 1991, 1218-1220	Beschluss vom 19.04.1991	BReg 1 Z 23/91
BGH FamRZ 1992, 170-170	Beschluss vom 25.09.1991	XII ARZ 23/91
AG Ingolstadt IPRax 1992, 326-327	Beschluss vom 12.02.1992	X 236/91
BayObLG NJW 1992, 1971-1972	Beschluss vom 26.02.1992	1 Z BR 10/92
LG Bochum ZfJ 1993, 212-213	Beschluss vom 14.08.1992	7 T 157/92
BayObLG FamRZ 1993, 229-231	Beschluss vom 19.08.1992	1Z BR 48/92
OLG Frankfurt FamRZ 1993, 228-229	Beschluss vom 19.10.1992	20 W 366/92
BVerfG NJW 1993, 3316-3317	Beschluss vom 02.02.1993	2 BvR 1491/91
BayObLG FamRZ 1993, 1350-1352	Beschluss vom 30.04.1993	1Z BR 104/92
KG FamRZ 1994, 119-121	Beschluss vom 22.09.1993	1 W 2432/93
BayObLG FamRZ 1994, 781-781	Beschluss vom 14.01.1994	1Z BR 106/93 u.a.
BayObLG FamRZ 1994, 1413-1413	Beschluss vom 09.02.1994	1Z BR 93/93
OLG Celle NJW 1995, 792-794	Beschluss vom 21.02.1994	17 W 8/94
OLG Karlsruhe FamRZ 1994, 1544-1545	Beschluss vom 23.03.1994	18 Wx 8/93
OLG Düsseldorf NJW 1995, 1970-1971	Beschluss vom 30.11.1994	3 Wx 560/94
BayObLG FamRZ 1995, 948-950	Beschluss vom 08.12.1994	1Z BR 147/94
BayObLG FamRZ 1995, 1437-1437	Beschluss vom 22.03.1995	1Z BR 120/94
BayObLG ZfJ 1996, 106-107	Beschluss vom 23.08.1995	1Z BR 108/95
OLG Saarbrücken FamRZ 1996, 561-562	Beschluss vom 10.11.1995	6 WF 72/95
OLG Karlsruhe FamRZ 1996, 424-426	Beschluss vom 14.12.1995	2 UF 176/94
OLG Köln FamRZ 1996, 1027-1028	Beschluss vom 05.01.1996	16 Wx 5/96
BayObLG FamRZ 1996, 1031-1032	Beschluss vom 04.03.1996	1Z BR 11/96
BayObLG FamRZ 1996, 1352-1353	Beschluss vom 09.05.1996	1Z BR 203/95
OLG Frankfurt FamRZ 1997, 571-572	Beschluss vom 04.06.1996	20 W 170/96
BayObLG FamRZ 1997, 387-388	Beschluss vom 28.10.1996	1Z BR 223/96
OLG Oldenburg NJW 1997, 2962-2962	Beschluss vom 07.11.1996	11 UF 131/96
OLG Hamm FamRZ 1997, 1550-1552	Beschluss vom 09.01.1997	15 W 342/96
AG Meschede FamRZ 1997, 958-958	Beschluss vom 28.01.1997	7 F 276/95
BayObLG FamRZ 1997, 1553-1554	Beschluss vom 10.02.1997	1Z BR 271/96
BayObLG FamRZ 1997, 956-957	Beschluss vom 13.02.1997	1Z BR 213/96
BayObLG FamRZ 1997, 954-956	Beschluss vom 27.03.1997	1Z BR 9/97
BVerfG FamRZ 1997, 871-873	Beschluss vom 06.05.1997	1 BvR 711/96
OLG Celle FamRZ 1998, 1108-1109	G.-Bescheid vom 15.08.1997	3462 I 594/97
OLG München FamRZ 1998, 976-977	Beschluss vom 28.08.1997	26 UF 971/97

Gericht/Fundstelle	Entscheidung/Datum	Aktenzeichen
OLG Hamm FamRZ 1999, 36-38	Beschluss vom 19.01.1998	15 W 561/97
OLG Frankfurt FamRZ 1998, 1042-1044	Beschluss vom 30.01.1998	20 W 281/97
BayObLG FamRZ 1998, 1040-1042	Beschluss vom 07.04.1998	1Z BR 13/98
OLG Bamberg FamRZ 1999, 663-665	Beschluss vom 11.08.1998	2 UF 169/98
BayObLG NJW 1999, 293-294	Beschluss vom 02.10.1998	1Z BR 91/98
BayObLG FamRZ 1999, 316-318	Beschluss vom 06.10.1998	1Z BR 52/98
BVerfG FamRZ 1999, 85-89	Beschluss vom 29.10.1998	2 BvR 1206/98
BVerfG NJW 2000, 55-68	Urteil vom 14.07.1999	1 BvR 2226/94 u.a.
BGH FamRZ 1999, 1648-1653	Urteil vom 30.07.1999	1 StR 618/98
OLG Köln NJW-RR 2000, 373-374	Beschluss vom 21.10.1999	14 Wx 5/99
OLG Naumburg FamRZ 2001, 770-771	Beschluss vom 29.10.1999	14 UF 10/99
BVerfG FamRZ 2000, 413-414	Beschluss vom 11.11.1999	1 BvR 1647/96
OLG Brandenburg NJW 2000, 2361-2363	Beschluss vom 17.02.2000	10 UF 45/99
BVerfG NJW 2000, 2495-2496	Beschluss vom 21.02.2000	1 BvR 1937/97
OLG Köln FamRZ 2001, 37-38	Beschluss vom 22.02.2000	14 WF 20/00
OLG Frankfurt FamRZ 2001, 1086-1087	Beschluss vom 05.06.2000	2 UF 324/99
OLG Stuttgart DAVorm 2000, 1144-1147	Beschluss vom 11.07.2000	15 UF 181/00
BVerfG FamRZ 2000, 1489-1490	Beschluss vom 22.08.2000	1 BvR 2006/98
VerfGH Berlin FamRZ 2001, 848-850	Beschluss vom 24.08.2000	VerfGH 17/00
OLG Hamm FamRZ 2001, 850-851	Beschluss vom 25.08.2000	13 UF 274/00
OLG Hamburg FamRZ 2001, 1088-1089	Beschluss vom 28.08.2000	12 UF 111/00
OLG Köln FamRZ 2001, 1087-1088	Beschluss vom 25.09.2000	14 UF 66/00
BayObLG FamRZ 2001, 1610-1610	Beschluss vom 28.11.2000	1Z BR 59/00
BVerfG FamRZ 2001, 753-754	Beschluss vom 11.12.2000	1 BvR 661/00
KG FamRZ 2001, 1610-1610	Beschluss vom 27.03.2001	1 VA 36/99
OLG Naumburg FamRZ 2002, 1274-1276	Beschluss vom 30.10.2001	14 UF 73/01
OLG Stuttgart FamRZ 2002, 1279-1280	Beschluss vom 06.12.2001	17 UF 377/01
AG Hannover FamRZ 2002, 1117-1118	Urteil vom 07.01.2002	616 F 7355/00 S
EGMR FamRZ 2002, 1393-1397	Urteil vom 26.02.2002	46544/99
OLG Dresden FamRZ 2003, 468-470	Beschluss vom 22.03.2002	10 UF 753/01
OLG Bremen FamRZ 2003, 54-55	Beschluss vom 24.04.2002	5 WF 26/02 b
OLG Celle FamRZ 2003, 549-551	Beschluss vom 18.06.2002	10 UF 150/01
BGH FamRZ 2002, 1099-1101	Urteil vom 19.06.2002	XII ZR 173/00
BVerfG FamRZ 2002, 1021-1024	Urteil vom 21.06.2002	1 BvR 605/02
BVerfGE 105, 313-365	Urteil vom 17.07.2002	1 BvF 1/01 u.a.
OLG Brandenburg FamRZ 2003, 947-948	Beschluss vom 04.09.2002	9 UF 165/02
AG Korbach FamRZ 2003, 1496-1497	Beschluss vom 06.09.2002	7 F 410/02
OLG Frankfurt FamRZ 2003, 1491-1492	Beschluss vom 16.09.2002	3 UF 205/01
OLG Hamm FamRZ 2004, 483-483	Beschluss vom 18.12.2002	10 UF 207/02

Gericht/Fundstelle	Entscheidung/Datum	Aktenzeichen
OLG Frankfurt FamRZ 2003, 1314-1315	Beschluss vom 10.01.2003	4 UF 105/02
AG Saarbrücken FamRZ 2003, 1859-1861	Beschluss vom 10.01.2003	40 F 424/02 SO
AG Korbach FPR 2003, 334-335	Beschluss vom 23.01.2003	7 F 996/02
BVerfGE 107, 150-186	Urteil vom 29.01.2003	1 BvL 20/99 u.a.
OLG Bamberg FamRZ 2003, 1310-1310	Beschluss vom 20.02.2003	7 WF 35/03
OLG Thüringen FamRZ 2003, 1319-1320	Beschluss vom 10.03.2003	1 UF 264/02
OLG Celle FamRZ 2003, 1490-1491	Beschluss vom 14.03.2003	19 UF 35/03
BVerfG NJW 2003, 2151-2158	Beschluss vom 09.04.2003	1 BvR 1493/96 u.a.
OLG München FamRZ 2003, 1493-1494	Beschluss vom 10.04.2003	26 UF 1607/02 u.a.
AG Kamenz FamRZ 2005, 124-125	Beschluss vom 17.04.2003	1 F 162/03
OLG Dresden FamRZ 2003, 1862-1864	Beschluss vom 15.07.2003	20 UF 401/03
OLG Brandenburg FamRZ 2004, 720-720	Beschluss vom 27.08.2003	9 UF 145/03
OLG Hamm FamRZ 2004, 1664-1167	Beschluss vom 10.09.2003	8 UF 32/03
OLG Hamm FamRZ 2004, 1310-1310	Beschluss vom 19.11.2003	8 WF 300/03
EGMR FamRZ 2005, 585-589	Urteil vom 08.04.2004	11057/02
KG Berlin, Beschluss 1 W 173/03, juris	Beschluss vom 22.04.2004	1 W 173/03
BVerfG FamRZ 2004, 1166-1168	Beschluss vom 09.06.2004	1 BvR 487/04
EGMR FamRZ 2004, 1456-1460	Urteil vom 24.06.2004	59320/00
BGH FamRZ 2005, 344-347	Beschluss vom 15.12.2004	XII ZB 166/03
OLG Koblenz FamRZ 2005, 1923-1924	Beschluss vom 07.03.2005	13 UF 859/04
OLG Koblenz FamRZ 2006, 57-57	Beschluss vom 11.05.2005	13 WF 282/05
LG Berlin ZKJ 2006, 103-106	Urteil vom 30.05.2005	7 JuJs 2606/04 KLs
OLG Brandenburg FamRZ 2006, 358-358	Beschluss vom 14.07.2005	9 UF 68/05
BVerfG NJW 2005, 2603-2612	Urteil vom 27.07.2005	1 BvR 668/04
OLG Thüringen FamRZ 2006, 280-281	Beschluss vom 10.08.2005	2 UF 257/05
OLG Hamm NJW 2006, 237-239	Beschluss vom 25.08.2005	6 WF 297/05
OLG Hamm FamRZ 2006, 1476-1477	Beschluss vom 30.08.2005	1 UF 181/04
OLG Hamm FamRZ 2006, 358-359	Beschluss vom 05.09.2005	6 WF 297/05
OLG Köln FamRZ 2006, 877-878	Beschluss vom 28.10.2005	4 UF 129/05
BVerfG FamRZ 2006, 187-190	Beschluss vom 08.12.2005	2 BvR 1001/04
VGH Baden-Württ. FamRZ 2007, 144-145	Beschluss vom 11.01.2006	13 S2345/05
OLG Celle FamRZ 2006, 1478-1478	Beschluss vom 03.02.2006	10 UF 197/04
OLG Karlsruhe FamRZ 2007, 576-577	Beschluss vom 25.02.2006	16 UF 160/05
BVerfG FamRZ 2006, 1094-1096	Beschluss vom 31.05.2006	2 BvR 1693/04
AG Luckenwalde FamRZ 2008, 1553-1553	Beschluss vom 07.07.2006	31 F 350/05
BVerfG FamRZ 2006, 1593-1596	Beschluss vom 23.08.2006	1 BvR 476/04
OLG Koblenz FamRZ 2007, 1680-1681	Beschluss vom 27.02.2007	11 UF 606/06
OLG Saarbrücken NJOZ 2007, 2431-2433	Beschluss vom 20.03.2007	9 UF 167/06

Gericht/Fundstelle	Entscheidung/Datum	Aktenzeichen
BVerfG FamRZ 2007, 1078-1079	Beschluss vom 23.03.2007	1 BvR 156/07
OLG Celle FamRZ 2007, 1265-1266	Beschluss vom 03.04.2007	21 UF 163/06
OLG Köln FamRZ 2007, 1682-1682	Beschluss vom 10.04.2007	4 UF 249/06 u.a.
OLG Hamm FamRZ 2007, 2098-2100	Beschluss vom 24.05.2007	1 UF 78/07
BVerfG FamRZ 2007, 2046-2047	Beschluss vom 06.06.2007	1 BvQ 18/07
BVerfG FamRZ 2007, 1626-1627	Beschluss vom 12.06.2007	1 BvR 1426/07
OLG Naumburg FamRZ 2008, 276-277	Beschluss vom 13.06.2007	3 VA 3/07
OLG Saarbrücken FamRZ 2008, 711-712	Beschluss vom 02.08.2007	9 WF 90/07
OLG Dresden FamRZ 2008, 712-713	Beschluss vom 07.08.2007	20 UF 155/07
AG Bremen ZKJ 2008, 338-340	Beschluss vom 28.08.2007	61 F 2311/07
BVerfG FamRZ 2007, 1797-1799	Beschluss vom 05.09.2007	1 BvR 1426/07
OLG Brandenburg FamRZ 2008, 713-713	Beschluss vom 11.10.2007	9 UF 24/07
BGH FamRZ 2008, 45-48	Beschluss vom 17.10.2007	XII ZB 42/07
OLG Karlsruhe FamRZ 2008, 1554-1554	Beschluss vom 16.11.2007	16 WF 193/07
BVerfG FamRZ 2008, 492-493	Beschluss vom 19.12.2007	1 BvR 2681/07
OLG Frankfurt FamRZ 2008, 1554-1556	Beschluss vom 21.12.2007	2 UF 290/07
OLG Brandenburg ZKJ 2008, 208-210	Beschluss vom 22.01.2008	9 UF 105/07
AG Bonn ZKJ 2008, 256-257	Beschluss vom 22.02.2008	47 F 86/08
BVerfG FamRZ 2008, 845-853	Urteil vom 01.04.2008	1 BvR 1620/04
BVerfG FamRZ 2008, 1737-1739	Beschluss vom 27.06.2008	1 BvR 311/08
BVerfG FamRZ 2009, 189-191	Beschluss vom 27.06.2008	1 BvR 1265/08
BVerfG FamRZ 2008, 2185-2188	Beschluss vom 20.10.2008	1 BvR 2275/08
BVerfG NJW 2009, 1133-1135	Beschluss vom 18.12.2008	1 BvR 2604/06
OLG Hamm FamRZ 2009, 1752-1753	Beschluss vom 10.02.2009	II-3 UF 48/08
EuGH FamRZ 2009, 843-847	Urteil vom 02.04.2009	C-523/07
AG Westerstede FamRZ 2009, 1755-1756	Beschluss vom 30.04.2009	81 F 1205/06 SO
OLG Karlsruhe FamRZ 2009, 1599-1600	Beschluss vom 25.05.2009	5 UF 224/08
BVerfG FamRZ 2009, 1472-1475	Beschluss vom 17.06.2009	1 BvR 467/09
BVerwG NVwZ 2010, 389-392, 390	Urteil vom 02.09.2009	1 C 2/09
BVerfG FamRZ 2009, 1897-1899	Beschluss vom 10.09.2009	1 BvR 1248/09
AG Offenbach FamRZ 2010, 1561-1562	Urteil vom 30.10.2009	314 F 1132/09
OLG Bremen FamRZ 2010, 821-823	Beschluss vom 02.11.2009	4 UF 83/09
BVerfG FamRZ 2010, 713-716	Beschluss vom 29.01.2010	1 BvR 374/09
BVerfG FamRZ 2010, 865-867	Beschluss vom 31.03.2010	1 BvR 2910/09
KG FamRZ 2011, 122-124	Beschluss vom 10.05.2010	19 UF 7/09
OLG Brandenburg, 9 UF 169/09, juris	Beschluss vom 10.06.2010	9 UF 169/09
KG FamRZ 2010, 1749-1750	Beschluss vom 18.06.2010	19 UF 22/10
BVerfG FamRZ 2010, 1403-1410	Beschluss vom 21.07.2010	1 BvR 420/09
OLG Saarbrücken FamRZ 2011, 131-131	Beschluss vom 30.09.2010	6 UF 86/10

Gericht/Fundstelle	Entscheidung/Datum	Aktenzeichen
VerfG Brandenb. FamRZ 2011, 305-307	Beschluss vom 30.09.2010	VfG Bbg 32/10
BVerfG FamRZ 2011, 179 -181	Beschluss vom 01.12.2010	1 BvR 1572/10
BVerfG ZKJ 2011, 133-135	Beschluss vom 02.12.2010	1 BvR 2414/10
OLG Zweibrücken ZKJ 2011, 136-139	Beschluss vom 03.12.2010	2 UF 59/10
OLG Zweibrücken NJW-RR 2011, 725-725	Beschluss vom 08.12.2010	3 W 175/10
BVerwG NVwZ 2011, 1201-1205	Urteil vom 11.01.2011	1 C 1/10
BVerwGE 138, 353-370	Urteil vom 11.01.2011	1 C 23/09
OLG Köln FamRZ 2011, 1307-1308	Beschluss vom 22.03.2011	4 UF 29/11
OLG Celle FamRZ 2011, 1240-1240	Beschluss vom 11.04.2011	10 WF 91/11
OLG Schleswig FamRZ 2012, 725-725	Beschluss vom 04.05.2011	12 UF 83/11
OLG Hamm ZKJ 2011, 303-306	Beschluss vom 12.05.2011	II-2 UF 64/10
OLG Brandenb. FamRZ 2011, 1873-1873	Beschluss vom 25.05.2011	13 WF 185/10
OLG Rostock FamRZ 2011, 1873-1874	Beschluss vom 30.06.2011	10 UF 126/11
OLG Köln ZKJ 2012, 71-74	Beschluss vom 05.10.2011	4 UF 148/11
LG Bochum ZKJ 2012, 150-154	Beschluss vom 21.10.2011	I-7 T 104/09
BGH FamRZ 2012, 99-103	Beschluss vom 26.10.2011	XII ZB 247/11
EGMR FamRZ 2012, 1123-1124	Urteil vom 27.10.2011	8857/08
OLG Schleswig NJW 2012, 1014-1014	Beschluss vom 28.10.2011	10 WF 185/11
KG FamRZ 2012, 1495-1497	Beschluss vom 21.11.2011	1 W 79/11
OLG Frankfurt FamRZ 2013, 46-46	Beschluss vom 13.12.2011	3 WF 310/11
EGMR FamRZ 2012, 429-430	Urteil vom 17.01.2012	1598/06
VG Kassel, Urteil 4 K 782/10KSA, juris	Urteil vom 26.03.2012	4 K 782/10
OLG Koblenz FamRZ 2012, 1953-1954	Beschluss vom 30.04.2012	13 UF 209/12
OLG Hamm FamRZ 2012, 1954-1955	Beschluss vom 08.05.2012	II-9 UF 57/12
AG Rosenheim FamRZ 2013, 707-707	Beschluss vom 28.06.2012	3 F 706/12
AG Delmenhorst ZKJ 2014, 79-80	Beschluss vom 10.07.2012	18 F 146/12
KG FamRZ 2013, 709-710	Beschluss vom 14.11.2012	13 UF 141/12
OLG Hamm FamRZ 2013, 1989-1993	Beschluss vom 21.02.2013	II-2 UF 246/12
OLG Frankfurt FamRZ 2014, 396-398	Beschluss vom 12.03.2013	6 UF 302/12
EGMR FamRZ 2013, 845-847	Entscheid. vom 14.03.2013	18734/09, 9424/11
OLG Zweibrücken FamRZ 2014, 670-671	Beschluss vom 12.11.2013	6 UF 118/13
OLG Bamberg FamRZ 2014, 1041-1042	Beschluss vom 04.12.2013	7 WF 309/13
OLG Hamm ZKJ 2014, 254-257	Beschluss vom 17.02.2014	II-4 UFH 1/14
BVerfG FamRZ 2014, 1177-1179	Beschluss vom 17.03.2014	1 BvR 2695/13
BVerfG ZKJ 2014, 242-246	Beschluss vom 24.03.2014	1 BvR 160/14
OLG Brandenb. FamRZ 2014, 1649-1652	Beschluss vom 31.03.2014	13 UF 50/14
BVerfG FamRZ 2014, 907-910	Beschluss vom 07.04.2014	1 BvR 3121/13
OLG Schleswig ZKJ 2014, 330-333	Beschluss vom 14.04.2014	10 UF 19/14

Gericht/Fundstelle	Entscheidung/Datum	Aktenzeichen
BVerfG FamRZ 2014, 1266-1270	Beschluss vom 22.05.2014	1 BvR 2882/13
BVerfG FamRZ 2014, 1270-1274	Beschluss vom 22.05.2014	1 BvR 3190/13
BVerfG NJW 2014, 2936-2939	Beschluss vom 14.06.2014	1 BvR 725/1
BVerfG NJW 2014, 2853-2856	Beschluss vom 24.06.2014	1 BvR 2926/13
OLG Frankfurt FamRZ 2014, 1857-1859	Beschluss vom 15.08.2014	6 UF 30/14
BayVGH, Beschluss 9 ZB 12 30295, juris	Beschluss vom 26.08.2014	9 ZB 12.30295
BVerfG FamRZ 2014, 1772-1775	Beschluss vom 27.08.2014	1 BvR 1822/14
BVerfG FamRZ 2014, 1841-1843	Beschluss vom 27.08.2014	1 BvR 1467/14
BVerfG FamRZ 2014, 1843-1845	Beschluss vom 30.08.2014	1 BvR 1409/14
BVerfG FamRZ 2015, 208-210	Beschluss vom 22.09.2014	1 BvR 2108/14
BVerfG NJW 2015, 44-48	Beschluss vom 15.10.2014	2 BvR 920/14
OLG Nürnberg FamRZ 2015, 1211-1213	Beschluss vom 17.11.2014	11 UF 1097/14
BVerfG FamRZ 2015, 112-118	Beschluss vom 19.11.2014	1 BvR 1178/14
EGMR FamRZ 2015, 469-473	Urteil vom 15.01.2015	62198/11
BVerfG FamRZ 2015, 2120-2123	Beschluss vom 19.08.2015	1 BvR 1084/15
OLG Schleswig ZKJ 2015, 466-468	Beschluss vom 22.09.2015	10 UF 105/15
BVerfG FamRZ 2016, 22-25	Beschluss vom 29.09.2015	1 BvR 1292/15
EuGH NJW 2016, 307-309	Urteil vom 19.11.2015	C-455/15 PPU
BVerfG FamRZ 2016, 439-442	Beschluss vom 20.01.2016	1 BvR 2742/15
BayVGH NVwZ 2016, 1271-1272	Urteil vom 17.03.2016	13 a B 15.30241
OLG Brandenb. FamRZ 2016, 1282-1286	Beschluss vom 24.03.2016	9 UF 132/15
BVerfG NJW 2016, 1781-1814	Urteil vom 20.04.2016	1 BvR 966/09 u.a.
OLG Bamberg FamRZ 2016, 1270-1274	Beschluss vom 12.05.2016	2 UF 58/16
BGH FamRZ 2016, 1752-1758	Beschluss vom 06.07.2016	XII ZB 47/15
OLG Rostock FamRZ 2017, 215-217	Beschluss vom 08.09.2016	10 UF 74/16
BGH FamRZ 2017, 212-215	Beschluss vom 23.11.2016	XII ZB 149/16
BVerfG FamRZ 2017, 206-208	Beschluss vom 05.12.2016	1 BvR 2569/16
BVerfG FamRZ 2017, 524-531	Beschluss vom 03.02.2017	1 BvR 2569/16
EuGH FamRZ 2017,734-738	Urteil vom 15.02.2017	C-499/15
AG Freiburg FamRZ 2018, 510-511	Beschluss vom 11.04.2017	46 F 798/17
BVerfG FamRZ 2017, 1577-1580	Beschluss vom 13.07.2017	1 BvR 1202/17
OLG Karlsruhe FamRZ 2018, 511-511	Beschluss vom 27.07.2017	18 UF 112/17
OLG Bremen FamRZ 2018, 689-692	Beschluss vom 05.01.2018	4 UF 134/17
OLG Brandenb. FamRZ 2018, 1159-1160	Beschluss vom 23.02.2018	13 WF 38/18
EGMR FamRZ 2019, 594-598	Urteil vom 22.03.2018	68125/14
EGMR FamRZ 2019, 975-976	Urteil vom 22.03.2018	11308/16 u.a.
OLG Frankfurt ZKJ 2018, 315-317	Beschluss vom 26.03.2018	1 UF 4/18
OLG Hamburg, Besch. 2 UF 139/17, juris	Beschluss vom 04.04.2018	2 UF 139/17
OLG Frankfurt FamRZ 2018, 1675-1677	Beschluss vom 18.04.2018	4 UF 240/17

Gericht/Fundstelle	**Entscheidung/Datum**	**Aktenzeichen**
OLG Oldenburg FamRZ 2018, 1152-1153	Beschluss vom 18.04.2018	13 UF 23/18
BVerfG FamRZ 2018, 1084-1087	Beschluss vom 23.04.2018	1 BvR 383/18
OLG Frankfurt FamRZ 2018, 1319-1321	Beschluss vom 07.06.2018	1 UF 50/18
OLG Karlsruhe FamRZ 2018, 1830-1840	Beschluss vom 03.08.2018	18 UF 91/18
VG Berlin FamRZ 2019, 279-282	Urteil vom 28.09.2018	3 K 349.16 V
BGH FamRZ 2019, 181-188	Beschluss vom 14.11.2018	XII ZB 292/16
OLG Düsseldorf FamRZ 2019, 988-990	Beschluss vom 20.11.2018	II-8 UF 187/17
OLG Hamm, Verfügung 4 UF 133/18	Verfügung vom 10.01.2019	4 UF 133/18
BGH FamRZ 2019, 598-604	Beschluss vom 06.02.2019	XII ZB 408/18
OLG Brandenburg NJW 2019, 1232-1235	Beschluss vom 07.02.2019	13 UF 8/19
OLG Frankfurt FamRZ 2019, 1865-1868	Beschluss vom 02.04.2019	1 UF 247/17
BVerfG FamRZ 2019, 1437-1439	Beschluss vom 05.06.2019	1 BvR 675/19
BVerfG FamRZ 2020, 422-424	Beschluss vom 10.12.2019	1 BvR 2214/19
VG Magdeburg FamRZ 2021, 491-493	Urteil vom 13.03.2020	8 A 279/19
BVerfG FamRZ 2020, 1562-1565	Beschluss vom 10.06.2020	1 BvR 572/20
BVerfG FamRZ 2021, 104-108	Beschluss vom 21.09.2020	1 BvR 528/19
OLG Brandenburg FamRZ 2021, 281-283	Beschluss vom 28.09.2020	13 UF 161/18
OLG Nürnberg FamRZ 2021, 600-607	Beschluss vom 15.10.2020	10 UF 651/20
OLG Oldenburg FamRZ 2021, 269-271	Beschluss vom 02.11.2020	12 W 123/20 (PS)

Literaturverzeichnis

Abgeordnetenhaus Berlin: Berlin bekämpft Zwangsverheiratungen. Bundesratsinitiative gegen Zwangsheirat unterstützen – Aufenthaltsgesetz ändern, Berlin 2005 [= Abgeordnetenhaus-Drs. 15/4417],
zitiert als: *Abgeordnetenhaus Berlin*, Berlin bekämpft Zwangsverheiratungen.

Abramowski, Peter: Sorgerechtsprobleme in ausländischen Familien, Aachen 1995,
zitiert als: *Abramowski*, Sorgerechtsprobleme in ausländischen Familien.

Achilles, Albrecht /Gebhard, Albert/Spahn, Peter (Hrsg.): Protokolle der Kommission für die zweite Lesung des Entwurfs des Bürgerlichen Gesetzbuchs, Band IV Familienrecht, Berlin 1897,
zitiert als: *Achilles/Gebhard/Spahn*: Protokolle der Kommission für die zweite Lesung des Entwurfs des Bürgerlichen Gesetzbuchs.

ada Schutzhaus: Evaluierung des Gesetzes zur Bekämpfung von Kinderehen vom 14.08.2020. Anlage 7 - Stellungnahme ada Schutzhaus, [ohne Ortsangabe] 2020, URL: https://www.bmjv.de/SharedDocs/Gesetzgebungsverfahren/ExterneDokumente/Evaluierung_Gesetz_Kinderehen_Anlage7.pdf (zuletzt abgerufen am 27.05.2021),
zitiert als: *ada Schutzhaus*, Stellungnahme Evaluierung des Gesetzes zur Bekämpfung von Kinderehen.

Aktion Jugendschutz Landesarbeitsstelle Baden-Württemberg (Hrsg.): Zwangsverheiratung geht uns alle an! Grundlagen und Möglichkeiten der Prävention und Intervention, 2. Auflage, Stuttgart 2016.

Alfes, Friederike: FactSheet Zwangsverheiratung des Deutschen Caritasverband e.V., Freiburg i. Br. 2012, URL: https://www.caritas.de/cms/contents/caritas.de/medien/dokumente/fachthemen/migration/factsheets/factsheet-zwangsverh/factsheet_zwangsverheiratung_v2012.pdf (zuletzt abgerufen am 27.05.2021),
zitiert als: *Alfes*, FactSheet Zwangsverheiratung.

Amend-Traut, Anja/Bongartz, Josef: Der Schwangerschaftsabbruch bei Minderjährigen – rechtliche Perspektiven zwischen Selbstbestimmung und elterlicher Verantwortung, FamRZ 2016, 5-12,
zitiert als: *Amend-Traut/Bongartz*, FamRZ 2016, 5.

Amend-Traut, Anja: Art. „Ehefähigkeit, staatlich“, in: Hallermann, Heribert/Meckel, Thomas/Droege, Michael/de Wall, Heinrich (Hrsg.): Lexikon für Kirchen- und Religionsrecht, Band 1, 2. Auflage, Paderborn 2019, S. 724 f.,
zitiert als: *Amend-Traut*, Lexikon für Kirchen- und Religionsrecht, Art. Ehefähigkeit, staatlich.

Amend-Traut, Anja: Sorgerechtsvollmachten, FamRZ 2020, 805-813,
zitiert als: *Amend-Traut*, FamRZ 2020, 805.

Andrae, Marianne: Flüchtlinge und Kinderehen, NZFam 2016, 923-929, zitiert als: *Andrae*, NZFam 2016, 923.

Andrae, Marianne: Internationales Familienrecht, 4. Auflage, Baden-Baden 2019, zitiert als: *Andrae*, Internationales Familienrecht.

Antomo, Jennifer: Verbot von Kinderehen?, ZRP 2017, 79-82, zitiert als: *Antomo*, ZRP 2017, 79.

Arbeitsgemeinschaft Zwangsheirat des Runden Tisches des Hannoverschen Interventionsprogrammes gegen Männergewalt in der Familie: Auswertung der Erhebung 2008 zum Thema Zwangsheirat, Hannover 2008, URL: https://www.frauenrechte.de/images/downloads/ehrgewalt/allgemeine-infos/allgemein_info_zahlen_5.pdf (zuletzt abgerufen am 27.05.2021), zitiert als: *Arbeitsgemeinschaft Zwangsheirat Hannover*, Auswertung der Erhebung 2008.

Arbeitsgemeinschaft Zwangsverheiratung und Kinder- und Jugendhilferecht, Bundesministerium für Familie, Senioren, Frauen und Jugend (Hrsg.): Zwangsverheiratung bekämpfen - Betroffene wirksam schützen. Eine Handreichung für die Kinder- und Jugendhilfe. 4. Auflage, Berlin 2018, zitiert als: *Arbeitsgemeinschaf Zwangsverheiratung und Kinder- und Jugendhilferecht*, Zwangsverheiratung bekämpfen.

Arbeitsgruppe „Familiengerichtliche Maßnahmen bei Gefährdung des Kindeswohls": Abschlussbericht vom 17.11.2006, [ohne Ortsangabe] 2006, URL: http://www.gesmat.bundesgerichtshof.de/gesetzesmaterialien/16_wp/kindeswohl/abschlussbericht_kindeswohl.pdf (zuletzt abgerufen am 01.06.2021), zitiert als: Arbeitsgruppe Familiengerichtliche Maßnahmen bei Gefährdung des Kindeswohls, Abschlussbericht.

Ateş, Seyran: Trennung, Scheidung und (Rechts-)Folgen. Problemstellung bei der Bekämpfung von Zwangsverheiratung, in: Bundesministerium für Familie, Senioren, Frauen und Jugend (Hrsg.): Zwangsverheiratung in Deutschland, Baden-Baden 2008, S. 225-241, zitiert als: *Ateş*, Trennung, Scheidung und (Rechts-)Folgen.

Ausschuss der Vereinten Nationen zur Beseitigung jeder Form von Diskriminierung der Frau: Allgemeine Empfehlung Nr. 21 des Ausschusses der Vereinten Nationen zur Beseitigung jeder Form von Diskriminierung der Frau - Committee on the Elimination of All Forms of Discrimination against Women (CEDAW): General recommendation No. 21: Equality in marriage and family relations (13th session 1994), [ohne Ortsangabe] 1994, URL: https://tbinternet.ohchr.org/Treaties/CEDAW/Shared%20Documents/1_Global/A_49_38(SUPP)_4733_E.pdf (zuletzt abgerufen am 01.03.2021), zitiert als: *Ausschuss der Vereinten Nationen zur Beseitigung jeder Form von Diskriminierung der Frau*, Allgemeine Empfehlung Nr. 21.

Balloff, Rainer: Kindeswohlgefährdungen durch Herausnahme des Kindes aus dem Elternhaus und bei Wegnahme aus der Pflegefamilie, FPR 2013, 208-213, zitiert als: *Balloff*, FPR 2013, 208.

Baltz, Jochen: Ächtung der Gewalt in der Erziehung, ZfJ 2000, 210-214, zitiert als: *Baltz*, ZfJ 2000, 210.

Bamberger, Heinz Georg/Roth, Herbert/Hau, Wolfgang/Poseck, Roman (Hrsg.), Kommentar zum Bürgerlichen Gesetzbuch, Band 4: §§ 1018-1921, 4. Auflage, München 2019,
zitiert als: Bamberger/Roth/*Bearbeiter* (2019).

Bauer, Anne-Kathrin: Kindeswohlgefährdung durch religiös motivierte Erziehung, Hamburg 2012,
zitiert als: *Bauer*, Kindeswohlgefährdung.

Beck'scher Online-Kommentar zum BGB, hrsg. v. Hau, Wolfgang/Poseck, Roman: beck-online, Stand: 01.05.2021, München 2021,
zitiert als: BeckOK-BGB/*Bearbeiter* (*Jahr*).

Beck'scher Online-Kommentar zum FamFG, hrsg. v. Hahne, Meo-Micaela/Schlögel, Jürgen/Schlünder, Rolf: beck-online, Stand: 01.04.2021, München 2021,
zitiert als: BeckOK-FamFG/*Bearbeiter* (*Jahr*).

Beck'scher Online-Kommentar zum Sozialrecht, hrsg. v. Rolfs, Christian/Giesen, Richard/Kreikebohm, Ralf et al. (Hrsg.): beck-online, Stand: 01.06.2021, München 2021,
zitiert als: BeckOK-SozR/*Bearbeiter* (*Jahr*).

Beck'scher Online-Kommentar zum StGB, hrsg. v. von Heintschel-Heinegg, Bernd: beck-online, Stand: 01.05.2021, München 2021,
zitiert als: BeckOK-StGB/*Bearbeiter* (*Jahr*).

Beck'scher Online Grosskommentar zum Zivilrecht, hrsg. v. Gsell, Beate/Krüger, Wolfgang/ Lorenz, Stephan et al.: beck-online. GROSSKOMMENTAR, Stand: 01.05.2021, München 2021,
zitiert als: BeckOGK/*Bearbeiter* (*Jahr*).

Beck-Gernsheim, Elisabeth: Wir und die anderen - Kopftuch, Zwangsheirat und andere Mißverständnisse, Frankfurt am Main 2007,
zitiert als: *Beck-Gernsheim*, Wir und die anderen.

Behörde für Soziales, Gesundheit und Verbraucherschutz Hamburg (Hrsg.): Aktiv gegen Zwangsheirat! Dokumentation zur Fachtagung in Hamburg am 13.06.2007, Hamburg 2007.

Beitzke, Günther: Französische postmortale Eheschließung und Legitimation, IPRax 1991, 227–230,
zitiert als: *Beitzke*, IPRax 1991, 227.

Belling, Detlev/Eberl, Christina: Der Schwangerschaftsabbruch bei Minderjährigen, FuR 1995, 287-297,
zitiert als: *Belling/Eberl*, FuR 1995, 287.

Benassi, Günter: Kinderrechte ins Grundgesetz – alternativlos! Verantwortung als Leitmotiv politischen Handelns, ZRP 2015, 24-26,
zitiert als: *Benassi*, ZRP 2015, 24.

Bensel, Robert/Rheinberger, Marguerite/Radbill, Samuel: Kinder in einer Welt der Gewalt: Mißhandlung im geschichtlichen Kontext, in: Helfer, Mary/Kempe, Ruth/Krugmann, Richard (Hrsg.): Das mißhandelte Kind, Frankfurt am Main 2002, S. 10-48,
zitiert als: *Bensel/Rheinberger/Radbill*, Kinder in einer Welt der Gewalt.

Bergmann, Margarethe: Der Verfahrensbeistand - Ein Beitrag zum Kindeswohl, ZKJ 2016, 288-290,
zitiert als: *Bergmann*, ZKJ 2016, 288.

Berlin-Brandenburgische Akademie der Wissenschaften (Hrsg.): Deutsches Wörterbuch von Jacob Grimm und Wilhelm Grimm, Erstbearbeitung (1854–1960), digitalisierte Version im Digitalen Wörterbuch der deutschen Sprache, URL: https://www.dwds.de/wb/dwb/ (zuletzt abgerufen am 01.06.2021),
zitiert als: *Grimm*, (Digitalisiertes) Wörterbuch der deutschen Sprache, Erstbearbeitung.

Berlin-Brandenburgische Akademie der Wissenschaften (Hrsg.): Deutsches Wörterbuch von Jacob Grimm und Wilhelm Grimm, Neubearbeitung (1965–2018), digitalisierte Version im Digitalen Wörterbuch der deutschen Sprache, URL: https://www.dwds.de/wb/dwb2/ (zuletzt abgerufen am 01.06.2021),
zitiert als: *Grimm*, (Digitalisiertes) Wörterbuch der deutschen Sprache, Neubearbeitung.

Berlin-Brandenburgische Akademie der Wissenschaften (Hrsg.): Digitales Wörterbuch der deutschen Sprache. Das Wortauskunftssystem zur deutschen Sprache in Geschichte und Gegenwart, URL: https://www.dwds.de/ (zuletzt abgerufen am 01.06.2021),
zitiert als: *BBAW*, Digitales Wörterbuch der deutschen Sprache.

Berliner Initiative gegen Gewalt an Frauen (BIG) e.V. (Hrsg.): Zwangsverheiratung. Informationen des Berliner Arbeitskreises gegen Zwangsverheiratung, Berlin 2018, URL: https://www.berlin.de/ba-friedrichshain-kreuzberg/politik-und-verwaltung/beauftragte/gleichstellung/frauenfeindliche-werbung/broschuere-zwangsverheiratung.pdf (zuletzt abgerufen am 27.05.2021),
zitiert als: *Berliner Initiative gegen Gewalt an Frauen*, Zwangsverheiratung.

Bezirksamt Friedrichshain-Kreuzberg von Berlin/Berliner Arbeitskreis gegen Zwangsverheiratung: Intervention bei Gewalt gegen Mädchen und junge Frauen in traditionell-patriarchalen Familien. Handlungsempfehlung für die Berliner Jugendämter, Berlin 2017, URL: https://www.berlin.de/ba-friedrichshain-kreuzberg/politik-und-verwaltung/beauftragte/gleichstellung/aktuelles/10.07.2017_handlungsempfehlungen_web.pdf (zuletzt abgerufen am 27.05.2021),
zitiert als: *Bezirksamt Friedrichshain-Kreuzberg*, Intervention bei Gewalt gegen Mädchen und junge Frauen in traditionell-patriarchalen Familien.

Bezirksamt Friedrichshain-Kreuzberg von Berlin: Evaluierungsergebnisse zum Ausmaß von Zwangsverheiratungen in Berlin 2017 vom 20.11.2018, 2018, URL: https://www.berlin.de/ba-friedrichshain-kreuzberg/politik-und-verwaltung/beauftragte/gleichstellung/zwangsheirat/zwangsverheiratung-evaluierung-2018.pdf (zuletzt abgerufen am 27.05.2021),
zitiert als: *Bezirksamt Friedrichshain-Kreuzberg*, Evaluierungsergebnisse zum Ausmaß von Zwangsverheiratungen in Berlin.

Bezirksamt Friedrichshain-Kreuzberg von Berlin: Informationen für die Berliner Schulen zu Zwangsverheiratungen in den Sommerferien vom 20.06.2018, Berlin 2018, URL: https://www.berlin.de/ba-friedrichshain-kreuzberg/politik-und-verwal-tung/beauftragte/gleichstellung/zwangsheirat/zwangsverheiratungen_sommerferien_pressem_.pdf (zuletzt abgerufen am 27.05.2021),
zitiert als: *Bezirksamt Friedrichshain-Kreuzberg*, Informationen für die Berliner Schulen zu Zwangsverheiratungen in den Sommerferien.

Bezirksamt Friedrichshain-Kreuzberg von Berlin: Muster Vollmacht Zwangsheirat, Berlin [ohne Jahr], URL: https://www.berlin.de/ba-friedrichshain-kreuzberg/politik-und-verwaltung/beauftragte/gleichstellung/zwangsheirat/mdb-bamitte-presse-gleichstellungsbeauftragte-vollmacht_zwangsheirat.pdf (zuletzt abgerufen am 27.05.2021),
zitiert als: *Bezirksamt Friedrichshain-Kreuzberg*, Muster Vollmacht Zwangsheirat.

Bielefeldt, Heiner: Zwangsheirat und multikulturelle Gesellschaft - Anmerkungen zur aktuellen Debatte, Berlin 2005,
zitiert als: *Bielefeldt*, Zwangsheirat und multikulturelle Gesellschaft.

Biesel, Kay: Chancen und Risiken von Kinderrechten im Kinderschutz, in: Hartwig, Luise/Mennen, Gerald/Schrapper, Christian (Hrsg.): Kinderrechte als Fixstern moderner Pädagogik? Grundlagen, Praxis, Perspektiven, Weinheim 2016, S. 241-249,
zitiert als: *Biesel*, Chancen und Risiken von Kinderrechten im Kinderschutz.

Blank, Beate/Gögercin, Süleyman/Sauer, Karin E./Schramkowski, Barbara (Hrsg.): Soziale Arbeit in der Migrationsgesellschaft. Grundlagen – Konzepte – Handlungsfelder, Wiesbaden 2018.

Bock, Wolfgang: Der Islam in der Entscheidungspraxis der Familiengerichte, NJW 2012, 122-127,
zitiert als: *Bock*, NJW 2012, 122.

Böge, Semi: Stellungnahme zum Thema „Zwangsheirat" vom 01.01.2005, Bottrop 2005, Landtag Nordrhein-Westfalen Zuschrift 13/4762,
zitiert als: *Böge*, Stellungnahme zum Thema Zwangsheirat.

Bongartz, Josef: Zur gebotenen rechtlichen Behandlung von Ehen unter Beteiligung Minderjähriger, NZFam 2017, 541-546,
zitiert als: *Bongartz*, NZFam 2017, 541.

Bork, Reinhard/Jacoby, Jörg/Schwab, Dieter (Hrsg.): FamFG Kommentar - Kommentar zum Gesetz über das Verfahren in Familiensachen und in den Angelegenheiten der freiwilligen Gerichtsbarkeit, 3. Auflage, Bielefeld 2018,
zitiert als: Bork/Jacoby/Schwab/*Bearbeiter* (2018).

Brauneder, Wilhelm: Art. „Heiratsabgabensystem", in: Cordes, Albrecht/Lück, Heiner/Werkmüller, Dieter et al. (Hrsg.): Handwörterbuch zur deutschen Rechtsgeschichte, Band 2, 2. Auflage, Berlin 2012, Sp. 912 ff.,
zitiert als: *Brauneder*, HRG, Art. Heiratsabgabensystem.

Brisch, Karl: Bindung und Umgang, in: Deutscher Familiengerichtstag e.V. (Hrsg.): Brühler Schriften zum Familienrecht, 17. Deutscher Familiengerichtstag 2007, Bielefeld 2008, S. 89-136,
zitiert als: *Brisch*, Bindung und Umgang.

Britz, Gabriele: Kindesgrundrechte und Elterngrundrecht: Fremdunterbringung von Kindern in der verfassungsgerichtlichen Kontrolle, FamRZ 2015, 793-798,
zitiert als: *Britz*, FamRZ 2015, 793.

Britz, Gabriele: Kinderschutz – aktuelle verfassungsrechtliche Leitlinien, NZFam 2016, 1113-1118,
zitiert als: *Britz*, NZFam 2016, 1113.

Britz, Gabriele: Anforderungen an familiengerichtliche Entscheidungen im Kinderschutz aus Sicht des Bundesverfassungsgerichts, JAmt 2017, 286-290,
zitiert als: *Britz*, JAmt 2017, 286.

Brosius-Gersdorf, Frauke: Die Ehe für alle durch Änderung des BGB. Zur Verfassungsmäßigkeit der Ehe für gleichgeschlechtliche Paare, NJW 2015, 3557-3561,
zitiert als: *Brosius-Gersdorf*, NJW 2015, 3557.

Buchholz, Stefan: Art. „Ehe“, in: Cordes, Albrecht/Lück, Heiner/Werkmüller, Dieter et al. (Hrsg.): Handwörterbuch zur deutschen Rechtsgeschichte, Band 1, 2. Auflage, Berlin 2008, Sp. 1192 ff.,
zitiert als: *Buchholz*, HRG, Art. Ehe.

Büchler, Andrea: Islamisches Familien-recht und ordre public in Europa, Oder: welches sind die fundamentalen Grundsätze europäischer Familienrechtsordnung?, in: Götz, Isabell/Schwenzer, Ingeborg/Seelmann, Kurt/Taupitz, Jochen (Hrsg.): Familie – Recht – Ethik - Festschrift für Gerd Brudermüller zum 65. Geburtstag, München 2014, S. 61-71,
zitiert als: *Büchler*, FS Brudermüller.

Büchner, Birgit: § 165 FamFG-Entwurf aus Sicht der Verfahrenspflege, ZKJ 2006, 412-414,
zitiert als: *Büchner*, ZKJ 2006, 412.

Bundesamt für Migration und Flüchtlinge (BAMF): Familiennachzug von Drittstaatsangehörigen nach Deutschland. Fokusstudie der deutschen nationalen Kontaktstelle für das Europäische Migrationsnetzwerk (EMN), Nürnberg 2017, URL: https://www.bamf.de/SharedDocs/Anlagen/DE/EMN/Studien/wp73-emn-familiennachzug-drittstaatsangehoerige-deutschland.pdf (zuletzt abgerufen am 27.05.2021),
zitiert als: *BAMF*, Familiennachzug von Drittstaatsangehörigen nach Deutschland.

Bundesfachkonferenz Zwangsverheiratung: Positionspapier der Bundesfachkonferenz Zwangsverheiratung 2018, Berlin 2019, URL: https://www.zwangsheirat-nrw.de/files/zwangsheirat/pdf/downloads/Positionspapier%202018_.pdf (zuletzt abgerufen am 27.05.2021),
zitiert als: *Bundesfachkonferenz Zwangsverheiratung*, Positionspapier.

Bundesjugendkuratorium/Lücking-Michel, Claudia: Schutz vor Kindeswohlgefährdung, ZKJ 2008, 200-205,
zitiert als: *Bundesjugendkuratorium/Lücking-Michel*, ZKJ 2008, 200.

Bundeskriminalamt: Bundeslagebild Menschenhandel und Ausbeutung 2019 vom 30.10.2020, Wiesbaden 2020, URL: https://www.bka.de/SharedDocs/Downloads/DE/Publikationen/JahresberichteUndLagebilder/Menschenhandel/menschenhandelBundeslagebild2019.pdf (zuletzt abgerufen am 27.05.2021),
zitiert als: *Bundeskriminalamt*, Bundeslagebild Menschenhandel und Ausbeutung 2019.

Bundesministerium der Justiz und für Verbraucherschutz: Evaluierung des Gesetzes zur Bekämpfung von Kinderehen vom 14.08.2020. Anlage 4 - Zusammenfassung der wesentlichen Aussagen aus den Rückmeldungen der Jugendämter zu dem Fragebogen zur Evaluierung des Gesetzes zur Bekämpfung von Kinderehen, [ohne Ortsangabe] 2020, URL: https://www.bmjv.de/SharedDocs/Gesetzgebungsverfahren/ExterneDokumente/Evaluierung_Gesetz_Kinderehen_Anlage4.pdf (zuletzt abgerufen am 27.05.2021),
zitiert als: *BMJV*, Evaluierung des Gesetzes zur Bekämpfung von Kinderehen, Anlage 4 - Zusammenfassung Rückmeldungen der Jugendämter.

Bundesministerium der Justiz und für Verbraucherschutz: Evaluierung des Gesetzes zur Bekämpfung von Kinderehen vom 14.08.2020. Anlage 1 - Rechtsprechungsübersicht Verbot von Kinderehen, [ohne Ortsangabe] 2020, URL: https://www.bmjv.de/SharedDocs/Gesetzgebungsverfahren/ExterneDokumente/Evaluierung_Gesetz_Kinderehen_Anlage1.pdf (zuletzt abgerufen am 27.05.2021),
zitiert als: *BMJV*, Evaluierung des Gesetzes zur Bekämpfung von Kinderehen, Anlage 1 – Rechtsprechungsübersicht.

Bundesministerium der Justiz und für Verbraucherschutz: Gesamtauswertung zur Evaluierung des Gesetzes zur Bekämpfung von Kinderehen vom 14.08.2020, [ohne Ortsangabe] 2020, URL: https://www.bmjv.de/SharedDocs/Gesetzgebungsverfahren/ExterneDokumente/Evaluierung_Gesetz_Kinderehen_Gesamtbericht.pdf (zuletzt abgerufen am 27.05.2021),
zitiert als: *BMJV*, Gesamtauswertung zur Evaluierung des Gesetzes zur Bekämpfung von Kinderehen.

Bundesministerium der Justiz und für Verbraucherschutz: RegE: Entwurf eines Gesetzes zur Änderung des Grundgesetzes zur ausdrücklichen Verankerung der Kinderrechte vom 20.01.2021, Berlin 2021, URL: https://www.bmjv.de/SharedDocs/Gesetzgebungsverfahren/Dokumente/RegE_Kinderrechte.pdf (zuletzt abgerufen am 31.05.2021),
zitiert als: *BMJV*, Entwurf eines Gesetzes zur Änderung des Grundgesetzes zur ausdrücklichen Verankerung der Kinderrechte.

Bundesministerium des Inneren/Bundesamt für Migration und Flüchtlinge: Migrationsbericht 2009, Berlin 2011, URL: https://www.bamf.de/SharedDocs/Anlagen/DE/Forschung/Migrationsberichte/migrationsbericht-2009.pdf (zuletzt abgerufen am 27.05.2021),
zitiert als: *BMI/BAMF*, Migrationsbericht 2009.

Bundesministerium des Innern, für Bau und Heimat/Bundesamt für Migration und Flüchtlinge: Migrationsbericht 2018, [ohne Ortsangabe] 2020, URL: https://www.bmi.bund.de/SharedDocs/downloads/DE/publikationen/themen/migration/migrationsbericht-2018.pdf (zuletzt abgerufen am 27.05.2021),
zitiert als: *BMI/BAMF*, Migrationsbericht 2018.

Bundesministerium des Innern, für Bau und Heimat: Evaluierung des Gesetzes zur Bekämpfung von Kinderehen vom 11.05.2020. Anlage 3 - Zusammenfassung der Erkenntnisse der für die Beantragung der Aufhebung einer Ehe zuständigen Behörden, Berlin 2020, URL: https://www.bmjv.de/SharedDocs/Gesetzgebungsverfahren/ExterneDokumente/Evaluierung_Gesetz_Kinderehen_Anlage3.pdf (zuletzt abgerufen am 27.05.2021),
zitiert als: *BMI*, Evaluierung des Gesetzes zur Bekämpfung von Kinderehen, Anlage 3 - Zusammenfassung der Erkenntnisse der für die Beantragung der Aufhebung einer Ehe zuständigen Behörden.

Bundesministerium für Familie, Senioren, Frauen und Jugend (Hrsg.): Zwangsverheiratung in Deutschland, Baden-Baden 2008.

Bundesministerium für Familie, Senioren, Frauen und Jugend: Aktuelle Meldung – Franziska Giffey stellt Schutzbrief der Bundesregierung vor, Berlin 2021, URL: https://www.bmfsfj.de/bmfsfj/aktuelles/alle-meldungen/franziska-giffey-stellt-schutzbrief-der-bundesregierung-vor-165626 (zuletzt abgerufen am 01.06.2021),
zitiert als: *BMFSJ*, Aktuelle Meldung - Schutzbrief der Bundesregierung.

Bundesministeriums der Justiz und für Verbraucherschutz/Bundesakademie für Sicherheitspolitik (Hrsg.): Frauenrechte in Verfassung und Gesetzgebung nach bewaffneten Konflikten, Berlin 2012, URL: https://www.bmjv.de/SharedDocs/Publikationen/DE/Frauenrechte_Verfassung_Gesetzgebung.pdf (zuletzt abgerufen am 26.05.2021).

Bundesweiter Koordinierungskreis gegen Frauenhandel und Gewalt an Frauen im Migrationsprozess e.V. (Hrsg.): Expertise zum Thema Zwangsverheiratung, Berlin 2011, URL: https://www.zwangsheirat.de/images/downloads/literatur/2011_expertisezh.pdf (zuletzt abgerufen am 27.05.2021).

Bund-Länder-Arbeitsgruppe „Kinderrechte ins Grundgesetz“: Abschlussbericht vom 14.10.2019, [ohne Ortsangabe] 2019, URL: https://www.bmjv.de/SharedDocs/Downloads/DE/News/PM/102519_Abschlussbericht_Kinderrechte.pdf (zuletzt abgerufen am 31.05.2021),
zitiert als: *Bund-Länder-Arbeitsgruppe Kinderrechte ins Grundgesetz*, Abschlussbericht.

Carl, Eberhard/Clauß, Marianne/Karle, Michael (Hrsg.): Kindesanhörung im Familienrecht - Rechtliche und psychologische Grundlagen sowie praktische Durchführung, München 2015.

Carl, Eberhard: Kapitel 2: Rechtliche Grundlagen und praktische Fragen der Kindesanhörung, in: Carl, Eberhard/Clauß, Marianne/Karle, Michael (Hrsg.): Kindesanhörung im Familienrecht - Rechtliche und psychologische Grundlagen sowie praktische Durchführung, München 2015,
zitiert als: *Carl*, Rechtliche Grundlagen und praktische Fragen der Kindesanhörung.

Çileli, Serap: Lieber sterben als heiraten. Türkische Mädchen in der Türkei und in Deutschland, in: TERRE DES FEMMES e.V. (Hrsg.): Zwangsheirat - Lebenslänglich für die Ehre, Tübingen 2006, S. 30-34,
zitiert als: *Çileli*, Lieber sterben als heiraten.

Çileli, Serap: Wir sind Eure Töchter, nicht Eure Ehre, München 2006,
zitiert als: *Çileli*, Wir sind Eure Töchter, nicht Eure Ehre.

Clausius, Monika: Kindesschutz, Elternrechte und staatliche Aufgaben im Spannungsverhältnis, jM 2019, 266-271,
zitiert als: *Clausius*, jM 2019, 266.

Clauß, Marianne/Karle, Michael: Kapitel 3: Psychologische Grundlagen, in: Carl, Eberhard/Clauß, Marianne/Karle, Michael (Hrsg.): Kindesanhörung im Familienrecht. Rechtliche und psychologische Grundlagen sowie praktische Durchführung, München 2015,
zitiert als: *Clauß/Karle*, Psychologische Grundlagen.

Coester, Michael: Das Kindeswohl als Rechtsbegriff. Die richterliche Entscheidung über die elterliche Sorge beim Zerfall der Familiengemeinschaft, Frankfurt am Main 1983,
zitiert als: *Coester*, Das Kindeswohl als Rechtsbegriff.

Coester, Michael: Das Kindeswohl als Rechtsbegriff, in: Deutscher Familiengerichtstag e.V. (Hrsg.): Brühler Schriften zum Familienrecht, 6. Deutscher Familiengerichtstag 1985, Bielefeld 1986, S. 35-51,
zitiert als: *Coester*, Das Kindeswohl als Rechtsbegriff II.

Coester, Michael: Elterliche Sorge im deutschen Recht, insbesondere die deutsche Praxis bei türkischen Familien, DAVorm 1990, 847-853,
zitiert als: *Coester*, DAVorm 1990, 847.

Coester, Michael: Die Bedeutung des Kinder- und Jugendhilfegesetzes (KJHG) für das Familienrecht, FamRZ 1991, 253-263,
zitiert als: *Coester*, FamRZ 1991, 253.

Coester, Michael: Elterliche Gewalt, in: Hofer, Sibylle/Klippel, Diethelm/Walter, Ute (Hrsg.): Perspektiven des Familienrechts. Festschrift für Dieter Schwab zum 70. Geburtstag am 15. August 2005, Bielefeld 2005, S. 747-760,
zitiert als: *Coester*, FS Schwab.

Coester, Michael: Inhalt und Funktionen des Begriffs der Kindeswohlgefährdung–Erfordernis einer Neudefinition?, in: Lipp, Volker/Schumann, Eva/Veit, Barbara (Hrsg.): Kindesschutz bei Kindeswohlgefährdung - neue Mittel und Wege? 6. Göttinger Workshop zum Familienrecht 2007, Göttingen 2008, S. 19-43,
zitiert als: *Coester*, Inhalt und Funktionen des Begriffs der Kindeswohlgefährdung.

Coester, Michael: Die Rechte des Kindes, in: Eichenhofer, Eberhard/Bundestagung des Deutschen Sozialrechtsverbandes e.V. (Hrsg.): Kinder und Jugendliche im Sozialleistungssystem, Bundestagung des Deutschen Sozialrechtsverbandes e.V., 9./10. Oktober 2008 in Münster, Berlin 2009, S. 7-28,
zitiert als: *Coester*, Die Rechte des Kindes.

Coester, Michael: Kinderschutz - Übersicht zu den typischen Gefährdungslagen und aktuellen Problemen, FPR 2009, 549-552,
zitiert als: *Coester*, FPR 2009, 549.

Coester, Michael: Verfahren in Kindschaftssachen, in: Lipp, Volker/Schumann, Eva/Veit, Barbara (Hrsg.): Reform des familiengerichtlichen Verfahrens - 1. Familienrechtliches Forum Göttingen, Göttingen 2009, S. 39-64,
zitiert als: *Coester*, Verfahren in Kindschaftssachen.

Coester, Michael: Sorgerecht nicht miteinander verheirateter Eltern, FamRZ 2012, 1337-1344,
zitiert als: *Coester*, FamRZ 2012, 1337.

Coester, Michael: Kindeswohlgefährdung: Anforderungen an die Gefährdung aus juristischer Sicht, NZFam 2016, 577-580,
zitiert als: *Coester*, NZFam 2016, 577.

Coester, Michael: Stellungnahme der Kinderrechtekommission des Deutschen Familiengerichtstags e.V. vom 29.11.2016, FamRZ 2017, 77-80,
zitiert als: *Coester*, FamRZ 2017, 77.

Coester, Michael: Anmerkung zu VG Berlin, Urteil vom 28.09.2018 – 3 K 349.16 V [FamRZ 2019, 279-282], FamRZ 2019, 282-283,
zitiert als: *Coester*, FamRZ 2019, 282.

Coester-Waltjen, Dagmar/Coester, Michael: „Doxing“, „Sexting“ und „Digital Immigrants“, in: Kanzleiter, Rainer/Schwab, Dieter (Hrsg.): Familienrecht zwischen Tradition und Innovation - Festschrift für Elisabeth Koch zum 70. Geburtstag, Bielefeld 2019, S. 457-465,
zitiert als: *Coester-Waltjen/Coester*, FS Koch.

Coester-Waltjen, Dagmar/Lipp, Volker/Schumann, Eva/Veit, Barbara (Hrsg.): Alles zum Wohle des Kindes? Aktuelle Probleme des Kindschaftsrechts - 2. Familienrechtliches Forum Göttingen, Göttingen 2012.

Coester-Waltjen, Dagmar: Der Schwangerschaftsabbruch und die Rolle des künftigen Vaters, NJW 1985, 2175-2177,
zitiert als: *Coester-Waltjen*, NJW 1985, 2175.

Coester-Waltjen, Dagmar: Elternumzug (Relocation) und Kindeswohl, ZKJ 2013, 4-5,
zitiert als: *Coester-Waltjen*, ZKJ 2013, 4.

Coester-Waltjen, Dagmar: Kinderehen – Neue Sonderanknüpfungen im EGBGB, IPRax 2017, 429-436,
zitiert als: *Coester-Waltjen*, IPRax 2017, 429.

Coester-Waltjen, Dagmar: Minderjährigenehen – wider den „gesetzgeberischen Furor“, IPRax 2019, 127-132,
zitiert als: *Coester-Waltjen*, IPRax 2019, 127.

Cordes, Albrecht/Lück, Heiner/Werkmüller, Dieter et al. (Hrsg.): Handwörterbuch zur deutschen Rechtsgeschichte, Band 1, 2. Auflage, Berlin 2008/Band 2, 2. Auflage, Berlin 2012/ Band 3, 2. Auflage, Berlin 2016.

Creifelds Rechtswörterbuch, Weber, Klaus (Hrsg.), Rechtswörterbuch, 19. Auflage, München 2007,
zitiert als: *Creifelds*, Rechtswörterbuch (2007).

Creifelds Rechtswörterbuch, Weber, Klaus (Hrsg.), Rechtswörterbuch, 26. Auflage, München 2021,
zitiert als: *Creifelds*, Rechtswörterbuch (2021).

Dahm, Sabine: Voraussetzungen und Grenzen familiengerichtlicher Gebote gem. § 1666 Abs. 3 Nr. 1 BGB anhand ausgewählter obergerichtlicher Entscheidungen, ZKJ 2015, 222-227,
zitiert als: *Dahm*, ZKJ 2015, 222.

Dederer, Hans-Georg: Kinderrechte auf internationaler oder supranationaler Ebene. Bestandsaufnahme und Ausblick, in: Uhle, Arnd (Hrsg.): Kinder im Recht. Kinderrechte im Spiegel der Kindesentwicklung, Berlin 2019, S. 287-326,
zitiert als: *Dederer*, Kinderrechte auf internationaler oder supranationaler Ebene.

Derschka, Harald/Hausmann, Rainer/Löhnig, Martin (Hrsg.): Festschrift für Hans-Wolfgang Strätz zum 70. Geburtstag, Regenstauf 2009.

Dethloff, Nina/Maschwitz, Alexandra: Ehemündigkeit in Europa, StAZ 2010, 162-173,
zitiert als: *Dethloff/Maschwitz*, StAZ 2010, 162.

Dettenborn, Harry: Die Beurteilung der Kindeswohlgefährdung als Risikoentscheidung, FPR 2003, 293-299,
zitiert als: *Dettenborn*, FPR 2003, 293.

Deutsche Kinderhilfe e.V.: Stellungnahme zum Entwurf eines Gesetzes zur Bekämpfung von Kinderehen vom 22.02.2017, Berlin 2017, URL: https://www.bmjv.de/SharedDocs/Gesetzgebungsverfahren/Stellungnahmen/2017/Downloads/02222017_Stellungnahme_Kinderhilfe_RefE_Kinderehe.pdf (zuletzt abgerufen am 27.05.2021),
zitiert als: *Deutsche Kinderhilfe*, Stellungnahme Gesetzesentwurf zur Bekämpfung von Kinderehen.

Deutscher Anwaltverein (DAV): Stellungnahme zum Entwurf eines Gesetzes zur Bekämpfung der Zwangsheirat und zum besseren Schutz der Opfer von Zwangsheirat sowie zur Änderung weiterer aufenthalts- und asylrechtlicher Vorschriften vom 03.01.2011, Berlin 2011 [= Ausschuss-Drs. 17(4)155],
zitiert als: *Deutscher Anwaltverein*, Stellungnahme Gesetzesentwurf zur Bekämpfung der Zwangsheirat.

Deutscher Anwaltverein (DAV): Stellungnahme zum Gesetzentwurf der Bundesregierung zur Bekämpfung von Kinderehen, Berlin 2017, URL: https://www.bmjv.de/SharedDocs/Gesetzgebungsverfahren/Stellungnahmen/2017/Downloads/02222017_Stellungnahme_DAV_RefE_Kinderehe.pdf (zuletzt abgerufen am 27.05.2021),
zitiert als: *Deutscher Anwaltverein*, Stellungnahme Gesetzesentwurf zur Bekämpfung von Kinderehen.

Deutscher Berufsverband für Soziale Arbeit (DBSH) e.V.: Stellungnahme zum Gesetzesentwurf der Bundesregierung zur Bekämpfung von Kinderehen, Berlin 2017, URL: https://www.bmjv.de/SharedDocs/Gesetzgebungsverfahren/Stellungnahmen/2017/Downloads/02212017_Stellungnahme_DBSH_RefE_Kinderehe.pdf (zuletzt abgerufen am 27.05.2021),
zitiert als: *Deutscher Berufsverband für Soziale Arbeit*, Stellungnahme Gesetzesentwurf zur Bekämpfung von Kinderehen.

Deutscher Caritasverband e.V.: Stellungnahme zum Entwurf eines Gesetzes zur Bekämpfung von Kinderehen vom 22.02.2017, Freiburg/Berlin 2017, URL: https://www.bmjv.de/SharedDocs/Gesetzgebungsverfahren/Stellungnahmen/2017/Downloads/02222017_Stellungnahme_Caritasverband_RefE_Kinderehe.pdf (zuletzt abgerufen am 27.05.2021),
zitiert als: *Deutscher Caritasverband*, Stellungnahme Gesetzesentwurf zur Bekämpfung von Kinderehen.

Deutscher Familiengerichtstag Arbeitskreis 14: Sorgerecht und hergebrachte heimatliche Erziehungsvorstellungen ausländischer Eltern, in: Deutscher Familiengerichtstag e.V. (Hrsg.): Brühler Schriften zum Familienrecht, 6. Deutscher Familiengerichtstag 1985, Bielefeld 1986, S. 35-51,
zitiert als: *DFGT Arbeitskreis 14*, Sorgerecht und hergebrachte heimatliche Erziehungsvorstellungen ausländischer Eltern.

Deutscher Familiengerichtstag e.V. (Hrsg.): Brühler Schriften zum Familienrecht, 6. Deutscher Familiengerichtstag 1985, Bielefeld 1986.

Deutscher Familiengerichtstag e.V. (Hrsg.): Brühler Schriften zum Familienrecht, 17. Deutscher Familiengerichtstag 2007, Bielefeld 2008.

Deutscher Familiengerichtstag e.V.: Stellungnahme zum Gesetzesentwurf der Bundesregierung „Entwurf eines Gesetzes zur Bekämpfung von Kinderehen" (Stand 17.02.2017), [ohne Ortsangabe] 2017, URL: https://www.bmjv.de/SharedDocs/Gesetzgebungsverfahren/Stellungnahmen/2017/Downloads/02232017_Stellungnahme_DFGT_RefE_Kinderehe.pdf (zuletzt abgerufen am 27.05.2021),
zitiert als: *Deutscher Familiengerichtstag*, Stellungnahme Gesetzesentwurf zur Bekämpfung von Kinderehen.

Deutscher Juristinnenbund e.V.: Stellungnahme zum Thema „Bekämpfung der Zwangsverheiratungen" – zur Vorlage beim Innenausschuss und beim Sozialpolitischen Ausschuss des Hessischen Landtags vom 23.10.2006, Berlin 2006, URL: https://www.djb.de/fileadmin/user_upload/presse/stellungnahmen/St-06_27-Hessen-Zwangsheirat.pdf (zuletzt abgerufen am 27.05.2021),
zitiert als: *Deutscher Juristinnenbund*, Stellungnahme Bekämpfung der Zwangsverheiratungen.

Deutscher Juristinnenbund e.V.: Stellungnahme zur öffentlichen Anhörung des Bundestagsausschusses für Familie, Senioren, Frauen und Jugend - Bekämpfung von Zwangsverheiratungen vom 07.06.2006, Berlin 2006, URL: https://www.djb.de/fileadmin/user_upload/presse/stellungnahmen/St-06_11-Zwangsheirat.pdf (zuletzt abgerufen am 27.05.2021),
zitiert als: *Deutscher Juristinnenbund*, Stellungnahme zur öffentlichen Anhörung des Bundestagsausschusses - Bekämpfung von Zwangsverheiratungen.

Deutscher Juristinnenbund e.V.: Stellungnahme zum Entwurf eines Gesetzes zur Bekämpfung der Zwangsheirat und zum besseren Schutz der Opfer von Zwangsheirat sowie zur Änderung weiterer aufenthalts- und asylrechtlicher Vorschriften vom 10.03.2011, Berlin 2011 [= Ausschuss-Drs. 17(4)210],
zitiert als: *Deutscher Juristinnenbund*, Stellungnahme Gesetzesentwurf zur Bekämpfung der Zwangsheirat.

Deutscher Juristinnenbund e.V.: Stellungnahme zum Gesetzentwurf der Bundesregierung zur Bekämpfung von Kinderehen, Berlin 2017, URL: https://www.bmjv.de/SharedDocs/Gesetzgebungsverfahren/Stellungnahmen/2017/Downloads/04182017_Stellungnahme_Juristinnenbund_RefE_Kinderehe.pdf (zuletzt abgerufen am 27.05.2021),
zitiert als: *Deutscher Juristinnenbund*, Stellungnahme Gesetzesentwurf zur Bekämpfung von Kinderehen.

Deutscher Notarverein: Stellungnahmen zum Entwurf eines Gesetzes zur Bekämpfung von Kinderehen vom 22.02.2017, Berlin 2017, URL: https://www.bmjv.de/SharedDocs/Gesetzgebungsverfahren/Stellungnahmen/2017/Downloads/02222017_Stellungnahme_Notarverein_RefE_Kinderehe.pdf (zuletzt abgerufen am 27.05.2021),
zitiert als: *Deutscher Notarverein*, Stellungnahme Gesetzesentwurf zur Bekämpfung von Kinderehen.

Deutsches Institut für Jugendhilfe und Familienrecht e.V. (DIJuF): Hinweise zum Gesetzentwurf der Bundesregierung: Entwurf eines Gesetzes zur Bekämpfung von Kinderehen vom 22.02.2017, [ohne Ortsangabe] 2017, URL: https://www.bmjv.de/SharedDocs/Gesetzgebungsverfahren/Stellungnahmen/2017/Downloads/02222017_Stellungnahme_DIJuF_RefE_Kinderehe.pdf (zuletzt abgerufen am 27.05.2021),
zitiert als: *Deutsches Institut für Jugendhilfe und Familienrecht*, Stellungnahme Gesetzesentwurf zur Bekämpfung von Kinderehen.

Deutsches Kinderhilfswerk e.V.: Stellungnahme zum Entwurf eines Gesetzes zur Bekämpfung von Kinderehen vom 17. Februar 2017, Berlin 2017, URL: https://www.bmjv.de/SharedDocs/Gesetzgebungsverfahren/Stellungnahmen/2017/Downloads/02232017_Stellungnahme_Kindeshilfswerk_RefE_Kinderehe.pdf (zuletzt abgerufen am 27.05.2021),
zitiert als: *Deutsches Kinderhilfswerk*, Stellungnahme Gesetzesentwurf zur Bekämpfung von Kinderehen.

Deutsches Rotes Kreuz e.V.: Stellungnahme zum Entwurf eines Gesetzes zur Bekämpfung der Zwangsheirat und zum besseren Schutz der Opfer von Zwangsheirat sowie zur Änderung weiterer aufenthalts- und asyl-rechtlicher Vorschriften vom 21.02.2011, Berlin 2011 [= Ausschuss-Drs. 17(4)195],
zitiert als: *Deutsches Rotes Kreuz*, Stellungnahme Gesetzesentwurf zur Bekämpfung der Zwangsheirat.

Deutsches Rotes Kreuz e.V.: Stellungnahme DRK Position Ehen von minderjährigen Geflüchteten vom 21.02.2017, Berlin 2017, URL: https://www.bmjv.de/SharedDocs/Gesetzgebungsverfahren/Stellungnahmen/2017/Downloads/02212017_Stellungnahme_DRK_RefE_Kinderehe.pdf (zuletzt abgerufen am 27.05.2021),
zitiert als: *Deutsches Rotes Kreuz*, Stellungnahme Ehen von minderjährigen Geflüchteten.

Dieckmann, Albrecht/Frank, Rainer/Hanisch, Hans et al. (Hrsg.): Festschrift für Wolfram Müller-Freienfels, Baden-Baden 1986.

Diederichsen, Uwe: Zur Reform des Eltern-Kind-Verhältnisses, FamRZ 1978, 461-474,
zitiert als: *Diederichsen*, FamRZ 1978, 461.

Doukkani-Bördner, Astrid: Kindesmisshandlungen im Haushalt der Eltern und elterliche Sorge, FamRZ 2016, 12-14,
zitiert als: *Doukkani-Bördner*, FamRZ 2016, 12.

Dreier, Horst (Hrsg.): Grundgesetz-Kommentar, 3. Auflage, Tübingen 2013,
zitiert als: Dreier/*Bearbeiter* (2013).

Dutta, Anatol: Staatliches Wächteramt und europäisches Kindschaftsverfahrensrecht, FamRZ 2008, 835-841,
zitiert als: *Dutta*, FamRZ 2008, 835.

Dutta, Anatol: Anmerkung zu BGH, Beschluss vom 14.11.2018 – XII ZB 292/16 [FamRZ 2019, 181-188], FamRZ 2019, 188-190,
zitiert als: *Dutta*, FamRZ 2019, 188.

Edinger, Florian: Zwangsverheiratung - ein Überblick über tatsächliche und rechtliche Aspekte, StAZ 2012, 194-199,
zitiert als: *Edinger*, StAZ 2012, 194.

Ehringfeld, Klaus: Eltern-Kind-Konflikte in Ausländerfamilien - Untersuchung der kulturellen Divergenzen zwischen erster und zweiter Ausländergeneration und der rechtlichen Steuerung durch das nationale und internationale Familienrecht, Berlin 1997,
zitiert als: *Ehringfeld*, Eltern-Kind-Konflikte in Ausländerfamilien.

Eisele, Jörg/Majer, Christian F.: Strafbarkeit der Zwangsheirat nach § 237 StGB im Lichte des Internationalen Straf- und Privatrechts, NStZ 2011, 546-552,
zitiert als: *Eisele/Majer*, NStZ 2011, 546.

Eisenrieder, Claudia: Zwangsheirat bei MigrantInnen - Verwandtschaftliche und gesellschaftspolitische Hintergründe, in: TERRE DES FEMMES e.V. (Hrsg.): Zwangsheirat - Lebenslänglich für die Ehre, Tübingern 2006, S. 36-44,
zitiert als: *Eisenrieder*, Zwangsheirat bei MigrantInnen.

Ensenbach, Kai: Die Zwangsheirat gemäß § 237 StGB, Jura 2012, 507-513,
zitiert als: *Ensenbach*, Jura 2012, 507.

Erbs, Georg/Kohlhaas, Max (Hrsg.): Strafrechtliche Nebengesetze, München 2021 (Stand 05/2021),
zitiert als: Erbs/Kohlhaas/*Bearbeiter*, Strafrechtliche Nebengesetze.

Erman, Walter/Grunewald, Barbara/Maier-Reimer, Georg /Westermann, Peter (Hrsg.): Erman Bürgerliches Gesetzbuch, Handkommentar mit AGG, EGBGB, ErbbauRG, LPartG, ProdHaftG, VBVG, VersAusglG, WEG und ausgewählten Rechtsquellen des IPR, 16. Auflage, Köln 2020,
zitiert als: Erman-BGB/*Bearbeiter* (2020).

Ernst, Rüdiger: Der Maßnahmenkatalog des § 1666 BGB, FPR 2008, 602-605,
zitiert als: *Ernst*, FPR 2008, 602.

Europäische Kommission: Zweiter Bericht über die Fortschritte bei der Bekämpfung des Menschenhandels (2018) gemäß Artikel 20 der Richtlinie 2011/36/EU zur Verhütung und Bekämpfung des Menschenhandels und zum Schutz seiner Opfer, COM (2018) 777 final vom 03.12.2018, Brüssel 2018,
zitiert als: *Europäische Kommission*, Zweiter Bericht über die Fortschritte bei der Bekämpfung des Menschenhandels.

Europäisches Parlament: Bericht über die künftige externe Strategie der EU gegen Früh- und Zwangsverheiratung – nächste Schritte (2017/2275-INI) vom 24.05.2018 [= Plenarsitzungsdokument A8-0187/2018], [ohne Ortsanagabe] 2018,
zitiert als: *Europäisches Parlament*, Bericht über die künftige externe Strategie der EU gegen Früh- und Zwangsverheiratung.

Evangelische Gesellschaft Stuttgart e.V.: Gesetz zur Bekämpfung von Kinderehen. Anlage 8 - Stellungnahme Evangelische Gesellschaft Stuttgart e.V. YASEMIN – (mobile) Beratungsstelle für junge Migrantinnen – vom 14.08.2020, Stuttgart 2020, URL: https://www.bmjv.de/SharedDocs/Gesetzgebungsverfahren/ExterneDokumente/Evaluierung_Gesetz_Kinderehen_Anlage8.pdf (zuletzt abgerufen am 27.05.2021),
zitiert als: *Evangelische Gesellschaft Stuttgart*, Erfahrungen Gesetz zur Bekämpfung von Kinderehen.

Fachkommission Zwangsverheiratung der Landesregierung Baden-Württemberg/Der Ausländerbeauftragte der Landesregierung Baden-Württemberg (Hrsg.): Bericht der Fachkommission Zwangsverheiratung der Landesregierung – Problembeschreibung, Statistik und Handlungsempfehlung. Zwangsverheiratung ächten, Opferrechte stärken, Opferschutz gewährleisten, Prävention & Dialog ausbauen, Stuttgart 2006,
zitiert als: *Fachkommission Zwangsverheiratung Baden-Württemberg*, Bericht.

Fadlalla, Mohamed: Zwangsheirat – die Änderungen des Personenstandsgesetzes und das neue Gesetz zur Bekämpfung der Zwangsheirat, FPR 2011, 449-451,
zitiert als: *Fadlalla*, FPR 2011, 449.

Fellenberg, Barbara: Entwurf eines Gesetzes zur Erleichterung familiengerichtlicher Maßnahmen bei Gefährdung des Kindeswohls, FPR 2008, 125-129,
zitiert als: *Fellenberg*, FPR 2008, 125.

Finger, Peter: Eheschließung Geschäftsunfähiger?, StAZ 1996, 225-229,
zitiert als: *Finger*, StAZ 1996, 225.

Finger, Peter: Islamische Morgengabe – insbesondere im Verhältnis zum Iran, FuR 2017, 182-189,
zitiert als: *Finger*, FuR 2017, 182.

Fischer, Thomas: Strafgesetzbuch mit Nebengesetzen, 68. Auflage, München 2021,
zitiert als: *Fischer*, Strafgesetzbuch (2021).

Freudenberg, Dagmar: Verfangen im Netz des Aufenthaltsrechts. Aufenthaltsrechtliche Liberalisierungen als zentraler Bestandteil von Präventions- und Interventionsstrategien, in: Bundesministerium für Familie, Senioren, Frauen und Jugend (Hrsg.): Zwangsverheiratung in Deutschland, Baden-Baden 2008, S. 242-252,
zitiert als: *Freudenberg*, Verfangen im Netz des Aufenthaltsrechts.

Frings, Dorothee: Die freie Wahl des Ehegatten - Der rechtliche Umgang mit einem ungeliebten Thema, in: TERRE DES FEMMES e.V. (Hrsg.): Zwangsheirat - Lebenslänglich für die Ehre, Tübingen 2006, S. 19-29,
zitiert als: *Frings*, Die freie Wahl des Ehegatten.

Gaaz, Berthold/Bornhofen, Heinrich/Lammers, Thomas (Hrsg.): Handkommentar Personenstandsgesetz, 5. Auflage, Frankfurt am Main 2020,
zitiert als: Gaaz/Bornhofen/Lammers/*Bearbeiter*, Handkommentar Personenstandsgesetz.

Gausing, Bettina/Wittebol, Christian: Die Wirksamkeit von im Ausland geschlossenen Minderjährigenehen, DÖV 2018, 41-50,
zitiert als: *Gausing/Wittebol*, DÖV 2018, 41.

Geimer, Reinhold (Hrsg.): Internationales Zivilprozessrecht, 8. Auflage, Köln 2020,
zitiert als: *Geimer*, Internationales Zivilprozessrecht.

Gerhard, Swenja: Sozialrechtliche Hindernisse bei der Interventionsarbeit. Bestandsaufnahme und Reformbedarf, in: Bundesministerium für Familie, Senioren, Frauen und Jugend (Hrsg.): Zwangsverheiratung in Deutschland, Baden-Baden 2008, S. 253-268,
zitiert als: *Gerhard*, Sozialrechtliche Hindernisse bei der Interventionsarbeit.

Gernhuber, Joachim/Coester-Waltjen, Dagmar: Familienrecht, 7. Auflage, München 2020,
zitiert als: *Gernhuber/Coester-Waltjen*, Familienrecht (2020).

Gernhuber, Joachim: Kindeswohl und Elternwille, FamRZ 1973, 229-244,
zitiert als: *Gernhuber*, FamRZ 1973, 229.

Gesterkamp, Thomas: Zwangsheirat – Moderne Form der Sklaverei, Deutsche Polizei 2015, 9-13,
zitiert als: *Gesterkamp*, Deutsche Polizei 2015, 9.

Giesen, Dieter: Familienrechtsreform zum Wohl des Kindes?, FamRZ 1977, 594-600,
zitiert als: *Giesen*, FamRZ 1977, 594.

Gizitdinov, Nariman: Polygamie in Kasachstan wird populärer, Frauen fliehen vor Armut, in: Bloomberg Newsticker, 06.12.2013, [ohne Ortsangabe] 2013, URL: https://www.welt.de/newsticker/bloomberg/article122638914/Polygamie-in-Kasachstan-wird-populaerer-Frauen-fliehen-vor-Armut.html (zuletzt abgerufen am 01.06.2021),
zitiert als: *Gizitdinov*, Polygamie in Kasachstan.

Göbel-Zimmermann, Ralph/Born, Manuela: Zwangsverheiratung – Integratives Gesamtkonzept zum Schutz Betroffener, ZAR 2007, 54-60,
zitiert als: *Göbel-Zimmermann/Born*, ZAR 2007, 54.

Göbel-Zimmermann, Ralph: Stellungnahme zur öffentlichen Anhörung des Innenausschusses des Deutschen Bundestages am 14.03.2011, Wiesbaden 2011 [= Ausschuss-Drs. 17(4)207D],
zitiert als: *Göbel-Zimmermann*, Stellungnahme zur öffentlichen Anhörung des Bundestagsausschusses - Bekämpfung von Zwangsverheiratungen.

Gottschalk, Yvonne: Entzug der elterlichen Sorge wegen Kindeswohlgefährdung trotz beginnender positiver Entwicklung bei den Kindeseltern, FamFR 2010, 357-358 [= Anmerkung zu OLG Brandenburg, Beschluss vom 10.06.2010 – 9 UF 169/09, juris],
zitiert als: *Gottschalk*, FamFR 2010, 357.

Gottschalk, Yvonne: Anmerkung zu AG Delmenhorst, Beschluss vom 10.07.2012 – 18 F 146/12 [ZKJ 2014, 79-80], ZKJ 2014, 80-80,
zitiert als: *Gottschalk*, ZKJ 2014, 80.

Götz, Isabell/Schwenzer, Ingeborg/Seelmann, Kurt/Taupitz, Jochen (Hrsg.): Familie – Recht – Ethik - Festschrift für Gerd Brudermüller zum 65. Geburtstag, München 2014.

Götz, Isabell: Digital Natives im Familienrecht, FamRZ 2017, 1725-1728,
zitiert als: *Götz*, FamRZ 2017, 1725.

Grandel, Matthias/Stockmann, Roland (Hrsg.), Familienrecht. Materielles Recht. Verfahrensrecht. Alphabetische Gesamtdarstellung, 2. Auflage, Baden-Baden 2014,
zitiert: Grandel/Stockmann/*Bearbeiter*, Familienrecht.

Hailbronner, Kay: Visumverfahren und Familiennachzug, VBlBW 2011, 369-376,
zitiert als: *Hailbronner*, VBlBW 2011, 369.

Hallermann, Heribert/Meckel, Thomas/Droege, Michael/de Wall, Heinrich (Hrsg.): Lexikon für Kirchen- und Religionsrecht, Band 1, 2. Auflage, Paderborn 2019.

Hammer, Stephan: Anmerkung zu BVerfG, Beschluss vom 07.04.2014 – 1 BvR 3121/13 [FamRZ 2014, 907-910], FamRZ 2014, 1005-1007,
zitiert als: *Hammer*, FamRZ 2014, 1005.

Hammer, Stephan: Anforderungen an familiengerichtliche Entscheidungen im Kinderschutz aus Sicht der Praxis des Familiengerichts, JAmt 2015, 291-294,
zitiert als: *Hammer*, JAmt 2015, 291.

Hammer, Stephan: Anmerkung zu BGH, Beschluss vom 06.02.2019 – XII ZB 408/19 [FamRZ 2019, 598-604], FamRZ 2019, 604-606,
zitiert als: *Hammer*, FamRZ 2019, 604.

Hartwig, Luise/Mennen, Gerald/Schrapper, Christian (Hrsg.): Kinderrechte als Fixstern moderner Pädagogik? Grundlagen, Praxis, Perspektiven, Weinheim 2016.

Hassani, Angelika: Zwangsverheiratung und Gewalt gegen Frauen – Zur Debatte in muslimischen Organisationen, in: Bundesministerium für Familie, Senioren, Frauen und Jugend (Hrsg.): Zwangsverheiratung in Deutschland, Baden-Baden 2008, S. 328-343,
zitiert als: *Hassani*, Zwangsverheiratung und Gewalt gegen Frauen – Zur Debatte in muslimischen Organisationen.

Hau, Wolfgang: Das Internationale Zivilverfahrensrecht im FamFG, FamRZ 2009, 821-826,
zitiert als: *Hau*, FamRZ 2009, 821.

Hau, Wolfgang: Religiös motivierte Verweigerung lebensrettender Heilbehandlung durch Jugendliche – Rechtsvergleichende Notizen zu Ian McEwans „The Children Act", in: Hilbig-Lugani, Katharina/Jakob, Dominique/Mäsch, Gerald et al. (Hrsg.): Zwischenbilanz - Festschrift für Dagmar Coester-Waltjen zum 70. Geburtstag am 11. Juli 2015, Bielefeld 2015, S. 1015-1024,
zitiert als: *Hau*, FS Coester-Waltjen.

Haug, Sonja: Binationale, interethnische und interreligiöse Ehen in Deutschland, FPR 2011, 417-422,
zitiert als: *Haug*, FPR 2011, 417.

Heiderhoff, Bettina: Schuldrechtliche Ersatzansprüche zwischen Eltern bei Verletzungen des Umgangsrechts?, FamRZ 2004, 324-328,
zitiert als: *Heiderhoff*, FamRZ 2004, 324.

Heifel, Anja: Brautraub in Kirgistan, in: TERRE DES FEMMES e.V. (Hrsg.): Menschenrechte für die Frau 4/2006, Berlin 2006, S. 14-16,
zitiert als: *Heifel*, Brautraub in Kirgistan.

Heilmann, Stefan: Kindliches Zeitempfinden und Verfahrensrecht - Eine Untersuchung unter besonderer Berücksichtigung des Gesetzes über die Angelegenheiten der freiwilligen Gerichtsbarkeit (FGG), Neuwied 1998,
zitiert als: *Heilmann*, Kindliches Zeitempfinden und Verfahrensrecht.

Heilmann, Stefan: Anmerkung zu OLG Zweibrücken, Beschluss vom 03.12.2010 – 2 UF 59/10 [ZKJ 2011, 136-139], ZKJ 2011, 139-139,
zitiert als: *Heilmann*, ZKJ 2011, 139.

Heilmann, Stefan: Die Gesetzeslage zum Sorge- und Umgangsrecht. Eine Bestandsaufnahme unter Einbeziehung aktueller Rechtsprechungstendenzen, NJW 2012, 16-22,
zitiert als: *Heilmann*, NJW 2012, 16.

Heilmann, Stefan: Theorie und Praxis im Kinderschutz, NJW 2017, 986-989,
zitiert als: *Heilmann*, NJW 2017, 986.

Heilmann, Stefan (Hrsg.): Praxiskommentar Kindschaftsrecht, 2. Auflage, Köln 2020,
zitiert als: Heilmann/*Bearbeiter*: Praxiskommentar Kindschaftsrecht (2020).

Heiß, Thomas: Elternrechte contra Kinderrechte. Paradigmenwechsel in der jüngeren Rechtsprechung des BVerfG?, NZFam 2015, 532-537,
zitiert als: *Heiß*, NZFam 2015, 532.

Heiter, Norbert: Verfahrensfähigkeit des Kindes in personenbezogenen Verfahren nach dem FamFG, FamRZ 2009, 85-89,
zitiert als: *Heiter*, FamRZ 2009, 85.

Helfer, Mary/Kempe, Ruth/Krugmann, Richard (Hrsg.): Das mißhandelte Kind, Frankfurt am Main 2002.

Hennemann, Heike: Die Umsetzung des Vorrangs- und Beschleunigungsgrundsatzes - Schnelle Terminierung und Fristsetzung bei schriftlicher Begutachtung, FPR 2009, 20-23,
zitiert als: *Hennemann*, FPR 2009, 20.

Herzberg, Rolf Dietrich: Rechtliche Probleme der rituellen Beschneidung, JZ 2009, 332-339,
zitiert als: *Herzberg*, JZ 2009, 332.

Heumann, Alexander: 10 Jahre Kindschaftsrechtsreform aus Sicht der Anwaltschaft, ZKJ 2008, 280-286,
zitiert als: *Heumann*, ZKJ 2008, 280.

Hilbig-Lugani, Katharina/Jakob, Dominique/Mäsch, Gerald et al. (Hrsg.): Zwischenbilanz - Festschrift für Dagmar Coester-Waltjen zum 70. Geburtstag am 11. Juli 2015, Bielefeld 2015.

Hildebrand, Lena: Die Bekämpfung der Zwangsheirat in Deutschland - Eine juristische Betrachtung der Gesetzgebung im Lichte des Opferschutzes, Baden-Baden 2015,
zitiert als: *Hildebrand*, Bekämpfung der Zwangsheirat.

Hildebrandt, Antje: Zwangsehe. Es kommt vor, dass 13-Jährige per Skype verheiratet werden, in: Cicero. Magazin für politische Kultur vom 21.08.2019, [ohne Ortsangabe] 2019,URL: https://www.cicero.de/innenpolitik/zwangsheirat-zwangsehe-maedchen-papatya-berlin-beratung-maedchen (zuletzt abgerufen am 01.06.2021) ,
zitiert als: *Hildebrandt*, Zwangsehe.

Hillgruber, Christian: Mindestalter und sprachliche Integrationsvorleistung – verfassungsgemäße Voraussetzungen des Ehegattennachzugs?, ZAR 2006, 304-317,
zitiert als: *Hillgruber*, ZAR 2006, 304.

Hinz, Manfred: Kindesschutz als Rechtsschutz und elterliches Sorgerecht, Paderborn 1976,
zitiert als: *Hinz*, Kindesschutz als Rechtsschutz und elterliches Sorgerecht.

Hirsch, Michael: Entzug und Beschränkung des elterlichen Sorgerechts - Praxis und Reformbedürftigkeit des elterlichen Sorgerechts, Reformvorschläge, Berlin-Spandau 1965,
zitiert als: *Hirsch*, Entzug und Beschränkung des elterlichen Sorgerechts.

Hirsi Ali, Ayaan: Ich klage an - Plädoyer für die Befreiung der muslimischen Frau, München 2005,
zitiert als: *Hirsi Ali*, Ich klage an.

Hofer, Sibylle/Klippel, Diethelm/Walter, Ute (Hrsg.): Perspektiven des Familienrechts - Festschrift für Dieter Schwab zum 70. Geburtstag am 15. August 2005, Bielefeld 2005.

Hoffmann, Peter: Anmerkung zu OLG Naumburg, Beschluss vom 30.10.2001 – 14 UF 73/01 [FamRZ 2002, 1274-1276], FamRZ 2002, 1276-1277, zitiert als: *Hoffmann*, FamRZ 2002, 1276.

Hohloch, Gerhard: Eheschließung bei unterschiedlicher Staatsangehörigkeit - Grundzüge und Probleme, FPR 2011, 422-428, zitiert als: *Hohloch*, FPR 2011, 422.

Hohloch, Gerhard: Handschuhehe in Pakistan bei namentlich nicht bezeichneter Braut. Anmerkung zu KG Berlin, Beschluss vom 22.04.2004 – 1 W 173/03, JuS 2005, 753-755, zitiert als: *Hohloch*, JuS 2005, 753.

Hohmann-Dennhardt, Christine: Kinderrechte ins Grundgesetz – warum?, FPR 2012, 185-187, zitiert als: *Hohmann-Dennhardt*, FPR 2012, 185.

Holzner, Thomas: Die drohende Gefahr, DÖV 2018, S. 946-951, zitiert als: *Holzner*, DÖV 2018, 946.

Homolka, Walter: Das jüdische Eherecht, Berlin 2009, zitiert als: *Homolka*, Das jüdische Eherecht.

Hoppe, Ann Kathrin: Präventionsmaßnahmen bei drohender weiblicher Genitalverstümmelung, Bielefeld 2013, zitiert als: *Hoppe*, Präventionsmaßnahmen bei drohender weiblicher Genitalverstümmelung.

Huber, Peter/Scherer, Holger: Die Neuregelung zur Ächtung der Gewalt in der Erziehung, FamRZ 2001, 797-801, zitiert als: *Huber/Scherer*, FamRZ 2001, 797.

Hübner, Heinz: Eheschließung und allgemeine Wirkungen der Ehe als dogmatisches Problem, FamRZ 1962, 1-8, zitiert als: *Hübner*, FamRZ 1962, 1.

Hüßtege, Rainer: Das Verbot der Kinderehe nach neuem Recht aus kollisionsrechtlicher Sicht, FamRZ 2017, 1374-1380, zitiert als: *Hüßtege*, FamRZ 2017, 1374.

Icken, Angela, Aktiv gegen Zwangsheirat! – Handlungskonzepte des Bundes, in: Behörde für Soziales, Gesundheit und Verbraucherschutz Hamburg (Hrsg.): Aktiv gegen Zwangsheirat! Dokumentation zur Fachtagung in Hamburg am 13.06.2007, Hamburg 2007, S. 25-34, zitiert als: *Icken*, Aktiv gegen Zwangsheirat.

International Labour Office (ILO): Global estimates of modern slavery: Forced labour and forced marriage, Genf 2017, zitiert als: *International Labour Office*, Global estimates of modern slavery.

Jaeckel, Liv: Risiko-Signaturen im Recht. Zur Unterscheidbarkeit von Gefahr und Risiko, JZ 2011, 116-124, zitiert als: *Jaeckel*, JZ 2011, 116.

Jarass, Hans D./Pieroth, Bodo (Hrsg.): Grundgesetz für die Bundesrepublik Deutschland - Kommentar, 16. Auflage, München 2020, zitiert als: Jarass/Pieroth/*Bearbeiter* (2020).

Jauernig, Othmar: Bürgerliches Gesetzbuch: BGB, 18. Auflage, München 2021, zitiert als: Jauernig/*Bearbeiter* (2021).

Jesgarzewski, Tim: Zur Auswahl des Vormunds, NZFam 2019, 83-83, zitiert als: *Jesgarzewski*, NZFam 2019, 83.

Jestead, Matthias: Staatlicher Kindesschutz unter dem Grundgesetz - Aktuelle Kindesschutzmaßnahmen auf dem Prüfstand der Verfassung, in: Lipp, Volker/Schumann, Eva/Veit, Barbara (Hrsg.): Kindesschutz bei Kindeswohlgefährdung - neue Mittel und Wege? 6. Göttinger Workshop zum Familienrecht 2007, Göttingen 2008, S. 5-18,
zitiert als: *Jestead*, Staatlicher Kindesschutz unter dem Grundgesetz.

Johannsen, Kurt/Henrich, Dieter/Althammer, Christoph, Familienrecht Kommentar, 7. Auflage, München 2020,
zitiert als: Johannsen/Henrich/Althammer/*Bearbeiter*, Familienrecht (2020).

John, Barbara: Anmerkung zu LG Berlin, Beschluss vom 18.03.1983 – 83 T 73/83 [FamRZ 1983, 943-947], FamRZ 1983, 1274-1274,
zitiert als: *John*, FamRZ 1983, 1274.

Joo-Schauen, Jae-Soon/Najafi, Behshid: Für das Recht auf Selbstbestimmung – gegen Zwangsverheiratung. Ansätze für die Beratungsarbeit, in: Bundesministerium für Familie, Senioren, Frauen und Jugend (Hrsg.): Zwangsverheiratung in Deutschland, Baden-Baden 2008, S. 285-294,
zitiert als: *Joo-Schauen/Najafi*: Für das Recht auf Selbstbestimmung – gegen Zwangsverheiratung.

Jülicher, Tim: Cybermobbing in der Schule, NJW 2019, 2801-2805,
zitiert als: *Jülicher*, NJW 2019, 2801.

Juris Praxiskommentar BGB, Herberger, Maximilian/Martinek, Michael/Rüßmann, Helmut u.a. (Hrsg.), Band 4: Familienrecht, 9. Auflage, Saarbrücken 2020,
zitiert als : JurisPK-BGB/*Bearbeiter* (2020).

Kaiser, Dagmar/Schnitzler, Klaus/Schilling, Roger/Sanders, Anne (Hrsg.): Nomoskommentar BGB, Band 4: Familienrecht, 4. Auflage, Baden-Baden 2021,
zitiert: NK-BGB/*Bearbeiter* (2021).

Kaiser, Dagmar: Gleichgeschlechtliche Ehe - nicht ganz gleich und nicht für alle, FamRZ 2017, 1889-1899,
zitiert als: *Kaiser*, FamRZ 2017, 1889.

Kaiser, Dagmar: Zwangsheirat, FamRZ 2013, 77-90,
zitiert als: *Kaiser*, FamRZ 2013, 77.

Kalthegener, Regina: Stellungnahme von TERRE DES FEMMES e.V. zu der öffentlichen Anhörung im Innenausschuss des Deutschen Bundestages am 14. März 2011 „Bekämpfung der Zwangsheirat“ vom 10.03.2011, Berlin 2011 [= Ausschuss-Drs. 17(4)207 E],
zitiert als: *Kalthegener*, Stellungnahme zur öffentlichen Anhörung des Bundestagsausschusses - Bekämpfung von Zwangsverheiratungen.

Kalthegener, Regina: Strafrechtliche Ahndung der Zwangsverheiratung. Rechtslage – Praxiserfahrungen – Reformdiskussion, in: Bundesministerium für Familie, Senioren, Frauen und Jugend (Hrsg.): Zwangsverheiratung in Deutschland, Baden-Baden 2008, S. 211-244,
zitiert als: *Kalthegener*, Strafrechtliche Ahndung der Zwangsverheiratung.

Kaminski, Andrea: Interkulturelle Kommunikation im familiengerichtlichen Verfahren, FPR 2013, 492-496,
zitiert als: *Kaminski*, FPR 2013, 492.

Kanzleiter, Rainer/Schwab, Dieter (Hrsg.): Familienrecht zwischen Tradition und Innovation - Festschrift für Elisabeth Koch, Bielefeld 2019.

Karakaşoğlu, Yasemin/Subaşı, Sakine, Ausmaß und Ursachen von Zwangsverheiratungen in europäischer Perspektive. Ein Blick auf Forschungsergebnisse aus Deutschland, Österreich, England und der Türkei, in: Bundesministerium für Familie, Senioren, Frauen und Jugend (Hrsg.): Zwangsverheiratung in Deutschland, Baden-Baden 2008, S. 99-126,
zitiert als: *Karakaşoğlu/Subaşı*, Ausmaß und Ursachen von Zwangsverheiratungen.

Keidel, Theodor/Engelhardt, Helmut/Sternal, Werner (Hrsg.): FamFG. Gesetz über das Verfahren in Familiensachen und in Angelegenheiten der freiwilligen Gerichtsbarkeit, 20. Auflage, München 2020,
zitiert als: Keidel/*Bearbeiter* (2020).

Kelek, Necla: Die fremde Braut - ein Bericht aus dem Inneren des türkischen Lebens in Deutschland, München 2005,
zitiert als: *Kelek*, Die fremde Braut.

Kelek, Necla, Heirat ist keine Frage oder Kann durch die Einführung eines Mindestalters für den Nachzug von Ehegatten auf 21 Jahre die „Zwangsehe" verhindert werden, ZAR 2006, 232-237,
zitiert als: *Kelek*, ZAR 2006, 232.

Kellner, Dominik: Die Ächtung der Gewalt in der Erziehung nach neuem Recht, NJW 2001, 796-797,
zitiert als: *Kellner*, NJW 2001, 796.

Kemper, Rainer: Das Verfahren in der ersten Instanz nach dem FamFG, FamRB 2008, 345-350,
zitiert als: *Kemper*, FamRB 2008, 345.

Keuter, Wolfgang: Anmerkung zu BVerfG, Beschluss vom 22.05.2014 – 1 BvR 2882/13 [FamRZ 2014, 1266-1270], FamRZ 2014, 1354-1355,
zitiert als: *Keuter*, FamRZ 2014, 1354.

Keuter, Wolfgang: Beschleunigungsrüge und Beschleunigungsbeschwerde: Präventive Rechtsbehelfe bei überlanger Verfahrensdauer in Kindschaftssachen, FamRZ 2016, 1817-1823,
zitiert als: *Keuter*, FamRZ 2016, 1817.

Khoury, Adel Theodor: Einführung in die Grundlagen des Islams, 4. Auflage, Würzburg 1995,
zitiert als: *Khoury*, Einführung in die Grundlagen des Islams.

Kinderrechtekommission des Deutschen Familiengerichtstags e.V.: Reformbedarf im Pflegekinderwesen, FamRZ 2014, 891-902,
zitiert als: *Kinderrechtekommission des Deutschen Familiengerichtstags*, FamRZ 2014, 891.

Kindler, Heinz/Salzgeber, Joseph/Fichtner, Jörg/Werner, Annegret: Familiäre Gewalt und Umgang, FamRZ 2004, 1241-1252,
zitiert als: *Kindler/Salzgeber/Fichtner/Werner*, FamRZ 2004, 1241.

Kindler, Heinz: Kinderschutz im BGB, FPR 2012, 422-427,
zitiert als: *Kindler*, FPR 2012, 422.

Kirchenamt der Evangelischen Kirche in Deutschland (Hrsg.): KD-Text 101 - Soll es künftig kirchlich geschlossene Ehen geben, die nicht zugleich Ehen im bürgerlich-rechtlichen Sinne sind? Zum evangelischen Verständnis von Ehe und Eheschließung, Hannover 2009,
zitiert als: *Kirchenamt der EKD*, KD-Text 101.

Kirchhof, Gregor: Die Kinderrechte des Grundgesetzes Sollte die Verfassung zugunsten von Kindern geändert werden?, NJW 2018, 2690-2693,
zitiert als: *Kirchhof*, NJW 2018, 2690.

Kischel, Uwe: Rechtsvergleichung, München 2015,
zitiert als: *Kischel*, Rechtsvergleichung.

Kizilhan, Jan Ilhan: Migration, Identität und Zwangsverheiratung, in: Aktion Jugendschutz Landesarbeitsstelle Baden-Württemberg (Hrsg.): Zwangsverheiratung geht uns alle an! Grundlagen und Möglichkeiten der Prävention und Intervention, 2. Auflage, Stuttgart 2016,
zitiert als: *Kizilhan*, Migration, Identität und Zwangsverheiratung.

Klinkhammer, Frank: Wer gehört zur Familie? Gesetzesrang und Gesetzesbindung bei Vorgaben des Europäischen Gerichtshofs für Menschenrechte für das deutsche Familienrecht, ZfPW 2015, 5-29,
zitiert als: *Klinkhammer*, ZfPW 2015, 5.

Knödler, Christoph: „Das hat noch keinem geschadet". Vom Mythos der zulässigen elterlichen Gewalt gegenüber Kindern, ZKJ 2007, 58-67,
zitiert als: *Knödler*, ZKJ 2007, 58.

Knöpfel, Gottfried: Zur Neuordnung des elterlichen Sorgerechts, FamRZ 1977, 600-610,
zitiert als: *Knöpfel*, FamRZ 1977, 600.

Knöpfel, Gottfried: Elternrecht, Kindesrecht und Zwang gegen Jugendliche, FamRZ 1985, 1211-1216,
zitiert als: *Knöpfel*, FamRZ 1985, 1211.

Kohler, Josef/Preiser, Felix: Hammurabi's Gesetz, Band I: Übersetzung, Juristische Wiedergabe, Erläuterung, Leipzig 1904,
zitiert als: *Kohler/Preiser*, Hammurabi's Gesetz.

König, Ingemar: Vita romana. Vom täglichen Leben im alten Rom, 2. Auflage, Darmstadt 2007,
zitiert als: *König*, Vita romana.

Koopmann-Aleksin, Kirsten: Teil A. Schwerpunkt Recht, in: Bundesweiter Koordinierungskreis gegen Frauenhandel und Gewalt an Frauen im Migrationsprozess e.V. (Hrsg.): Expertise zum Thema Zwangsverheiratung, Berlin 2011, URL: https://www.zwangsheirat.de/images/downloads/literatur/2011_expertisezh.pdf (zuletzt abgerufen am 01.07.2021),
zitiert als: *Koopmann-Aleksin*, Expertise zum Thema Zwangsverheiratung.

Korbin, Jill: Kindesmißhandlung im kulturellen Kontext, in: Helfer, Mary/Kempe, Ruth/Krugmann, Richard, Das mißhandelte Kind, Frankfurt am Main 2002, S. 49-78,
zitiert als: *Korbin*, Kindesmißhandlung im kulturellen Kontext.

Köstler, Rudolf: Raub-, Kauf- und Friedelehe bei den Germanen, in: Zeitschrift der Savigny-Stiftung für Rechtsgeschichte. Germanistische Abteilung, 1943, S. 92-136,
zitiert als: *Köstler*, Raub-, Kauf- und Friedelehe bei den Germanen.

Kreckel, Jennifer: Heiratsmigration - Geschlecht und Ethnizität, Marburg 2013,
zitiert als: *Kreckel*, Heiratsmigration.

Kubik, Alexander/Zimmermann, Till: Sozialadäquate Zwangsverheiratungen? Zur Bedeutung der Verwerflichkeitsklausel des § 237 Abs. 1 Satz 2 StGB, JR 2013, 192-203,
zitiert als: *Kubik/Zimmermann*, JR 2013, 192.

Lack, Katrin: Anmerkung zu BVerfG, Beschluss vom 03.02.2017 – 1 BvR 2569/16 [BVerfG FamRZ 2017, 524-531], NJW 2017, 1300-1301,
zitiert als: *Lack*, NJW 2017, 1300.

Lackner, Karl/Kühl, Kristian/Heger, Martin (Hrsg.): Strafgesetzbuch, 29. Auflage, München 2018,
zitiert als: Lackner/Kühl/*Bearbeiter* (2018).

Lasner-Tietze, Cordula: Kindesschutz und Kinderrechte, in: Hartwig, Luise/Mennen, Gerald/Schrapper, Christian (Hrsg.): Kinderrechte als Fixstern moderner Pädagogik? Grundlagen, Praxis, Perspektiven, Weinheim 2016, S. 108-115,
zitiert als: *Lasner-Tietze*, Kindesschutz und Kinderrechte.

Lauser, Andrea: Ein guter Mann ist harte Arbeit - Eine ethnographische Studie zu philippinischen Heiratsmigrantinnen, Bielefeld 2004,
zitiert als: *Lauser*, Ein guter Mann ist harte Arbeit.

Laux, Bernhard: Ehe - I. Sozialethik, in: Görres-Gesellschaft (Hrsg.), Staatslexikon Recht. Wirtschaft. Gesellschaft, Band 1, 8. Auflage, Freiburg 2017, Art. Ehe, Sp. 1496 ff.,
zitiert als: *Laux*, Staatslexikon, Art. Ehe.

Lehnhoff, Liane: Sklavinnen der Tradition. Zwangsheirat als weltweite Erscheinung, in: TERRE DES FEMMES e.V. (Hrsg.): Zwangsheirat - Lebenslänglich für die Ehre, Tübingen 2006, S. 12-17,
zitiert als: *Lehnhoff*, Sklavinnen der Tradition.

Leisner-Egensperger, Anna: Polizeirecht im Umbruch: Die drohende Gefahr, DÖV 2018, 677-688,
zitiert als: *Leisner-Egensperger*, DÖV 2018, 677.

Lembke, Ulrike: Ausgestaltung eines geschlechtergerechten und effektiven Sexualstrafrechts in post-conflict-Situationen, in: Bundesministeriums der Justiz und für Verbraucherschutz/Bundesakademie für Sicherheitspolitik (Hrsg.): Frauenrechte in Verfassung und Gesetzgebung nach bewaffneten Konflikten, Berlin 2012, S. 104-137, URL: https://www.bmjv.de/SharedDocs/Publikationen/DE/Frauenrechte_Verfassung_Gesetzgebung.pdf (zuletzt abgerufen am 26.05.2021),
zitiert als: *Lembke*, Ausgestaltung eines geschlechtergerechten und effektiven Sexualstrafrechts in post-conflict-Situationen.

Lempp, Reinhart: Elternrecht, Kindesrecht und Zwang gegen Jugendliche - zugleich Anmerkung zu BayObLG, Beschluss vom 18.04.1985 – BReg 1 Z 9/85 [FamRZ 1985, 737-739], FamRZ 1986, 1061-1063,
zitiert als: *Lempp*, FamRZ 1986, 1061.

Lettmann, Reinhard: Die Diskussion über die klandestinen Ehen und die Einführung einer zur Gültigkeit verpflichtenden Eheschließungsform auf dem Konzil von Trient, Münster 1967,
zitiert als: *Lettmann*, Die Diskussion über die klandestinen Ehen.

Letzgus, Klaus: Der neue Straftatbestand der Zwangsheirat, FPR 2011, 451-456,
zitiert als: *Letzgus*, FPR 2011, 451.

Letzgus, Klaus: Strafrechtliche Bekämpfung der Zwangsheirat, in: Paeffgen, Hans-Ullrich/Böse, Martin/Kindhäuser, Urs et al. (Hrsg.): Strafrechtswissenschaft als Analyse und Konstruktion - Festschrift für Ingeborg Puppe zum 70. Geburtstag, Berlin 2011, S. 1231-1245,
zitiert als: *Letzgus*, FS Puppe.

Lipp, Volker/Schumann, Eva/Veit, Barbara (Hrsg.): Kindesschutz bei Kindeswohlgefährdung - neue Mittel und Wege? 6. Göttinger Workshop zum Familienrecht 2007, Göttingen 2008.

Lipp, Volker/Schumann, Eva/Veit, Barbara (Hrsg.): Reform des familiengerichtlichen Verfahrens - 1. Familienrechtliches Forum Göttingen, Göttingen 2009.

Lisken, Hans/Denninger, Erhard/Bäcker, Matthias et al. (Hrsg.): Handbuch des Polizeirechts - Gefahrenabwehr, Strafverfolgung, Rechtsschutz, 6. Auflage, München 2018,
zitiert als: *Lisken/Denninger/Bäcker*, Handbuch des Polizeirechts.

Löhnig, Martin/Heiss, Georg: Die Neuregelung des einstweiligen Rechtsschutzes nach dem FamFG – die einstweilige Anordnung nach §§ 49 ff. FamFG (§§ 49 ff. FamFG), FamRZ 2009, 1101-1105,
zitiert als: *Löhnig/Heiss*, FamRZ 2009, 1101.

Löhnig, Martin: Ist Art. 13 III Nr. 1 EGBGB verfassungswidrig? Anmerkung zu BGH, Beschluss vom 14.11.2018 – XII ZB 292/16 [= FamRZ 2019, 181-188 = NZFam 2019, 65-72], NZFam 2019, 72-73,
zitiert als: *Löhnig*, NZFam 2019, 72.

Lorenz, Aïda: Schulverweigerung, FPR 2007, 33-35,
zitiert als: *Lorenz*, FPR 2007, 33.

Lorenz, Stephan: Sorgerechtsstatut und Schutzmaßnahmen nach Art. 19 Abs. 3 EGBGB, IPRax 1992, 305-309,
zitiert als: *Lorenz*, IPRax 1992, 305.

Luthien, Horst: Zur Feststellung einer Kindesmisshandlung in Form eines „Münchhausen-by-proxy"-Syndroms. Anmerkung zu OLG Celle, Beschluss vom 03.02.2006 – 10 UF 197/04 [FamRZ 2006, 1478-1478], FamRZ 2006, 1478-1478,
zitiert als: *Luthien*, FamRZ 2006, 1478.

Mankowski, Peter: Kulturelle Identität und Internationales Privatrecht, IPRax 2004, 282-290,
zitiert als: *Mankowski*, IPRax 2004, 282.

Mankowski, Peter: Anmerkung zu OLG Bamberg, Beschluss vom 12.05.2016 – 2 UF 58/16 [FamRZ 2016, 1270-1274], FamRZ 2016, 1274-1276,
zitiert als: *Mankowski*, FamRZ 2016, 1274.

Marx, Reinhard: Stellungnahme zum Gesetzentwurf der Bundesregierung zur „Bekämpfung der Zwangsheirat und zum besseren Schutz der Opfer von Zwangsheirat sowie zur Änderung weiterer aufenthalts- und asylrechtlicher Vorschriften“ vom 10.03.2011, Frankfurt am Main 2011 [= Ausschuss-Drs. 17(4)207A],
zitiert als: *Marx*, Stellungnahme zur öffentlichen Anhörung des Bundestagsausschusses - Bekämpfung von Zwangsverheiratungen.

Maschwitz, Alexandra: Die Form der Eheschließung. Ehe im Zentrum der Interessen von Staat und Religion, Göttingen 2013,
zitiert als: *Maschwitz*, Die Form der Eheschließung.

Maunz, Theodor/Dürig, Günter (Hrsg.): Grundgesetz-Kommentar, München 2020 (Stand: 10/2020),
zitiert als: Maunz/Dürig/*Bearbeiter* (2020).

Maurer, Hans-Ulrich: Die Rechtsmittel in Familiensachen nach dem FamFG, FamRZ 2009, 465-483,
zitiert als: *Maurer*, FamRZ 2009, 465.

Mayr, Stefan: Gedrillt zu willenlosen Jüngern Gottes - Sekten-Aussteiger über „Zwölf Stämme“, in: Süddeutsche Zeitung vom 21.10.2014, URL: https://www.sueddeutsche.de/bayern/sekten-aussteiger-ueber-zwoelf-staemme-gedrillt-zu-willenlosen-juengern-gottes-1.2182771-0 (zuletzt abgerufen am 01.06.2021),
zitiert als: *Mayr*, Gedrillt zu willenlosen Jüngern Gottes.

Maywald, Jörg: Misshandlung, Vernachlässigung und sexueller Missbrauch. Eine Übersicht aus sozialwissenschaftlicher Perspektive, FPR 2003, 299-307,
zitiert als: *Maywald*, FPR 2003, 299.

Meier, Yvonne, Zwangsheirat – Rechtslage in der Schweiz. Rechtsvergleich mit Deutschland und Österreich, Bern 2010,
zitiert als: *Meier*, Zwangsheirat Rechtslage in der Schweiz.

Menne, Martin: Der Verfahrensbeistand im neuen FamFG, ZKJ 2009, 68-74,
zitiert als: *Menne*, ZKJ 2009, 68.

Menne, Martin: Aktuelle Praxisfragen grenzüberschreitender Kindschaftssachen, FamRB 2015, 359-362,
zitiert als: *Menne*, FamRB 2015, 359.

Menne, Martin: Herausforderungen für die Familiengerichtsbarkeit aufgrund von Migration und Flüchtlingsbewegungen insbesondere in Kindschaftssachen, FamRZ 2016, 1223-1230,
zitiert als: *Menne*, FamRZ 2016, 1223.

Meysen, Thomas/Salgo, Ludwig: Referentenentwurf des Bundesministeriums für Familie, Senioren, Frauen und Jugend: Entwurf eines Gesetzes zur Stärkung von Kindern und Jugendlichen (Kinder- und Jugendstärkungsgesetz – KJSG), FamRZ 2021, 13-17,
zitiert als: *Meysen/Salgo*, FamRZ 2021, 13.

Meysen, Thomas: Neuerungen im zivilrechtlichen Kinderschutz, NJW 2008, 2673-2768,
zitiert als: *Meysen*, NJW 2008, 2673.

Middelbeck, Paul: Stellungnahme zur Beratung von Gesetzentwürfen der Bundesregierung und der Fraktion der SPD sowie von Anträgen der Fraktionen Die Linke und Der Grünen im Bundestag zur Einfügung von Regelungen zur Bekämpfung von Zwangsheirat, für ein erweitertes Rückkehrrecht und zur Änderung weiterer Regelungen des Aufenthaltsgesetzes vom 11.03.2011, Hannover 2011 [= Ausschuss-Drs. 17(4)207C],
zitiert als: *Middelbeck*, Stellungnahme zur öffentlichen Anhörung des Bundestagsausschusses - Bekämpfung von Zwangsverheiratungen.

Mikat, Paul: Dotierte Ehe — rechte Ehe. Zur Entwicklung des Eheschließungsrechts in fränkischer Zeit, Opladen 1978,
zitiert als: *Mikat*, Dotierte Ehe.

Mirbach, Thomas/Müller, Simone/Triebl, Katrin, Johann Daniel Lawaetz-Stiftung (Hrsg.), Ergebnisse einer Befragung zu dem Thema Zwangsheirat in Hamburg. Durchgeführt im Auftrag der Behörde für Soziales, Familie, Gesundheit und Verbraucherschutz in Hamburg, Hamburg 2006,
zitiert als: *Mirbach/Müller/Triebl*, Befragung Zwangsheirat in Hamburg.

Mirbach, Thomas/Schaak, Torsten/Triebl, Katrin, Bundesministerium für Familie, Senioren, Frauen und Jugend (Hrsg.): Zwangsverheiratung in Deutschland – Anzahl und Analyse von Beratungsfällen – Kurzfassung, Berlin 2011,
zitiert als: *Mirbach/Schaak/Triebl*, Zwangsverheiratung in Deutschland.

Mlinar, Angelika: Frauenrechte als Menschenrechte, Frankfurt am Main 1997,
zitiert als: *Mlinar*, Frauenrechte als Menschenrechte.

Mnookin, Robert: Was stimmt nicht mit der Formel „Kindeswohl"?, FamRZ 1975, 1-6,
zitiert als:. *Mnookin*, FamRZ 1975, 1.

Moritz, Heinz Peter: Bedeutung des Elternvotums für den Abbruch der Schwangerschaft Minderjähriger, ZfJ 1999, 92-99,
zitiert als: *Moritz*, ZfJ 1999, 92.

Motzer, Stefan/Kugler, Roland/Grabow, Michael (Hrsg.), Kinder aus Migrationsfamilien in der Rechtspraxis - Staatsangehörigkeit, Aufenthalt, Sorge/Umgang, Kindesentführung, Unterhalt, 2. Auflage, Bielefeld 2012,
zitiert als: Motzer/Kugler/Grabow/*Bearbeiter*, Kinder aus Migrationsfamilien in der Rechtspraxis.

Müller, Gundula: Arrangement und Zwang - Zur Reproduktion patriarchaler Strukturen durch türkische Migrantinnen in Deutschland, Bielefeld 2013,
zitiert als: *Müller*, Arrangement und Zwang.

Münchener Kommentar zum FamFG, hrsg. v. Rauscher, Thomas: FamFG, Band 1, 3. Auflage, München 2018,
zitiert als: MüKoFamFG/ *Bearbeiter* (2018).

Münchener Kommentar zum Strafgesetzbuch, hrsg. v. Joecks, Wolfgang/Miebach, Klaus: StGB, Band 4, 4. Auflage, München 2021,
zitiert als: MüKoStGB/*Bearbeiter* (2021).

Münchner Kommentar zum Bürgerlichen Gesetzbuch, hrsg. v. Säcker, Franz/Rixecker, Roland/Oetker, Hartmut/Limperg, Bettina: Bürgerliches Gesetzbuch, Band 5 (Schuldrecht – Besonderer Teil II), 8. Auflage, München 2020/Band 6 (Schuldrecht – Besonderer Teil III), 8. Auflage, München 2020/Band 9 (Familienrecht I), 8. Auflage, München 2019/Band 10 (Familienrecht II), 8. Auflage, München 2020/Band 12 (Internationales Privatrecht I), 8. Auflage, München 2020/Band 12 (Internationales Privatrecht II), 8. Auflage, München 2021,
zitiert als: MüKoBGB/*Bearbeiter* (*Jahr*).

Münder, Johannes: Anmerkung zu LG Berlin, Beschluss vom 18.03.1983 – 83 T 73/83 [FamRZ 1983, 943-947], ZAR 1985, 93-96,
zitiert als: *Münder*, ZAR 1985, 93.

Netzwerk Migration in Europa e.V. (Hrsg.): Migration und Bevölkerung, Ausgabe 2/09, Berlin 2009.

Oberhäuser, Thomas: „Dänemark-Ehen“, Unionsrecht und Inländerdiskriminierung, NVwZ 2012, 25-28,
zitiert als: *Oberhäuser*, NVwZ 2012, 25.

Oelkers, Harald/Kraeft, Cindy: Sorgerechtsübertragung auf einen Zeugen Jehovas? FuR 1997, 161-165,
zitiert als: *Oelkers/Kraeft*, FuR 1997, 161.

Ogris, Werner/Olechowski, Thomas: Art. „Munt“, in: Cordes, Albrecht/Lück, Heiner/Werkmüller, Dieter et al. (Hrsg.): Handwörterbuch zur deutschen Rechtsgeschichte, Band 3, 2. Auflage, Berlin 2016, Sp. 1683 ff.,
zitiert als: *Ogris/Olechowski*, HRG, Art. Munt.

Ollmann, Rainer: Zum Geltungsbereich des § 42 SGBVIII (Inobhutnahme), FamRZ 2000, 261-265,
zitiert als: *Ollmann*, FamRZ 2000, 261.

Osthold, Fritz: Die rechtliche Behandlung von Elternkonflikten, Baden-Baden 2016,
zitiert als: *Osthold*, Die rechtliche Behandlung von Elternkonflikten.

Paeffgen, Hans-Ullrich/Böse, Martin/Kindhäuser, Urs et al. (Hrsg.): Strafrechtswissenschaft als Analyse und Konstruktion - Festschrift für Ingeborg Puppe zum 70. Geburtstag, Berlin 2011.

Palandt, begr. v. Palandt, Otto: Bürgerliches Gesetzbuch mit Nebengesetzen, 80. Auflage, München 2021,
zitiert als: Palandt/*Bearbeiter* (2021).

PAPATYA, Kriseneinrichtung für junge Migrantinnen/Bundesministerium für Familie, Senioren, Frauen und Jugend (Hrsg.): Projektabschlussbericht: Interkulturelle Onlineberatung bei Zwangsverheiratung und familiärer Gewalt, Berlin 2010,
zitiert als: *PAPATYA*, Projektabschlussbericht Interkulturelle Onlineberatung.

Parhisi, Parinas: Stellungnahme als Sachverständige zur öffentlichen Anhörung zum Gesetzentwurf der Bundesregierung zur Bekämpfung der Zwangsheirat und zum besseren Schutz der Opfer von Zwangsheirat sowie zur Änderung weiterer aufenthalts- und asylrechtlicher Vorschriften vom 11.03.2011, Wiesbaden 2011 [= Ausschuss-Drs. 17(4)207Gneu],
zitiert als: *Parhisi*, Stellungnahme zur öffentlichen Anhörung des Bundestagsausschusses - Bekämpfung von Zwangsverheiratungen.

Pfaff, Victor: Binationale Ehen und Aufenthaltsrecht, FPR 2011, 428-431,
zitiert als: *Pfaff*, FPR 2011, 428.

Pfeifer, Wolfgang et al.: Etymologisches Wörterbuch des Deutschen (1993), digitalisierte und von Wolfgang Pfeifer überarbeitete Version im Digitalen Wörterbuch der deutschen Sprache, [ohne Ortsangabe] 1993, URL: https://www.dwds.de/wb/etymwb/ (zuletzt abgerufen am 01.06.2021),
zitiert als: *Pfeifer*, (Digitalisiertes) Etymologisches Wörterbuch des Deutschen.

Prütting, Hanns/Helms, Tobias (Hrsg.): FamFG Kommentar, 5. Auflage, Köln 2020,
zitiert: Prütting/Helms/*Bearbeiter* (2020).

Prütting, Hanns/Wegen, Gerhard/Weinrich, Gerd (Hrsg.), Bürgerliches Gesetzbuch Kommentar, 15. Auflage, Köln 2020,
zitiert als: Prütting/Wegen/Weinreich/*Bearbeiter* (2020).

Pürlü, Erol: Imam ist mehr als ein Beruf, Weiterbildung 06/2015, 23-26,
zitiert als: *Pürlü*, Weiterbildung 06/2015, 23.

Putzke, Holm/Hardtung, Bernhard/Hörnle, Tatjana et al. (Hrsg.): Strafrecht zwischen System und Telos - Festschrift für Rolf Dietrich Herzberg zum siebzigsten Geburtstag am 14. Februar 2008, Tübingen 2008.

Putzke, Holm: Die strafrechtliche Relevanz der Beschneidung von Knaben, in: Putzke, Holm/Hardtung, Bernhard/Hörnle, Tatjana et al. (Hrsg.): Strafrecht zwischen System und Telos - Festschrift für Rolf Dietrich Herzberg zum siebzigsten Geburtstag am 14. Februar 2008, Tübingen 2008, S. 669-709,
zitiert als: *Putzke*, FS Herzberg.

Raack, Wolfgang: Rechtliche Maßnahmen und Entscheidungsspielräume des Familiengerichts bei Schulabsenz von Kindern und Jugendlichen, FPR 2007, 478-482,
zitiert als: *Raack*, FPR 2007, 478.

Raack, Wolfgang: Schulschwänzer - Keiner darf verloren gehen!, FPR 2012, 467-470,
zitiert als: *Raack*, FPR 2012, 467.

Rake, Ulrich: §§ 1666, 1666a BGB: Verhältnismäßigkeit von Weisungen zum Schutz des Kindeswohls - Anmerkung zu BGH, Beschluss vom 23.11.2016 – XII ZB 149/16 [FamRZ 2017, 212-215], FamRZ 2017, 285-286,
zitiert als: *Rake*, FamRZ 2017, 285.

Rake, Ulrich: Digitale Kommunikation von Kindern – Grenzen der elterlichen Kontrollbefugnisse, FamRZ 2018, 1717-1722,
zitiert als: *Rake*, FamRZ 2018, 1717.

Rake, Ulrich: Anmerkung zu OLG Nürnberg, Beschluss vom 15.10.2020 - 10 UF 651/20 [FamRZ 2021, 600-607], FamRZ 2021, 607-608,
zitiert als: *Rake*, FamRZ 2021, 607.

Razum, Oliver/Zeeb, Hajo: Suizidsterblichkeit unter Türkinnen und Türken in Deutschland, Der Nervenarzt 2004, 1092-1098,
zitiert als: *Razum/Zeeb*, Der Nervenarzt 2004, 1092.

Reichert, Gabriele: § 165 FamFG-Entwurf aus Sicht einer Familienrichterin an einem Großstadtgericht, ZKJ 2006, 230-232,
zitiert als: *Reichert*, ZKJ 2006, 230.

Reichsgerichtsrätekommentar zum Bürgerlichen Gesetzbuch, Mitglieder des Bundesgerichtshofs (Hrsg.), Das Bürgerliche Gesetzbuch mit besonderer Berücksichtigung der Rechtsprechung des Reichsgerichts und des Bundesgerichtshofs, Band IV, Teil 2, §§ 1303-1320; §§ 1564-1588; VAHRG §§ 1-13; VAÜG §§ 1-5; EheG §§ 58-73; HausratsVO, 12. Auflage, Berlin 1999,
zitiert als: RGRK/*Bearbeiter*.

Renz, Meral: Darüber reden. Selbstbestimmte Partnerwahl in interkulturellen Gruppen. Haltung und Kompetenzen interkultureller sexueller Bildung, in: Aktion Jugendschutz Landesarbeitsstelle Baden-Württemberg (Hrsg.): Zwangsverheiratung geht uns alle an! Grundlagen und Möglichkeiten der Prävention und Intervention, 2. Auflage, Stuttgart 2016, S. 23-28,
zitiert als: Renz, Selbstbestimmte Partnerwahl in interkulturellen Gruppen.

Renzikowski, Joachim: Strafrecht in einer multikulturellen Gesellschaft, NJW 2014, 2539-2542,
zitiert als: *Renzikowski*, NJW 2014, 2539.

Reuß, Philipp: Das Verbot von „Kinderehen" – die deutsche Regelung aus rechtsvergleichender Sicht, FamRZ 2019, 1-10,
zitiert als: *Reuß*, FamRZ 2019, 1.

Riaño, Yvonne/Dahinden, Janine: Zwangsheirat : Hintergründe, Massnahmen, lokale und transnationale Dynamiken, Zürich 2010,
zitiert als: *Riaño/Dahinden*, Zwangsheirat.

Rieck, Jürgen: Freizügigkeit, Elternrecht und Kindeswohl. Was hat den Vorrang?, ZKJ 2009, 165-168,
zitiert als: *Rieck*, ZKJ 2009, 165.

Rieck, Jürgen (Hrsg.): Ausländisches Familienrecht - Eine Auswahl von Länderdarstellungen, München 2021 (Stand 01/2021),
zitiert als: Rieck/*Bearbeiter*, Ausländisches Familienrecht (2021) *Land*.

Röchling, Walter: Gefährdung des Kindeswohls, FamRZ 2007, 431-435,
zitiert als: *Röchling*, FamRZ 2007, 431.

Röchling, Walter: Neue Aspekte zu Kinderschutz und Kindeswohl?, FamRZ 2007, 1775-1779,
zitiert als: *Röchling*, FamRZ 2007, 1775.

Rohe, Mathias/Engin, Havva/Khorchide, Mouhanad et al. (Hrsg.): Handbuch Christentum und Islam in Deutschland. Grundlagen, Erfahren und Perspektiven des Zusammenlebens, Band 1, 3. Auflage, Freiburg im Breisgau 2017.

Rohe, Mathias/Jaraba, Mahmoud: Paralleljustiz. Eine Studie im Auftrag des Landes Berlin, vertreten durch die Senatsverwaltung für Justiz und Verbraucherschutz, [ohne Ortsangabe] 2015, URL: https://www.berlin.de/sen/justva/_assets/gesamtstudie-paralleljustiz.pdf (zuletzt abgerufen: 01.07.2021),
zitiert als: *Rohe/Jaraba*, Paralleljustiz.

Rohe, Matthias: Rechtsfragen bei Eheschließungen mit muslimischen Beteiligten, StAZ 2000, 161-169,
zitiert als: *Rohe*, StAZ 2000, 161.

Rohe, Matthias: Eheschließung in islamischen Staaten – Prüfung der Wirksamkeit durch deutsche Behörden, StAZ 2006, 93-102,
zitiert als: *Rohe*, StAZ 2006, 93.

Rohe, Matthias: Scharia und deutsches Recht, RuP 2009, 86-93,
zitiert als: *Rohe*, RuP 2009, 86.

Rohe, Matthias: Muslime in der Schule, BayVBl. 2010, 257-264,
zitiert als: *Rohe*, BayVBl. 2010, 257.

Rohe, Matthias: Das islamische Recht. Geschichte und Gegenwart, 3. Auflage, München 2011,
zitiert als: *Rohe*, Das islamische Recht.

Rohe, Mathias: Scharia und deutsches Recht, in: Rohe, Mathias/Engin, Havva/Khorchide, Mouhanad et al. (Hrsg.): Handbuch Christentum und Islam in Deutschland - Grundlagen, Erfahren und Perspektiven des Zusammenlebens, Band 1, 3. Auflage, Freiburg im Breisgau 2017, S. 272-303,
zitiert als: *Rohe*, Scharia und deutsches Recht.

Rosenboom, Esther/Rotax, Horst-Heiner: Ein kleiner Meilenstein auf dem Weg zum besseren Kindesschutz, ZRP 2008, 1-3,
zitiert als: *Rosenboom/Rotax*, ZRP 2008, 1.

Rotax, Horst-Heiner: Kinder und häusliche Gewalt. Voraussetzungen gerichtlichen Eingreifens nach §§ 1666, 1666a BGB, FPR 2001, 251-258,
zitiert als: *Rotax*, FPR 2001, 251.

Rumpf, Christian/Odendahl, Hanswerner: Türkei, in: Bergmann, Alexander/Ferid, Murad/Henrich, Dieter (Hrsg.): Internationales Ehe- und Kindschaftsrecht, Frankfurt am Main 2020 (Stand 11/2020),
zitiert als: *Rumpf/Odendahl*, Türkei.

Rüting, Wolfgang: § 165 FamFG-Entwurf aus Sicht des Jugendamtes, ZKJ 2006, 203-204,
zitiert als: *Rüting*, ZKJ 2006, 203.

Salgo, Ludwig/Lack, Katrin (Hrsg.): Verfahrensbeistandschaft. Ein Handbuch für die Praxis, 4. Auflage, Köln 2020,
zitiert als: Salgo/Lack/*Bearbeiter*, Verfahrensbeistandschaft (2020).

Salgo, Ludwig: Vom langsamen Sterben des elterlichen Züchtigungsrechts, RdJB 2001, 283-294,
zitiert als: *Salgo*, RdJB 2001, 283.

Salgo, Ludwig: Grenzen der Staatsintervention zur Durchsetzung des Umgangsrechts, in: Hofer, Sibylle/Klippel, Diethelm/Walter, Ute (Hrsg.): Perspektiven des Familienrechts - Festschrift für Dieter Schwab zum 70. Geburtstag am 15. August 2005, Bielefeld 2005, S. 891-910,
zitiert als: *Salgo*, FS Schwab.

Salgo, Ludwig: Neue Perspektiven bei der Verfahrenspflegschaft für Kinder und Jugendliche - § 166 FamFG-E, FPR 2006, 12-17,
zitiert als: *Salgo*, FPR 2006, 12.

Salzgeber, Joseph: Der Sachverständige als Hersteller des Einvernehmens, endlich der Garant für das Kindeswohl?, FamRZ 2008, 656-660,
zitiert als: *Salzgeber*, FamRZ 2008, 656.

Schader, Heike: Risikoabschätzung bei Kindeswohlgefährdung - ein systematisches Handbuch, 2. Auflage, Weinheim 2013,
zitiert als: *Schader*, Risikoabschätzung bei Kindeswohlgefährdung.

Schael, Wolfgang: Minderjährige und ihre formelle Beteiligung in Verfahren über Kindschaftssachen nach dem FamFG, FamRZ 2009, 265-269,
zitiert als: *Schael*, FamRZ 2009, 265.

Scherer, Inge: Schwangerschaftsabbruch bei Minderjährigen und elterliche Zustimmung, FamRZ 1997, 589-595,
zitiert als: *Scherer*, FamRZ 1997, 589.

Scherer, Inge: Aufenthalts- und Umgangsbestimmungsrecht der Eltern contra Selbstbestimmungsrecht des Kindes?, ZfJ 1999, 86-93,
zitiert als: *Scherer*, ZfJ 1999, 86.

Schlenker, Neele Marleen: § 237 StGB – Das Verbot der Zwangsheirat, Frankfurt am Main 2016,
zitiert als: *Schlenker*, Das Verbot der Zwangsheirat.

Schmahl, Stefanie: Kinderrechtekonvention mit Zusatzprotokollen, 2. Auflage, Baden-Baden 2017,
zitiert als: *Schmahl*, Kinderrechtekonvention.

Schmäing, Wilfried: Anhörung im Innenausschuss des Bundestages am 14. März 2011 zu aufenthalts-rechtlichen Fragen als Sachverständiger, Wiesbaden 2011 [= Ausschuss-Drs. 17(4)207 F],
zitiert als: *Schmäing*, Stellungnahme zur öffentlichen Anhörung des Bundestagsausschusses - Bekämpfung von Zwangsverheiratungen.

Schmidt-Wiegand, Ruth: Art. „Hochzeitsbräuche", in: Cordes, Albrecht/Lück, Heiner/Werkmüller, Dieter et al. (Hrsg.): Handwörterbuch zur deutschen Rechtsgeschichte, Band 2, 2. Auflage, Berlin 2012, Sp. 1068 ff.,
zitiert als: *Schmidt-Wiegand*, HRG, Art. Hochzeitsbräuche.

Schmitt Glaeser, Walter: Die Eltern als Fremde, DÖV 1978, 629-635,
zitiert als: *Schmitt Glaeser*, DÖV 1978, 629.

Schmitz-Justen, Christian: Das Verfahren zur Befreiung von der Beibringung des Ehefähigkeitszeugnisses nach § 1309 BGB, StAZ 2007, 107-113,
zitiert als: *Schmitz-Justen*, StAZ 2007, 107.

Scholz, Harald/Kleffmann, Norbert (Hrsg.): Praxishandbuch Familienrecht, München 2021 (Stand 02/2021),
zitiert als: Scholz/Kleffmann/*Bearbeiter*, Praxishandbuch Familienrecht.

Scholz, Peter: Islam-rechtliche Eheschließung und deutscher ordre public, StAZ 2002, 321-334,
zitiert als: *Scholz*, StAZ 2002, 321.

Schöpp-Schilling, Hanna Beate: Zwangsverheiratung als Menschenrechtsverletzung - Die Bedeutung der internationalen Rechtsinstrumente, in: Bundesministerium für Familie, Senioren, Frauen und Jugend (Hrsg.): Zwangsverheiratung in Deutschland, Baden-Baden 2008, S. 197-210,
zitiert als: *Schöpp-Schilling*, Zwangsverheiratung als Menschenrechtsverletzung.

Schott, Clausdieter: Trauung und Jawort - Von der Brautübergabe zur Ziviltrauung, Frankfurt am Main 1992,
zitiert als: *Schott*, Trauung und Jawort.

Schramm, Edward: Ehe und Familie im Strafrecht, Tübingen 2011,
zitiert als: *Schramm*, Ehe und Familie im Strafrecht.

Schröder, Susanne: Stellungnahme des Deutschen Anwaltverein (DAV) - Ausschuss Ausländer- und Asylrecht zum Entwurf eines Gesetzes zur Bekämpfung der Zwangsheirat und zum besseren Schutz der Opfer von Zwangsheirat sowie zur Änderung weiterer aufenthalts- und asylrechtlicher Vorschriften, [ohne Ortsangabe ohne Jahr] [= Ausschuss-Drs. 17(4)207B],
zitiert als: *Schröder*, Stellungnahme zur öffentlichen Anhörung des Bundestagsausschusses - Bekämpfung von Zwangsverheiratungen.

Schroeder, Friedrich-Christian: Familienrecht und Strafrecht, FamRZ 2014, 1745-1750,
zitiert als: *Schroeder*, FamRZ 2014, 1745.

Schröttle, Monika, Zwangsverheiratung, Gewalt und Paarbeziehungen von Frauen mit und ohne Migrationshintergrund in Deutschland – Differenzierung statt Polarisierung, in: Bundesministerium für Familie, Senioren, Frauen und Jugend (Hrsg.): Zwangsverheiratung in Deutschland, Baden-Baden 2008, S. 145-166,
zitiert als: *Schröttle*, Zwangsverheiratung, Gewalt und Paarbeziehungen.

Schubert, Karin/Moebius, Isabella: Zwangsheirat - Mehr als nur ein Straftatbestand. Neue Wege zum Schutz der Opfer, ZRP 2006, 33-37,
zitiert als: *Schubert/Moebius*, ZRP 2006, 33.

Schubert, Werner: § 1666 BGB in historischer Perspektive unter besonderer Berücksichtigung des Sorgerechtsgesetzes vom 18.7.1979, in: Derschka, Harald/Hausmann, Rainer/Löhnig, Martin (Hrsg.): Festschrift für Hans-Wolfgang Strätz zum 70. Geburtstag, Regenstauf 2009, S. 459-477,
zitiert als: *Schubert*, FS Strätz.

Schuhmann, Kay: Der neue Straftatbestand der Zwangsheirat (§ 237 StGB), JuS 2011, 789-794,
zitiert als: *Schuhmann*, JuS 2011, 789.

Schulze, Rainer/Dörner, Heinrich/Ebert, Ina et al. (Hrsg.): Handkommentar Bürgerliches Gesetzbuch, 10. Auflage, Baden-Baden 2019,
zitiert als: HK-BGB/*Bearbeiter* (2019).

Schulz, Andrea: Das deutsche internationale Kindschaftsrecht. Internationale, europäische und innerstaatliche Regelungen und ihre Konkurrenzen, FamRZ 2018, 797-808,
zitiert als: *Schulz*, FamRZ 2018, 797.

Schulz, Werner/Hauß, Jörg (Hrsg.): Familienrecht Handkommentar, 3. Auflage, Baden-Baden 2018,
zitiert als: Schulz/Hauß/*Bearbeiter*, Familienrecht Handkommentar (2018).

Schürmann, Heinrich: Rollenverteilung und Rechtsstellung von Kindern in familiengerichtlichen Verfahren, in: Coester-Waltjen, Dagmar/Lipp, Volker/Schumann, Eva/Veit, Barbara (Hrsg.): Alles zum Wohle des Kindes? Aktuelle Probleme des Kindschaftsrechts - 2. Familienrechtliches Forum Göttingen, Göttingen 2012, S. 231-249,
zitiert als: *Schürmann*, Rollenverteilung und Rechtsstellung von Kindern in familiengericht-lichen Verfahren.

Schütz, Harald: Elternrecht, Kindesrecht und Zwang gegen Jugendliche - zugleich Anmerkung zum Beschluss des BayObLG v. 18.04.1985 [FamRZ 1985, 737-739], FamRZ 1986, 528-530,
zitiert als: *Schütz*, FamRZ 1986, 528.

Schütz, Harald: Elternrecht, Kindesrecht und Zwang gegen Jugendliche - zugleich Anmerkung zum Beschluss des BayObLG v. 18.04.1985 [FamRZ 1985, 737-739] und Entgegnung zu Lempp [FamRZ 1986, 1061-1963], FamRZ 1987, 438-440,
zitiert als: *Schütz*, FamRZ 1987, 438.

Schwab, Dieter: Gemeinsame elterliche Verantwortung - ein Schuldverhältnis? - Anmerkungen zur Entscheidung des BGH, Urteil v. 19.06.2002 – XII ZR 173/00 [FamRZ 2002, 1099-1101], FamRZ 2002, 1297-1303,
zitiert als: *Schwab*, FamRZ 2002, 1297.

Schwab, Dieter: Art. „Heiratserlaubnis" und „Heiratszwang", in: Cordes, Albrecht/Lück, Hei-ner/Werkmüller, Dieter et al. (Hrsg.): Handwörterbuch zur deutschen Rechtsgeschichte, Band 2, 2. Auflage, Berlin 2012, Sp. 914 ff., zitiert als: *Schwab*, HRG, Art. Heiratserlaubnis.

Schwab, Dieter: Art. „Kinderehe", in: Cordes, Albrecht/Lück, Heiner/Werkmüller, Dieter et al. (Hrsg.): Handwörterbuch zur deutschen Rechtsgeschichte, Band 2, 2. Auflage, Berlin 2012, Sp. 1748 f., zitiert als: *Schwab*, HRG, Art. Kinderehe.

Schwab, Dieter: Elterliche Sorge und Religion, FamRZ 2014, 1-11, zitiert als: *Schwab*, FamRZ 2014, 1.

Schwab, Dieter: Eheschließung für Personen gleichen Geschlechts, FamRZ 2017, 1284-1289, zitiert als: *Schwab*, FamRZ 2017, 1284.

Schwab, Dieter: Die verbotene Kinderehe, FamRZ 2017, 1369-1374, zitiert als: *Schwab*, FamRZ 2017, 1369.

Schwab, Dieter: Familienrecht, 28. Auflage, München 2020, zitiert als: *Schwab*, Familienrecht.

Schwarz, Kyrill-Alexander: Verfassungsrechtliche Aspekte der religiösen Beschneidung, JZ 2008, 1125-1129, zitiert als: *Schwarz*, JZ 2008, 1125.

Seibl, Maximilian: Vereinigte Staaten von Amerika, in: Bergmann, Alexander/Ferid, Murad/Henrich, Dieter (Hrsg.): Internationales Ehe- und Kindschaftsrecht, Frankfurt am Main 2020 (Stand 11/2020), zitiert als: *Seibl*, Vereinigte Staaten von Amerika.

Sering, Christian: Das neue „Zwangsheirat-Bekämpfungsgesetz", NJW 2011, 2161-2165, zitiert als: *Sering*, NJW 2011, 2161.

Simitis, Spiros/Rosenkötter, Lutz/Vogel, Rudolf et al.: Kindeswohl. Eine interdisziplinäre Untersuchung über seine Verwirklichung in der vormundschaftsgerichtlichen Praxis, Frankfurt am Main 1979, zitiert als: *Simitis*, Kindeswohl.

Simitis, Spiros: Kindschaftsrecht – Elemente einer Theorie des Familienrechts, in: Dieckmann, Albrecht/Frank, Rainer/Hanisch, Hans et al. (Hrsg.): Festschrift für Wolfram Müller-Freienfels, Baden-Baden 1986, S. 579-616, zitiert als: *Simitis*, FS Müller-Freienfels.

Soergel, Hans Theodor/Siebert, Wolfgang (Hrsg.): Bürgerliches Gesetzbuch mit Einführungsgesetz und Nebengesetzen, Band Familienrecht 3/2, 13. Auflage, Stuttgart 2017, zitiert als: Soergel/*Bearbeiter* (2016).

Sommer, Anja: Das Verhältnis von Familiengericht und Jugendamt - Kooperation zum Wohle des Kindes?, Frankfurt am Main 2012. zitiert als: Sommer, Das Verhältnis von Familiengericht und Jugendamt.

Sommer, Anja: Deutschland misshandelt seine Kinder – Diskussionsveranstaltung des Kinderschutzbundes Frankfurt am 11.06.2014, ZKJ 2014, 372-376,
zitiert als: *Sommer*, ZKJ 2014, 372.

Spellenberg, Ulrich: Handschuhehen im IPR, in: Hofer, Sibylle/Klippel, Diethelm/Walter, Ute (Hrsg.): Perspektiven des Familienrechts - Festschrift für Dieter Schwab zum 70. Geburtstag am 15. August 2005, Bielefeld 2005, S. 1279-1295,
zitiert als: *Spellenberg*, FS Schwab.

Spuler-Stegemann, Ursula: Die 101 wichtigsten Fragen - Islam, 4. Auflage, München 2017,
zitiert als: *Spuler-Stegemann*, Die 101 wichtigsten Fragen - Islam.

Statistisches Bundesamt (Destatis): Bevölkerung in Privathaushalten nach Migrationshintergrund im weiteren Sinn nach ausgewählten Geburtsstaaten, Wiesbaden 2020 (Stand 28.07.2020), Datenbasis: Ergebnisse des Mikrozensus, https://www.destatis.de/DE/Themen/Gesellschaft-Umwelt/Bevoelkerung/Migration-Integration/Tabellen/migrationshintergrund-staatsangehoerigkeit-staaten.html (zuletzt abgerufen am 01.06.2021),
zitiert als: *Statistisches Bundesamt*, Bevölkerung in Privathaushalten nach Migrationshintergrund im weiteren Sinn.

Statistisches Bundesamt (Destatis): Fachserie 10 Reihe 3. Rechtspflege. Strafverfolgung 2019, Wiesbaden 2020, URL: https://www.destatis.de/DE/Themen/Staat/Justiz-Rechtspflege/Publikationen/Downloads-Strafverfolgung-Strafvollzug/strafverfolgung-2100300197004.pdf (zuletzt abgerufen am 01.06.2021),
zitiert als: *Statistisches Bundesamt*, Fachserie Rechtspflege, Strafverfolgung.

Statistisches Bundesamt (Destatis): Personen mit Migrationshintergrund, URL: https://www.destatis.de/DE/Themen/Gesellschaft-Umwelt/Bevoelkerung/Migration-Integration/Methoden/Erlauterungen/migrationshintergrund.html, Wiesbaden 2021 (zuletzt abgerufen am 01.06.2021),
zitiert als: *Statistisches Bundesamt*, Personen mit Migrationshintergrund.

Statistisches Bundesamt (Destatis): Ausländische Bevölkerung nach ausgewählten Staatsangehörigkeiten, Wiesbaden 2021 (Stand 29.03.2021), Datenbasis: Ausländerzentralregister, https://www.destatis.de/DE/Themen/Gesellschaft-Umwelt/Bevoelkerung/Migration-Integration/Tabellen/auslaendische-bevoelkerung-staatsangehoerigkeit-jahre.html (zuletzt abgerufen am 01.06.2021),
zitiert als: *Statistisches Bundesamt*, Ausländische Bevölkerung nach ausgewählten Staatsangehörigkeiten.

Statistisches Bundesamt (Destatis): Tabelle 22522-0004. Maßnahmen des Familiengerichts bei Kindeswohlgefährdung: Deutschland, Jahre, Art der eingeleiteten Maßnahmen, Wiesbaden 2021 (Stand: 01.06.2021), URL: https://www-genesis.destatis.de/genesis//online?operation=table&code=22522-0004&bypass=true&levelindex=0&levelid=1623236850077 (zuletzt abgerufen am 01.06.2021),
zitiert als: *Statistisches Bundesamt*, Tabelle 22522-0004- Maßnahmen des Familiengerichts bei Kindeswohlgefährdung.

Staudinger, Julius von (Hrsg.): Kommentar zum Bürgerlichen Gesetzbuch mit Einführungsgesetz und Nebengesetzen, Band Familienrecht: Einleitung zum Familienrecht; §§ 1297-1352; Anh zu §§ 1297 ff (Eheschließung, Faktische Lebensgemeinschaft), Neubearbeitung, Berlin 2018, seither in bandweiser Neubearbeitung/Band Familienrecht: §§ 1353-1362 (Wirkung der Ehe im Allgemeinen), Neubearbeitung, Berlin 2018, seither in bandweiser Neubearbeitung/Band Familienrecht: §§ 1616-1625 (Rechtsverhältnis Eltern - Kind), Neubearbeitung 2014, seither in bandweiser Neubearbeitung/Band Familienrecht: §§ 1626-1633; RKEG (Elterliche Sorge 1- Inhaberschaft und Inhalt), 16. Auflage, Berlin 2020/Band Familienrecht: §§ 1638-1683 (Elterliche Sorge 2 - Vermögenssorge, Kindesschutz, Sorgerechtswechsel), 15. Auflage, Berlin 2015, seither in bandweiser Neubearbeitung/Band Familienrecht: §§ 1684-1717 (Elterliche Sorge , Umgangsrecht), 18. Auflage, Berlin 2018/Band Familienrecht: §§ 1896-1921 (Rechtliche Betreuung und Pflegschaft), Neubearbeitung, Berlin 2017, seither in bandweiser Neubearbeitung/Band EGBGB-IPR: Einführungsgesetz zum Bürgerlichen Gesetzbuche/IPR. Art 13-17b EGBGB (Internationales Eherecht), 15. Auflage, Berlin 2010/Band EGBGB-IPR Einführungsgesetz zum Bürgerlichen Gesetzbuche/IPR: Artikel 19-24 EGBGB; ErwSÜ (Internationales Kindschaftsrecht, Erwachsenenschutzübereinkommen), Neubearbeitung, Berlin 2014, seither in bandweiser Neubearbeitung/Band EU-Verordnung und Übereinkommen zum Schutz von Kindern (Brüssel IIa-VO, KSÜ, HKÜ, ESÜ, IntFamRVG, UmgangsÜ), 16. Auflage, Berlin 2018/Ergänzungsband BGB-Synopse 1896-2005, Berlin 2006,
zitiert als: Staudinger/*Bearbeiter* (*Jahr*).

Stöferle, Dagmar: Ehe als Nationalfiktion, Stuttgart 2020,
zitiert als: *Stöferle*, Ehe als Nationalfiktion.

Stößer, Eberhard: Das Gesetz zur Erleichterung familiengerichtlicher Maßnahmen bei Gefährdung des Kindeswohls, FamRB 2008, 243-247,
zitiert als: *Stößer*, FamRB 2008, 243.

Straßburger, Gaby: Heiratsverhalten und Partnerwahl im Einwanderungskontext - Eheschließungen der zweiten Migrantengeneration türkischer Herkunft, Augsburg 2003,
zitiert als: *Straßburger*, Heiratsverhalten und Partnerwahl im Einwanderungskontext.

Straßburger, Gaby: Zwangsheirat und arrangierte Ehe – zur Schwierigkeit der Abgrenzung, in: Bundesministeriums für Familie, Senioren, Frauen und Jugend (Hrsg.): Zwangsverheiratung in Deutschland, Baden-Baden 2008, S. 68-82,
zitiert als: *Straßburger*, Zwangsheirat und arrangierte Ehe.

Strobl, Rainer/Lobermeier, Olaf, Bundesministerium für Familie, Senioren, Frauen und Jugend (Hrsg.), Abschlussbericht zur Evaluierung des Projekts Interkulturelle Onlineberatung bei Zwangsverheiratung und familiärer Gewalt, Hannover 2010,
zitiert als: *Strobl/Lobermeier*, Abschlussbericht Evaluierung Interkulturelle Onlineberatung.

Strobl, Rainer/Lobermeier, Olaf, Bundesministerium für Familie, Senioren, Frauen und Jugend (Hrsg.), Zwangsverheiratung. Risikofaktoren und Ansatzpunkte zur Intervention, Berlin 2007,
zitiert als: *Strobl/Lobermeier*, Zwangsverheiratung.

Sühle, Robin: Der Einwand des Kindeswohls bei der Durchsetzung ausländischer Entscheidungen in grenzüberschreitenden Sorgerechtskonflikten. Eine rechtsvergleichende Studie zur Anwendung der Verordnung EG 2201/2003 durch deutsche und britische Gerichte einschließlich des Kindesrückführungsverfahrens, Göttingen 2015,
zitiert als: *Sühle*, Der Einwand des Kindeswohls bei der Durchsetzung ausländischer Entscheidungen in grenzüberschreitenden Sorgerechtskonflikten.

Sütçü, Filiz: Zwangsheirat und Zwangsehe. Falllagen, rechtliche Beurteilung und Prävention, Frankfurt am Main 2009,
zitiert als: *Sütçü*, Zwangsheirat und Zwangsehe.

Ter-Nedden, Corinna: Zwangsverheiratung. Erfahrungen in der praktischen Unterstützung Betroffener und Empfehlungen für Politik und Verwaltung, in: Bundesministerium für Familie, Senioren, Frauen und Jugend (Hrsg.): Zwangsverheiratung in Deutschland, Baden-Baden 2008, S. 344-371,
zitiert als: *Ter-Nedden*, Zwangsverheiratung.

TERRE DES FEMMES e.V. (Hrsg.): Menschenrechte für die Frau 4/2006, Berlin 2006.

TERRE DES FEMMES e.V. (Hrsg.): Zwangsheirat - Lebenslänglich für die Ehre, Tübingen 2006.

TERRE DES FEMMES e.V.: Deutschland: Mehr Hilferufe wegen Zwangsehen und Gewalt im Namen der „Ehre", in: Netzwerk Migration in Europa e.V. (Hrsg.): Migration und Bevölkerung, Ausgabe 2/09, Berlin 2009, S. 1-2,
zitiert als: *TERRE DES FEMMES*, Deutschland: Mehr Hilferufe wegen Zwangsehen und Gewalt im Namen der „Ehre".

TERRE DES FEMMES e.V. (Hrsg.): Im Namen der Ehre misshandelt, zwangsverheiratet, ermordet. Hilfsleitfaden für die Arbeit mit von Zwangsheirat/Gewalt im Namen der Ehre bedrohten und betroffenen Mädchen und Frauen, Berlin 2011,
zitiert als: *TERRE DES FEMMES*, Im Namen der Ehre misshandelt, zwangsverheiratet, ermordet.

TERRE DES FEMMES e.V.: Frühehen in Afrika, Asien, Europa und Lateinamerika - Informationen zu einzelnen Ländern, Berlin 2017, URL: https://www.frauenrechte.de/unsere-arbeit/themen/gewalt-im-namen-der-ehre/schwerpunkt-fruehehen/346-laenderprofile (zuletzt abgerufen am 01.06.2021),
zitiert als: *TERRE DES FEMMES*, Frühehen in Afrika, Asien, Europa und Lateinamerika.

TERRE DES FEMMES e.V.: Stellungnahme zum Gesetzentwurf der Bundesregierung „Entwurf eines Gesetzes zur Bekämpfung von Kinderehen", Berlin 2017, URL: https://www.bmjv.de/SharedDocs/Gesetzgebungsverfahren/Stellungnahmen/2017/Downloads/02222017_Stellungnahme_terre_de_femmes_RefE_Kinderehe.pdf (zuletzt abgerufen am 27.05.2021),
zitiert als: *TERRE DES FEMMES*, Stellungnahme Gesetzesentwurf zur Bekämpfung von Kinderehen.

TERRE DES FEMMES e.V.: Was ist Zwangsverheiratung?, Berlin 2019, URL: https://zwangsheirat.de/informationen/zwangsheirat (zuletzt abgerufen am 27.05.2021),
zitiert als: *TERRE DES FEMMES*, Was ist Zwangsverheiratung.

TERRE DES FEMMES e.V.: Einschätzung vom 02.06.2020 zur Wirksamkeit des Gesetzes zur Bekämpfung von Kinderehen drei Jahre nach Inkrafttreten, Berlin 2020, URL: https://www.bmjv.de/SharedDocs/Gesetzgebungsverfahren/ExterneDokumente/Evaluierung_Gesetz_Kinderehen_Anlage5.pdf (zuletzt abgerufen am 27.05.2021),
zitiert als: *TERRE DES FEMMES*, Einschätzung Gesetz zur Bekämpfung von Kinderehen.

Teubert, Anja/Sauer, Karin E.: Prävention sexualisierter Gewalt im Kontext Flucht. Handlungsempfehlungen für die Migrationsgesellschaft, in: Blank, Beate/Gögercin, Süleyman/Sauer, Karin E./Schramkowski, Barbara (Hrsg.): Soziale Arbeit in der Migrationsgesellschaft. Grundlagen – Konzepte – Handlungsfelder, Wiesbaden 2018, S. 399-408,
zitiert als: *Teubert/Sauer*, Prävention sexualisierter Gewalt im Kontext Flucht.

Thalmann, Wolfgang: Das „Lörracher Modell" zur Behandlung von Überprüfungs- und Abänderungsverfahren nach § 1696 BGB n.F., DRiZ 1980, 180-182,
zitiert als: *Thalmann*, DRiZ 1980, 180.

Thiemann, Anne: Zwangsverheiratung im Kontext gleichgeschlechtlicher Lebensweisen. Erfahrungen aus der Beratungsarbeit, in: Bundesministerium für Familie, Senioren, Frauen und Jugend (Hrsg.): Zwangsverheiratung in Deutschland, Baden-Baden 2008, S. 187-200,
zitiert als: *Thiemann*, Zwangsverheiratung im Kontext gleichgeschlechtlicher Lebensweisen.

Thym, Daniel: Vereinigt die Grundrechte!, JZ 2015, 53-63,
zitiert als: *Thym*, JZ 2015, 53.

Tiedemann, Inge: Aids - Familienrechtliche Probleme, NJW 1988, 729-738,
zitiert als: *Tiedemann*, NJW 1988, 729.

Toprak, Ahmet: Das schwache Geschlecht – die türkischen Männer. Zwangsheirat. Häusliche Gewalt, Doppelmoral der Ehre, Freiburg im Breisgau 2005,
zitiert als: *Toprak*, Das schwache Geschlecht – die türkischen Männer.

Toprak, Ahmet: Geschlechterrollen und Geschlechtererziehung in traditionellen türkischen Familien. Verheiratung des Mannes als Disziplinarmaßnahme, in: Bundesministerium für Familie, Senioren, Frauen und Jugend (Hrsg.): Zwangsverheiratung in Deutschland, Baden-Baden 2008, S. 167-182,
zitiert als: *Toprak*, Geschlechterrollen und Geschlechtererziehung in traditionellen türkischen Familien.

Trenczek, Thomas: Familiengerichtliches Verfahren und Mitwirkung der Jugendhilfe nach dem FGG-Reformgesetz, ZKJ 2009, 97-106,
zitiert als: *Trenczek*, ZKJ 2009, 97.

Troje, Hans Erich: Das matrimonium clandestinum in „Humanismus und Reformation", GLOSSAE - European Journal of Legal History 1992, 191-214,
zitiert als: *Troje*, European Journal of Legal History 1992, 191.

Uhle, Arnd (Hrsg.): Kinder im Recht. Kinderrechte im Spiegel der Kindesentwicklung, Berlin 2019.

United Nations Children's Fund (UNICEF)/Innocenti Research Centre: Early Marriage - Child Spouses, Florenz 2001,
zitiert als: *UNICEF Innocenti Research Centre*, Early Marriage - Child Spouses.

United Nations Children's Fund (UNICEF): COVID-19 - A threat to progress against child marriage, New York 2021,
zitiert als: *UNICEF*, COVID-19. A threat to progress against child marriage.

United Nations Office on Drugs and Crime (UNODC): Global Report on Trafficking in Persons 2020, New York 2021,
zitiert als: *UNODC*, Global Report on Trafficking in Persons 2020.

United Nations Population Fund (UNFPA): Marrying Too Young. End Child Marriage, New York 2012,
zitiert als: *UNFPA*, Marrying Too Young.

Uslucan, Haci-Halil: Erziehungsziele und Erziehungsstile in Migranten-familien am Beispiel türkischer Familien, FPR 2011, 456-460,
zitiert als: *Uslucan*, FPR 2011, 456.

Valerius, Brian: Gedanken zum Straftatbestand der Zwangsheirat (§ 237 StGB), JR 2011, 430-434,
zitiert als: *Valerius*, JR 2011, 430.

Veit, Barbara: Das Gesetz zur Erleichterung familiengerichtlicher Maßnahmen bei Gefährdung des Kindeswohls im Überblick, FPR 2008, 598-602,
zitiert als: *Veit*, FPR 2008, 598.

Verband binationaler Familien und Partnerschaften: Stellungnahme zum Gesetzentwurf der Bundesregierung zur Bekämpfung der Zwangsheirat und zum besseren Schutz der Opfer von Zwangsheirat sowie zur Änderung weiterer aufenthalts- und asylrechtlicher Vorschriften vom 24.01.2011, Frankfurt am Main 2011 [= Ausschuss-Drs. 17(4)162],
zitiert als: *Verband binationaler Familien und Partnerschaften*, Stellungnahme Gesetzesentwurf zur Bekämpfung der Zwangsheirat.

Vierte Weltfrauenkonferenz: Anlage 2 (Aktionsplattform) des Berichts der Vierten Weltfrauenkonferenz, [ohne Ortsangabe ohne Datum], URL: https://www.un.org/Depts/german/conf/beijing/anh_2.html (zuletzt abgerufen am 01.03.2021) [= Übersetzung zu: The Fourth World Conference on Women: Annex II of the Beijing Declaration and Platform for Action (4th session 1995), Peking 1995, URL: https://www.un.org/en/events/pastevents/pdfs/Beijing_Declaration_and_Platform_for_Action.pdf (zuletzt abgerufen am 01.03.2021)],
zitiert als: *Vierte Weltfrauenkonferenz*, Anlage 2 (Aktionsplattform) des Berichts der Vierten Weltfrauenkonferenz.

von Bar, Christian/Mankowski, Peter: Internationales Privatrecht Band II - Besonderer Teil, 2. Auflage, München 2019,
zitiert als: *v.Bar/Mankowski*, Internationales Privatrecht II (2019).

von Kenne, Cornelius: 3. Tagung der deutsch-türkischen Juristenvereinigung, FamRZ 1990, 1205-1207,
zitiert als: *v.Kenne*, FamRZ 1990, 1205.

von Mangoldt, Hermann/Klein, Friedrich/Starck, Christian/Huber, Peter M./Voßkuhle, Andreas (Hrsg.): Grundgesetz Kommentar, 7. Auflage, München 2018,
zitiert: v.Mangoldt/Klein/Starck/*Bearbeiter* (2018).

von Münch, Ingo/Kunig, Philip/Kämmerer, Jörn-Axel/Kotzur, Markus (Hrsg.): Grundgesetz Kommentar, 7. Auflage, München 2021,
zitiert: v.Münch/Kunig/*Bearbeiter* (2021).

Wagner, Wiebke: Also lautet der Beschluss, dass der Mensch was lernen muss ... - Die Erörterung der Kindeswohlgefährdung nach § 50f FGG oder das richterliche „Erziehungsgespräch", FPR 2008, 605-608,
zitiert als: *Wagner*, FPR 2008, 605.

Wank, Rolf: Juristische Methodenlehre - Methodenlehre in der Anwendung, München 2020,
zitiert als: *Wank*, Juristische Methodenlehre.

Wapler, Friederike: Kinderechte und Kindeswohl - eine Untersuchung zum Status des Kindes im Öffentlichen Recht, Tübingen 2015,
zitiert als: *Wapler*, Kinderechte und Kindeswohl.

Weber-Hornig, Monika/Kohaupt, Georg: Partnerschaftsgewalt in der Familie - Das Drama des Kindes und Folgerungen für die Hilfe, FPR 2003, 315-320,
zitiert als: *Weber-Hornig/Kohaupt*, FPR 2003, 315.

Weinreich, Gerd/Klein, Michael (Hrsg.): Fachanwaltskommentar Familienrecht, 4. Auflage, Köln 2011,
zitiert als: FAKomm-FamR/*Bearbeiter* (2011).

Wesel, Uwe: Geschichte des Rechts in Europa. Von den Griechen bis zum Vertrag von Lissabon, München 2010,
zitiert als: *Wesel*, Geschichte des Rechts in Europa.

Wesel, Uwe: Geschichte des Rechts. Von den Frühformen bis zur Gegenwart, 4. Auflage, München 2014,
zitiert als: *Wesel*, Geschichte des Rechts.

Westphal, Manuela: Geschlechterstereotype und Migration, in: Bundesministerium für Familie, Senioren, Frauen und Jugend (Hrsg.): Zwangsverheiratung in Deutschland, Baden-Baden 2008, S. 127-144,
zitiert als: *Westphal*, Geschlechterstereotype und Migration.

Wieser, Eberhard: Die gewaltsame Rückführung eines Kindes zu seinen Eltern, FamRZ 1990, 693-698,
zitiert als: *Wieser*, FamRZ 1990, 693.

Wiesner, Reinhard: Schutzauftrag des Jugendamtes bei Kindeswohlgefährdung, FamRZ 2007, 6-12,
zitiert als: *Wiesner*, FamRZ 2007, 6.

Wiesner, Reinhard: Kinderrechte in die Verfassung?!, ZKJ 2008, 225-229,
zitiert als: *Wiesner*, ZKJ 2008, 225.

Wiesner, Reinhard: Leistungen der Kinder- und Jugendhilfe nach dem SGB VIII, FPR 2008, 608-613,
zitiert als: *Wiesner*, FPR 2008, 608.

Wiesner, Reinhard (Hrsg.): SGB VIII, Kinder- und Jugendhilfe, 5. Auflage, München 2015,
zitiert als: Wiesner/*Bearbeiter* (2015).

Will, Annegret: Gewaltschutz in Paarbeziehungen mit gemeinsamen Kindern, FPR 2004, 233-238,
zitiert als: *Will*, FPR 2004, 233.

Willutzki, Siegfried: Der Schutzauftrag des Jugendamtes im neuen Recht, FPR 2008, 488-492,
zitiert als: *Willutzki*, FPR 2008, 488.

Willutzki, Siegfried: Kinderschutz aus Sicht des Familiengerichts. Zu den Reformplänen des Gesetzgebers, ZKJ 2008, 139-143,
zitiert als: *Willutzki*, ZKJ 2008, 139.

Wissenschaftliche Dienste des Deutschen Bundestag: Sachstand - Zur Anerkennung von religiös geschlossenen Ehen und Ehen mit minderjährigen Ehepartnern in der Bundesrepublik Deutschland vom 15.02.2016, BT WD 7-3000-019/16, Berlin 2016, URL: https://www.bundestag.de/resource/blob/415576/2ff786c70499c3171ac40f07f3a8edbf/wd-7-019-16-pdf-data.pdf (zuletzt abgerufen am 10.05.2021),
zitiert als: *Wissenschaftliche Dienste*, Sachstand - Zur Anerkennung von religiös geschlossenen Ehen und Ehen mit minderjährigen Ehepartnern in der Bundesrepublik Deutschland.

Wissenschaftliche Dienste des Deutschen Bundestag: Ausarbeitung - Zwangsheirat und Minderjährigenehen in Deutschland vom 26.01.2017, BT WD 7-3000-006/17, Berlin 2017, URL: https://www.bundestag.de/resource/blob/496956/daf222020d984ee856d5aeccd6c86fc7/wd-7-006-17-pdf-data.pdf (zuletzt abgerufen am 27.05.2021),
zitiert als: *Wissenschaftliche Dienste*, Ausarbeitung - Zwangsheirat und Minderjährigenehen in Deutschland.

Wissenschaftliche Dienste des Deutschen Bundestag: Sachstand - Der Begriff der Ehe im Grundgesetz und anderen Verfassungen vom 01.08.2017, BT WD 10-3000-044/17, Berlin 2017, URL: https://www.bundestag.de/resource/blob/529868/52a8aee8abbd4e4a6ebf7b4eabeb89b8/wd-10-044-17-pdf-data.pdf (zuletzt abgerufen am 27.05.2021),
zitiert als: *Wissenschaftliche Dienste*, Sachstand - Der Begriff der Ehe im Grundgesetz und anderen Verfassungen.

Wissenschaftliche Dienste des Deutschen Bundestag: Sachstand - Der Begriff der „drohenden Gefahr" im Polizeirecht vom 16.01.2019, BT WD 3-3000-433/18, URL: https://www.bundestag.de/resource/blob/630756/302e23610cf70fd23e9551320fe752b5/WD-3-433-18-pdf-data.pdf (zuletzt abgerufen am 27.05.2021),
zitiert als: *Wissenschaftliche Dienste*, Sachstand - Der Begriff der „drohenden Gefahr" im Polizeirecht.

Wissenschaftliche Dienste des Deutschen Bundestag: Sachstand - Religiöse Eheschließung eritreischer Staatsangehöriger im Heimatstaat. Rechtliche Anforderungen vom 13.02.2020, BT WD 7-3000-015/20, Berlin 2020, URL: https://www.bundestag.de/resource/blob/688112/fce3ee7688abc0e331da61737b18cd51/WD-7-015-20-pdf-data.pdf (zuletzt abgerufen am 10.05.2021),
zitiert als: *Wissenschaftliche Dienste*, Sachstand - Religiöse Eheschließung eritreischer Staatsangehöriger im Heimatstaat.

Wüstenberg, Dirk: Genitalverstümmelung und elterliches Aufenthaltsbestimmungsrecht, FamRZ 2007, 692-696,
zitiert als: *Wüstenberg*, FamRZ 2007, 692.

Wüstenberg, Dirk: Kindeswohlgefährdung bei Genitalverstümmelung, FPR 2012, 452-455,
zitiert als: *Wüstenberg*, FPR 2012, 452.

Yassari, Nadjma: Das Eheverständnis im Islam und in ausgewählten islamischen Ländern, FamRZ 2011, 1-3,
zitiert als: *Yassari*, FamRZ 2011, 1.

Yassari, Nadjma: Die Brautgabe im Familienvermögensrecht. Innerislamischer Rechtsvergleich und Integration in das deutsche Recht, Tübingen 2014,
zitiert als: *Yassari*, Die Brautgabe im Familienvermögensrecht.

Yerlikaya, Hayriye/Çakır-Ceylan, Esma: Zwangs- und Scheinehen im Fokus staatlicher Kontrolle. Eine Betrachtung des jüngsten Gesetzentwurfes zur Bekämpfung der Zwangsheirat und Verhinderung von Scheinehen im Lichte des Opferschutzes, ZIS 2011, 205-213,
zitiert als: *Yerlikaya/Çakır-Ceylan*, ZIS 2011, 205.

Yerlikaya, Hayriye: Zwangsehen. Eine kriminologisch-strafrechtliche Untersuchung, Baden-Baden 2012,
zitiert als: *Yerlikaya*, Zwangsehen.

ZDF-Heute: Rechte von Kindern - Verankerung im Grundgesetz gescheitert, 08.06.2021, URL: https://www.zdf.de/nachrichten/politik/kinderrechte-grundgesetz-koalition-100.html (zuletzt abgerufen am 08.06.2021),
zitiert als: *ZDF-Heute*, Rechte von Kindern - Verankerung im Grundgesetz gescheitert.

Zentralrat der Muslime in Deutschland e.V. (ZMD): Stellungnahme des ZMD zum Referentenentwurf des Gesetzes zur Bekämpfung der Kinderehen vom 24.02.2017, [ohne Ortsangabe] 2017, URL: https://www.bmjv.de/SharedDocs/Gesetzgebungsverfahren/Stellungnahmen/2017/Downloads/02242017_Stellungnahme_ZDM_RefE_Kinderehe.pdf (zuletzt abgerufen am 27.05.2021),
zitiert als: *Zentralrat der Muslime in Deutschland*, Stellungnahme Gesetzesentwurf zur Bekämpfung von Kinderehen.

Zenz, Gisela: Kindesmißhandlung und Kindesrechte - Erfahrungswissen, Normstruktur und Entscheidungsrationalität, Frankfurt am Main 1981,
zitiert als: *Zenz*, Kindesmißhandlung und Kindesrechte.

Zimmer, Angelika, Das Sorge- und Umgangsrecht im Lichte der Kindschaftsrechtsreform. Eine interdisziplinäre Betrachtung, Berlin/Münster 2011,
zitiert als: *Zimmer*, Das Sorge- und Umgangsrecht.

Zitelmann, Maud: Kindeswohl und Kindeswille im Spannungsfeld von Recht und Pädagogik, Münster 2001,
zitiert als: *Zitelmann*, Kindeswohl und Kindeswille.

Zöller, Richard (Hrsg.): Zivilprozessordnung, 33. Auflage, Köln 2020,
zitiert als: Zöller/*Bearbeiter*, Zivilprozessordnung (2020).

FSC
www.fsc.org
MIX
Papier | Fördert gute Waldnutzung
FSC® C083411

Kolibri 360 GmbH
Ferdinand-Jühlke-Straße 7
99095 Erfurt, Deutschland
produktsicherheit@kolibri360.de